알기쉬운

음양
오행

낭월 · 박주현

동학사

▶ 들어가는 말

　우리말에 결자해지(結者解之)라는 말이 있다. 매듭을 묶은 사람이 풀어야 한다는 의미리라⋯⋯ 어째서 이런 말을 꺼냈는가 하면, 왕왕 독자분들이 낭월이를 찾아오거나, 전화를 주시면서 다음과 같은 말씀을 하시기 때문이다.
　"아무리 궁리를 해도 책만 가지고서는 도저히 정답을 얻을 수가 없습니다. 그렇다고 찾아가서 공부를 할 형편도 되지 않으니 어찌하면 좋습니까? 다음에도 책을 저술하신다면 그것만 가지고서도 명리 공부를 마무리할 수 있는 그런 책을 좀 집필해주시면 좋겠습니다. 기왕에 《왕초보사주학》으로 씨앗을 뿌리셨으니까 결실이 되도록 이끌어주셨으면 좋겠네요."
　이런 이야기를 들으면서 마음이 약간 무거워지곤 했다. 원래 《왕초보사주학》은 일단 사주 공부를 하시는 분들이 방향을 잡아가는 데 참고가 되고, 적어도 사주학이 일반인들이 생각하는 것처럼 혹세무민하는 것이라거나 미신이 아니라는 것만 알게 되도 충분하다는 생각으로 쓴 것이 사실이다. 그래서 생각나는 대로, 손가락이 움직이는 대로 써봤던 것인데, 막상 이것에 의지해서 공부를 하려고 하는 동호인들이 결론을 못얻고 마음고생을 하고 있다는 점을 느끼면서 문득 이 결자해지라는 말이 떠올랐던 것이다.

그리고 슬며시 오기(?)가 나기도 했다. 그래서 "과연 책만 가지고서 오행의 원리와 사주팔자의 이치를 깨달을 수는 없을까?"하고 여러 달을 궁리해봤다. 그 결과 책만 가지고서도 능히 가능할 것이라는 생각이 들었다. 물론 책을 읽는 사람도 이 사주 공부를 끝장내고 말겠다는 집념이 있어야 하고 말이다. 그러한 집념만 가지고 있다면 좋은 교재 하나로 얼마든지 사주학 정복이 가능할 것이라는 생각이 들었던 것이다.

현재 명리학계의 현실은 개인 지도가 주류를 이루고 있다. 그런데 선생님의 명성에 따라 다르지만 그 수업료가 수십만 원에서 수백만 원을 호가한다고 한다. 하지만 이 방면의 공부를 하려고 마음먹은 사람이 책만 가지고서는 도저히 답을 얻지 못한다면 개인 지도를 받는 수밖에 없다. '적은 돈을 받고서 잘 가르쳐주는 사부님을 찾는 것'이 최선이라는 결론이 나온다.

실제로 명리학을 배워서 영업하려는 사람들은 궁핍한 것이 보통이다. 일거리도 마땅치 않고, 배운 기술도 신통치 않다. 그냥 아마추어로 공부하는 벗님이야 복이 많아서 절박하지 않겠지만, 대부분의 사람들은 "이 학문을 배워서 보람도 얻고 호구지책(糊口之策)도 삼는 일석이조의 효과를 얻었으면……" 하는 바람이 있을 것이다. 이런 형편에 수백만 원은 고사하고 수십만 원을 마련하기도 여간 버거운 일이 아닐 것이다.

그리고 이것까지도 좋다고 치자. 그런데 과연 그렇게 피와 같은 돈을 갖다 바친 만큼 효과가 있을 것인가에 대해서 의심을 하지 않을 수가 없다. 이 문제도 여간 심각한 것이 아니다. 이미 상당한 실력을 닦으신 명실상부한 고수님들은 더 말할 필요도 없이 훌륭한 지도자로서 능력을 갖추고 계시기 때문에 스승으로 삼기에도 충분하다. 이런 곳에는 수업료가 좀 세다고 하더라도 올바른 길로 인도받을 수가 있으므로 재정적인 문제만 허락한다면 한번 마음먹고 배워볼 만하다.

그런데 웬만한 행운이 아니고서는, 아무 곳이나 쉽게 찾아들어간 철학원에서 이 명리학의 이치를 올바르게 배우기 어려운 것이 한국 역학계의 현실이라고 해도 크게 부정하지는 못할 것이다. 예전과는 달리 실력을 갖추고서 상담에 임하는 고수들도 상당수 계신 것이 분명하지만, 만에 하나라도 그 철학원의 원장 선생님이 3개월짜리 개인 지도를 받고 바로 간판을 달아놓고서 목 빠지게 돈 벌 방도를 찾고 있는 경우라면 어떻게 할 것인가도 생각해봐야 할 문제이다.

이뿐만이 아니다. 말로는 20년 영업했다 하더라도, 실제적으로 오행의 원리는 미미하게 배우고 고객의 눈치를 보는 것에만 이골이 난 눈치파도 한둘이 아니다. 얼른 들으면 그럴싸하지만 가만히 생각해보면 전혀 이치에 합당하지 않은 이론을 마구 난발하는 이도 없다고는 못 할 것이다.

이런저런 생각을 하면서 궁리한 끝에 음양오행 원리에 대한 교재를 써보기로 마음먹게 되었다. 시간은 다소 걸릴 것이다. 그렇지만 책은 한번 나오면 영원하다고 해도 좋을 것이다. 그렇다면 시간에 구애받지 말고 꾸준하게 써보자는 생각으로 이렇게 엄두가 나지 않는 작업에 마음을 일으켰다. 그리고 참으로 책만을 의지해서 공부가 가능하다면 이보다 다행스런 일은 없을 것이다. 그래서 스스로 영업도 할 수 있고, 또 공부하는 즐거움도 얻을 수가 있다면 그만한 보람이 있을 것이라는 생각이 들었다. 대략적으로 다음과 같은 형태로 구상해보았다.

▶1권 음양오행(陰陽五行)편 — 자평명리를 연구하면서 가장 기초적이면서도 핵심적으로 이해해야 할 음양오행에 대해 집중적인 설명을 하여 그 내용을 확실하게 다지도록 한다.

▶2권 천간지지(天干地支)편 — 음양오행을 이해하고 난 후에는 천간의 의미와 십이지지의 의미를 구체적으로 잘 이해하고, 그 성분을 정확하게 파악하는 것이 중요하다. 많은 양을 서둘러서 훑어보기보다는 한걸음씩 차근차근 공부하는 것이 완성의 길을 앞당긴다고 생각된다.

▶3권 합충변화(合冲變化)편 — 간지를 배우고 나면, 그 간지들이 서로 만나는 과정에서 벌어지는 온갖 일들을 정확하게 이해하는 것이 그 다음 단계라고 하겠다. 실로 많은 시간을 들여 사주 공부를 했더라도, 이렇게 기초의 변화부분에 해당하는 합충을 정확하게 이해하지 못해 혼란을 일으키는 경우가 의외로 많음을 본다. 물론 여기에서는 신살 등에 대해서도 언급하여 더 이상의 혼란이 없도록 할 것이다.

▶4권 용신분석(用神分析)편 — 기본적인 원리가 모두 이해된 상태에서 비로소 용신에 대한 공부를 시작한다. 용신을 잡는 기준에 대해서 정확하게 이해하고, 그 외에 임상 과정에서 있을 수 있는 경우들을 모두 다루어 실전 감각을 익히는 데 도움이 되도록 한다. 이렇게 되면 자평명리학에 대한 기본은 확실하게 다질 수 있으리라고 생각한다. 그 이상은 스스로의 노력을 통해서 경험을 쌓는 것이 가장 중요하다고 본다.

이러한 기준의 시작으로 본 음양오행이 마련된 것이다. 추가로 이후에는 《적천수(滴天髓)》에 대한 강의를 해볼 생각인데, 아마도 3권 정도의 분량이 될 것이다. 이 정도라면 자평명리학의 교재로는 충분하지 않을까 싶은 생각을 해본다. 또 이러한 교재를 이용해서 독학으로 오행의 이치와 실제로 사주를 임상하고 해석하는 부분까지 마칠 수 있으리라고 생각한다. 부디 자평명리학과의 만남을 감사하게 생각하는 인연이 되시기를 바라는 마음이다.

이러한 마음으로 시작은 했는데, 과연 잘 될지는 모르는 일이다. 다만 최선을 다하려고만 하고 있다.

마치 겁 없는 하룻강아지 같은 기분이 들기도 한다. 너무나도 오묘하고 방대한 원리를 짧은 식견으로 해결해보겠다고 덤비고 있는 것이니 말이다. 혹시 눈이 밝으신 어른이 보시고 혹세무민을 한다고 꾸지람하실 듯싶어 두렵기도 하지만, 희망 사항이 될는지는 몰라도 이나마도 공부가 더욱 깊어진 후가 되면 오히려 엄두가 나지 않을 듯싶어서 더 익어가기 전에 낭월이의 수준만큼이라도 벗님들을 이끌어보겠다는 의욕으로 시작하고자 한다. 이 작업이 벗님의 학문 연구에 큰 보탬이 되기를 바라는 마음 간절하다. 그럼 성공을 빌면서 이만 머리말을 거둔다.

朗月 박주현 두 손 모음

음양오행

차례

들어가는 말 —— 5

제1부 역학의 세계 ·········· 17

1장 역학의 정의 —— 20
    1. 역은 해와 달의 모음이다 · 21
    2. 일체만물은 바뀐다 · 21

2장 역학의 분류 —— 24
    1. 정신적인 분야 · 25
    2. 이론적인 분야 · 29

3장 천학(天學) 분야 —— 31
    1. 천문학 · 31
    2. 철판신수 · 34
    3. 자미두수 · 36
    4. 태을수 · 38

4장 지학(地學) 분야 —— 40
    1. 기문둔갑 · 41

2. 풍수지리학 · 46
   3. 가상학 · 54
   4. 방위학 · 56
 5장 인학(人學) 분야 ──── 62
   1. 점술학(占術學) · 63
     주역/육효/육임/매화역수/단시/파자점/황금책수조수/
     계의신결/월영도/기타의 여러 점법들
   2. 사주학(四柱學) · 80
     당사주/자미두수/기문사주학/자평명리학
   3. 성명학(姓名學) · 98

제2부 음양론 ──── 101

1장 음양의 이전 ──── 104
2장 음양의 분류 ──── 110
   1. 남녀의 음양 · 112
   2. 동서양의 음양 · 123
   3. 심리적으로 보는 음양 · 131
   4. 음양으로만 나눌 것인가 · 135
   5. 음양을 결합시키는 그 무엇 · 137
3장 음양의 순환 법칙 ──── 143
   1. 음양의 비율 · 146
   2. 음양의 변형 · 149

제3부 오행구조론 ──── 153

1장 木 ──── 159
   1. 목의 본질 · 162

2. 나무의 마음 · 164

2장 火 —— 168
    1. 화의 본질 · 170
    2. 불의 마음 · 172

3장 土 —— 175
    1. 토의 본질 · 178
    2. 흙의 마음 · 181

4장 金 —— 184
    1. 금의 본질 · 185
    2. 쇠의 마음 · 188

5장 水 —— 192
    1. 수의 본질 · 194
    2. 물의 마음 · 198

6장 오행의 활용 —— 207

제4부 오행생극론   213

1장 오행의 상생 —— 218
    1. 목이 화를 생한다(木生火) · 218
    2. 화가 토를 생한다(火生土) · 222
    3. 토가 금을 생한다(土生金) · 225
    4. 금이 수를 생한다(金生水) · 226
    5. 수가 목을 생한다(水生木) · 229

2장 육행은 무엇인가 —— 231
    1. 육행의 상생법 · 232
    2. 목생토이다 · 232
    3. 토생화이다 · 234

4. 화생금이다 · 235
   5. 금생기이다 · 245
   6. 기생수이다 · 245

3장 처치 곤란한 납음오행 ―― 247

4장 오행의 상극 ―― 250
   1. 목이 토를 극한다(木剋土) · 252
   2. 토가 수를 극한다(土剋水) · 255
   3. 수가 화를 극한다(水剋火) · 257
   4. 화가 금을 극한다(火剋金) · 259
   5. 금이 목을 극한다(金剋木) · 263
   6. 극도 결국은 생으로 통한다 · 265

제5부 오행변화론 ············· 267

1장 목의 주변 상황 ―― 269
   1. 목이 목을 보면 라이벌이다 · 269
   2. 목이 화를 보면 주고 싶은 마음이다 · 273
   3. 목이 토를 보면 아끼는 부하이다 · 275
   4. 목이 금을 만나면 단단해진다 · 276
   5. 목이 수를 만나면 생기가 솟는다 · 279

2장 화의 주변 상황 ―― 282
   1. 화가 화를 만나면 동지가 된다 · 282
   2. 화가 토를 만나면 자비심이 생긴다 · 285
   3. 화가 금을 만나면 엿장수 마음이다 · 286
   4. 화가 수를 만나면 못마땅하다 · 288
   5. 화가 목를 만나면 정성을 다한다 · 289

3장 토의 주변 상황 ―― 291
   1. 토가 토를 만나면 무덤덤하다 · 291
   2. 토가 금을 만나면 재주넘는 곰이다 · 294

3. 토가 수를 만나면 이용한다 · 295
4. 토가 목을 만나면 고이 따르오리다 · 297
5. 토가 화를 만나면 기운이 솟는다 · 299

4장 금의 주변 상황 —— 302

1. 금이 금을 만나면 의기 투합이다 · 302
2. 금이 수를 만나면 철학자이다 · 307
3. 금이 목을 만나면 못 미더워한다 · 309
4. 금이 화를 만나면 인내심으로 버틴다 · 311
5. 금이 토를 만나면 답답하다 · 312

5장 수의 주변 상황 —— 315

1. 수가 수를 만나면 찰떡궁합이다 · 315
2. 수가 목을 만나면 살맛난다 · 317
3. 수가 화를 만나면 발산한다 · 319
4. 수가 토를 만나면 따분해진다 · 321
5. 수가 금을 만나면 눈물나게 반갑다 · 322

제6부 오행전도론 325

1장 많이 먹으면 배탈난다 —— 336

1. 수생목에서 수가 과다하다 · 338
2. 목생화에서 목이 과다하다 · 342
3. 화생토에서 화가 과다하다 · 345
4. 토생금에서 토가 과다하다 · 346
5. 금생수에서 금이 과다하다 · 347

2장 설사하면 힘 빠진다 —— 349

1. 목생화에서 화가 과다하다 · 351
2. 화생토에서 토가 과다하다 · 353
3. 토생금에서 금이 과다하다 · 356
4. 금생수에서 수가 과다하다 · 357

5. 수생목에서 목이 과다하다 · 358

   3장 때리기도 힘들구나 ─── 360
       1. 목극토가 무력하다 · 362
       2. 화극금이 무력하다 · 364
       3. 토극수가 무력하다 · 366
       4. 금극목이 무력하다 · 367
       5. 수극화가 무력하다 · 369

   4장 설상가상이면 죽어야지 ─── 371
       1. 토극수가 극심하면 스며든다 · 372
       2. 금극목이 극심하면 꺾어진다 · 373
       3. 수극화가 극심하면 꺼진다 · 374
       4. 목금토가 극심하면 허물어진다 · 376
       5. 화극금이 극심하면 녹는다 · 377

   5장 격류는 막지 않는다 ─── 379
       1. 강목은 꽃을 피우는 게 좋다 · 380
       2. 강화는 흙으로 덮는다 · 381
       3. 강토는 바위가 된다 · 382
       4. 강금은 물을 만든다 · 383
       5. 강수는 나무로 흐른다 · 383

제7부 오행왕쇠론   387

   1장 나와 같은 오행은 왕(旺)이다 ─── 391
       1. 목이 목을 본다 · 392
       2. 화가 화를 본다 · 393
       3. 토가 토를 본다 · 394
       4. 금이 금을 본다 · 395
       5. 수가 수를 본다 · 395

2장 나를 생해주면 상(相)이다 ─── 397

   1. 목이 수를 본다 · 398
   2. 화가 목을 본다 · 398
   3. 토가 화를 본다 · 399
   4. 금이 토를 본다 · 399
   5. 수가 금을 본다 · 399

3장 내가 생해주면 휴(休)이다 ─── 401

   1. 목이 화를 본다 · 402
   2. 화가 토를 본다 · 402
   3. 토가 금을 본다 · 403
   4. 금이 수를 본다 · 403
   5. 수가 목을 본다 · 404

4장 내가 극하면 수(囚)이다 ─── 405

   1. 목이 토를 본다 · 406
   2. 화가 금을 본다 · 407
   3. 토가 수를 본다 · 407
   4. 금이 목을 본다 · 408
   5. 수가 화를 본다 · 408

5장 나를 극하면 사(死)이다 ─── 409

   1. 목이 금을 본다 · 410
   2. 화가 수를 본다 · 410
   3. 토가 목을 본다 · 411
   4. 금이 화를 본다 · 411
   5. 수가 토를 본다 · 412

   낭월의 덧붙이는 글 ─── 414

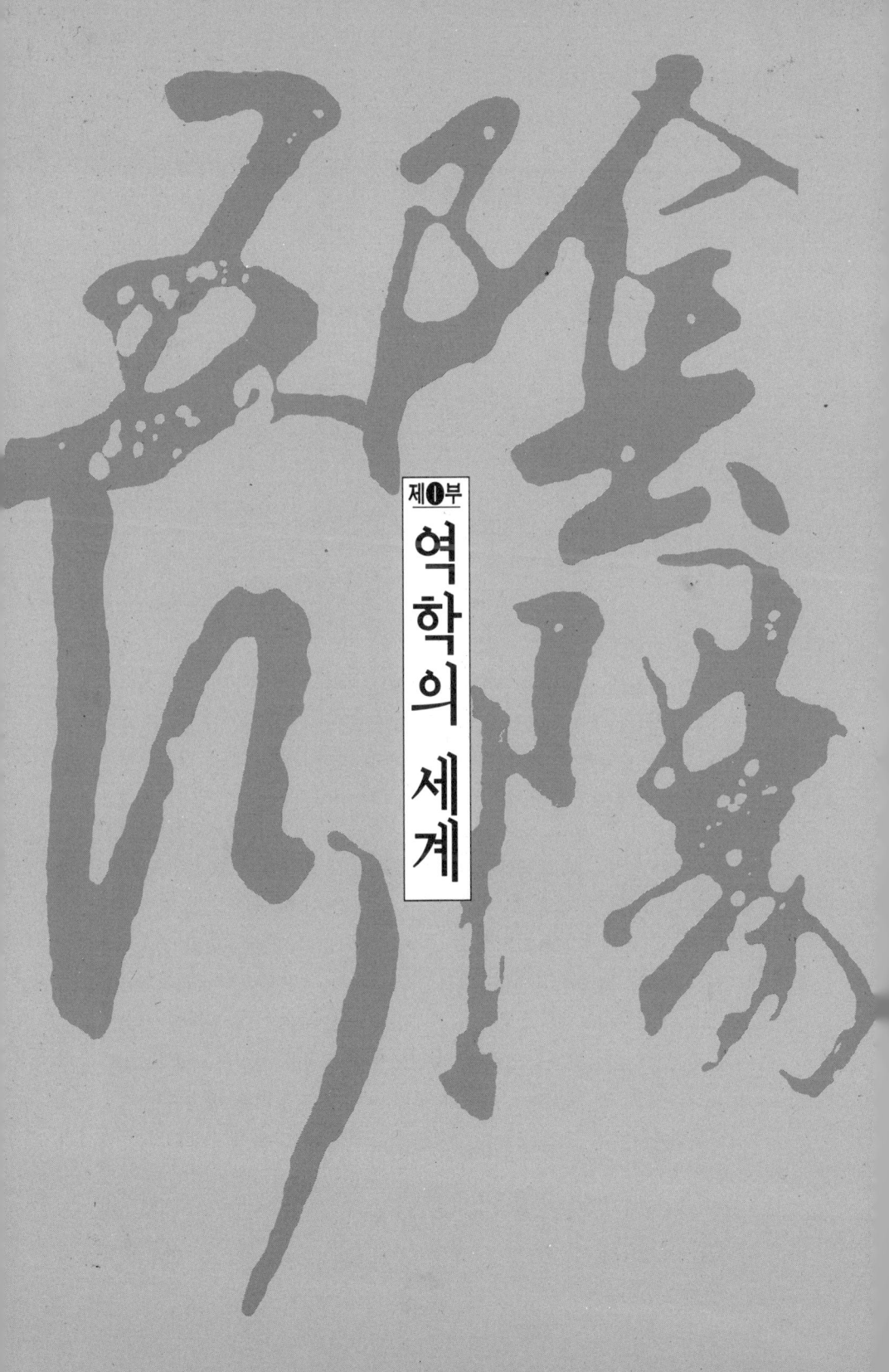

제1부
역학의 세계

아무리 사소한 만남도 인연이 있어야 가능하다. 그냥 오다가다 스치는 인연도 그러할진대, 하물며 자신의 운명을 연구하고 궁리하기 위해서, 남의 운명을 봐주기 위해서, 또는 이 학문을 연구하기 위해서 음양오행(陰陽五行)에 대해서 눈과 귀를 모으는 것은 결코 적은 인연이 아닐 것으로 생각된다. 그래서 항상 겸허한 마음으로 넘치거나 모자라지 않게 이 음양오행의 원리에 대해서 함께 생각해보도록 하겠다.

한마디로 묶어서 '음양오행'이지만, 그 속에는 이 자연의 모든 모습이 망라되어 있다고 생각한다. 그리고 이것의 의미를 깊이 궁구하면 할수록 묘미가 더하고 매력이 넘친다. 이러한 생각에서 음양오행을 궁리하였는데, 뭐니 뭐니 해도 음양오행의 원리에 모든 것이 다 들어 있다는 생각이다. 그래서 좀더 체계적으로 이 음양오행의 이치를 정리하고 심도 있게 파고들어갈 수 없을까 궁리하다 보니 이렇게 한뭉치의 찌꺼기가 쌓이게 되었다.

물론 가장 기본적인 원리에 관심을 갖고 있는 학자라면 아마도 많은 힌트를 이 책에서 찾아낼 것으로 판단되지만 내용 중에는 쓸데없는 망상도 상당수 포함되어 있을 것이다. 그러나 이렇게 다양한 각도에서 음양오행에 대해서 파고들어가다 보면 결국 이 우주의 본질에 대해서 좀 더 깊이 이해해보게 되는 계기가 될 것이라고 생각한다. 모쪼록 이러한 낭월이의 노력이 오행의 원리를 연구하는 데 뭔가 도움이 되기를 바라는 마음으로 이야기를 전개해나가기로 하겠다.

우선 본론으로 들어가기 전에 음양오행이 소속되어 있는 학문은 어느 영역에서 어떠한 형태를 취하고 있는지, 낭월이의 능력이 허용하는 한도 내에서 살펴보고 들어가는 게 순서일 것이다. 그래서 간단하게나마 역학(易學)이라고 하는 용어에 대해서, 또 역학이라는 영역에는 어떠한 학문들이 어떤 형태로 존재하고 있는지에 대해서 주마간산(走馬看山)식으로라도 한번 생각해보고서 긴 여행에 진입하기로 하겠다.

원래가 급할수록 돌아가라는 말이 있기도 하지만, 성급하게 달려가지 않아도 꾸준하게만 정진한다면 멀지 않아서(줄잡아서 1년 정도?) 상당한 영역까지 이해하게 될 것이다. 따라서 우선 내가 연구하는 학문이 어느 영역에 존재하고 있는지 한번 살펴보고 가는 것도 무익하지만은 않을 것이라는 이야기이다. 마치 먼길을 떠나기 전에 지도를 살펴봄으로써 자신이 가야 할 곳과 그 주변에 대해 이해를 하는 것과도 비슷하리라. 그럼 간단하게나마 한번 살펴보도록 하자.

제1장
역학의 정의

　역학(易學)이란 음양오행(陰陽五行)에 대해서 연구하는 것을 줄여서 간단하게 말한 것이라고 할 수 있다. 역학이라는 말은 누구나 쉽게 사용하고 있지만 그 의미는 각기 이해하고 있는 정도에 따라서 다양하게 인식하고 있다. "심오(深奧)한 동양 철학의 형이상학적인 영역"이라고 생각하는 사람이 있는가 하면, 대다수의 사람들은 "길흉화복(吉凶禍福)에 대해서 점을 치는 것"이라고 이해하고 있기도 하다. 모두가 맞는 이야기이다. 이렇게 다양한 얼굴을 하고 있는 것이 역학이요, 또 동양 철학이며, 또 음양오행학이라고 볼 수 있다.
　그럼 누구나 쉽게 '역학'이라고 부르는, 이 이름이 어떻게 생기게 됐는지 알아보자. 물론 정해진 이론이 있는 것은 아니다. 학자들간에 서로 연구하고 생각한 점을 이야기한 것이 전부인데, 두어 가지 이야기가 전하고 있다. 그 중 한 가지는 글자의 상형을 통해 생각해본 것이고, 또 한 가지는 의미에 중점을 두고 생각해본 것이다. 어쩌면 이렇게 생각한 것부터가 음양의 두 가지 이론이라는 생각이 들기도 한다. 그럼 그 내용을 간략하게 살펴보도록 하자.

1. 역은 해와 달의 모음이다

역(易)은 해와 달의 모음이라는 이론이 있다. 위의 일(日)과 아래의 월(勿을 月로 보아서)이 모여 있는 형상이기 때문이다. 그것은 음양(陰陽)이라는 의미가 포함되므로 음양오행학이라고 할 수가 있는 이 학문을 역학(易學)이라 대표하여 나타내게 되었다는 것이다. 일견 일리가 있어 보인다. 그렇지만 다시 생각해보면 견강부회(牽强附會)1)라는 느낌도 없지 않다. 위의 날 일자는 그런대로 이해가 되지만, 아래의 달을 나타낸다는 글자가 아무리 봐도 닮지가 않아서 말이다. 누가 봐도 물(勿)이라고 읽어야만 설득력이 있는 글자라고 할 것이다. 물론 이러한 이론을 만드신 선배님들 그 사정을 몰라서 그러한 이야기를 했다고는 생각되지 않는다. 다만 미리 대본을 써놓고서 그 자리에 억지로 끼워넣은 듯한 느낌이 든다는 것이다. 만약에 해와 달을 넣어서 표현하고 싶었다면 구태여 역(易)자가 아니라도 명(明)자가 있다. 명학(明學)이라 한다고 해서 과히 나쁠 것이 없다는 생각이 드는데, 이렇게 일월이 함께 있는 글자를 두고서 어색하게 易자를 취한 것은 아마도 다른 의미가 있을 것으로 여겨진다. 따라서 이 이야기는 별로 활용하고 싶은 생각이 들지 않는다.

2. 일체 만물은 바뀐다

역학이라는 이름이 탄생하게 되었다는 또 하나의 이론은 그 배경을 바뀔 역(易)자의 의미에서 찾는 것이다. 원래 한자는 뜻글자이다. 그러므로 형상보다는 뜻에 비중을 두었다는 것부터가 설득력이 있어 보인다. 따라서 있는 그대로의 사전적 의미인 '바뀐다'라고 하는 것을 취한 것이

---

1) 잘 맞지 않는 부분이 있는 것을 무시하고 그냥 억지로 끌어다가 붙이는 것.

다. 이 설명은 대단히 매력적이다. 세상의 이치는 고정되어 있는 것이 하나도 없다. 태양도 고정되어 있는 듯하면서도 쉼없이 움직이고 있다고 한다. 이 우주를 통틀어서 고정되어 있는 것은 아무것도 없는 것이다

어떻게 보면 이것은 "업력(業力)에 의해서 수시로 변화하는 현상"이라는 말로 대신할 수도 있을 듯하다. 그러니까 자신의 업력에 따라서 삼라만상은 쉬지 않고 업을 쌓아가면서 바뀌고 있는 것이라는 의미이다. 이렇게 생각하는 것은 낭월이가 불교의 영향을 받고 있기 때문인지도 모를 일이다. 그러나 누구라 해도 쉼없이 변화하고 있는 자연의 변화를 연구하는 학문이기 때문에 역학이라고 부른다면 썩 어울린다는 생각이 들 것이다. 이러한 의미에서 '역'자의 '바뀐다'는 의미가 강조되고 있는 것으로 역학이라는 용어가 탄생했다는 이론을 택하고 싶다.

어쨌든 "역학이라는 것은 바뀌는 이치를 연구하는 학문이다."라는 명제는 타당성 있는 것으로 받아들여진다. 석존(釋尊)[2]의 말씀을 빌리지 않더라도 세상에 불변인 것은 없다고 한다. 《코스모스》라는 책을 보았던 기억이 나는데, 그 책에서 칼 세이건은 우주도 그렇게 변화를 하고 있다는 이야기를 했다. 이렇게 세상만사는 항상 쉼없이 변화하고 있고, 그 와중에서 인간 역시 만물과 더불어 변화를 한다. 성주괴멸(成住壞滅)[3]의 이치에 따라서 끊임없이 기승전결(起承轉結)을 반복하고 있는 것이 이 우주의 현상이라고 할 수 있을 것이다. 그러한 변화되어가는 과정을 반복적으로 연구하고 실험하고 또 추리하는 학문이 이른바 역학인 것이다. 다시 말해서, "역학은 쉼없이 변화하는 자연의 이치를 읽어내는 학문"이라고 정의내릴 수 있다. 물론 자연도 여러 가지이다. 하늘도 자연이고 땅도 자연이다. 그리고 그곳에서 살아가는 인간 역시 자연의 일

---

[2] 석가모니(釋迦牟尼)를 한자식으로 줄인 말이다.
[3] 이 세상의 삼라만상은 생겨나서(成) 머물러 존재하다가(住) 수명이 다하면 허물어져서는(壞) 없어져버린다(滅)는 불교의 가르침.

부인 것이다. 이렇게 광범위한 자연의 모든 형상을 역학이라고 하는 영역에서 총망라해 취급한다고 하면 너무나 방대하게 생각하는 것일까? 그렇다고는 하지만 이것은 틀림없는 사실이다. 역학을 단순히 인간에 국한시켜서 생각해본다면 철학이라고 하는 범주가 들어갈 것이고, 땅에 대해 연구한다면 지질학이나 토양학의 분야가 일부 포함될 것이고, 하늘에 대해서 연구를 한다면 천문학이나 기상학, 또는 우주과학까지도 포함되어 연구가 전개될 것이다. 각 학문 분야에 따라서 독특한 방법을 통해 연구가 진행되고 나름대로 세상의 이치를 설명할 것이다.

천문학자들은 앞으로 몇 년 후에는 무슨 혜성이 나타나서 지구에 어떤 영향을 줄 것이라고 예측할 수 있다. 즉 변화 속에서도 일정한 법칙이 있기 때문에 그 법칙을 전제로 하고서 판단을 내리는 것이다. 역학도 마찬가지이다. 만약에 어떠한 일정한 법칙 없이 자꾸 바뀌기만 한다면 그것은 역학의 영역 밖에 있다고 할 수 있을 것이다. 그러나 역학의 광대한 영역 속에서 어떤 일정한 법칙을 찾는다는 것은 여간 어려운 일이 아니다. 그래서 역학에 입문한 사람 중에는 역학을 간단히 주역이나 사주를 보면 되겠거니 하다가는 끝도 없이 넓어지는 역학의 영역에서 자신이 가야 할 방향을 잃고서 중간에서 포기를 해버리는 이도 적지 않은 것이 현실이다. 낭월이는 이러한 사람들이 자신이 공부해야 할 영역에 대해 어느 정도 가늠할 수 있는 일정한 기준을 가질 수 있도록 역학의 전반적인 것을 상식적인 수준에서 정리하려고 한다. 그러기에 우선 역학이라고 하는 영역을 정의해보았다. 이제 그 역학이라고 하는 내면의 세계를 주마간산이라도 좋으니 함께 탐험해나가보도록 하자.

제2장
역학의 분류

역학은 대단히 다양한 분야와 형태로 존재하기 때문에 몇 가지 종류가 있다고 한마디로 잘라서 말할 수 없다. 이 점이 분명한 것을 좋아하는 요즘의 풍조와 걸맞지 않는 감도 있다. 그렇지만 세상사의 모든 이치가 그렇게 명확하게 분류될 수 없다는 것 또한 하나의 현실적인 법칙이다. 역학이라는 것의 영역이 자연의 기운을 다루는 것이라는 점을 생각한다면 명확히 분류할 수 없는 것은 어쩌면 너무나도 당연한 일이다. 그렇다면 과연 어떤 방법을 택해서 정리를 해야 공부하는 사람이 체계적인 감을 잡을 수가 있을까?

만약에 대단히 커다란 각오를 하고 모든 역학 분야에 두루 통달해서 역학에 대해서는 모르는 것이 없도록 하겠다는 생각을 품고 있는 사람이 있다면 그의 계획은 아마도 멀지 않아서 실패할 가능성이 매우 높다. 그만큼 역학의 분야는 한 가지에만 파고들어도 그 바닥을 찾아내기가 어려운 힘든 공부이다. 낭월이도 간단하게 사주 공부를 하고서 또 다른 방면으로 연구를 해보겠다는 다부진(?) 마음으로 시작을 했지만 10여 년의 세월이 흘렀음에도 아직 명리학의 언저리에서 떠나지 못하고 있는 점만 봐도 능히 짐작이 가리라고 생각된다. 물론 낭월이가 천부적으로 둔재이기 때문에 발전성이 없어서 그렇다고 생각되기는 하지만, 특별한 재능을 타고났다고 하더라도 아마 한두 가지 이치에 좀더 나아갈 뿐 모든 분야에 통달할 수는 없으리라고 생각된다.

그러므로 괜스레 이것저것 집적거리는 과정을 수없이 반복하면서 시간만 헛보내고 있는 공부인을 보면서, 자신이 관심을 갖고 연구해야 할 영역이 어디에 있는지 알 수 있도록 뭔가 기준을 잡아놓아준다면 시행착오를 덜 겪고 깊게 나아갈 수가 있을 것이라는 생각을 했다. 이렇게 파고들어가다 보면, 다른 이치도 서로 연관이 되도록 구조적으로 짜여 있어 서로 통한다는 사실을 자연 알게 될 것이다. 그 바탕에 흐르는 정신이 모두 바로 음양오행(陰陽五行)이기 때문이다. 그런데 이 근본 이치를 어느 한 가지 학문을 통해서 깊이 맛보기 전에는 무슨 학문을 하든지 장님이 코끼리 만지기에 불과할 것이다.

역학을 어떠한 구조로 분류해야 할지 생각해보다 천지인(天地人)의 방법을 사용하기로 했다. 그러나 하늘에 대한 학문도 결국은 인간의 행복을 위해서 발전된 것이고, 땅에 대한 학문도 인간의 행복을 위해서 발전된 것이다. 그러므로 당연히 모든 학문이 인간을 위해서 발전된 것이라 할 수 있다. 다만 그 원래의 목적을 어디에 두고서 전개시켜나갔는지를 염두에 두고 분류해볼 뿐이다. 그러니까 어느 것이든지 궁극적으로는 인간의 행복을 추구하는 방향으로 정리되고 연구되었다는 것을 이해하면서 분류해보도록 하겠다.

1. 정신적인 분야

이 분야는 자연과의 직접적인 교감에 의해서 알 수 있는 분야라고 생각되어서 정신적인 분야라는 이름으로 정리를 해보겠다. 그러니까 영감

(靈感)이라든지, 직감(直感)을 통해서 자연의 예시력(豫示力)을 받아들이고 그 상황을 인식하여 삶에 적용시키는 영역이다.

이 영역은 다분히 직관적(直觀的)이다. 직관적이라는 것은 계산적이라든지, 논리적이라는 의미가 포함되지 않는 말이다. 그러니까 "3일 후에 큰비가 와서 뒷산이 허물어진다."는 이야기를 했다고 가정한다면, 어째서 그런가 하는 질문은 삼가야 한다. 왜냐하면 직감적으로 그러한 생각이 들었기 때문이라고 답할 것이 거의 확실하기 때문이다. 혹은 "우리 선생님(혹은 조상님)이 그렇게 일러줬다."고 할지도 모르겠다. 이렇게 어떤 영적인 교감에 의해서 자연의 변화를 미리 읽어내는 것을 정신적인 분야라 할 수 있다. 이러한 영역의 달인들은 영매자 또는 무당이라고도 불리는 사람들이다.

이러한 사람들은 옛날부터 오랫동안 특별 대우를 받아왔는데, 원시시대에서 부족국가로 변천되어가는 과정에서는 절대적인 인물로 신성시되기도 했다. 이러한 영감의 소유자들은 그 이유를 설명할 수는 없지만, 언제나 닥쳐올 재난을 미리 감지하는 능력이 있었던 것이다. 이러한 영역에 속해 있는 사람을 낭월이는 정신역학(精神易學)이라는 분야로 나눠보는 것이다.

접신과 연관되는 정신역학

어쩌면 이 부분은 역학이라고 하기에는 어울리지 않는 면이 있기도 하다. 그렇지만 그들도 분명 자연의 기운을 미리 감지하는 능력을 발휘한다는 점에서, 변화하는 자연의 이치를 궁구하는 영역이라고 정의를 내린 역학에 크게 위반되지 않는다는 생각이 든다. 그리고 그러한 감지력을 높이기 위해서 각기 인연이 있는 스승에게 전수를 받는다는 점에서 역시 학문이라고 할 수 있겠다.

다만 이론적인 분야가 상당히 결여되어 있다. 즉 직접적인 인연을 통해서 구전심수(口傳心受)되는 형태를 취하기 때문에 합리적인 사고력으로 파고들기에는 불합리한 면이 많다. 그러므로 이 분야에서는 인연이 있는 사람만이 성공을 할 수가 있다. 다시 말하면 이 분야는 배워서 되는 것이 아닌 것이다. 선천적으로 매우 뛰어난 능력을 부여받고 태어나서 약간의 손질을 해서 활용하는 것이라고 볼 수 있겠다.

즉, 정신역학은 약간은 특수한 영역이라고 볼 수 있는데, 이러한 분야에 인연이 있는 사람은 이론적인 공부에는 별로 진전이 없는 것이 보통이다. 예전에 신기(神氣)가 있는 사람에게 명리학을 가르쳐봤는데, 한 달도 못 배우고 그만두는 것이었다. 머리도 아프고, 시간도 없다고 이유를 댔지만 실상은 자신의 몸 속에 있는 신령이 거부하는 까닭이라고 생각되었다. 사실 이론적인 역학을 배우게 되면 신이 일러주는 것에 대해서도 토(吐)를 달게 된다. 그러면 신의 입장에서는 매우 기분이 나빠질 것이다. 마치 시키는 대로 다 하던 노예가 갑자기 주인의 명령에 불합리성을 들고 나와서 시비를 가리려 한다면 주인의 입장에서는 매우 불쾌할 것이기 때문이다.

그러한 이유로 이론적인 공부를 하기가 어렵다고 생각되는데, 이런 사람은 일찌감치 책을 집어던지고 정신적인 역학 공부에 몰두하는 것이 성공할 확률을 높이는 길이다. 각기 생긴 대로 타고난 대로 적응을 빨리 할수록 성공의 기회는 많아지기 때문이다.

이 영역에서 아쉬운 것은 공개적으로 토론하고 배울 수가 없다는 점이다. 아무나 배운다고 해서 되는 것이 아니기 때문에 어떤 면에서는 선택된 사람들만 배우는 것이라고 할 수도 있다. 그러므로 이렇게 이론적으로 파고들려는 우리와는 인연이 없다고 봐도 좋을 것이다. 다만 이러한 영역도 역학이라는 범주에 넣는다는 정도로 이해를 하는 것으로 충분하다는 생각이 든다. 이 분야에 대해서 관심이 많은 분은 그 분야 쪽으로 파고들어가보는 것이 좋겠다. 어쩌면 지금 이 책을 읽고 있는 것이 성공할 기회를 늦추게 될지도 모르겠기 때문이다.

직관적인 정신역학

또 한 가지의 정신역학에 대해 생각해보자. 앞에서 언급한 것이 빙의령(憑依靈)4)에 의한 부분이라 한다면 이와는 전혀 별개 문제로 깨달음이라는 것이 있다. 그러니까 이론적인 공부를 했든 하지 않았든 상관없이 언젠가는 직관적(直觀的)인 깨달음이 도래한다는 이야기이다. 물론 항상 이론적인 방면으로만 생각하는 사람에게는 그런 기회가 적을 것이다. 항상 달을 가리키는 손가락에만 의식을 모으고 있다면 말이다.

그러나 참으로 깨달음이라는 공부에 몰두하고 있는 수행자들은 빙의령과는 상관없이 자신의 순수한 직관에 의해서 자연의 이치를 통달한다. 그리고 이러한 경지에서 얻은 것은 책이나 스승을 통해서 얻은 것보다 그 수준이 훨씬 높을 가능성도 많다. 학문의 가장 자연스러운 접근방식은 이론적인 분야에 대해서 통달하고 난 후에 비로소 이론을 버리고 천지본연의 이치를 깨달아가는 것이라고 생각되기도 하는데, 실제로 수행하는 사람의 생각은 모두 제각각이라서인지, 이론적인 설명은 항상 한계가 있다고 생각하는 듯하다.

사실 모든 자연 현상을 이론적으로 일목요연하게 설명한다는 것 자체가 무리이기도 하다. 그러한 관점에서 본다면 필시 직관을 통해 깨달음을 얻어가는 역학이 훨씬 어른스럽고 범위도 광대할 것이다. 물론 이러한 것에 대해 꿈을 꾸고서 세월을 헛보내고 있는 사람도 많다. 그러나 신이나 우주자연은 그렇게 많은 사람이 깨달음을 얻는 것을 원하지 않는 것 같다. 직관에 의해 깨달음을 얻는 사람이 희귀한 정도에 머문다는 것이 참으로 아쉽다는 생각이 든다. 도인이 많다면 그만큼 이 나라에는

---

4) 다른 사람의 몸을 의지해서 예언해주며 얻어먹고(?) 살아가는 영체를 말하는데, 이들의 등급은 각양각색이다.

보다 도덕적이고 행복한 삶이 실현되지 않을까 하는 망상을 해보기 때문인데, 실은 그렇게 되면 또한 생각도 못한 비극이 발생될지도 모른다. 빛이 밝아지면 밝아지는 만큼 어둠은 더욱 깊어지게 마련이다. 마치 무술의 고수가 된다면 또한 그에 어울리는 적수를 만나게 마련인 것처럼 말이다. 이렇게 끝없는 것이 망상인 모양이다.

2. 이론적인 분야

흔히 별다른 부가 설명을 하지 않고서 역학이라고 한다면 거의 98퍼센트는 이 분야를 가리키는 말이다. 근원에서부터 생성되는 기초 원리와 점차로 확장되어가면서 전개되는 발전 원리, 그리고 또 다른 방향으로 귀결되는 변화 원리들을 하나하나 연구하고 실험하는 분야라고 할 수 있다. 이 분야에서는 모든 결과에 대해서 어떤 연유로 출발해서 어떤 과정을 거쳐서 어떤 결과를 내게 된다는 것을 명확하게 설명할 수가 있어야 한다. 물론 아직은 그 원리를 이해하지 못해서 설명하지 못할 수도 있겠지만, 이러한 경우에도 그 원리를 설명해보려고 연구하는 정신은 있어야만 한다. 그래서 결국 이론적으로 설명이 가능한 자연의 질서를 찾아내는 것이 이론가(理論家)들의 희망이면서도 숙제이다.

이러한 과정이 그리 만만치는 않다. 세상의 모든 이치가 그렇게 호락호락하지 않기 때문이다. 대개의 문제는 설명할 수 있을지도 모른다. 그렇지만 설명할 수 없는 문제들이 실제로 전개되는 경우도 있기 때문이다. 그러한 점에 대해서는 정신적인 영역의 힘이 한수 위라는 생각이 든다. 그래서 가능하다면 이론적인 분야에서 기본적인 원리를 이해한 다음에, 직관적인 영역을 개발한다면 매우 바람직할 것이라는 생각을 해본다.

왕왕 학문을 하면서 한계에 부딪칠 경우가 있는데, 그럴 때에는 학문을 한다는 것에 대해서 회의를 느끼게 되는 것이 보통이다. 그러면서 한 단계 위로 진입을 하거나 그대로 머무르고 말거나 하게 된다. 그 단계를 뛰어넘어야 하는데, 학문을 하는 체질이 돼버리면 이론적인 바탕이 깔리지 않은 현상에 대해서는 크게 마음이 쓰이지 않는 것이 또한 병이라면 병이라고 하겠다. 그래서 처음에는 세상의 모든 이치를 이론적인 설명으로 분석하려고 달려들다가 나중에 95퍼센트 정도 도달하게 되면 이론적인 설명만으로는 불가능한 영역이 있음을 알게 된다. 하지만 그 영역에 이르게 되는 것만으로도 행운이라고 하겠다. 대개는 그 학문의 50퍼센트도 오르지 못하고 스스로 물러나버리는 경우가 허다하다.

이 책에서 다루게 될 내용은 물론 가능한 한도 내에서는 이론적으로 하나하나 분석을 하고 그 원리를 규명할 것이다. 그리고 원리로 규명하기에 적절하지 못한 내용들은 일단 보류할 것이다. 왜냐하면 그러한 것들을 잡고 고민하는 사이에도 인생은 늙어가기 때문이다. 우선 밝혀진 것은 이해를 하고, 아직 밝혀지지 않은 것은 또 다음 단계에서 익혀나가면 된다. 완전하게 이론적으로 설명을 할 수가 없다고는 하지만 상당한 부분까지는 이론적인 설명이 가능하다. 다만 아직 원리를 찾지 못해서 완전하게 설명을 할 수가 없을 뿐이다.

지금까지 역학의 분야를 크게 나눠서 정신적인 분야와 이론적인 분야로 분류를 하고 대충 살펴보았다. 우선 이렇게만 분류를 하는 것도 상당한 의미가 있을 것이다. 이것은 앞에서도 말했듯이 음양 그 자체이기 때문이다. 이론적인 분야는 양이고, 직관적인 분야는 음이라는 생각이 들어서이다. 아니면 그 반대로 이론적인 분야가 음이 되고(고정되어 있으므로) 직관적인 분야가 양이 될지도 모르겠다. 그리고 이것은 아무래도 상관없을 것이다. 다만 서로 표리(表裏)를 이루고 있다는 점만 인식하면 충분하다. 그러면 우리는 이제 그 학문적인 분야에 속하는 것에 초점을 모아서 몇 가지로 분류해보도록 하자.

제3장
천학 분야

아마도 이 방면에 문외한이 아니라면 어디서건 천지인(天地人)이라는 말을 몇 번쯤 읽었을 것이다. 천지인을 다른 말로는 삼재(三才)라고도 한다. 천(天)은 하늘의 이치를 궁리하는 분야이고, 지(地)는 땅의 이치를, 그리고 인(人)은 인간살이의 이치를 궁리하는 영역이라고 이해하면 된다. 이번 장 천학(天學) 분야에서는 천문학이나 점성학이라는 영역을 다루게 된다. 이 영역은 우주를 논하기 때문에 범위가 대단히 넓고, 또 그만큼 심오하고 난해한 분야이기도 하다. 낭월이는 이 분야에 대해서 전혀 문외한이기 때문에 아마도 극히 일반인의 상식적인 수준에서 설명을 드릴 수밖에 없다. 그 점을 매우 죄송스럽게 생각한다.

1. 천문학

천문학(天文學)의 분야에서 대표적인 책이라고 한다면 《태을수(太乙數)》가 있다고 들었다. 태을수라는 말에서 볼 수 있듯이 숫자의 의미가 포함된다. 그러나 이 책은 원래 있었는데 유실(遺失)이 된 것인지, 아니면 그냥 전설로만 존재하는 것인지 책은 전하지 않는다. 사전에는 음양가들이 태을성(太乙星)을 신성시했다는 설명만 나와 있을 뿐이고, 태을수라고 하는 책 이름은 보이지 않는다.

비록 책이야 있건 말건, 그 제목으로 미루어 고도의 수리학이 아니겠느냐고 짐작해본다. 사실 하늘을 보면 당장 떠오르는 것이 숫자이다. 숫자 중에서도 광년(光年)이라는 낱말이 가장 먼저 떠오른다. 은하계의 궁수자리까지는 3만 광년이 걸리고, 오리온 성좌까지는 또 580광년이 걸린다는 등등의 이야기 말이다. 그냥 몇 킬로미터가 아니라, 몇 광년이라는 어마어마한 단위로 논하는 것에서 우주의 거대한 영역을 짐작할 수 있을 것이다.

1광년이 빛의 속도로 1년 간 달려간 거리라는 것을 생각하면 우주의 저편에서 무슨 일이 벌어지고 있을지는 상상조차 하기 힘들다. 그러한 어마어마한 영역에 발을 벗고 나서서 궁리를 하는 분들이 바로 천문학자들이고, 그들이 다루는 학문이 천문학이다. 그들은 주로 별의 운행에 관심의 초점을 모으는데, 운행하는 각도를 계산하는 것은 수학의 영역이므로 예부터 하늘에 대한 학문서에는 수(數)라는 글자가 따라다녔던 것이다.

수 중에는 일반인들이 흔히 사용하는 단어로 신수(身數)라는 게 있다. 여기서도 알 수가 있듯이 수라는 개념은 역학에서는 오래 전부터 매우 깊이 연구되어왔다. 물론 수라고 해서 모두가 천문학을 연구하는 영역은 아니다. 다만 천문과 숫자는 서로 매우 밀접한 연관을 맺고 있다는 점에 착안을 해서 역학과 천문학의 밀접한 관계를 생각해본 것이다.

하늘을 연구하는 천문학의 영역은 일찍이 점성술로 서양에서도 상당 부분 독자적으로 발전해왔다. 하늘의 별자리를 살펴서 이 땅 위에서 벌어질 일에 대한 예언을 한다거나, 일기예보를 함으로써 실제로 생활에 활용이 되었던 것이다.

아마도 인간이 살고 있는 지구는 하늘의 모든 별자리로부터 어떤 영향을 받는다고 생각했던가 보다. 물론 지금도 이러한 이치를 궁리하는 곳이 있다. 그리고 가깝게는 달의 밝고 어두운 주기에 따라서 사람의 마음에 영향을 미친다고 하는 보고가 있기도 하다. 보름달이 되어가면서 사람의 감정이 격해진다거나, 밝은 별이 떨어지면 인재가 죽는다거나 하는 말은 어디서라도 쉽게 만날 수 있는 천문(天文)에 대한 일례이다.

지구의 밖에서 일어나는 어떤 일을 항상 관심을 갖고 연구하고 개발한 학파는 지구에 일어날 커다란 변화를 예측하는 대단히 복잡한 이론을 전개하고 만들어서 전승했다.

국보로 보존되고 있는 조선 태조 4(1395)년에 제작된 '천상열차분야지도(天象列次分野地圖)'에 하늘의 별자리에 대해서 그림을 그려둔 것으로 봐서 조선에서도 천문에 대한 연구를 많이 했음을 짐작할 수 있다. 이 연구는 주로 하늘의 별자리의 이동이라든지 새로운 별의 생성, 또는 보이던 별의 소멸 등이 이 땅에 어떤 영향을 미칠지에 관한 것으로 천문학의 분야에서 다루는 학문의 영역이라고 보면 된다.

일설에 태을수를 놓을 수 있는 사람은 한국사람밖에 없다는 말이 있다. 그러나 한국의 어느 분이 그러한 학문을 운용한다는 말은 듣지를 못했으니 애석한 일이다. 그래도 천기(天機)를 본다는 말은 예전부터 할아버지들이 잘 쓰시던 말인 것으로 봐서 아마도 한반도의 선조들이 이 분야에 대단히 탁월한 재능을 보였는지도 모르겠다.

그리고 우리 선조들께서 해오신 일 중에 하나는 북두칠성에 대한 염원이었다. 영파가 강한 사람을 보면 영매자들은 "칠성줄이 세다."는 말을 한다. 이 말은 곧 영파는 칠성궁과 연관이 되어 있다는 것이 된다. 우리나라의 민간신앙 가운데에는 칠성단을 뒤뜰에 모아놓고서 치성을 드리는 풍습의 흔적이 아직 남아 있다. 장독대에다가 대접에 맑은 물을 떠놓고서 기원을 드리면 별이 그 그릇 속으로 비친다. 이러한 장면을 보면서 하늘의 별이 계시를 주는 것이라고 생각을 했던 것은 아닌지 모르겠다.

또한 북극성(北極星)을 일명 자미성(紫微星)이라는 말로 부르기도 하는데, 자미성이 모든 별 중에서 으뜸이듯 사람 중에서는 황제가 으뜸이라는 생각을 했던 중국인들은 황제가 기거하는 궁전을 자금성(紫禁城)이라 했다. 그것으로 중국인의 북극성을 동경하는 마음을 읽을 수도 있다. 이렇게 동양에서는 북두칠성을 존중해왔다. 어쨌든 이러한 것을 통해 우리의 생활 속에서 하늘의 이치가 매우 밀접한 영향을 미치고 있다는 생각을 해볼 수 있다.

2. 철판신수

얼마 전에 중화서국(中華書局)에 들렀다가 철판신수(鐵板神數)라는 말이 있는 책을 발견했다. 전부터 이름을 들어두었던 터라 상당히 거금이었지만, 일단 한 권을 구해왔다. 그런데 내용을 살펴보니 명리학자는 아예 발도 붙이지 말라는 듯이 참으로 살벌한 도표만이 나열되어 있었다. 그리고 어떻게 사용해야 하는지, 무엇을 설명하는 것인지 전혀 알 수가 없는 서적이었다.

아마도 생각건대, 이 책은 이미 이 분야에 상당한 지식을 가지고 있는 전문가가 무슨 도식을 구하는 데 편리성을 도모하기 위해서 만들어진 공식집과도 같은 책이 아닌가 싶은 생각이 들었다. 책의 제목은 《철판신수심득(鐵板神數心得)》이라는 것인데, 아직도 이 책을 어디에 사용하라는 것인지 도통 알아내지 못하고 있다. 물론 나중에 인연이 닿으면 누군가가 설명을 해주리라 믿고서 그냥 서재에 꽂아놓고 있는 상황이다.

그런데 자세히는 몰라도 대충 훑어보면서 아마도 천문과 밀접한 관계가 있지 않을까 하는 생각이 들었다. 서문에 보면 소강절 선생이 사용했다는 설명이 언뜻 보이는데, 결국은 목적이 인간의 추길피흉(追吉避凶)의 원리라고 짐작이 된다. 소강절 선생은 수(數)라는 이름이 들어가는 책을 많이 저술하였는데, 아마도 숫자에 대해서는 도사가 아니었던가 생각된다. 우선 이 책에서 보이는 한 쪽을 여기 소개해보겠다. 한번 살펴보고 무슨 이야기인지 알 수 있다면 아마도 전생에서 이미 공부를 한 것은 아닐까 싶다.

四十二	二十七	二十九	三十五六	六十四三	十二	二十一		四十七	一千零一
時亨運鎮日笑春風	卜君之壽未滿六旬	得人輕借力便是運通時	有意外之虞含嘯而笑	家堂亨通心安而意穩	日照紗窓紫艷明柳陰枝上報新春	苦雨連宵行人泥滑	家業消耗獨守為難	寄人廊廟何如自立門戶	一樹殘花有枝復茂
二十八七	二十	十九	十七八		十九	五十二一	十八七	三十八七	一千零一十一
運未	榮受	觀近	名登	正妻	為人	斯年	半夜	榮受	可真

머리에 있는 숫자로 봐서 원회운세(元會運世)라고 하는 방식으로 계산하는 황극책수(皇極策數)가 응용된 것이라는 생각이 든다. 우선 소강절이라는 이름이 등장을 하는 것으로 능히 짐작되는데, 역시 천문(天文)이라고 하더라도 이미 인간의 행복에 대해서 추리를 하는 것이니까 어느 학문을 연구한다고 하더라도 결론은 틀림없이 보다 행복한 삶을 추구하는 것과 연관 있으리라는 생각이 든다. 무식이 탄로나는 철판신수에 대해서는 이 정도로 소개 아닌 소개를 마친다.

3. 자미두수

천문과 연관된 것은 모두 수라고 하는 글자와 연결지어진 듯하다. 자미두수(紫微斗數)라는 학문도 수라는 끝자를 보아서 당연히 천문과 연관된 영역이라는 느낌이 든다. 내용을 살펴보면, 여러 가지 별자리에 해당하는 이름들로 짜여 있는 것이 눈에 띈다.

다음과 같은 그림을 명반(命盤)이라고 부르는데, 이렇게 명반을 뽑아 놓고서 이 표를 읽는 법을 배우는 것이 자미두수에 해당하는 학문을 배우는 것이다. 이것도 역시 인간의 길흉화복을 살펴보는 데 사용했다. 체제는 얼른 봐서 사주명리학과 비슷하게 닮았고, 표는 다음에 설명할 기문둔갑과도 비슷한데, 구체적인 내용을 보면 전혀 다르다는 것을 알 수 있다. 이렇게 근원은 천문에서 출발을 하지만, 그것을 인간의 길흉에 응용하여 활용하는 것이다. 물론 또 다른 방면에서 응용을 하고 있는 것인지는 천학비재인 관계로 해서 모르겠다. 항상 무식이 용감하다고 하듯이 낭월이가 나름대로 생각해본 것에 대해서 간단하게 언급을 하고 있을 뿐이다.

田宅宮 己巳	事業宮 庚午	交友宮 辛未	遷移宮 壬申
蜚孤天天天陀七紫 廉辰馬巫姚羅殺微 　　　　　天破 絶力　　　才碎 官士龍天 96~105 府　德煞	天封文陰右祿 喜誥昌煞弼存 博台指 墓士虎背 86~95	天華鳳龍空天擎 傷蓋閣池劫月羊 死官天咸 　府德池 76~85	旬月文左天天 中德曲輔鉞鉞 　　　　　化 　　　　　忌 病伏弔月 　兵客煞 66~75
福德宮 戊辰			疾厄宮 癸酉
天天天 空梁機 　　化 　　科 胎青大災 　龍耗煞 106~115	陰男 姓名：甲 出生地：台南 己卯年五月廿九日辰時		天天恩空天破廉 使虛光亡官軍貞 大病亡 衰耗符神 56~65
父母宮 丁卯			財帛身宮 甲戌
天地天 哭劫相 小小劫 養耗耗煞 116~125	大六局		台 輔 帝病歲將 旺符建星 46~55
命宮 丙寅	兄弟宮 丁丑	夫妻宮 丙子	子女宮 乙亥
八鈴天巨太 座星福門陽 長將官華 生軍符蓋 6~15	天寡火天貪武 壽宿星刑狼曲 　　　　化化 　　　　權祿 沐奏貫息 浴書索神 16~25	天咸紅三太天解天 德池鸞台陰同神魁 冠飛晦歲 帶廉門驛 26~35	天天 貴府 臨喜喪攀 官神煞鞍 36~45

자미두수는 나중에 인연이 닿는다면 한번 배워보고 싶은 학문이기도 하다. 그런데 머리 나쁜 주제에 이것저것 하다 보면 정작 하나도 제대로 완성하지 못할 것만 같은 불길한 예감이 들어서 우선은 포기하고 있다. 이러한 마음은 아마 수많은 학자분들도 공통적으로 가지고 있는 생각이 아닐까 싶기도 하다.

4. 태을수

그야말로 말로만 들었던 학문이다. 태을수(太乙數)라고 하는 것이 있어서 참으로 신통한 셈을 한다는 말을 듣기는 했지만, 이 분야에 대해서는 책도 보지 못했고, 누가 한다는 말도 듣지 못했으니 참으로 유감이다. 이 학문은 아마도 상당히 오래 된 학문으로서 인간의 감성이 매우 탁월해야만 응용이 가능한 고등(高等) 수학(數學)일 것이라고만 생각하고 있다. 알지도 못하는 것을 이렇게 중언부언하고 있는 것이 어떻게 보면 참으로 가소롭다는 생각도 드는데, 구태여 변명 아닌 변명을 한다면, 이렇게라도 소개를 하면 이름을 전했다는 칭찬(?)을 듣게 되려나 싶은 생각 때문이다.

사실 이 외에도 수없이 많은 예지학(豫知學)들이 세월의 뒤안길로 스며들었다가 사라졌을 것이라는 생각이 들 때가 많다. 그러한 학문들은 참으로 상상을 불허하겠지만, 어떤 연유에서인지는 몰라도 무슨 계기로 해서 이 땅에서 전설과도 같은 이야기만 남긴 채 사라져갔을 것이다.

이렇게 뛰어나다는 학문들이 소문만 남긴 채 자취를 감춘 이유 중 한 가지는 '신의 조작(?)'이 아닐까 하는 생각이 든다. 즉, 너무나 예리한 도구가 되어서 사람들이 그 내용을 알게 되면 불행을 미리 피해가기보다 반대로 음적인 문제가 더 크게 발생할 것이라고 판단되어 의도적으로 없애버렸을지도 모른다는 생각이다. 그래서 나온 말이 천기를 누설한 연고로 해서 천벌을 받았다는 말일 것이다.

이 외에도 참으로 듣도 보도 못 한 천문에 관한 학문들이 부지기수일 것이다. 《성경(星經)》이라는 책도 있다고 들었는데, 이것도 책인지 아닌지는 모르겠다. 이 부분에 와서는 오직 "나 자신의 안목이 언제나 우물 안을 면해 보나……" 하는 생각밖에 들지 않는다.

제2장
지학 분야

  천문학은 하늘만을 쳐다보면서 살아간다고 하고 지리학은 땅만 쳐다보면서 산다는 말로 대신할 수 있겠다. 지리학은 우리가 딛고 사는 이 땅에 대해서 그 이치를 궁구하는 학파이다. 이 분야에 대해서도 매우 오래 전부터 연구가 되어온 것으로 알고 있는데, 그 중에서도 제갈공명 선생의 활약이 가장 두드러진다고 하겠다.
  땅에 대한 학문도 역시 상당히 긴 시간을 두고서 오랫동안 연구 발전되어 왔을 것이다. 그렇지만 땅에 대한 학문은 천문보다는 범위가 좁다고 할 수 있다. 시대가 발전되면서 차차로 하늘의 이치에서 개인적인 이치로 그 안목을 옮겨가는 과정에서 땅에 대한 연구를 시작했다고 추측할 수 있다.
  천문이 국가적인 차원에서 연구되었다고 한다면 지리는 그보다는 좁은 의미에서 사용이 된 것 같다. 그러나 실제로는 천문의 원리와 지리의 원리가 크게 다른 것에서 출발했으리라고는 생각되지 않는다. 어디에 관한 학문이든지 그 바닥에서는 음양오행이라는 이치가 흐르고 있을 것이기 때문이다.

1. 기문둔갑

천문학이 하늘의 변화를 읽어내는 연구 분야라고 본다면 땅에 대해 궁리를 하는 학문은 지리학(地理學)이라고 하겠다. 지리학은 땅의 구조와 인간의 길흉화복이 서로 밀접한 연관이 있을 것으로 보고 연구해나간 분야이다. 대표적인 것으로는 기문둔갑(奇門遁甲)과 풍수학(風水學)이 있다. 이 중에서도 기문둔갑은 땅에 대한 상당히 독보적인 연구 분야인데, 이 학설에 의하면 땅의 기운은 네 개의 커다란 리듬을 가지고 돌고 있다고 한다.

연(年)을 위주로 하는 흐름인 연반(年盤), 월(月)을 위주로 하는 흐름인 월반, 일(日)을 위주로 하는 흐름인 일반, 그리고 시(時)를 위주로 하는 흐름인 시반이라는 것이 그것이다. 이러한 네 개의 각기 다른 흐름은 서로 대립하고 보완하면서 땅의 위를 돌고 있다. 이러한 흐름 속에서 지금의 기운이 어떻게 변하고 있는지 읽어냄으로써, 내가 어떤 일을 성사하기 위해서는 어디로 가야 할 것이며 어떻게 행동을 해야 할 것인가 하는 점에 대한 자료를 제공받는다.

이 기문둔갑은 고래로 제왕학(帝王學)이라는 별칭을 얻고 있다. 이 말은 왕들이 매우 애호한다는 의미인데, 제갈량이 이 분야에서는 독보적인 영역을 구축했다고 한다. 《삼국지》에 나오는, 돌무더기를 쌓아서 특별한 살기를 발생하게 해서 마치 사람이 있는 것처럼 위장하여 조조를 속였다는 이야기도 바로 기문둔갑의 활용으로 이해된다.

기문둔갑에서는 단체의 인원을 운용하는 것이 보통이다. 군대에서 사용하는 전략적인 방법이었던 것이기 때문이다. 그러므로 이 원리에서는 개개인의 특성은 무시되어버린다. 마치 군대에서는 병졸 개개인의 특성이 무시되는 것과 비교가 됨직도 하다. 그래서 전쟁터에서는 유용하게 쓰였지만 태평시대에는 좀 무리가 따랐는지도 모른다. 그래서 개인용으로 변형이 되지 않았을까 생각된다. 그러는 가운데 기문사주(奇門四柱)라는 극히 개인적인 운명학이 발생하기도 했던 것 같다.

		〈世〉	No:
天馬 生 四 戊 芮 魂 一 丙 虎 養 孫 生	歲馬 年殺 休 九 壬 柱 宜 六 庚 合 孫 浴	歲亡日劫 華 景 六 癸 心 德 九 戊 陰 帶 建	姓名: 性別: 乾命 坤命 陰曆 1957 年 10 月 10日 4 時
時支 死 五 庚 英 命 十 乙 武 O 父 胎	伏 日馬 歲干 八 日干 七 丁 鬼 祿	歲支 傷 一 己 蓬 歸 四 壬 蛇 兄 貴 旺	時 日 月 年 10 4 8 4 八癸 丁 辛 丁 七卯 未 亥 酉 二 4 8 12 10 局 下 小 陰 元 雪 遁
華 月干 杜 十 丙 甫 體 五 辛 地 O 胞 父 墓	年殺 開 七 乙 冲 害 八 己 天 財 死	月支 歲劫日亡 驚 二 辛 任 時干 氣 三 癸 直 病 財 衰	☎:.. 住所:..

위의 표는 기문둔갑을 이용해서 개인적인 운명을 보기 위한 명반(命盤)이다. 요즘은 이것도 컴퓨터로 프로그램되어 있어서 이렇게 간단히 뽑아 읽어볼 수 있다. 참으로 첨단문명의 이기(利器)를 활용한다고 하겠는데, 물론 이것을 해석하려면 기문사주에 대한 이치를 공부해야만 가능하다.

일본에서 발간된 《기문둔갑 개별용비의(奇門遁甲 個別用秘義)》라는 서적을 통해서 제기된 이론 중에서는, 기문둔갑도 명리학에서 보는 개인의 용신(用神)[5]을 기준으로 삼아서 길일이라든지 길한 방향을 정해야 한다는 것이 있어서 흥미롭다. 이렇게 각 방면에서는 항상 학자들이 새로운 이론을 가지고 원리를 연구하고 있으며, 또 그 연구의 결과가 타당

---

[5] 사주의 여덟 글자에서 일간(日干)을 뺀 나머지 중에서 오행의 균형을 이루는 데 가장 중요하다고 판단되는 글자에게 부여하는 이름이다.

성이 있다고 본다면 실제로 그것을 적용해나가면서 발전시키는 것이다. 기문둔갑에서는 甲이라고 하는 한 글자를 제왕으로 받든다고 볼 수 있다. 그래서 甲을 손상시키는 庚이라는 글자가 해당하는 방향은 매우 흉한 방향으로 지정이 되어 있다. 그래서 좋은 결과를 원하는 일에선 이 庚金의 방향을 절대로 사용하지 않는다. 그런데 이 책의 저자는 자평명리학(子平命理學)6)의 원리를 응용하여 용신을 먼저 정하고 나서 사주의 용신이 庚金이라고 한다면 기문둔갑에서는 비록 나쁜 방향이라고 하는 암시가 있다고 하더라도 전체적인 방향과는 달리 개인적으로는 길방향이라고 한다. 그러면서 이 사람의 용신 방향인 경에 해당하는 곳을 사용하는 것이 효과가 높았다는 임상 실험을 발표하고 있다.

　기문둔갑은 다른 말로 방위 학문이라고 하기도 한다. 그만큼 항상 방향에 대한 기운의 흐름에 민감한 학문이다.

　기문(奇門)은 땅 위를 흐르는 기운을 감지하는 데 총력을 기울인다. 그 기운은 크게 네 가지 흐름을 가지고 있는데, 가장 큰 흐름을 가지고서 느긋하게 움직이는 것은 연반(年盤)이라는 도식에 의해서 읽어내고, 가장 빠른 흐름으로 하루에 열두 번을 변화하는 움직임은 시반(時盤)이라는 도식으로 읽어낸다. 물론 이러한 각각의 연반, 월반, 일반, 시반은 제각기 사용하는 용도가 다른데, 그 구체적인 것은 생략하고 대충 살펴보기로 하자.

　간단히 설명한다면 1년 이상의 큰 일에 대해서 추리할 때에는 연반을 위주로 하고, 긴급을 요하는 일에는 시반을 기준으로 길흉을 살펴본다는 것이다. 그래서 그 길흉의 암시에 따라서 각 방향을 취하는 것인데, 가령 팔문(八門)에 대한 것을 참고한다면, 기도를 할 때에는 생문(生門)의

---

6) 우리가 앞으로 배울 사주학인데, 태어난 날의 천간(天干)을 위주로 하고, 계절을 나타내는 월지(月支)를 바탕으로 삼아서 연구한다.

방향을 취하고, 도망을 갈 때에는 두문(杜門)의 방향으로 한다는 것 등이다. 즉 도망을 가는 사람은 두문으로 가야 하고, 맑은 기운이 필요한 사람은 생문을 취해야 하는데, 만약에 생기운을 취해야 할 사람이 두문의 방향으로 행하면 점점 기운이 떨어지는 결과를 가져온다는 이야기가 되는 것이다.

팔문에 대한 이야기는 기문둔갑 전체의 내용 중에서 한 부분을 차지하는 이론일 뿐이다. 그 외에도 많은 이론이 있음은 물론이다. 이 많은 내용 중에서 어느 것을 취하고 버릴 것인지를 판별해 올바르게 정리하는 데에는 매우 고도의 능력이 필요하다.

기문둔갑의 내용 중에는 시가기문(時家奇門)이라고도 하는, 시간의 기문 형태를 기록해놓은 것도 있다. 이렇게 각기 그 분야에서 필요로 하는 것에 해당하는 위치의 의미를 찾아냄으로써 길흉을 찾아내 좋은 방향으로 유도를 하는 것이 바로 기문둔갑인데, 이런 면에서 보면 기문둔갑은 숙명적인 것을 극복하고서 개운(開運)의 방향으로 운명을 개척하려고 하는 정신이 강하게 드러나는 학문이라고 할 수 있을 것이다.

그런데 한 가지 유의할 점이 있다면, 기문둔갑에서도 천기(天機)에 대해서 논하는 분야가 있다는 것이다. 최근에 기문학에 조예가 깊은 분과 인연이 있었는데, 그분의 이야기는 기문둔갑이 천지인에 대해서 통하지 않는 분야가 없다는 이야기를 한다. 즉 기문둔갑은 땅의 기운을 아는 것에 관해서 대단히 탁월한 능력을 가지고 있기도 하지만, 하늘의 이치를 아는 것과도 관련되어 있다고 한다. 결국 어느 학문을 하든지 그것 하나를 깊이 파고들어가보면 모든 우주의 이치를 깨닫게 되는 것이 아닐까 하는 생각도 든다. 그러므로 사실 이렇게 자잘하게 분류를 할 필요도 없을 것이다.

■ 홍연진결에 대해서

《홍연진결(洪烟眞訣)》이라고 하는 책이 있는데, 이것도 기문둔갑에서 파생된 이론을 다룬 것이라고 한다. 이 책의 내용은 원래의 기문둔갑에서 출발해 한반도의 상황을 고려해서 다시 정리한 이론이라는 게 정설로 되어 있는 듯하다. 그런데 제목부터가 상당히 혼란스럽다. 어떤 책에서는 홍연진결(洪煙眞訣)로 되어 있기 때문이다. 내용 면에서는 대동소이한 책이 이렇게 제목에서부터 서로 다른 모습을 하고 있어서 입문자의 입장에서는 상당히 혼란을 느낄 것이다.

또 읽어가다 보면 '홍인진결'이라고 해야 한다는 말도 있다. 그런데 공부하시는 분들에게 여쭈어본 바에 의하면 그냥 홍연진결이라고 하는 것이 더 타당하다는 의견들이다. 이 홍연진결의 서문을 살펴보면 다음과 같다.

"(……) 해동의 서화담 선생과 이토정 선생이 이 학문의 이치를 깊이 통달하시고서 연가팔문(烟家八門)의 기틀과 홍범오행의 이치를 추리하고 결합해서 만든 것인데, 이치가 두루 밝아서 만 가지로 밝으니 (……)"

이러한 내용으로 볼 때 이 학문은 한국의 석학이신 두 분 선생께서 시작했다는 점을 알 수 있다. 화담 선생이나 토정 선생의 높은 학식이야 누구든 모르는 분이 없을 정도이므로 이 책이 상당한 내용을 가지고 있으리란 것을 짐작할 수 있다. 그리고 박설천이라고 부르는 선생이 다시 편집을 했고, 지리노부라고 하는 호를 쓰는 설담(雪潭) 선생이 완성을 시켰다는 말이 보인다.

이 이론은 중국에 없는 한반도 고유의 기문둔갑이라고 한다. 내용 면에서도 우리의 실생활에 활용하기 알맞게 상세하게 편찬이 되어 있으므로 기문둔갑에 관심이 많은 학자분은 한번 살펴볼 만하다. 그런데 이 책의 내용을 어떤 학자들은 부정하고 있기도 하다. 기문의 원리에서 벗어난 변칙적인 학문이고 누군가가 조작을 했다고 주장하기 때문이다. 그렇지만 낭월이는 이 분야에 대해서 언급할 주변이 되지 못하므로 못 들은 체하기로 한다.

2. 풍수지리학

일반적으로 풍수지리(風水地理)라고 하는 학문은 예부터 한국에서도 대단히 활발한 관심을 기울인 것으로 보아진다. 다른 말로는 감여학(堪輿學)이라고도 한다. 한국에서 땅의 기운을 잘 감지했던 명사로는 도선국사와 무학대사가 있다. 이러한 명사들은 각기 독특한 비법으로 땅의 기운을 감지했다고 생각이 되는데, 물론 기초는 학문적으로 연구하고 완성은 명상과 기도로 득력(得力)을 했다고 한다.

멀리서 바라다보기만 해도 그런 분들은 그곳의 땅의 형상과 명당의 기운을 감지한다고 하는데, 이러한 능력은 책만 가지고서 정복되는 영역이 아니라고 생각이 된다. 그만큼 지기(地氣)를 감지하는 능력이 발달되어 있어야 가능하리라고 생각된다.

이런 풍수에 대한 학문은 우선 자신의 개인적인 영역은 무시하고 가족 단위를 기본으로 하는 씨족사회적인 개념을 가지고 있는 특징이 있다. 그래서 조상의 시신을 기운이 좋은 자리에 모시면 그 자손들이 무병장수하며 명예가 높아진다고 하는 이론이다. 하지만 살아 생전에 덕을 쌓지 못한 사람이 좋은 자리에 묻히려고 하면 그 명당의 땅이 거부한다는 경계적인 교훈도 아울러서 전해 내려온다. 도선국사에 대한 민담이나, 조상의 시신을 짊어지고 명당터를 찾아다니면서 욕심 사납게 이장을 하다가 헛명당이 보여서 결국 천벌을 받았다는 《격암유록》의 저자 남사고의 이야기들이 김경보 선생의 저서인 《혈(穴)》이라는 책에 인용되어 있기도 하다.

이러한 이야기들은 결국 땅에는 기운이 흘러다니는데 어떤 자리에는 좋은 기운이 흐르고 어떤 자리에는 탁한 기운이 모여 있다고 하는 것이다. 풍수지리학은 결국 조상의 시신을 좋은 기운, 맑은 기운이 흐르는 길지(吉地)에 모시고 싶은 조상 숭배 사상이 한데 어우러져 완성된 학문이라고 볼 수 있겠다.

구체적으로 풍수가 다루는 분야를 살펴보면, 넓게는 국토의 이용 계획, 지역 관리에 관한 사업, 도시 및 촌락의 위치 선정과 유형의 결정, 군부대의 주둔지 선정과 방호에 관한 사항에서부터 좁게는 주거 및 주택 설계, 사후 묘지 선정에 이르기까지 땅에 관한 여러 사항을 정하는 데 이용된다.

▣ 명당

명당(明堂)의 개념은 한마디로 장풍득수(藏風得水)라고 한다. 바람을 감추고 물을 얻는다는 이야긴데, 자연적인 환경도 여기에 포함시켜 판단해 볼 수 있다. 그야말로 바람이 세지 않고, 물이 잘 흘러가야 한다는 것이다. 각 가문의 족보를 보면 흔히 족보의 앞쪽에 각기 자신의 조상을 모신 산소 주변의 그림이 삽입되어 있는 것을 볼 수가 있다. 그리고 어떻게 되어서 명당이라는 이야기가 포함되어 있는 경우도 있는데, 그 형상들을 살펴보면 대략 여성의 자궁을 닮았다는 생각이 든다.

다음과 그림과 같이 생긴 곳을 명당이라고 하는데, 좋은 장소에 조상의 시신이 안치되어 있으면 그 자손들이 좋은 기운의 감응을 받아서 행복하게 살 수 있고, 조상의 시신이 흉한 곳에 안치되어 있으면 자손들에게도 그 화가 미친다는 것이 바탕에 흐르는 기본적인 사상이다.

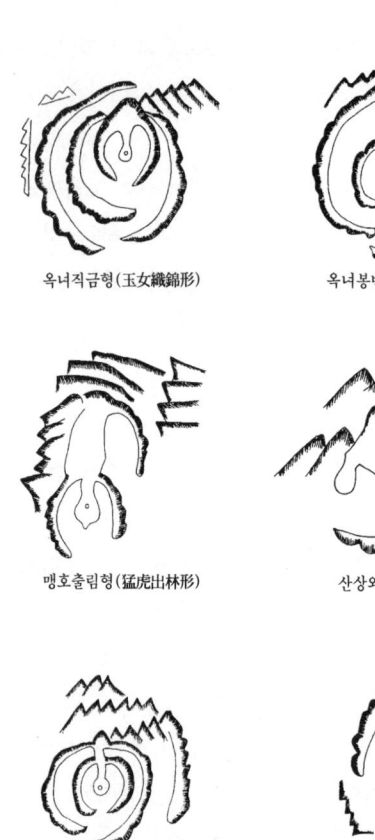
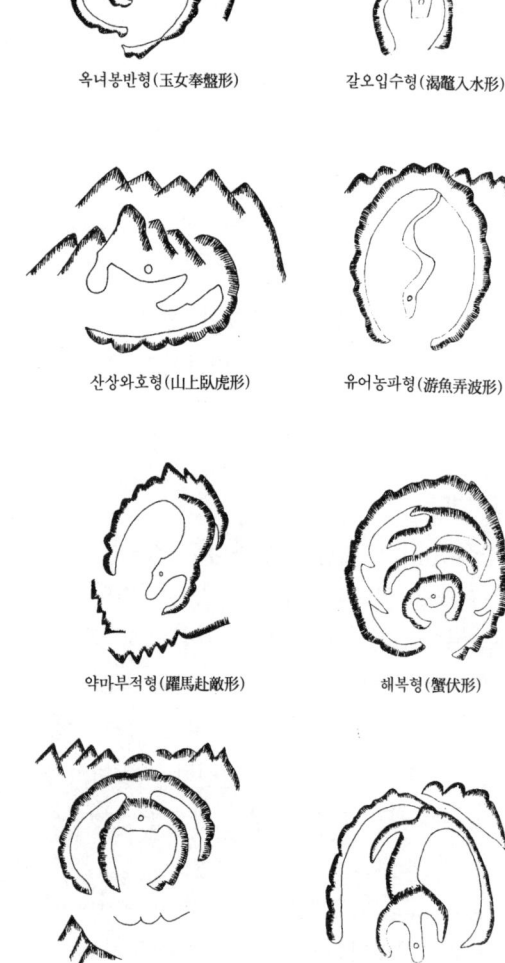

옥녀직금형(玉女織錦形)　　옥녀봉반형(玉女奉盤形)　　갈오입수형(渴鰲入水形)

맹호출림형(猛虎出林形)　　산상와호형(山上臥虎形)　　유어농파형(游魚弄波形)

금반하엽형(金盤荷葉形)　　약마부적형(躍馬赴敵形)　　해복형(蟹伏形)

구구동식형(九狗同食形)　　운중반월형(雲中半月形)　　복구형(伏狗形)

이론파

 풍수학의 이론은 참으로 방대하고 다양하다. 산천의 형상을 이론적으로 설명을 한 것인데, 참으로 그럴싸하게 들린다. 그야말로 지리학 이론이라는 말로 표현을 할 수 있을 법하다. 《금오경(金烏經)》이나 《청낭경(靑囊經)》, 《인자수지(人者須知)》라는 서적들은 풍수 이론서의 대표적인 책들로 꼽힌다. 그 외에도 대단히 많은 서적들이 있다. 이론파란 교과서를 위주로 공부하는 사람들을 가리키는 말 그대로, 이러한 여러 책들을 통해 이론적인 공부를 해서 현장에 대입시키는 사람들을 이른다.

 이론파는 책으로는 풍수지리에 대해서 달달달 꿰는데 실제로 산에 가면 깜깜해진다는 이유로 다음에 설명할 기감파에서는 무시하는 입장이다. 소위 '책 따로 산 따로'라는 말을 듣는데 그 말도 일리가 있다. 풍수에서는 실제 장소에서 득기(得氣)해야 하는 것이 항상 중요하다. 이러한 것에 초점을 맞춘 내용인지는 몰라도 《현장풍수》라는 이름의 책도 있다.

 책을 통해서 이론적인 분야를 이해하고 난 다음에 산천을 돌아다니면서 실제로 체험을 한다면 아마도 가장 바람직한 공부가 되지 않을까 하는 생각을 해본다. 근래에는 풍수학 분야에서 매우 좋은 책들이 많이 보이는데, 특히 돋보이는 책은 최창조 선생의 《좋은 터란 어디를 말함인가》라는 책이다. 이 책을 읽어보는 것만으로도 대단히 많은 지식을 얻을 수가 있다고 생각되니 한번 읽어보기를 권한다. 특히 이 책의 저자가 서울대학교 교수직을 버리고 본격적으로 땅을 연구하기 위해서 나섰다는 이야기를 들었는데, 뭐든지 이렇게 몰두하면 필시 큰 깨달음을 얻게 될 것이라고 생각된다. 좋은 경지에 도달하기를 빌어본다.

기감파

 책을 통해 얻은 이론적인 지식으로 풍수를 해석하는 이론파와는 달리 현장에서 기를 감지하는 것을 중요시하는 사람들이 있는데 이를 기감파(氣感派)라고 이름지어봤다. 이 부류의 사람들은 '꿩 잡는 게 매'라는 식이다. 현장에 가보면 그 자리의 기운을 감지한다고 한다. 물론 이론적으로는 뒷받침이 되지 않는 경우도 많다. 그렇지만 기감파에서는 이론보다도 우선 땅 속을 파보라고 말하는 것이다. 땅 속의 상황이 어떻게 생겼을 거라는 예언을 하는 것이 기감파들이다. 이론적으로는 정확하게 설명하지 못하더라도 실제로 땅 속의 사정에 대해서 정확하게 알고 있는 것이 중요하다고 생각한다. 상황에 대해서 본 듯이 그려낸다면 그 땅의 기운을 감지하는 위력 또한 대단할 것이다.

아무리 이론적으로는 청학포란형(靑鶴包卵形)이라도 현장에서 기운이 느껴지지 않으면 전혀 쓸모 없는 땅이라고 자신 있게 말한다. 낭월이도 이러한 기감파의 이론에 상당히 공감하는 입장이다. 이 말은 이론은 어디까지나 이론이고 중요한 것은 현장의 상황이라는 것으로 이해하면 된다. 그래서 많이 돌아다니는 것이 풍수 공부라고 하는 것이다. 나중에 인연이 있다면 기감파의 대가들을 한번 만나서 산천 여행을 해보자. 그것만으로도 이미 상당한 공부가 될 것이다.

얼마 전에 세간의 관심을 모은 사건이 하나 있었는데 그것은 전직 대통령의 묘소가 명당이냐, 아니냐를 놓고서 벌어진 논쟁이었다. 논쟁자 중 한 분은 이론적으로 대단한 실력의 소유자였고, 또 한 분은 기감파로서 대단한 능력자였다고 하는데, 이론파에서는 명당이라고 단언했고 기감파에서는 찬물이 고이는 흉지라고 단언했다. 물론 한마디로 이론파와 기감파라는 이름으로 분류하고는 있지만 풍수학 하는 분들을 100퍼센트 나누어서 분류할 수 있는 것은 아닐 것이다. 이론적인 학문을 배경으로 오랫동안 연구를 한 분들도 현장에 다니면서 느끼다 보면 자신도 모르게 그 분야에 대해서 기감이 발생할 것이다. 마치 형사가 법대로 범죄자를 다스리지만, 오랫동안 그 일에 매달려 있다 보면 어느덧 자신도 모르게 독특한 직감력이 있어서 멀리서 한번 보는 것만으로도 그가 범죄자인지 아닌지를 알아내는 것과 같다고 하겠다.

그리고 기감파라고 하더라도 역시 책을 보면서 설명이 약한 부분에 대해서 대입을 시켜가며 활용하는 공부를 할 것이기 때문이다. 이것은 마치 정석을 모르고 바둑을 두는 사람이 어느 날 정석을 안다면 더욱 실력이 늘어나게 될 것이라는 생각을 하고서 틈틈이 연구하는 것과도 같다고 하겠다. 그리고 이렇게 서로의 장단점을 보완해가는 것이 바람직한 연구 방향이라는 생각이 든다.

지인(知人) 중에 김경보(金炅甫)라는 선배가 있는데, 이분도 역시 기감파라고 할 수 있다. 이분이 현재 필자가 거처하고 있는 감로사(甘露寺)의 터를 찾아주었는데, 그 이야기를 한번 적어보겠다. 이 방면에 연구심이 있으신 분은 참고가 될 것으로 생각된다.

■ 감로사 터를 잡은 이야기

갑술년(甲戌年-서기1994년)도 다 저물어가는 초겨울이었다. 싸늘한 기운을 받으면서 대전의 김경보 선생을 만나러갔다. 언제 봐도 소탈한 모습이어서 가끔 시간을 내서 놀러가곤 했는데, 오랜만에 만나서 이런저런 이야기를 나누다가 서니암(西尼庵) 터를 한번 살펴봐 달라는 부탁을 했다. 그래서 시간을 빌려 함께 논산으로 향하면서 차 안에서도 이런저런 이야기를 나눴다. 그런데 서니암에 살면서 껄끄러운 점이 있다는 이야기를 듣고는 말하는 것이었다.

"아니, 그럼 절을 하나 짓지 뭘 그래?"
"절을 짓기가 그리 쉬운가요?"
"우선 인연을 맺어놓고 기도하면 되는 거야."
"그래도 돈이 있어야지요. 겨우 밥만 얻어먹고 사는 처지에 무슨 재주로 터를 장만하겠습니까?"

"내가 터를 잡아줄까?"

"터만 잡으면 무슨 소용이 있습니까?"

"그래도 터를 잡아놓고서 자꾸 오가며 기도를 하는 거야 그러면 산신령이 땡겨서 일이 되도록 하는 거지 뭐. 내가 하나 잡아주지."

그렇게 이야기를 하면서 연산을 거쳐서 상월면 영역으로 들어왔는데 멀리 계룡산이 바라다보였다. 마침 이슬비가 부슬부슬 내리고 있었는데, 김 선생은 차의 조수석에 앉아서 연신 앞을 바라보고 있었다. 그러다가 문득 소리를 지르는 것이다.

"잠깐! 차 좀 세워봐!"

무슨 일인가 싶어서 차를 세우고 김 선생을 따라서 차에서 내렸다. 그러자 그는 멀리 천황봉의 아래를 가리켰다.

"저 안개 속에 보이는 산을 좀 보라고, 어때? 기가 막히지? 세 겹으로 둘러싸인 기가 막힌 명당이구만, 보이지?"

정말 김 선생이 가리키는 방향을 보니까 겹겹으로 둘러싸인 아담한 봉우리가 눈에 들어왔다. 늘상 대전을 다니면서 지나다니는 길가였고, 언제나 바라다보는 곳이었는데, 오늘에야 그러한 광경이 눈에 들어온 것이다.

"저곳은 평소에도 늘상 보고 다니는 곳인데, 오늘 보니까 새롭네요. 그럴싸한걸요."

"그럼 차를 그곳으로 몰고 가보자고, 아마 적당한 인연처가 있을 거야."

그렇게 해서 우리 일행은 그곳으로 갔다. 그리고 주변을 둘러보던 김 선생이 탄식을 질렀다.

"터는 기가 막힌데 집을 지을 공간이 없구나. 이곳은 아마도 산소를 써야 할 자리인갑다. 그런데 저 맞은편을 한번 봐요. 저곳에는 아마도 좋은 터가 있겠는걸."

그래서 빗속에 다시 차를 몰고 이리저리 돌아들면서 그가 가리키는 곳으로 향했다. 그곳에는 산자락에 아늑하게 밭이 있었고 소나무 숲이 마음을 그윽하게 만들기에 충분했다. 그리고 전망이 기가 막혀서, 항상 앞에 산이 있어서 갑갑하게 느끼던 서니암과는 전혀 딴판이었다. 그야말로 가슴이 탁 트이는 곳이었다.

"이야! 이곳에 이런 터가 있었구나……"

혼잣말로 중얼거리는 것을 보면서 조용하게 그의 눈길을 따라서 나도 둘러봤다. 문외한이 보기에도 뭔가 속이 시원한 풍경이었다.

"이 땅을 한번 알아봐요. 인연이 되면 사게 되는 거니까. 일단 이곳을 마음으로 정하고서 일을 만들어봐야지 뭐, 어때? 나는 서니암에는 가보지 않았지만 이야기를 들어볼 때에 그 자리보다는 좋을 거야. 그렇지?"

"그렇게 보입니다만, 이렇게 좋은 땅이 내 차지가 되겠습니까?"

"왜 그렇게 자신이 없어요? 일단 일이 되는 대로 해보는 거야. 산신님7)이 땡기면 되는 거지 사람의 힘으로만 되는 것도 아니거든. 하하하."

이렇게 해서 좋은 터라는 것을 구경만 하고 서니암으로 향했다. 서니암을 둘러본 김 선생은 한마디로 잘라서 말했다.

"이곳은 아니네, 신도가 150명만 되면 자기네들끼리 뜯고 싸워서 흩어지는 자리구먼, 아까 본 곳하고는 천지 차이네. 너무 음습하구먼…… 이곳에서 우째 살았노? 참말로 대단한 사람들이데이."

말이 길어지므로 중략하겠거니와, 결국 그 땅을 단돈 300만 원만 들고서 계약을 했는데, 어찌어찌 일이 꾸며지더니 결국은 낭월이 앞으로 등기가 나게 되었다. 그리고 이렇게 감로사라는 이름을 달고서 들어앉게

---

7) 산신령이라고도 부르는데, 원래 산천을 수호하는 뛰어난 능력이 있는 신이 산을 관리한다고 믿어온 전통 사상에서 나온 이름.

되었으니 아무리 생각해도 당시에 김 선생의 조언이 아니었더라면 이곳은 나와는 인연이 없었을 것이다. 결국 터를 얻는 것은 돈과는 상관이 없는 것이라는 생각을 깨우쳐준 현장 실습이었다.

지금도 김 선생의 당시 조언이 귓가에 생생하다. 이곳이 과연 얼마나 큰 명당인지는 모를 일이지만, 적어도 먼저 살던 곳보다는 좋아 보이는 터라고 생각이 된다. 그런데 이상한 것은 풍수학에 대해서는 전혀 문외한인 방문자들도 주변 경관이 너무 맘에 든다고 하는 점이다. 다분히 아부적(?)인 의미도 포함되어 있겠지만 단순히 그것만도 아닌 듯 생각된다. 어찌 되었든 간에 그 덕에 이렇게 새로운 터전에서 글을 쓰고 있다. 항상 고마운 인연은 있는 법인 모양이다. 바로 이러한 것이 기감파의 특징이다. 좌청룡(左靑龍) 우백호(右白虎)라는 것은 간 곳이 없고, 그냥 저 곳이 좋아 보인다고 지정을 하면 그 자리는 누가 봐도 명당인 것이다. 그래서 항상 배우면서 살고 있는 것이라는 생각을 하게 된다. 잠시 기감파라는 것이 무엇인지를 생각해보도록 주변의 이야기를 적어봤다.

3. 가상학

가상(家相)이란 집터에 대한 연구를 하는 분야이다. 일명 '양택(陽宅)'이라는 말로 대신하는데, 여기서 양택이라고 말하는 것은 묘터를 '음택(陰宅)'이라고 하는 연유에서이다. 그리고 보니 풍수학에서도 음양이 있다는 것이다. 음택은 음이고 양택은 양이니까 말이다. 크게는 풍수에 모두 포함이 되지만 세분하여 사람이 살 터를 본다는 의미에서 가상은 묘터와 약간 달리 설명을 한다. 기본적으로 집터와 묘터와의 차이점은 묘터는 바람과 물을 중히 보는 데 반해서 집터는 일광(日光)을 중히 여긴다. 그리고 도로도 중요하게 생각한다.

집터에는 주택뿐만 아니라 공장, 아파트 단지, 학교 같은 큰 규모의 건물들도 포함된다. 이러한 건물들도 풍수학의 기본 이론을 바탕에 깔고 지어야 번창한다고 한다.

서울의 대궐 터의 방향을 놓고서 무학대사와 정도전이 벌인 쟁론은 너무나도 유명하다. 무학대사는 불교가 융창할 수 있는 방향으로 잡으려고 했고, 정도전은 불교가 융창하지 못할 방향으로 잡으려고 했기 때문이다. 그리고 또 경복궁 앞에 세워진 일본의 총독부도 풍수학에 근거한 조선 정기(精氣)의 말살 정책이었다는 분석이 나오고 있다. 물론 병자년에 그 건물은 철거되고 말았으니 어찌 생각해보면 한국의 운세가 점차 웅비를 하고 있다는 느낌인데, 또 진작에 철거를 하지 못하고 이제사 한다는 늦은 감도 없지 않다. 이 또한 국운과 연관이 있는 것인지도 모르겠다는 생각이 든다. 집이라는 구조를 놓고서도 이렇게 온갖 사연들이 얽혀 있는 것이다.

이러한 이야기를 자세히 보면 집터의 위치도 중요하지만 방향도 중요하다는 것을 알 수 있다. 이 모든 이론은 지리학의 영역에서 다루는 분야이다. 명리학에서는 이 분야와는 또 전혀 다른 관점의 이론이 많기 때문에 별도의 공부를 해야 한다. 앞으로는 이러한 양택이론이 좀더 활성화되고 이론적인 뒷받침이 되어서 인간이 거주하는 공간이 쾌적하고 편안한 공간이 되었으면 좋겠다는 희망을 품어본다. 현재 나와 있는 이 방면의 서적으로는 《가상학 입문》(전태수 지음), 《풍수로 보는 인테리어》(사라 로스바크 지음, 황봉득 옮김) 등이 있는데, 특히 《풍수로 보는 인테리어》는 기존의 주택에 적용시킬 수 있는 영역을 많이 포함하고 있어서 활용해볼 만한 가치가 높은 책이라고 생각된다. 또 최근에 나온 책 중에는 이재석 선생이 지은 《기와 생활풍수 인테리어》라는 것이 있는데 추를 이용한 수맥 탐지법으로 인기를 끌고 있으며, 정판성 선생이 지은 《생활수맥 건강수맥》이라는 것도 있다. 이러한 책들은 특히 수맥(水脈)이라고 하는, 땅 속을 흐르는 물의 길이 인체에 미치는 영향을 연구하고 실험한 내용이다.

아파트의 경우도 대부분 돈 많은 건설회사가 지은 것이 보통 살기 좋은 것으로 생각하는 사람이 많지만, 풍수가의 이야기를 들어보면 그렇지만도 않다. 같은 아파트가 나란히 늘어서 있더라도, 그 산세의 능선과 주변의 상황에 따라서 어느 동은 항상 소란하고 죽어나가는 사람이 많은 반면에, 그 옆의 다른 동에서는 항상 화기애애한 분위기가 넘친다고 한다. 이러한 이야기를 들으면 실제로 개인적인 사주팔자도 중요하지만, 단체가 거주하는 공간의 상황도 결코 사소한 문제가 아니라는 생각이 든다. 사실 울산공단을 지나가노라면 목이 매캐해서 한순간도 머물고 싶지 않다는 생각이 든다. 이런 공간에서 생활하는 사람이라면 개인적인 운세가 좋다고 해도 결코 좋은 것이라고만 할 수는 없다는 생각이 들기도 한다. 그래서 개인적인 운세보다는 지세(地勢)의 상황이 우선한다는 이야기도 가능하다는 생각을 하게 된다.

4. 방위학

방위학(方位學)이라는 말은 글자 그대로 동서남북의 방위에 대한 이론을 연구하는 학문이다. 이것은 그 원류를 기문둔갑에 두고 있는데, 그 중에서 구성학(九星學)을 끌어내어서 발전시킨 것이라고 본다. 이 분야는 한국이나 중국보다는 일본에서 매우 많이 응용되고 있는 것으로 알고 있다. 일본에서 나온 달력을 보면 특이하게도 우리 달력에서 음력을 기입했듯이 구성이 날짜마다 매일 기록되어 있다. 날짜마다 일백(一白), 이흑(二黑), 삼벽(三碧), 사록(四綠), 오황(五黃), 육백(六白), 칠적(七赤),

팔백(八白), 구자(九紫)라는 용어가 적혀 있는데, 이 아홉 개의 별에 따라서 그날그날 동서남북의 상황에 대한 길흉을 점할 수가 있다. 특히 이사를 할 때 매우 중요하게 보는 것이 오황살(五黃殺) 방향인데, 이 방향으로 이사를 가면 5년 동안 재수가 없다는 식으로 매우 금기시하는 방향이다.

이 아홉 개의 글자들은 매일매일 이동을 한다. 그것이 움직이는 방향은 일정하게 정해져 있는데, 기본도는 마방진(魔方陣)의 원리를 채용하고 있으며, 기문둔갑의 구궁(九宮)과도 서로 통하는 것으로 보인다. 참고로 마방진은 하도(河圖), 낙서(洛書) 중에서 낙서의 원리를 숫자로 바꾼 것인데, 재미있는 것은 마방진에서 가로나 세로나 대각선으로나 어느 곳으로 세 자리를 합해도 모두 합이 15가 되는 것이다.

4	9	2
3	5	7
8	1	6

이러한 원리로 움직이는 것인데, 간단하면서도 응용하기에 편리하기 때문인지 활용성에 치중하는 일본 쪽에서 많이 사용하고 있다.

하지만 이 기본적인 도형은 일본뿐 아니라 동양에서는 오래 전부터 각 방면의 학문에서 모두 원형으로 채용하고 있다. 특히 하도는 자연의 기본적인 형태라고 설명하고, 낙서는 그 기본적인 형태가 변화되어 나타나는 모습이라고 설명하기도 한다. 이 외에도 지리 분야에 대한 많은 응용 학문이 있지만, 그 모두를 다 알 수가 없으므로 대략 생각나는 대로 언급을 해봤다.

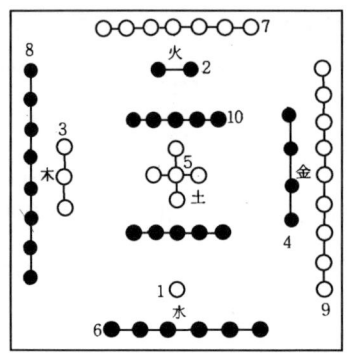
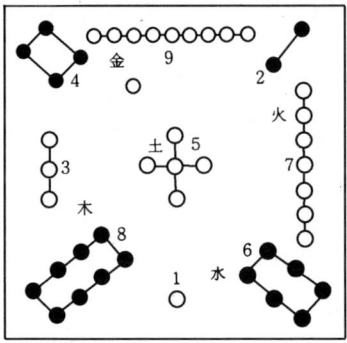

위의 그림은 하도(앞그림)와 낙서(뒷그림)를 나타낸 것이다. 대산 선생의 《주역강해》에 나온 도표를 인용했는데, 그는 당대의 주역에 관해서는 해박한 지혜를 갖춘 분이라고 한다. 여기에서 보면 낙서의 숫자가 앞에서 본 마방진의 위치와 전적으로 일치하고 있다는 것을 알 수 있다.

■ 지리와 나침반

지리를 논하노라면 반드시 필요한 도구가 있다. 소위 말하는 나침반(羅針盤)이라는 것인데, 이것을 다른 말로는 '나경(羅經)'이라고 부르기도 한다. 9층 반이니 24층 반이니 하면서 그 용도와 규모에 따라서 분류를 하는 이것은 땅의 방향을 찾아내는 데 대단히 중요한 역할을 한다. 그도 그럴 것이 이것이 잘못 만들어져서 가리키는 방향이 차이가 난다면 눈을 뻔히 뜨고서도 실수를 할 수밖에 없기 때문이다. 여기서 9층 반이니 24층 반이니 하는 말은 나침반을 가운데에 두고 그 밖에다가 여러 가지 표시를 한 것인데, 층의 종류가 몇 가지인가를 설명하는 말이다. 각기 자신의 목적에 따라서 활용하는 층이 있는 모양인데, 이것을 읽기 위한 별도의 책이 있을 정도이다. 그러나 그 나침반을 초보자가 보면 그냥 비슷한 글자로 나열이 되어 있다는 것으로밖에 보이지 않는다.

언젠가 TV에서 풍수가들이 지름이 세숫대야만한 나침반을 나무로 기둥을 삼아서 공간에 매달리게 하고서 지기(地氣)를 측정하는 장면을 보았다. 지기라는 것보다는 오히려 지기가 흐르는 방향을 찾아서 자신에게 좋은 방향으로 잡아주는 것이었겠지만, 실제로 그들의 진지한 표정을 보면서 자평명리학에서 만세력(萬歲曆)[8]에 치중하는 것과도 비교가 되었다. 그런데 그 나침반을 공간에 매달아놓고 살피는 것은 땅바닥에 놓으면 땅 위의 자성체(磁性體)에 의해서 방향에 영향을 받을까 봐서 그런 것이라고 한다. 그러나 그냥 이사 방위 등에 활용하려고 한다면 시중에서 5천 원 정도면 구할 수 있는, 간단하게 8방 정도만 가리는 것을 사용해도 충분하다. 또 등산용으로 쓰이는 그야말로 순수한 나침반도 각도의 분할만 잘 할 수 있다면 능히 활용을 할 수가 있을 것이다.

▣ 물 찾는 심용척

참고로 땅에 대해서 연구하는 데 필요한 또 하나의 도구를 말해보겠다. 바로 물을 찾는 심용척(尋龍尺)이다. 이것은 물이 어디에 흐르고 있는지를 살피는 도구인데, 실제로 보지는 못했지만 중국의 역학 관계 서적의 광고에 나와 있는 것을 보면 마치 쌍절곤과 비슷하게 생긴 물건이다. 한국에서는 그렇게 거창하게 생긴 것보다도 간단한 추를 이용해서 물을 잘 찾는다고 하니까 어쩌면 한국 사람의 능력이 더욱 뛰어난 것이 아닌지 모르겠다. 우리 나라 임응수 신부님도 그렇게 추를 이용해서 수맥(水脈)을 찾는 데 특별한 일가견이 있는 분이다. 책도 나온 것이 있어서 살펴봤는데, 역시 인간의 행복에 영향을 주는 것이라면 무엇이든지 알아내야 하는가 보다. 또한 우물을 개발하는 사람들은 버들가지를 꺾어 들고서 땅 속으로 흐르는 수맥을 찾아내기도 한다.

---

[8] 대략 삼원 갑자(60년×3-상,중,하원=180년)를 매일별로 기록해놓은 일종의 달력인데, 여기에는 특히 중요한 매일의 간지(干支)가 기록되어 있어서 그 사람의 생일을 확인해서 어느 간지에 해당하는 날에 태어났는지를 확인하는 데 사용한다.

■ 수맥 찾는 전선줄

물이 땅 속 어디에서 흐르고 있는가를 알기 위해서 어렵게 이런저런 도구를 사용할 필요도 없는 것인지 모르겠다. 동선(銅線)을 두 가닥 구해서 기역자 모양으로 구부린 다음에 양손에 들고 천천히 걸어가면 물이 흐르는 곳에서 그것이 교차한다는 이야기를 이재석 선생께 들은 적이 있다. 그래서 철물점에 동선을 사러 갔더니 없다고 해서 가만히 생각한 다음에 창고에 있는 굵은 전선줄을 두 도막 끊어서 들고 마당을 돌아다녀봤는데, 이것이 반응을 하는 것이었다. 참으로 신기해서 놀러오는 사람들과 시험을 해보았는데 사람을 가리지 않고 반응을 보이는 것이었다. 이렇게 살펴보면 주변에서 신기한 도구(?)를 발견할 수가 있다는 점이 재미있다. 각설하고, 이러한 분야도 역시 지리의 한 종류로 집어넣어야 할 것이라고 생각된다.

지리라고 하는 점에서만 생각한다면 물이 연관이 없을 것도 같지만, 실로 물과 땅과의 관계는 대단히 중요하다. 명당이라고 하더라도 물이 어떻게 위치하고 있는가에 따라서 그 복록의 경중이 엄청나게 달라진다고 하니까 역시 모두를 알지 않고서는 판단을 할 수가 없는 것이라는 생각이 든다. 그런데 지리학에서는 음양을 보는 관점이 명리학과 약간 다르다. 가령 명리학에서는 土를 양으로 보고, 水를 음으로 보게 되는데, 지리학에서는 또 반대로 水를 양으로 보고 土를 음으로 보기도 한다는 이야기이다. 이유인즉, 양은 움직이는 성분인데, 물이 그렇게 항상 움직이고 있기 때문이며, 음은 고요하게 안정되어 있는 것인데, 땅이야말로 그렇게 묵묵하게 앉아 있는 형세를 취하고 있기 때문이다.

이러한 설명을 보면 역시 어느 것이 양인가, 혹은 음인가를 구분하는 게 중요한 것은 아닌 모양이다. 중요한 것은 서로 어떠한 작용을 하고 있는가에 대해서 올바로 이해하는 거라는 생각을 해본다. 언젠가 명리학의 고수 한 분이 놀러오셔서 문득 "형이상학(形而上學)과 형이하학(形而

下學)은 어느 것이 음양이 되는고?"라는 질문을 던졌다. 그래서 가만히 궁리해보니까 그 음양도 역시 풍수가의 음양처럼 생각하기 나름이겠다 싶었다. 그러니까 크고 광대하고 형체가 보이지 않고 숨어 있는 것을 음이라고 한다면 형이상학이 음이라고 해야 할 듯싶고, 또 눈에 띄고 단단하고 굳어 있어서 생명력이 없는 것처럼 보이는 것이 음이라고 한다면 형이하학적인 것에서 음을 읽어야 하겠다는 생각이 들었다. 그래서 결국은 바라보는 관점에 따라서 음양은 달라지겠다는 참으로 멍청한 답변을 해놓고서는 스스로 생각해도 싱거워서 그냥 웃고 말았다.

　이렇게 상황에 따라서는 반드시 고정적으로 음과 양으로 분리를 하기 어려운 경우도 있다. 이러한 경우에는 어느 것에서 취상(取象)을 하는가에 따라서 음양이 달라지므로 그 결과에 대해서 너무 집착한다면 한 가지만 얻고 또 한 가지는 잃게 될 가능성이 많다고 하겠다. 그러므로 항상 융통성을 가지고서 격물치지(格物致知)[9]하는 것이 좋겠다. 어느 관점에서 보든지 그 바탕에 흐르고 있는 정신만 올바르게 이해한다면 상관이 없다는 생각이기 때문이다.

---

9) 사물의 이치를 연구하여 지식을 확실하게 함.

제 5장
인학 분야

지금까지 천문이나 지리에 대해 간단히 더듬어봤다. 그렇지만 원래 깊이 연구해보지 못했기 때문에 어쩌면 상식 정도의 수준이었을 것이다. 다만 일반적으로 볼 때 그 정도만이라도 알아두고 있으면 참고는 될 것이라는 생각으로 몇 말씀 드려본 것이다. 원래는 상통천문(上通天文)하고 하달지리(下達地理)10)를 해야 제대로 된 선생이라고 할 것인데, 이렇게 선천성으로 둔재인 낭월이로서는 참으로 요원한 학문의 세계라고 생각된다.

이렇게 자신이 없는 분야는 이 정도로 마무리를 하고서, 이번에는 본격적으로 인간에 속한 영역에 대해서 살펴보도록 하겠다. 원래가 낭월이의 전공이기도 하므로 이 분야에 대해서만은 약간 길게 말씀드릴 수도 있을 것이다. 그리고 이 책에서 중심적으로 다룰 분야도 여기에 속하는 것이다.

---

10) 위로는 하늘의 이치에 통하고, 아래로는 땅의 이치를 알게 되는 것을 말하는데, 즉 천지의 이치에 두로 통달하는 것을 이르는 말이다.

1. 점술학

사실은 인간학이라고 하는 별도의 장이 좀 어색하기도 하다. 실은 천문이나 지리나 모두가 인생과 결부되어 있는 이유에서이다. 그런데도 별도로 인간학이라고 말을 할 수가 있는 것은 그 주체로 삼고 연구하는 분야가 인간이라는 점이 특색이라면 특색이기 때문이다.

점술학(占術學)에 대한 연구는 대단히 많다. 우선 미래의 길흉을 암시해주는 점술에 대한 연구가 대단히 활발했다. 그 대표적인 것이 《주역(周易)》이다. 《주역》은 공자님이 만년에 매우 애독해서 위편삼절(韋編三絶)이라는 말이 생겨났다는 것을 봐도 알 수 있듯이 누구든지 학문에 조예가 깊어지면 자연히 연구하게 되는 것이었는지도 모르겠다.

이러한 주역을 정점(頂点)으로 두고서 많은 학자들이 점술에 대한 연구를 했다. 그래서 여러 가지 변형된 점술이 파생되었는데, 그 중에서도 대표적인 것이 육효(六爻)이고, 또 주역과는 다소 거리가 있지만 육임(六壬)도 있으며 매화역점이니, 파자점이니 하는 여러 가지 점술도 발생하고 연구되었다. 육임은 어떤 의미에서는 약간 그 형태를 달리하지만 결국 점을 치는 도구라는 점에서 같은 유형으로 봐도 될 듯하다.

점술학의 역사는 대단히 오래 되었으리라 여겨지는데, 《황극책수》라는 점서가 나타나기도 했다. 이 분야에서는 중국의 소강절(蘇康節) 선생이 독보적인 존재라 그분의 이름을 빌려서 가탁된 점술도 있는 것이 아닐까 하는 의문이 생기기도 한다. 뭐든지 점술에 대한 책을 보면 소강절이라는 이름이 올라 있기 때문이다. 이제 간단하게나마 대략 특징적인 점술학들을 열거해보겠다. 물론 나름대로 이론을 가지고 있는 점술들이다.

주역

주역(周易)에 대해서는 달리 설명을 하지 않더라도 모두 알고 있을 것이다. 주역은 모든 점술의 조종(祖宗)이 된다고 해도 과언이 아닐 정도로 많은 점술에서 인용을 하고 있다. 주역은 역학의 근원에서부터 차근차근 변화를 설명하고 있는데, 그 순서는 다음의 그림과 같다.

無極	○							
太極	☯							
兩儀(1차)	───				─ ─			
四象(2차)	⚌		⚍		⚎		⚏	
八卦(3차)	☰	☱	☲	☳	☴	☵	☶	☷

이렇게 해서 비로소 활용되는 것이 팔괘(八卦)인데, 그 변화는 인생살이의 모든 분야에 접목이 가능하다. 이 8개의 괘를 서로 겹쳐서 8×8=64로 64괘를 가지고 점단한다. 기본적인 8개의 괘라는 것은 다음과 같이 생겼다.

	一乾天	二兌澤	三離火	四震雷	五巽風	六坎水	七艮山	八坤地
卦象	☰	☱	☲	☳	☴	☵	☶	☷
상징	하늘	연못	불	천둥	바람	물	산	땅
암기법	乾三連	兌上絶	離虛中	震下連	巽下絶	坎中連	艮上連	坤三絶

이러한 기본적인 8개의 괘효를 서로 겹쳐서, 나오는 의미를 가지고 점하는 목적에 따라서 응용하는 학문이 주역이다. 관계 서적이 수없이 많은데, 그 기본적인 형상은 비슷하지만 학자마다 약간씩 주관적인 해석을

하고 있다. 그리고 목적하는 일에 대해서 풀이하는 방법이 다르다. 그렇지만 기본적으로 길괘와 흉괘가 정해져 있어서 괘상(卦象)만 보고서도 어떤 낌새가 느껴지기도 한다. 가령 수화기제(水火旣濟)라는 괘를 보면 무슨 일이든지 만사형통이 되는 것이고, 화수미제(火水未濟)를 보게 되면 어떤 것도 진행이 되지 않으므로 그냥 기다리는 것이 상책이라는 해석 등이 그것이다.

여기서 水는 물이고, 火는 불인데, 위에 물이 있고, 아래에 불이 있으면 물은 아래로 내려오려고 하고, 불은 위로 올라가는 성질이 있으므로 이 둘은 서로 만나서 변화를 일으키게 되므로 좋은 암시가 있다고 보는 것이다. 이렇게 괘상 하나하나에도 변화를 중시하는 사상이 깃들여 있다. 그럼 위에 불이 있고, 아래에 물이 있으면 어째서 미제(未濟)인가? 불은 위로만 가고 물은 아래로만 흐른다면 이 둘은 서로 영원히 만날 일이 없다고 판단하는 것이다. 그래서 살인 사건에서도 미제괘가 나오면 범인은 오리무중이 되어버린다. 그래서 하는 말이 "수사는 영구미제(永久未濟)로 빠져들었다."는 말이다. 여기서의 미제도 바로 화수미제의 줄임말이다. 이렇게 둘 사이에 변화의 조짐이 보이지 않으면 길흉 간에 그 변화를 읽을 수가 없게 되는 것이다. 그래서 역학의 대명사로 주역(周易)을 거론하게 되는 것이기도 하다. 주역과 공자님은 매우 밀접한 연관이 있는데, 전해 내려오는 일화가 있어 간단하게 소개하겠다.

■ 화풍정에 얽힌 이야기

공자가 제나라로 식량을 구하러 보낸 자공(子貢)이 도무지 돌아올 생각을 하지 않는지 소식이 없었다. 그래서 제자들과 함께 주역을 운용해서 점괘를 찾아보니 화풍정(火風鼎)괘가 나왔다. 화풍정은 위가 불이고 아래가 바람인 괘다. 그리고 동효는 아래로부터 네 번째 양효가 동했다는 결과가 나왔고, 그 괘의 암시는 "솥이 다리가 잘렸으니 그 형세가 이

지러져 흉하다."는 의미이다. 이것을 본 다른 제자들은 "이제 모두가 굶어죽게 되었으니 큰일이 났구나." 하면서 걱정하고 있는데, 옆에서 듣고 있던 안연(顔淵)이 빙긋이 웃으면서 "오늘 미시(未時: 13시-15시 사이)가 되면 풍랑도 가라앉고, 자공이 배에 식량을 가득 싣고 올 것이니 걱정할 것 없다."고 했는데, 과연 안연의 말대로 그 시간에 자공이 식량을 가지고 왔다.

어떻게 알 수가 있었느냐는 제자들의 질문에 "만약에 자공이 소인이라면 그릇의 형태에 따라서 점을 풀이한 대로 흉했겠지만, 자공은 능히 중임을 다할 수 있는 대인이므로 해석을 달리해야 하는 것이지요."라고 했다. 즉 솥의 다리가 없어졌다면 물 위에 띄우는 배는 될 수 있을 것이고, 정괘는 솥에 밥을 삶는 괘이므로 쌀을 얻는 것이며, 네 번째 효가 동했다는 것은 상괘는 불이고, 외호괘는 태(兌)로 유시(酉時)를 암시하는데 그 중간에는 미시가 있다. 그리고 또 다른 관점으로는 동효가 상괘(불)의 처음에 있는 효이므로 오후 첫번째 시간인 미시가 되는 것이다. 이렇게 점은 해석 여하에 따라서 달라지게 된다. 그래서 역이라는 의미를 변화라는 것으로 생각한 것이다. 이렇게 상황에 따라서 적절하게 읽어내는 안목은 역시 고도의 정신 수양이 뒤따른 다음에야 비로소 가능할 것이다.

여기에 등장하는 안연이라는 사람은 공자의 제자 중에서 학식이 가장 탁월한 사람이라는 칭송을 받는 사람이고, 안자(顔子)라는 칭호로 존경받는 인물이 된 것이다. 이렇게 점괘 하나를 해석하는 데에도 그 사람의 능력을 가늠하게 하는 실력 차이가 드러나기 마련이다.

벗님께서도 장차 주역에 대해서 어느 정도 공부하실 기회가 있을 것이다. 공부를 해보면 알겠지만 그 바닥에는 역시 음양오행의 이치가 항상 깔려 있다. 이렇게 음양오행의 이치는 어느 역학을 공부하든지 서로 통하는 것이다. 마치 한국어가 한국 내의 어느 공부를 하든지 서로 통하는 것과도 같다고 하겠다. 그래서 이 책 속에 있는 내용은 중요하다는 말을 다시 강조해도 넘치지 않는다는 생각을 하게 된다. 주역에 대해서는 아무리 설명을 한다고 해도 다하지 못할 것이므로 이 정도로 줄인다.

주역에 대한 책이라면 대유학당에서 출간된 《주역강해》의 두 권이 가장 친절하다고 생각된다. 혹 관심이 많으신 벗님은 별도의 해설서를 찾아보기를 권하면서, 또 다른 것에 대해서도 생각을 해보도록 한다.

육효

육효(六爻)라고 하는 것은 가장 주역을 닮았다. 기본적으로 사용하는 괘가 주역의 64괘를 그대로 사용하기 때문이다. 그러면서도 막상 응용하는 것을 보면 전혀 별개인 것처럼 보인다. 별개라고 하는 것은 이름만 사용하고 괘효만 사용할 뿐 설명은 주역과 상당히 다르기 때문이다. 그러므로 주역을 바탕으로 해서 창조된 별개의 점술이라고 보면 될 듯하다. 육효는 주역의 괘를 뽑아놓고는 다른 뜻을 많이 붙인다. 점하는 날짜에 따라서 달라지고 계절에 따라서도 설명을 달리하는 그야말로 점술다운 점술이라고 하겠다. 하나의 예를 본다면 다음과 같다.

몽지고괘(蒙之蠱卦)

六親	地支	卦爻	六獸		
父	寅	•	青	外卦	上卦
官	子	‥身	玄		
孫	戌	‥世	白		
兄	午	×	騰	內卦	下卦
孫	辰	•命	勾		
父	寅	‥應	朱		

이와 같은 점괘가 나온 것에는 설명이 붙는다. 이것을 이용해서 점하고자 하는 질문에 답을 얻게 된다. 대단히 복잡하기 때문에 잘 숙지하지 않으면 혼란도 있다. 기본은 주역이지만 설명은 전혀 다른 방식이라는 것을 알 수가 있다.

육효의 운용법에 관해서 한국에서 나온 서적으로는 명문당에서 출간한 《복서정종(卜筮正宗)》이 있고, 동양 서적에서 나온 《육효학전서(六爻學全書)》가 있다. 그 외에 어떤 책이 또 나왔는지 모르겠지만, 이 분야에 책은 좀 부족한 편이다. 그리고 점이라는 것이 다 그렇듯이 이론만 가지고서는 그 미묘한 부분을 다 이해할 수가 없다고 생각된다. 기본 이론을 습득하고서, 그것을 순전히 자신이 깨달아가는 영역으로 끌어다가 운용하여 해석하는 것이 정답일 것이다. 그렇기 때문에 스승에 의지해 배우고 나서는 자신의 영역으로 만들어야 비로소 육효다운 육효를 이해하게 될 것이다. 이렇게 책을 통해서는 깨달을 수 없는 면이 많기 때문에 이에 대한 서적들이 부족한지도 모르겠다.

육효를 운용하는 선생을 보면, 이 괘를 바로 놓고 보기도 하고, 뒤집어서 보기도 하고, 또 때로는 전혀 다른 괘를 끌어다가 설명을 하기도 한다. 물론 설명을 듣고 있는 동안에는 참으로 신기하지만, 막상 스스로 하나의 문제를 놓고서 괘를 찾았을 경우에는 어떻게 해야 정답을 내게 되는지 막막한 경험을 많이 해봤다. 역시 이론대로만 해서는 어려운 점이 있다는 것을 가르쳐주는 것이라고 생각된다. 운용하는 묘만 터득하게 된다면 흥미진진한 영역이 기다리고 있을 것만 같은데, 아직은 좋은 인연을 만나지 못한 모양이다.

육임

일명 삼전사과(三專四課)라고도 부르는 참으로 난해한 점술이다. 삼전사과라는 말은 육임(六壬)의 점괘를 만드는 공식의 형태를 이르는 말이다. 예전에 육임이 귀신도 놀라게 만든다는 말에 혹해서 한번 배워보겠다고 대단히 큰 마음을 내고서 덤벼들어 보았지만, 책으로는 도저히 될 일이 아니라는 결론을 내렸던 기억이 새롭다. 그래서 육임이라는 이름만 들어도 머리가 흔들리는 것이다. 육임이라는 학문은 대단히 오래 된 듯 하다. 말로는 5000년 전이라고 하지만, 어쨌든 주역과는 전혀 별개로 움직이는 점술의 '황제적인' 영역이다. 그리고 방법도 이론적인 것만으로는 정답이 상당히 어렵게 되어 있기 때문에 아마도 기도라든지 명상을 통해서 감지해야만 제대로 해석할 수 있을 것으로 생각된다.

어느 육임책이든지 앞머리에다가 부적을 넣어둔 것이 보이는데, 그 부적은 바로 육임을 통달하기 위해서 필요하다는 것이다. 부적을 그려서 기도를 하고 불살라서 마신다는 내용이 보이기도 한다. 이렇게 정성과 노력을 기울여서 연마해야만 터득이 가능한 학문이므로 참으로 독특하다고 하겠다. 현재 한국에서 육임이라고 하면 서울에 있는 이춘형이라는 젊은 사람이 유명하다고 알려져 있다.

어떤 일에 대해서 점을 쳤을 때 그 상황은 초중말(初中末)로 나뉘어서 나온다. 그것을 상황에 맞게 적절히 설명을 하는데 역시 앞서 주역의 예에서 말했던 것처럼 해석하는 사람에 따라서 상당히 다른 결론이 나오기도 한다. 즉 점을 치면서 참고해서 봐야 할 것이 몇 가지 있는데, 그 중에서 어느 것을 중시하느냐에 따라서 그 결과는 놀라울 정도로 다른 적중률을 가지게 되는 것이다. 그렇지만 혼자서는 도저히 공부할 생각을 하지 말라고 권하고 싶다. 무슨 학문이든지 책으로만은 통달하기 어렵다고 하지만 그 중에서도 육임은 가장 난해한 학문이라고 생각이 되어서이다.

대단히 복잡하기 때문에 특별히 흥미가 있는 사람은 관계 서적을 참고하기 바란다. 명문당에서 나온 《육임정의(六壬精義)》가 있고, 상지사에서 나온 《육임정단법총론(六壬正斷法總論)》이 있고, 갑을당에서 나온 《육임신단극비전(六壬神斷極秘傳)》이라는 책도 있다. 이 외에도 몇 권의 책이 있는 것으로 보이는데, 책을 가지는 답을 찾기는 어려운 일이므로 단단히 결심을 하고 시작하기 바란다.

매화역수

매화역수(梅花易數)라는 점술은 소강절 선생이 창안한 것이라고 한다. 이 방법은 어떻게 보면 마음으로 점상을 얻어서 해석하는 요령이라고 할 수 있다. 그래서인지 별명으로 심역(心易)이라고도 불린다. 가령 길을 가는데 말이 슬피 울었다고 한다면 그에 따른 상황을 마음으로 생각해 보고 점괘를 만들어서 해석하는 것이니, 말은 불로 보고, 우는 것은 한(恨)으로 볼 적에 말은 火, 한은 간(艮)의 속뜻인 산(山)이므로, 합하면 산화비(山火賁)괘가 되는 것 등이다. 그래서 상당한 경지에 도달하여 도사가 된 사람에게는 참으로 유용한 점법이 될 수 있지만 초보자는 접하기 쉽지 않은 방법이라고 생각된다.

그러나 자연의 이치와 음양오행의 깊이를 이해하고 난다면 자연스럽게 이 심역은 깨달을 바가 있을 것으로 생각된다. 사실 요즘 낭월이는 이 분야에 지대한 관심을 가지고 책을 보고 있는 중이다. 어느 정도 시간을 두고서 궁리를 한다면 비록 명철하지는 못하겠지만 그런대로 점괘를 운용하게 될 수 있을 것이라는 희망이 생기기도 한다. 대단히 매력적인 분야인 것은 분명하다. 그리고 육효를 공부하는 사람은 자연스럽게 이 매화역수의 원리를 운용하는 듯싶다. 참고삼아서 일화를 소개하도록 한다.

■ 사람과 방향으로 점괘를 삼는 이야기

壬申일 午시에 어느 소년이 남쪽에서 기쁜 빛을 띠고 오기에 소강절 선생이 점을 쳐보았다. 소년은 간(艮)의 소남(少男)에서 찾아서 상괘로 하고, 남쪽에서 왔으니 남은 리(離)에 해당하므로 이것을 하괘로 삼았다. 그래서 결합하니까, 산화비(山火賁)괘가 되었다. 또 간토의 숫자인 7과 리화의 숫자인 3을 더하여 10이 되고, 이것에 오시의 숫자인 7을 더하니 17이 되었다. 이 숫자를 동효로 얻기 위해서 6으로 나누니까 나머지는 5가 되어서 동효는 5효가 되고, 상괘는 산에서 중간의 괘로 변했으니 손(巽)으로 변한 것이다. 그래서 변한 것을 결합하여 풍화가인(風火家人)이 되었다.

따라서 체괘(體卦)는 리(離)가 되고, 용괘(用卦)는 간(艮)이 되고, 외호괘(外互卦)는 진(震), 내호괘(內互卦)는 감(坎)이다. 그리고 변괘(變卦)는 손(巽)이 되었다.

산화비(山火賁)의 육오(六五)효사에서 "언덕과 동산에 꾸밈이니, 묶은 비단이 잔잔하면 인색하나 마침내 길하리라."라고 말하였으니, 길한 점이다. 외호괘 진목과 변괘인 손목이 체괘인 리화를 생해주니[木生火] 길하다. 그래서 소년에게 "자네가 17일 내에 반드시 장가를 들게 되리라."고 말하였는데, 과연 그렇게 되었다.

• 본괘가 꾸민다는 비괘이고 여기서 변한 지괘가 집을 이룬다는 가인괘이다. 효사에 '묶은 비단'이 나오니, 이것으로 폐백을 드리는 것이고, '동산을 꾸민다'고 했으니 가정을 이루는 것이다.
• 체괘(體卦)가 용괘(用卦)를 생해주니 기운이 빠져 재산을 잃는 것이나, 호괘(互卦)와 변괘(變卦)가 모두 체괘를 생해주니, 좋은 일로 재산을 쓰게 된다고 해석한다.

아마도 이 책을 읽는 벗님이 초보자의 수준을 가진 안목이라면 이상으로 인용한 이야기도 대단히 골치가 아플 것이다. 그렇지만 전혀 걱정할 필요는 없다. 그냥 그렇게 소년이 남쪽에서 웃으면서 오는 것을 보고서도 괘를 만들어서 점을 친다는 점만 유의해서 관찰하면 충분하기 때문이다. 그러니까 리괘니 손괘니 하는 말은 그대로 잊어버려도 아무 상관이 없을 것이고, 또 앞으로 사주에 대한 공부를 하는 도중에는 이러한 것들로 인해서 골치를 썩일 일은 없을 것이라고 장담한다. 그러나 수준이 상당한 경지에 도달하신 벗님이라면 관심을 가지고 이 매화역수에 눈을 돌린다면 천지의 기미(機微)를 터득하는 데 뭔가 힌트가 있지 않을까 싶다. 참고로 앞의 예는 대유학당의 《편해 매화역수》에서 인용했다. 잘 되어 있는 책이라고 생각되므로 명리학으로 기본 오행을 다져놓은 다음에는 반드시 한번 살펴보기를 권한다.

단시

단시(斷時)라는 말은 "점을 하는 시간을 잘라서 들여다본다."는 뜻이다. 점을 할 적에는 대개 시간이라는 개념을 중시하는 경향이 강하다. 그래서 여러 가지 점술에서는 시간이라는 것을 이용해서 상황 파악을 하는데, 크게 말하면 그 모두가 다 단시라고 할 수 있다. 그렇지만 여기에서 말하는 것은 예부터 그냥 '단시점(斷時占)'이라는 이름으로 불리면서 애용되어온 점술법이라는 것을 알아두면 되겠다.

이 방법은 참으로 간단한데 찾아온 사람이 남자인지 여자인지에 따라서 적용시키는 것이 다르다. 나이와 점하는 날의 일진과 시간을 숫자화해서 이미 만들어진 몇 개의 결론에 대입시켜 풀이하는 것이다. 이것은 간단한 만큼 적중률도 믿을 수가 없는데, 영감이 밝은 사람이 응용한다면 아마도 상당한 효과가 있을 것으로 생각된다. 충남 태안의 어느 선생이 이 점술만 가지고 평생을 벌어먹고 사는 경우도 보았다. 매미괘라든지 묶인 돼지괘라든지 하는 이름으로 봐서 매우 서민적인 환경에서 발생한 것으로 보인다. 학문적으로는 근거가 빈약하기 때문에 연구를 하지 않는 것으로 보인다. 여기에 대한 실화를 한편 소개하겠다.

■ 지렁이괘의 풀이

낭월이가 어렸을 적에 동네에는 단시점을 잘하시는 아저씨가 계셨다. 이분은 누가 질문을 하면 단시점으로 해석을 해서 걱정거리를 해결해주는 재능이 있었던가 보다. 어느 여름날이었던 것으로 기억되는데, 하루는 동네 사람들이 모여서 노는 자리에서 집에 다녀온다고 간 사람이 있었다. 그런데 문득 모인 사람들이 그 아저씨에게 지금 집에 간 사람이 언제 올 것인가를 점으로 한 번 알아보라고 하였다. 그러자 주변의 사람들도 흥미가 동해서 모두 아저씨를 쳐다보았다.

"그럼 어디 한번 점신에게 물어볼까?"

하고는 지금 집으로 간 사람의 나이와 일진, 그리고 시간을 합산해서는 괘를 찾아보니 지렁이괘가 나왔다. 그러고서는 잠시 생각을 하더니 한마디 결론을 내렸다.

"이 사람은 오지 않겠네요. 이따가 해나 빠지면 오겠구먼."

그러자 주변의 사람들은 그럴 리가 없다고 했다. 원래 모임이라면 환장을 하는 사람인데다가, 잠시 소 여물을 주러갔기 때문에 10분 이내에 돌아올 것이라 생각하고 있었기 때문이다. 그래서 모두는 은근히 점괘가 틀리기를 바라는 마음으로 잔뜩 기다렸다. 그런데 실제로 한 시간이 지나도 오지 않는 것이었다.

질문을 한 사람이 어쩐 일인지 궁금해서 견딜 수가 없었다. 급한 마음에 아이를 그 사람의 집으로 보냈다. 잠시 후에 돌아온 아이가 보고하는 말이 집에서 잠을 자고 있더라는 것이다. 그래서 놀러오시지 않느냐고 하니까, "에구~ 가려고 했는데, 날이 너무 더워서 이따가 저녁에 시원해지면 나가려고 잠을 자고 있었네."라고 하더라는 것이었다. 모두는 점괘가 적중한 것에 놀라서 어째서 오지 않을 것으로 생각했느냐고 물었다.

그러자 해석하기를 "이렇게 날이 뜨거운데 지렁이가 땅 위를 돌아다니겠소? 천상 이따가 해가 지고 시원해지면 그때서야 슬슬 돌아다니는 물건이라서, 그 사람이 오지 않을 거라고 생각했던 것이라오."

이렇게 재미있는 일이 있었다. 어린 마음에도 하도 신기해서 기억에 저장을 했던 모양이다. 이렇게 생각이 나는 것을 보면, 낭월이는 당시에도 아마 역학에 대한 끼(?)가 있었던 것이 아닐까 하는 생각도 해본다. 이 점법은 맹인술사들께서 특히 많이 애용하고 있는데, 어느 암자의 스님은 이 점괘를 이용해서 그 사람의 집안에 귀신이 끼여 있는지를 귀신같이 알아낸다고 한다. 즉 점괘 중에 '파리괘'가 있는데, 이 괘만 나오면 틀림없이 그 집안에는 얻어먹으러 온 귀신이 있어서 사람이 아프다는 것이다. 그런데 음식을 풀어먹이고 독경을 하면 병도 씻은 듯이 나아버린다고 한다. 참으로 불가사의한 것이 이 점의 세계가 아닌가 싶다.

파자점

파자점(破字占)은 이미 많은 이야기가 전하고 있어서 한두 번쯤 들어 보았을 것이다. 특히 이성계의 문(問)자 풀이는 너무나 유명하다. 같은 물을 문자인데도 거지가 물으면 문 앞의 입이니 빌어먹을 팔자라고 해석을 하고, 이성계가 물으면 좌군우군(左君右君)하니 임금의 팔자라고 했다지 않은가. 어디까지가 진실이고 어디까지가 전설인지는 모르겠지만, 글자를 풀이해서 점을 치는 것도 가능할 것으로 보인다. 어차피 점이니까 그 사람이 어떤 글자를 짚었다면 그에 따르는 풀이는 점술가의 안목에 해당하는 영역일 것이다. 근래에 파자점이라는 책도 본 듯하다. 이 점도 중국에서 전래된 것 같은데, 적어도 문자가 나온 이후에 나온 방법인 것은 분명하다. 이미 매화역수에서 말씀드린 소년을 보고서 점괘를 찾아내는 안목이 된다면 글자라고 해서 이용하지 못할 것이 없다는 생각이다. 어디에나 천지의 기미(機微)는 숨어 있게 마련이라는 생각만 든다면 말이다. 그래서 파자점도 그러한 연유에서 이해를 한다면 충분하리라고 생각되는데, 특히 글자로만 해석을 한다는 점이 특색이라고 보면 되겠다.

황극책수 조수

이 《황극책수 조수(皇極策數祖數)》라는 책은 원저자가 소요부로 되어 있다. 즉 소강절이라는 말이다. 그는 앞의 매화역수의 저자이기도 하다. 이렇게 점술에 대한 항목에서는 심심찮게 등장하는 이름이 소강절, 강절소, 소요부 등등의 이름이다. 모두 같은 사람이다. 그리고 《명심보감》에도 이름이 등장한다. 이렇게 유명한 사람은 자신이 저술한 책도 있지만, 실은 다른 사람이 적어놓고서 그 사람의 이름을 빌려서 출판하는 경우도 있다. 가탁한다는 말을 쓰기도 하는데, 유명한 사람의 이름이 들어가면 자신의 이름보다도 더 권위가 있을 거라는 생각이 포함되었을 것으로 본다.

그러고 보면 불경도 위작으로 되어 있는 것이 많다고 생각된다. 특히 "불설(佛說)……"이라는 식의 제목을 달고 있는 불경들은 대개가 위작으로 되어 있는 경전이라 생각된다. "불설 동토경", "불설 명당경", "불설 안택경" 등등의 이름은 내용적인 면에서 보더라도 분명히 석가모니의 말로 나온 것은 아니다. 무속인들이 만들어놓은 것을 제목에 불설이라는 이름을 생각 없이 집어넣은 것이라고 본다. 그 중에서도 《천지팔양신주경(天地八陽神呪經)》이라는 책은 특히 음양오행의 냄새가 짙게 풍기는 내용을 하고 있는 것으로 보아 누가 봐도 불설은 아니라고 생각된다. 그럼에도 불구하고 제목은 부처님의 이야기인 것처럼 붙여져 있다.

그런데 문제는 이러한 위작 경전들이 정작 위력을 발휘하고 있다는 점이다. 〈팔양경〉을 읽으면 가내가 화목하고 귀신이 천도된다는 이야기가 전해지고 있는데, 실제로 이 경을 독송하면서 수없이 많은 사람들이 그 신묘한 힘을 체험하고 있다고 말하는 것을 들으면 "과연 어느 것이 중요한 것인가?" 하고 혼동을 하게 된다. 불설이 아니라며 실행을 하지 않는 사람과, 아무 설이건 열심히 읽고서 수신제가를 얻어서 가정이 화목한 사람과, 이 둘의 선악을 어떻게 단정해서 말할 수 있을 것인지를 종잡을 수 없다는 말이다. 하지만 결론은 역시 가정이 화목한 것을 최우선으로 둘 적에 어떤 경이든지 읽어서 화목하다면 읽는 것이 나을 거라는 생각이다.

이 이야기는 불타의 비유에서도 등장을 한다. 독화살의 비유가 그것인데, 화살촉에 묻은 독이 온 몸으로 퍼지고 있는데, 이것을 누가 만들었는지 언제 만들었는지 어느 산의 대나무로 만들었는지를 연구하고 있거냐는 이야기이다. 그래서 결국 가장 중요한 것은 화살을 뽑고서 독이 더 퍼지기 전에 치유를 하는 것이 급하다는 결론이 나오게 된다.

여기에서 이러한 이야기를 하는 것은 소강절 선생이 만들어낸 책이라도 좋고, 그렇지 않아도 좋다는 생각을 하고서 책을 봤으면 하는 생각이 들어서이다. 하긴 《장자》도 본인이 지은 내용과 후인이 지은 내용이 섞여 있다고 하는 판단이 나와 있지만 그런 것에 구애받지 않고서 그냥 읽으면 즐거워지는 책이니 아무 상관이 없다고 생각된다.

이 《황극책수조수》라는 책은 명문당에서 출판된 것이 있는데, 순한문으로 되어 있는 것으로 봐서 중국에서 출판된 것을 그대로 영인본(影印本)으로 하고서 머리말만 써넣은 것이라 추측된다. 그렇거나 말거나 활용을 해서 궁금증을 해결할 수 있다면 점술책으로서 충분하다는 것이다. 다만 풍부한 내용이 매우 매력적인데 번역이 되지 않아서 한문 세대가 아니라면 읽는 데 상당히 애로를 겪을 것이라는 게 아쉬운 점이다. 하긴 한문 세대라고 하더라도 내용을 이해하기가 어려운 부분도 상당히 많다. 주로 《초한지》나 《삼국지》, 그리고 《통감》 등에서 인용해서 쓰고 있는 대목들이 문제인데, 그러한 내용은 그 원류에 해당하는 고사의 출처를 알지 못하고서는 좋다는 의미인지 나쁘다는 의미인지 풀기가 용이하지 않다. 그렇지만 대충 짐작으로라도 그 길흉에 대해서는 해석이 가능하므로 그로 인해서 해석을 못하는 것은 염려하지 않아도 된다고 생각된다. 한동안 그 책에 의지해서 점단을 내려서 찾아봤는데, 실제로 적중률은 90퍼센트 이상이었다. 가끔 의심을 하는 친구들이 있는데, 그들도 황극책수의 적중률을 두려운 마음으로 바라보고 있다고 한다.

그런데 실제로 낭월이가 활용을 하는 방법은 정통적이지 못하다. 그냥 주역으로 괘를 뽑아서 읽어보는 것이니 실은 황극책수가 아니라 주역괘수라고 해야 할 것이다. 그러거나 말거나 그 적중률은 농담이 아니라는 점을 볼 적에 역시 어떻게 뽑느냐가 중요한 것이 아니라 어떤 마음으로 뽑았느냐가 더욱 중요한 것이라고 생각된다. 언제 눈이 밝으신 분이 한글로 한번 풀이를 해본다면 오행의 원리를 모르고서도 생활에 활용을 해볼 수가 있을 것이다.

계의신결

《계의신결(稽疑神訣)》이라는 책이 있다. 대전의 명리학자이신 최국봉 선생께서 출판한 책인데, 여기서는 찾아온 사람의 시간을 기점으로 해서 사주를 뽑는다. 그러니까 찾아온 시간을 그 해당하는 질문의 결과로 읽어내려는 방법이라고 하겠는데, 이것을 이용해서 종종 재미를 보는 사람이 있어서 관심을 가져보았다.

사주학의 응용으로 발생한 점이라고 생각하면 적절할 듯싶은데, 응용되는 원리가 그대로 사주학이기 때문에 오히려 명리학자분들은 편리하게 사용할 수 있을 것도 같다.

월영도

월영도(月影圖)라는 이름은 아마도 이 계통으로 관심을 가져본 사람이라면 한번 정도는 들어봤을 것이다. 월영도는 "달의 그림자를 그린 것"이라는 의미인데, 이 학문이 참으로 기묘해서 일단 터득하기만 하면 찾아온 사람의 배우자가 무슨 성씨인지를 거의 100퍼센트 정확히 맞힌다는 것이다. 원저자는 토정 선생이라고 하는데, 사언절구(四言節句)로 되어 있다. 이 계통의 책으로는 동양서적에서 나온 《월영도(月影圖)》라는 한 권의 책이 유일한 것이 아닌가 싶다. 이 책의 내용을 보면 숫자로 되어 있는 것이 눈에 띄는데 이것으로 역시 토정 선생의 학파라는 것을 짐작할 수 있다.

현재 역학계에서 상당한 명성을 얻고 계시는 분들은 대개가 이 방면에 손을 대보셨다고 한다. 그러나 결국 그 핵심을 파악하지 못해서 중도에 그만둔 경우도 많다고 하는데, 잘되기만 한다면 참으로 매력적인 모양이다. 그렇지만 낭월이는 책만 한 권 구해다 뒀을 뿐이고, 숫자가 나오면 엄두가 나지 않아서 우선 포기부터 하기 때문에 그냥 제목만 쳐다보고 있다. 여기에 그 내용 중에서 한 대목을 그대로 옮겨본다. 나에

월영도(月影圖) 165항목
天姓曰何 천성이 무엇인가. 宣氏之后 선씨의 후손이다.
娶于何門 어디로 장가 들까. 有女宣氏 선씨의 딸이 있다.
馬客不良 마씨 나그네가 불량하여 以此被害 이로써 해를 입는다.
欲求明穴 명혈을 구하고자 하면 至誠徐氏 서씨에게 치성을 하라.
尋穴康氏 혈을 찾는 강씨가 恩深君家 은혜가 그대 집에 깊다.
欲求明山 명산을 구하고자 하면 可取許氏 가히 허씨를 취하라.
原於名字 명자와 원인으로 厄殺重重 액살이 중중하리라.
吉泰何時 길힘이 언제인가. 午未兩間 오미의 양간이다.
彼何人斯 저는 어떠한 사람인가. 非査則族 사돈이 아니면 일가이다.

게 도움이 되는 사람의 성씨도 있고, 결혼할 사람의 성씨나 나의 성씨도 나타난다. 그리고 산소를 찾기 위해서는 어떻게 하라는 설명까지 있는데 역시 성씨로 시작해서 성씨로 끝난다고 해야 할 내용이다. 별로 깊은 의미는 아닌데, 만약에 상대방에게 묻지도 않고서 이러한 것을 알아맞힌다면 상대방은 놀라워할 것이다. 그래서 매력이 있다고 한 것이다.

그러나 이것은 공부를 다 하고 난 다음에 한번 정도 관심을 가져보는 건 모르겠지만, 애초에 이러한 것을 배워서 족집게 도사가 되려고 한다면 이미 글러버린 것이다. 학문이 점차로 깊어지면서 이러한 술법에는 별로 흥미를 갖지 못하게 될 것도 같은데, 인간의 끝없는 호기심은 아직도 항간에 월영도에 대한 전설적인 이야기들을 많이 떠돌게 한다. 참으로 재미있는 술법이라고 생각된다.

기타의 여러 점법들

이 외에도 학문이라고 생각되는 영역에서 볼 수 있는 점술들은 수두룩하다. 눈귀가 어두워서 미처 보지도 듣지도 못한 것이 있을 것이고, 더러는 그냥 응용을 해보는 것도 있을 것이다. '생생결(生生訣)'이나 '남양결(南陽訣)'도 한두 번 응용을 해보는 점인데 말로는 제갈공명이 활용했다는 주석이 따라다니지만 이것을 확인할 방법은 없으니까 그냥 그런가 보다 하고서 써먹으면 될 일이다.

그리고 토정비결도 점으로 활용을 해도 충분하다고 본다. 원래 1년 신수를 나이와 생일을 숫자로 바꿔서 주역의 형태를 빌려 해석해보는 것이지만, 이것은 무슨 일이 발생했을 경우 그 문제에 대해서 연구를 한 다음에 도저히 최종적인 결론이 나지 않을 적에 괘를 뽑아 활용을 하기도 한다. 괘를 뽑는 방법은 가령 책을 이용한다고 할 경우 처음에 나온 쪽의 숫자를 합하고, 다시 합하고 하는 식으로 세 번을 해서 처음과 두 번째의 숫자는 8로 나누고, 세 번째 나온 것은 6으로 나눠서 처음 나온 것을 하괘(下卦)로 삼고, 두 번째 나온 것은 상괘(上卦)로 삼은 다음 세

번째 나온 것을 동효로 삼아서 본다. 또는 편리한 대로 그냥 처음 나온 것을 상괘로 하고 두 번째 나온 것을 하괘로 해도 상관이 없다. 자신이 활용하는 방법대로 하면 된다고 보기 때문이다. 그러면 차차로 자신의 기준이 서고 그에 따라 적중률도 높아진다. 처음에는 잘 맞지 않을 가능성이 있는데, 계속해서 사용하다 보면 좋아지게 된다.

또 더욱 간단하게 활용하고 싶다면, 상괘니 하괘에 대해서는 전혀 신경을 쓰지 않아도 된다. 가령 나누고 남은 숫자가 374가 되었다면 《토정비결》의 三七四에 해당하는 항목을 찾아서 읽으면 되니까 말이다. 그런데 원본 《토정비결》에는 최고의 수치가 863이다. 그러므로 둘째를 6으로 나누고 셋째괘는 3으로 나눠야 한다. 그리고 886까지 나온 책이라면 원칙대로 괘를 찾으면 될 것이라고 생각된다. 이런 것은 편법이 되겠지만, 매월의 해석이 나와 있는 《토정비결》이라면 역시 점친 달에 해당하는 항목을 찾아서 읽어보면 된다. 다시 말해 어느 것을 가지고 점을 하더라도 자신이 정성을 기울여서 점괘를 뽑았다면 결과는 놀랍도록 정확하게 된다는 것이 중요하다. 그저 그때그때 느낌대로 활용을 하는 것이 최선인 것 같다. 이것이 바로 '점기(占機)'[11)라는 생각이다. 따라서 어떤 방법이든지 자신이 써보고 싶은 것이 있다면 주저 말고 활용해보기 바란다. 물론 여기에 오행의 이치를 가미하고 천지 자연의 흐름을 첨가한다면 그 깊이가 더할 것이다.

2. 사주학

사주학(四柱學)이라는 말은 사람이 태어난 연월일시(年月日時)를 응

---

11) 점을 치는 기틀이 되는 계기가 되면 그에 대한 현상이 나타난다고 보는 것이다. 이것이 점기이고, 점하는 시기라고 말할 수 있겠다.

용해서 일생의 운명을 연구하는 분야를 총 지칭하는 것이다. 기둥이 넷이라는 이야기인데, 즉 연월일시를 그렇게 부른다. 그러므로 개인의 운명에 대해서 풀이하여 설명하는 방법이 서로 다르다 하더라도 결국 그 사람의 생년월일을 자료로 가지고 궁리한다면 모두 사주학이라는 말로 묶을 수 있다.

상상력을 동원해보건대, 고인(古人)들께서는 그 사람이 처음 태어나서 호흡하는 순간을 매우 중요하게 생각한 것 같다. 그래서 그 사람이 태어난 순간 이 대지 위에 흐르던 기운의 영향을 어떻게 받고 있는가를 생각하게 되었고, 이렇게 해서 태어날 때의 공간에 서려 있던 기운과 사람의 운명이 결코 무관하지 않았다는 생각을 하게 되었다. 그러면서 그것을 더욱더 깊이 연구하게 되었다. 그 결과 각기 독특한 사주학을 발전시키게 되었던 것이다. 이것도 처음에는 이해와 자료의 부족으로 인해서 극히 기초적인 연구만 이뤄졌으나, 차차로 안목이 깊어지고 또 발전해가면서 보다 깊이 있는 탄생의 신비한 사연을 알아내게 되었다.

그래서 인공분만에 대한 생각까지도 하게 되었을 정도라면 이제는 학문이 발전을 거듭해서 거의 완성되어가는 과정에 있다고 봐도 좋을 것이다. 즉, 각기 자신이 연구하던 학문을 통해서 인간이 탄생하게 된 사연과 그 사람이 일생 동안 살아가면서 부딪치게 될 온갖 길흉화복(吉凶禍福)에 대해서 미리 알아낼 수가 있을 경지가 된 것이다. 이에 대한 학문은 모두 사주학이라는 큰 타이틀로 묶을 수 있으며 이 또한 음양오행학에서 파생된 분야라고 할 수 있다.

그러나 이렇게 획기적인 발전을 했다 하더라도 아직 규명되지 않은 분야가 상당하다는 것을 생각해볼 때, 이 학문이 단순히 통계학의 범주에 머무는 것이 아니라 그 이상의 영역에서 존재한다는 느낌이 강하게 전해진다. 지혜로운 고인들께서 이미 천지의 이치를 관찰하신 후에 깨달은 비밀을 극히 일부분만 보여줬기 때문에 후학은 그러한 조그마한 자료를 바탕으로 삼아서 점차로 연구하고 실험해가는 숙제를 하게 되었다고 생각하는 것이 더욱 타당하지 않을까 싶기도 하다. 이제 그렇게 발전되어온 각개의 사주학에 대해서 대강 아는 대로 정리해보도록 하겠다.

당사주

사주학이라고 부르는 것도 그 종류가 대단히 많다. 예전에는 당사주(唐四柱)가 1000여 년 동안 사주학의 수위를 지키면서 서민과 애환을 함께하기도 했다. 지금도 길가에서는 컬러풀한 그림책을 펼쳐놓은 노땡(도로변 역학 영업자)들을 많이 볼 수가 있다.

이것은 누구나 한글만 알면 얼마든지 찾아볼 수 있도록 색인이 잘 되어 있는 책이기도 해서 사주에 대한 서민들의 갈증을 달래주는 데 대단한 활약을 했던 스타 중의 스타였다.

이것을 당사주라고 하는 것은 당나라 시대에 성행했던 사주학이라는 의미라고 알고 있다. 우리 나라로 친다면 삼국시대로 거슬러올라가야 할 지경이다. 참으로 오래 된 옛날 옛적의 이야기라고 하겠는데, 아직까지도 이 당사주가 많은 사람들의 손길을 받고 있는 것을 보면서 학문이라는 것이 한번 나오면 좀처럼 없어지기 어렵다는 생각을 해본다.

어찌 보면 당사주는 극히 평면적인 운명 감정이라는 생각이 든다. 가장 기초적인 구조는 초년운(初年運), 중년운(中年運), 말년운(末年運) 등으로 크게 나눠져 있고, 또 재물운이나 자식운도 살펴볼 수가 있다. 특이한 것은 자신이 죽은 후 몇 명의 자식이 자신의 관을 지키게 될 것인가를 보는 임종(臨終)에 대한 운도 있다는 것이다.

고향에서 있었던 한 가지 재미있는 기억이 있는데, 자식이 없어서 양자를 들인 아주머니가 계셨는데, 그분의 자식운을 당사주로 봤더니 접시에 병든 사과가 한 알 담겨 있는 그림이 기다리고 있는 것이었다. 그 그림을 보고서 모두 배를 잡고 웃었는데, 이러한 점을 보면 뭐라고 한마디로 잘라서 무시해버릴 수만도 없는 것이 당사주이다.

또 형제가 몇 명이라는 것도 나오는데, 가장 많은 것이 7형제인 것으로 봐서 그 이상의 형제에 대해서는 포기를 한 모양이다. 부부운에 대해서도 재미있는 이야기가 많은데, 부부가 서로 문을 사이에 두고서 존재하기도 하고, 두 여자를 데리고 있는 복 많은(?) 남자도 있어서 당시의 사회상이 나타난다고 하겠다.

이 당사주에는 바탕으로 흐르고 있는 법칙이 있는데, 열두 가지의 각기 다른 특징 있는 의미가 부여되어 있다. 이것은 띠에 준해서 보게 되어 있는데, 경우에 따라서는 생일의 숫자나 시간의 숫자(干支가 아닌)까지도 따져볼 수 있게 되어 있다. 그 종류를 적어보면 간단하다.

■ 당사주의 큰 골격을 이루는 법칙

자천귀(子天貴): 子에 해당하면 귀하게 된다.
축천액(丑天厄): 丑에 해당하면 액운이 많다.
인천권(寅天權): 寅에 해당하면 권세를 잡는다.
묘천파(卯天破): 卯에 해당하면 파괴를 당한다.
진천간(辰天奸): 辰에 해당하면 지모가 많다.
사천문(巳天文): 巳에 해당하면 글공부가 많다.
오천복(午天福): 午에 해당하면 복을 많이 타고났다.
미천역(未天驛): 未에 해당하면 떠돌아다닌다.
신천고(申天孤): 申에 해당하면 외로운 사람이다.
유천인(酉天刃): 酉에 해당하면 칼로 인한 흉터가 있다.
술천예(戌天藝): 戌에 해당하면 기예가 뛰어나다.
해천수(亥天壽): 亥에 해당하면 수명이 길다.

이상의 의미가 각 지지에 부여되어 있다. 여기에서는 천간에 대해서는 전혀 고려하지 않고 있다는 점이 초창기에 만들어진 것이라는 느낌을 들게 한다. 그저 심심풀이삼아 재미로 보는 정도면 좋다고 생각된다. 하지만 실제로는 아직도 당사주를 가지고 밥을 벌어먹고 사는 사람도 무시할 수 없을 정도로 많다. 또 새로운 해석을 가해서 접근해보려는 시도도 있다고 한다. 그렇지만 현재의 자평명리학이 거의 완성도를 가지고 있음을 볼 적에 이것을 본격적으로 연구할 가치가 있을지는 미지수이다. 개인적인 생각으로는 이것이 하루속히 없어지는 게 이 계통의 학문을 발전시키는 데 유익하지 않을까 한다.

자미두수

이 자미두수(紫微斗數)라고 하는 것은 제목에서도 느껴지겠지만, 천문학(天文學)에서 파생된 사주학이다. 그리고 발생 연대도 매우 오래 전이지 않았을까 싶은데, 현재까지도 활발한 연구가 진행되고 있다고 한다. 다만 해석하는 과정이 너무 까다로워 지금도 이 자미두수 학파만도 여러 갈래로 나뉘어져 있을 정도로 대단히 난해한 학문이다. 대만에서 들은 이야기인데, 대만에도 자미두수의 학파가 크게 넷으로 나뉘어 있다고 한다. 소한파, 태세파, 변국파, 비성파의 분파가 그들인데, 이들은 서로 각기 중요하게 여기는 주류가 다른 데서 오는 이견을 가지고 있어 각기 다른 파로 불리는 듯하다.

대만에서 만났던 한 학자분이 전하는 말씀도 고웅의 자미파(남파)와 대북의 자미파(북파)는 서로 견해를 달리한다고 한다. 이러한 자미두수 학파들은 그 사람이 출생한 순간을 기준하는 사주(四柱)를 기본 원리로 삼지만, 이 사주를 천문의 별자리라고 하는 특이한 이론에 대입시켜 그 사람이 일생 동안 겪을 길흉사에 대해 풀이하는 것이 다르다고 하겠다. 이 학문은 규격화가 잘 되어 있어서 장차 컴퓨터와 접목시키면 매우 유망한 형태를 취할 것이라는 게 특징이다. 물론 하나의 학문이라는 건 장단점을 모두 가지고 있겠지만, 낭월이가 이 자미두수에 대해서는 깊이 연구를 하지 못해서 단점은 말씀드릴 수 없다.

이해를 돕기 위해서 도표를 하나 살펴보도록 하겠다. 《자미경》이라는 책에서 발췌한 것이다.

■ 자미두수의 한 형태(축명 4월생의 경우)

巳 관록, 녹존, 병무, 천괴, 임, 천웅묘, 다라함, 정기, 재공, 신, 인오술화, 해모미마	午 교우, 녹존, 정기, 천괘묘, 신, 경양실, 병무, 재공, 을, 창, 함, 신자신화	未 평가, 천괴, 무경, 천웅묘, 갑, 경양묘, 정기, 다라묘, 재공, 경, 좌우공, 실, 인오술, 영, 사유축해	申 건강, 녹존, 경, 천괴, 기, 천웅묘, 을, 다라함, 신, 재공, 갑, 곡, 실, 음, 인오술마
辰 주거, 경양묘, 을, 다라묘, 병무, 재공, 병, 요, 실	축명 4월도 견강운 천사. 교우운 천상 길성/천괴, 천웅, 곡, 창, 좌, 우, 녹존, 흉성/경양, 다라, 화, 영, 공, 겁		酉 재빅, 신운, 녹존신, 천괴, 정, 천웅묘, 병, 경양함, 경, 재공, 기
卯 복덕, 녹존, 을, 천괴묘, 계, 천웅, 임, 경양함, 갑, 재공, 임, 겁, 실			戌 자녀, 경양묘, 신, 다라묘, 임
寅 부모, 녹존, 갑, 천웅묘, 신, 다라함, 을, 재공, 정, 해모미 신자신 사유척 영, 천월, 신자신마	丑 명운, 천괘묘, 갑, 천웅, 무경, 경양묘, 계, 다라묘, 갑, 재공, 계, 해묘미화	子 형제, 녹존, 계, 천괴, 을, 천웅, 기, 경양함, 임, 재공, 무, 형, 실	亥 부부, 녹존, 임, 천괴묘, 병, 천웅정, 다라함, 계, 천무, 사우축마

이렇게 생긴 표를 만들어놓은 다음 상세하게 연구를 해야 하는 것 같

다. 그러나 이 분야에 대해서는 전혀 요령 부득이니 자미두수에 대해서는 별도로 공부를 해야만 접근이 가능하리라 생각된다. 그러므로 혹 이 분야에 흥미가 있으신 벗님께서는 달리 해당하는 서적을 찾아보는 게 좋을 것이다. 현재로서는 자미두수라는 이름을 들어간 책이 명문당에서도 나온 것 같았는데, 아직 인연이 없어서인지 구하지 못했다.

기문사주학

기문(奇門)이라는 학문은 하늘과 땅, 사람을 두루 망라하여 다루고 있다고 한다. 그 중에서도 특히 땅에 대한 분야에 독보적인 존재라고 하는데, 이러한 학문에서도 사주팔자를 살피지 않을 리가 없을 것이다. 사람이 출생할 당시의 천지 기운은 어떻게 짜여 있었는지를 관찰하고 연구하면서 그 사람의 일생 운세를 살펴보게 된 것은 당연한 일이라고 생각된다. 이렇게 해서 생겨난 것이 기문사주라는 영역이다. 이미 앞의 기문둔갑을 설명하면서 보여드린 도표를 참고하기 바란다. 이 표가 기문사주의 풀이를 위한 도표라고 이해하면 되겠다. 그리고 크게 추리해본다면 자평사주도 기문사주를 바탕으로 뿌리를 내리고 자라다가 분가한 별개의 학문이라고 해도 될 듯하다.

이렇게 생각하는 이유는 기문둔갑의 대가이신 유백온(劉伯溫) 선생이 자평사주학의 보감이라고 할 수 있는 《적천수(滴天髓)》를 저술했기 때문이다. 기문둔갑에 정통한 분이 자평명리학의 핵심이 되는 책을 저술했다는 것은, 어쩌면 기문둔갑 이론을 바탕에 깔고 발전한 기문사주보다 새로 독특하게 별도로 발전한 자평명리학이 인간에 대한 영역을 연구하는 데 더 합리적인 면이 많다고 판단했기 때문인 것 같다.

그러거나 말거나 현재에도 기문사주학파는 나름대로 상당히 연구를 많이 하고 있는 것으로 알려져 있다. 그리고 기문사주의 장점 중 하나는 시간이 애매한 사주의 경우, 그 사람이 사는 정도에 뚜렷하게 경계선이 있기 때문에 정확한 시간을 찾아내는 데 유리하다고 하는 점이다. 그러나 필자는 기문사주를 깊이 연구해보지 않은 연고로 책임지지 못할 말인 듯해서 이 정도로 줄이겠다. 그리고 기문사주의 영역에서 현재 출판된 책이라면 명문당의 《기학정설(奇學精說)》이 좋은 것 같고, 한반도에 맞게 개선되었다는 《동기정해(東奇精解)》라는 것도 발간되어 있다. 저자는 위의 기학정설을 저술한 분과 동일한 이기목 선생이다. 언젠가 이 방면에 정통한 분께 자평사주와 기문사주의 특징을 무엇이라고 보는가에 대해서 여쭤본 적이 있다. 그분의 말씀은 "기문은 부분적인 국세에 강해서 특히 1년의 운세를 볼 적에 상당히 미세하게 관찰할 수 있는 것이 장점이고, 자평은 전체적인 국세를 보는 것에 대해서 독보적인 능력을 가지고 있다고 본다."는 것이었다.

원래 기문을 연구하면서 겪는 난제 중 하나는 국을 짜는 데 상당한 시간이 소요한다는 점이었다. 그런데 요즘은 컴퓨터가 보급되어 생년월일만 쳐넣으면 그대로 1초도 걸리지 않고 국판이 나와버린다. 참으로 연구하기에 좋은 반려자라고 생각된다. 특히 이기목 선생 문하에서 공부하는 분들은 이 프로그램을 모두 가지고 있어서 언제나 고객이 찾아오면 프린터로 뽑아놓고서 설명을 한다.

기문사주학에 대해서 그냥 일반적인 상식 정도에서 머무는 것을 양해 바라면서 이 분야에 더욱 관심이 있는 분은 관계 서적을 찾아보기 바란다.

자평명리학

지금 우리가 접근해볼 학문이 바로 자평명리학(子平命理學)이다. 이 자평명리학은 지금으로부터 약 500~600년 전쯤에 기본 골격이 형성된 것으로 보이는 사주학인데, 특이한 점은 태어난 날을 중시해서 본다는 것이다.

다른 학문보다 완성도가 높지만 도리어 아직까지 많은 문제가 남아 있는 것도 사실이다. 좀더 발전시켜서 나머지 학문인 의학, 법학, 교육학, 심리학, 물리학, 화학 등과 같이 다양한 학문까지도 포함시킬 수 있는 여지가 무궁하다. 참고로 종진첨(鍾進添) 선생이 저술한 《명리대감(命理大鑑)》이라는 책을 인용해서 자평명리학의 역사라고도 할 수 있는 인물들을 시대순으로 나열해보면 다음과 같다. 엄밀히 구분하자면 자평명리와는 상관이 없는 고수들도 포함되어 있는 것 같기는 하지만 말이다.

【전국시대】 낙록자(珞珠子), 귀곡자(鬼谷子)가 있었다. 특히 귀곡자는 소진과 장의를 가르쳐서 난세에서 재상의 지위에 오르게 하고 후세에까지 그 이름을 남기게 했던 관록이 있는 선생이다.

【한대】 사마계주(司馬季主), 동중서(董仲舒), 동방삭(東方朔), 엄군평(嚴君平)이 이름을 떨쳤다. 아마도 동방삭이라고 하는 이름은 어디에선가 들어보았을 것이다. 3000갑자를 살았다고 나타나 있는데, 이것은 아무리 생각해봐도 일진의 수를 말하는 듯하다. 햇수로 3000갑자라고 한다면 18만 년이 될 것이니 타당하지 않고, 월을 가지고서 따지지는 않았을 것이고, 날짜수로 따진다면 1년이 6갑자에 해당한다. 그러면 10년이면 60갑자가 되고, 100년이면 600갑자이다. 그러면 500년을 살았다는 이야기인데, 신선이라고 한다면 장수하는 경우 700세까지 살 수 있다고 하니까 아마도 이것이 가장 타당성이 있는 추측이 아닐까 한다.

【삼국시대】 제갈공명(諸葛孔明), 관로(管輅)가 있었으며, 여기에서도 제갈공명이라는 이름은 역시 생소하지 않다. 《삼국지》에서 인기 순위 1, 2위를 다투는 스타이기도 한데, 그가 그렇게 온갖 병법에 통달할 수 있었던 것은 이미 천지인의 이치를 알아서 적재적소에 응용하였기 때문이

라는 추리가 가능하리라고 본다. 공명이 사용했던 모든 작전과 계략에는 음양오행의 이치가 항상 바닥에 깔려 있었던 것이라고 생각한다.

【진대】 갈홍(葛洪), 곽박(郭璞)이라는 이름이 전해지는데, 이들은 특히 도가에서도 일가견을 인정하는 도사들이다. 도술과 음양오행도 물론 불가분리의 관계가 있는데, 특히 곽박이라는 이름을 보면 떠오르는 책이 있다. 참으로 황당하다면 황당한 책이다. 《산해경(山海經)》이 그것인데 너무나도 상상을 초월하는 상황 전개에 감탄이 절로 나오는 책이다. 소설은 아니고 아무래도 지리에 대한 풍물지인 것 같은데, 별의별 동물과 나라가 다 등장한다. 이 책을 주해한 이름으로 곽박이 등장하는 것이다. 아마도 신선이라면 대단한 신통력으로 온 천하를 돌아다닐 수 있기 때문에 기이한 이야기도 많이 알 것이므로 일리가 있다고 생각된다.

또 갈홍이라고 하면 《포박자(抱朴子)》라는 책이 있다. 역시 《산해경》에도 일가견이 있으면서 도교를 계승 발전시켰다고 한다. 이 두 분은 후대에서도 당당하게 이름을 날리는 것으로 봐서 대단한 어른들로 생각된다.

【남북조】 위령(魏寧), 도홍경(陶弘景)이 있었다는데, 이 분들에 대한 상세한 것은 모르겠다. 아마도 음양오행에 대해 상당한 공헌을 하였을 것으로만 추측된다.

【당대】 원천강(袁天罡), 일행(一行), 이필(李泌), 이허중(李虛中) 등이 있는데, 여기서는 이허중이라는 분을 주목할 필요가 있다. 당나라 시대에 와서야 비로소 명리학이 학문다운 기틀을 마련했을 것인데, 이 시대에 이허중 선생이 세운 원리를 바탕으로 후대로 가면서 더욱더 견고한 집을 지을 수 있었던 것으로 생각된다. 이 시기에 생년월일시의 생극제

화(生克制化)에 의한 이치와 왕상휴수사(旺相休囚死)에 의한 통변이 비로소 기틀을 잡기 시작했다고 한다. 그러니까 자평명리학의 초창기에 해당한다고 보겠다.

이허중 선생은 천하에 유명한 당사주를 만들었던 분이라고도 전한다. 이 당사주는 아직도 많은 사랑을 받고 있지만, 적중률에 있어서는 자평명리학에 견줄 바가 아니므로 일부러 배울 필요는 없지만, 당시로서는 대단히 획기적인 자료였다고 보아진다. 아마도 서민들의 애환을 달래주고 희망을 주기 위해서 가벼운 마음으로 만들어진 것이 아닐까 싶다.

【오대】 진희이(陳希夷), 서자평(徐子平) 등이 있는데, 여기서 진희이라는 분은 《마의상서(麻衣相書)》를 저술한 관상(觀相)의 대가요, 서자평은 너무나 유명한 자평명리학의 시조격이라고 하겠다. 그에 이르러 명리학은 일대 전환기를 맞게 된다. 옛날에는 사주를 보고서 운명을 예언할 적에 연주의 간지(干支)를 위주로 하고 일주와 월주의 간지는 보조로 삼아 오행의 생극(生剋)과 쇠왕(衰旺), 그리고 각종 신살(神殺)을 대입하는 것으로 사람의 길흉화복을 점쳤으나 왕왕 맞지 않는 바가 많았다. 이 점을 항상 주의 깊게 관찰하던 자평 선생이 사주팔자는 일간(日干)을 위주로 하고 다른 글자들을 보좌로 해서 풀어야 한다는 이론을 세워놓았다.

【송대】 주렴계(周濂溪), 소강절(邵康節), 서대승(徐大升) 등이 이름을 날렸는데, 특히 여기서 중요한 인물이 등장한다. 오대(五代) 시절의 '서자평 이론'을 계승한 서대승 선생은 "사람이 태어난 일간(日干)을 주체로 삼고 다른 간지의 오행을 보조로 삼는 방법"을 활용해서 사람의 운명을 예언했던바, 단지 이론적으로 기초를 확립했을 뿐만 아니라 실제로 잘 적중하는 결과를 가져왔다.

그리고 오행전도론(五行顚倒論)12)은 후대에 명언으로 남아서 전해진다. 《적천수》에서도 구석구석 이 오행전도론을 대입하고 있는 것으로 보아 참으로 깊은 사유를 거쳐 나타난 오행 원리라고 생각된다. 물론 이 책에서도 오행전도에 대해서 별도의 장을 마련해서 설명할 것이다.

서대승 선생이 마련한 《연해자평(淵海子平)》13)이라는 책은 두고두고 명작으로 정평이 나 있기도 하다. 당시로서는 참으로 대단하고도 정밀한 내용의 집대성이었다. 이 책은 일간(日干)을 그 사람의 주체로 삼고서 추명하는 방법이 허망하지 않다는 것을 증명하였던 것이다. 이것은 중국 명리학이 발전하게 되는 획기적인 전기가 되었는데, 그로부터 많은 세월이 지난 지금에는 이 원리를 바탕으로 연구하는 수없이 많은 사주의 대가들이 배출되었고 저술 또한 수풀처럼 많다. 지금은 상당히 성숙한 학문이 되었다고 본다. 그래서 이러한 인연으로 현재까지도 이 사주학을 자평명리학이라고 일컫는다.

그리고 서대승 선생은 오행은 단순히 서로 생조(生助)만 한다고 해서 좋은 것이 아니라며 중화론(中和論)이라는 진일보한 이론을 전개시켰다. 생할 것은 생해야 하고, 극할 것은 극해야 한다는 이야기인데, 이 이론은 앞으로 배우게 된다.

【명대】 유백온(劉伯溫), 만육오(萬育吾), 장남(張楠)이라는 이름이 보이는데, 여기서 유백온 선생은 저 유명한 《기문둔갑비급전서(奇門遁甲秘笈全書)》를 저술한 기문의 대가이기도 하다. 그런데 그는 기문의 대가면서도 자평명리학에 아주 심오한 이론을 전개하였던바, 그 책의 이름

---

12) 오행에는 일상적인 이치가 있는 반면에 강약의 상황에 따라서 뒤바뀌어지는 생극의 원리도 있다는 설명인데, 간결하면서도 깊은 의미를 함축하고 있다.
13) 당시에 산재해 있던 명리학과 연관된 이론서들을 집대성했다고 보인다. 격국론, 시결론, 신살론 등이 방대하게 수록되어 있다. 그러나 단점도 없지는 않으니, 입문서로는 오리무중(五里霧中)에 빠질 가능성도 배제하지 못한다는 생각이다. 좋은 연구서이다.

이 만고에 빛나는 《적천수(滴天髓)》이다. 현재의 모든 영양가 있는 명리서들은 이 《적천수》의 이론을 어떤 형태로든지 받아들이고 있는데, 이러한 획기적인 이론서는 전무후무하다고 해도 과언이 아닐 것이다.

그리고 장남이라는 분은 《명리정종(命理正宗)》이라는 책을 통해서 서대승 선생이 지은 《연해자평(淵海子平)》의 분명하지 않은 부분을 좀 더 명확하게 보충한 것으로 보인다. 수년 전에만 해도 "명리학을 공부하려면 어떠한 책을 보는 게 좋은가?"라고 질문을 하면 대개의 선배들은 《연해자평》을 주저없이 추천했다. 그러나 기실 알고 보면 추천하는 자신도 《연해자평》의 뜻을 제대로 이해하지도 못하고 있는 경우가 대부분이었다. 그만큼 권위가 있는 서적이라는 뜻도 될 것이다. 그러나 오늘날에는 다분히 이론 전개를 위해 사용하는 것으로 그 가치를 인정받는 정도이지 겉만 번지르했을 뿐 실속이 없는 것으로 여겨지고 있다. 이제는 명리 입문서로 《연해자평》을 추천하는 일은 없어야겠지만, 연구서로서는 훌륭하다고 생각된다.

그리고 장남의 저서라고도 하고 만육오의 저서라고도 하는 《삼명통회(三命通會)》라는 책은 엄청난 분량의 내용을 가지고 있다. 책만 구해 놓고 분량이 하도 엄청나서 감히 들여다볼 엄두를 내지 못하고 아직도 벼르고만 있는 유일한 명리서이다. 우리 나라에는 명문당에서 번역 출간한 《삼명통회》가 있지만 분량을 보건대 극히 일부분에 국한된 것으로 생각된다. 이 책을 전부 번역하기로 든다면 아마도 10권은 되어야 할 정도로 대단한 분량인데, 그렇게 간단하게 한 권으로는 나올 수 있다는 게 불가능하다는 생각이 들어서이다.

【청대】자평명리학이 꽃을 피운 시대라고 본다. 많은 명리학자들이 이 학문의 골격을 완성하고, 그에 따르는 실험도 상당히 방대하게 한 것으로 보인다. 당대에 이름을 날리고 또 후학을 위해서 훌륭한 저서를 남

긴 분으로는 진소암(陳素菴), 심효첨(沈孝瞻), 임철초(任鐵樵) 등이 유명한데 어느 하나도 소홀히 할 수가 없는 이름들이다. 그 중에서 진소암 선생은 《명리약언(命理約言)》이라는 조그마한 책자를 남겼다. 생전에 정승을 지냈다고 하는데, 그러면서도 당당하게 사주책을 남긴 용기가 참으로 보통이 아니다. 그렇게 꼬장꼬장한 성품의 소유자라서인지 현재까지도 논쟁의 여지가 있는 '육친론(六親論)'에서 나를 생해준 오행이 부모라는 원칙론을 고수하기도 했다.

심효첨 선생은 자평명리서의 기본 골격이라고 할 수 있는 《자평진전(子平眞詮)》을 남겨서 후학들이 학문의 틀을 잡을 수 있도록 해준 매우 유익한 업적을 남긴 분이다. 《자평진전》은 모두 5권으로 구성되어 있는데, 실제적으로 비합리적인 이야기와 군소리를 빼고 질서 있고 명확하게 이론을 전개했다. 여기서 특별한 점은 월지의 비중을 매우 크게 보고 있다는 것이다. 그리고 사주 전체에서 가장 강한 오행을 용신으로 삼아 일간과의 대립을 조절하는 방향으로 연구한 면도 보인다.

임철초 선생은 《적천수》에 주석을 달았다는 것만으로도 이름을 떨칠 수 있는 분이다. 스스로도 책을 지을 수 있는 안목의 소유자였지만, 당시까지 이론 전개가 난해해 빛을 보지 못하고 있던 《적천수》에 주해를 달아서 그것을 부활시킨 공로는 새로이 책을 저술한 것보다 더욱 존경받을 만한 일이었다.

임철초 선생이 아니었다면 《적천수》라는 보옥이 땅 속에 묻히게 되었을는지도 모른다고 생각해보라. 나중에 인연이 있어서 이 책을 접하게 된다면 아마도 임철초 선생의 노력에 감사하는 마음이 들 것으로 믿는다. 이렇게 주석을 달았던 책은 나중에 《적천수징의(滴天髓徵義)》와 《적천수천미(滴天髓闡微)》라는 다른 이름으로 출판이 되었지만 내용은 대동소이하다. 《천미》가 원문의 주석까지 삽입해서 상세하게 되었다는 점이 특색이라면, 《징의》는 번잡한 것은 삭제하고 보충할 것은 보충해서 정리한 것이 특색이다. 그래서 간결한 내용을 좋아하는 독자에게는 《징의》를, 상세한 설명을 좋아하는 독자에게는 《천미》를 권하고 싶다. 참고로 《징의》는 서낙오 선생이, 《천미》는 원수산 선생이 출판을 했다는 점이 다르다.

【근대】 청대에 꽃이 핀 명리학이 열매를 수확한 시대라고 보아도 되겠다. 자평명리학의 진가를 비로소 발휘시키게 되는 이 시대의 학자들은, 선대의 자료를 배우고 자신들의 임상 경험을 바탕으로 삼아서 명리학의 완성을 보려고 노력했다. 그 중 어느 누가 더 공로가 많다고 할 수도 없을 정도로 모두 대단한 자료들을 발표했는데, 서낙오(徐樂吾), 원수산(袁樹珊), 위천리(韋千里), 일본의 아부태산(阿部泰山) 오약평(吳若萍-俊民), 양상윤(梁湘潤), 화제관주(花堤館主), 하건충(何建忠) 등의 기라성 같은 대가들이 모두 명리학 발전에 공헌을 한 분들이다.

이 중에서도 서낙오 선생은 그야말로 자평명리학의 기강을 바로 세운 분이라고 해도 좋을 만큼 많은 저서와 평주를 남겼다. 특히 서낙오 선생이 찾아내 주를 달았던 《궁통보감(窮通寶鑑)》은 원래 이름이 "난강망(欄江網)"이었다는데, "궁통보감"이라는 멋진 이름으로 바뀌어 부활되었다. 《난강망》의 저자는 여춘대(余春臺)라고 되어 있는데, 무슨 일을 하고 언제 살았는지도 분명하지 않다. 그래서 위의 화려한 대열에 끼지도 못하지만 《궁통보감》이라는 책이 존재하는 한 이 이름은 함께 보존될 것이 틀림없다.

《궁통보감》은 현재 명리학계에서 반드시 읽어야 할 3대 보서(寶書)로 공인되다시피한 책이다. 그 외에도 서낙오 선생은 《적천수》를 출판하면서 《적천수징의(滴天髓徵義)》라는 이름을 달았던 장본인이기도 하다. 아울러 《징의》에 도움말을 추가할 필요가 있다고 생각해서 《적천수보주(滴天髓補註)》를 편찬하기도 했다. 이 외에 《자평진전평주(子平

眞詮評註)》도 낸 것을 보면, 영양가 있다고 생각한 서적들은 모두 손을 댔다고 해도 과언이 아니다. 아마 근대의 대가 중에서도 첫손가락에 꼽아야 할 인물일 것이다.

또 원수산 선생은 《명리탐원》이라는 책을 저술했는데, 고래로 전해오는 많은 이론과 학설을 집대성해놓아 누구든지 어디에 어떠한 말이 있었는지를 확인하는 데 매우 유익한 서적이다. 그리고 《명보(命普)》라고 하는 사주모음집을 저술하기도 했는데, 여기에는 중국의 유명한 사람들이 많이 등장하고 있다.

그런가 하면 위천리 선생은 실제로 사주를 감정한 자료를 공개하기로 정평이 나 있는 인물이다. 그의 《고고집(呱呱集)》은 사주를 보는 요령에 많은 힌트를 얻을 수 있는 책이다. 그리고 《명학강의(命學講義)》라는 책 역시 명저로 꼽힌다.

그리고 일본 태생인 아부희(阿部熹=阿部泰山) 선생 역시 명리학에 대한 많은 저술을 남겼다. 특히 대만의 무릉출판사에서 나온 《적천수상해(滴天髓詳解)》라는 세 권으로 되어 있는 서적은, 《적천수》에 대해서 참으로 많은 궁리를 한 내용을 담고 있다. 이 외에도 《아부태산 전집》이 있을 정도인 것으로 봐서 자평명리학에 정통한 학자로 인정해도 손색이 없는 인물인 것 같다.

또 빼놓을 수 없는 분이 화제관주이다. 그는 《명학신의(命學新義)》라는 책을 저술했는데, 여기서 심리학자 융 박사의 이론을 대입하고 있는 장면은 가히 백미(白眉)라고 하겠다. 이렇게 용기 있는 임상과 대입의 노력으로 인해 명리학은 심리학의 영역까지도 포함하는 대단한 학문이 될 수 있었던 것이다. 물론 의학 분야는 《적천수》에서 그 기미(機微)가 포함되었기에 더 말할 것도 없다.

이렇게 모험이라면 모험인 실험 정신의 뜻을 이어받아 후학이 연구한 논문이 있으니 바로 하건충 선생의 《팔자심리학(八字心理學)》 두 권이 그것이다. 하건충 선생은 화제관주의 《명학신의》를 바탕으로 삼아 전후편 2권으로 《팔자심리학》을 저술, 출간했는데 사람의 마음을 팔자상에서 추리하고 정리하려는 노력은 정말 존경심이 절로 우러난다고 하겠다. 이 《팔자심리학》은 지금도 많은 연구거리를 제공하고 있다. 너무 이론적인 면에 치우친 감도 있지만, 예전에 자평 선생이 이론으로 제시한 일간 위주의 사주풀이가 결국 확실한 정론(定論)으로 자리잡은 것만 보더라도 여기서 제시된 팔자와 심리학의 결합이 만만치 않을 것으로 보인다. 낭월이도 이 《팔자심리학》을 보면서 좀더 연구에 힘써야겠다는 생각이 들었다.

그리고 오준민(吳俊民) 선생의 《명리신론(命理新論)》도 대단히 훌륭한 책으로 꼽힌다. 두 권 혹은 세 권으로 되어 있는데 내용은 같다. 출판사에 따라서 차이가 나는 듯하다. 이 《명리신론》은 공망(空亡)에 대한 언급이 전혀 없는 것이 이색적이라면 이색적이다. 신살 중에서 비중이 크다고 하는 공망에 대해서 다루지 않은 것을 보면서 정말 생각이 많은 학자라는 생각을 했다.

이렇게 하나하나 실험을 해가면서 비합리적이거나 별로 효용 가치가 없다고 생각되는 이론들을 제거해나가다 보면 그야말로 속고갱이만 남을 것이 분명하다. 사실은 어서 빨리 이렇게 되어야 명리학이 가일층 발달하게 될 것이다.

▣ 한국에서의 자평명리학

이렇게 중국의 학자들은 고전적인 학문의 이론들을 실험하고 경험한 자료들을 토대로 각기 독특한 이론들을 전개해가면서 명리학을 발전시켜왔다. 그동안 한국의 명리학자들은 과연 무엇을 했을까? 무엇을 했기에 오늘날 이렇게 명리학이 사회적으로 미신 대우를 받게 되었는지 참으로 아쉬운 마음을 금할 수 없다.

조선시대에는 토정 이지함 선생이 이름을 떨쳤지만, 연구한 영역이 수리학 분야이고 자평명리학은 아니니 언급할 바 아니고, 모두들 형이상학적인 철학 분야만 연구한 나머지 정작 인간의 운명을 궁리하는 명리학은 아녀자들이 당사주를 찾는 정도로 넘어간 것으로 보인다. 사회적으로 체면을 중시하던 양반 사회에서 점술 나부랭이(?)나 공부한다고 하면 가문의 수치라고 생각해서 혼자만 배워서 응용하고 공개적인 저술은 하지 않았을 것도 같다. 일제시대에도 그저 그렇고, 해방 이후에야 몇몇 쟁쟁한 선생님들이 등장을 했다.

  대전의 박제완 옹이 《명리요강(命理要綱)》이나 《명리사전(命理辭典)》이라는 책을 저술해서 명리 서적이 거의 불모이다 싶은 시기에 좋은 자료를 제공해주셨다. 부산에 계시는 제산 선생님은 부부의 띠를 귀신같이 알아낸다고 해서 세인을 놀라게 하는 실력자이지만 저서가 한 권도 전해지지 않으니 후학에게는 전혀 도움이 되지 않았다고 해도 할 말씀이 없으실 듯하다. 오직 임상 시험을 방대하게 하셨던 이석영 선생은 《사주첩경(四柱捷徑)》이라는 명리학원의 교재가 전해지니 이 책이 그래도 한국에서 자랑할 만한 유일한 명리 서적이라고 할만 하겠다. 다만 입문자가 종합적으로 볼 수 있는 원리가 없다는 점이 아쉽게 생각된다. 그리고 너무 내용이 간결해서 입문서로서는 다소 난해하지만 상당히 정리가 잘된 《사주정설(四柱精說)》이라는 책이 법조인이었던 백영관이라는 필명으로 나와서 많은 명리 애호가들의 갈증을 달래주었다. 이 책은 이 방면에 관심이 있으신 동호인은 누구든지 한 권 정도 지니고 있는 것이기도 하다.

  다행히도 작금에 이르러서는 대단히 많은 서적들이 그야말로 범람을 하고 있다. 이제야 한국 명리학의 춘추전국시대를 보는 듯해서 흐뭇한 감도 있다. 아마 앞으로는 한국 명리학도 중국에 전혀 손색이 없을 정도로 정미롭게 발전할 것으로 보지만 아직은 정비가 필요한 것으로 생각된다. 이와 같은 이야기를 드림으로써 명리학의 현주소를 대략이나마 이해하도록 해보았다.

그러나 명색이 대가라고 하는 분들의 서적도 견강부회로 짜깁기를 한 것이 적지 않게 눈에 띈다. 또 일본에서 출간된 책을 약간 수정해서 자신의 이름으로 출판하는 그야말로 저작권을 침해하는 경우도 있다고 들린다. 이러한 것은 아직도 구태의연한 서적들이 먹혀들기 때문이라고 본다. 독자들의 수준이 이러한 쓰레기들을 분별할 정도가 된다면 이런 책들은 발붙일 곳이 없을 것이다. 그렇게 된다면 명리학 서적은 날로 그 진가를 발휘하는 책이 될 것임에 틀림없다.

3. 성명학

앞에서 설명한 사주학이 인간이 선천적으로 타고난 숙명을 알기 위한 도구로 발전했다면, 이 성명학(姓名學)은 인간의 운명을 개척하는 차원에서 발전되었다고 생각된다. 사실 사주팔자는 선택의 여지가 없지만 이름이라는 것은 언제든지 고쳐서 흉을 피하고 길함을 찾을 수가 있기 때문이다. 인간은 이름을 가지고 살아간다. 그렇다면 그 이름에도 좋은 이름과 나쁜 이름이 있을 것이다. 좋은 이름은 자꾸 불러줄수록 개운이 되지만, 나쁜 이름은 부르면 부를수록 악화된다는 이야기가 있다. 그러니 좋은 이름으로 고쳐서 복받고 행복하게 살자는 것이 그 본래의 뜻일 것으로 본다.

물론 전생에 온갖 죄업을 지은 사람이 이름만 잘 지어 갖는다고 해서 복을 받으리라 생각하지 않지만, 기왕이면 나쁜 이름보다는 좋은 이름이 좋지 않겠느냐는 의견에는 반론을 제기할 생각이 없다.

이름을 판단할 때 예전에는 글자 자체에 의미를 두었으나, 근래에는 발음에 더 치중하는 경향이다. 성명학은 비교적 간단한 구조로 되어 있기 때문에 책 한 권만 있으면 대략 이름을 감정하고 길흉을 판단할 수 있다. 낭월이가 활용하는 책은 정보국 선생의 저서인 《작명보감(作名寶鑑)》이다. 한국의 특성에 맞게 동사무소에 등록이 가능한 글자들을 모아서 음양오행으로 분류해뒀기 때문에 초학자라도 약간의 시간만 투자하면 이름을 지을 수가 있다. 좋은 이름으로 귀중한 인생을 복되게 산다는 것에 말릴 이유가 전혀 없다고 생각된다. 물론 사주팔자를 무시하고 이름만으로 온갖 길흉을 이야기하는 것에는 의문의 여지가 있다.

이런 식으로 하나하나 설명을 하다 보면 역학의 종류가 정말 대단히 많은 것에 놀라게 된다. 이 외에 전설적인 학문들도 많다. 각기 기기묘묘한 이야기를 남긴 채 어디론가 숨어버린 학문들도 많을 것으로 본다. 이러한 학문들은 어쩌면 각기 비밀리에 전승되고 있는지도 모른다. 각자 인연이 있어서 정말 대단한 학문을 만나기 비는 마음이다. 참고로 역학을 분야별로 정리한 책으로는 동학사(東學社)에서 나온 《역학돋보기》(오상익 지음)가 있으니 관심 있는 분은 읽어보기 바란다.

이렇게 다양한 동양 정신의 여행에 동행을 하게 된 인연(因緣)에 감사드린다. 그렇게 만만치만은 않은 학문이지만 또한 사람이 살아가는 이치를 밝혀놓은 것이니 하나하나 이해하다 보면 도달하지 못할 것도 없으리라 본다. 처음부터 너무 가벼이 여기거나 또 너무 어렵게 여겨서 중간에 스스로 물러나는 일이 없기만을 바란다.

그것이 아무리 사소한 것이라 할지라도 책을 만나는 것 또한 인연이 있어야 한다고 한다. 이렇게 각기 인연에 따라서 책을 만나게 되고, 또 그 내용에 젖어들게 되고, 그것으로 인해서 자연의 이치를 궁구하여 깨달음으로 전개되어가는 것이니 소중한 만남이라고 해야 하겠다. 모쪼록 좋은 인연 많이 만나시기를 기원하면서, 그 첫번째 항목인 '역학의 세계'에 대한 소개의 글을 여기에서 줄인다.

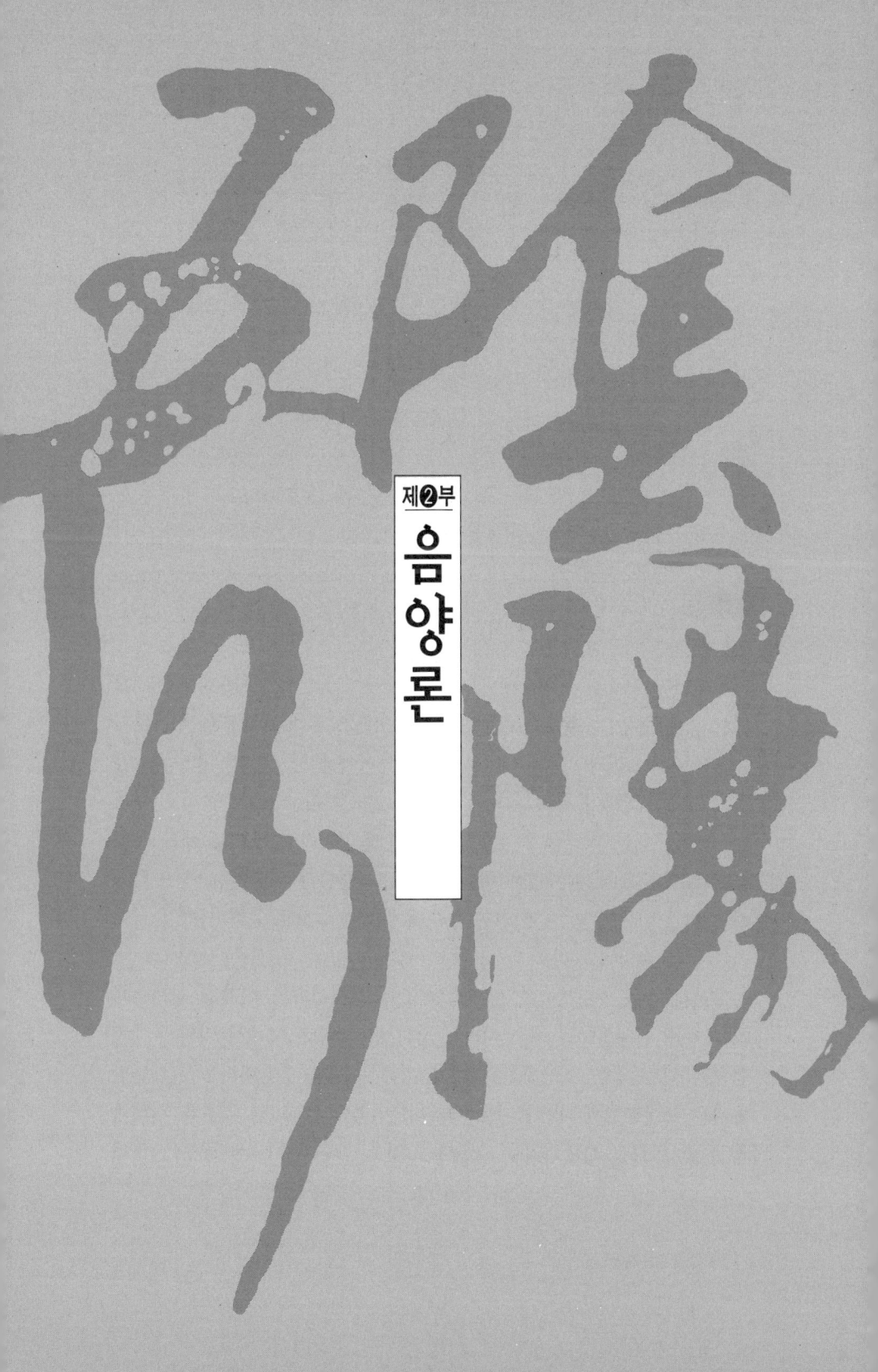

제2부
음양론

이제 본격적으로 음양오행의 이야기로 들어가보자. 역학의 정의에 대해서는 충분하지는 못하다고 해도 이 정도면 그런대로 대략적인 분위기는 파악되었으리라 생각된다. 음양오행의 이치를 궁구하기 위해서는 가장 먼저 음양의 이치를 파악해보는 것이 순서이다. 그래서 이번 장에서는 음양에 대한 이해를 해보겠는데, 실은 음양이라는 것이 오행과 분리해서 별도로 존재하는 것은 아니다. 서로는 들숨과 날숨처럼 매우 밀접하게 연관이 되어 있는 것이다. 따라서 이것을 별도로 논한다는 것 자체가 무리일 수밖에 없다.

　그러나 처음 이 분야에 발을 들여놓은 사람이라면 아마도 한꺼번에 그 모두를 이해한다는 게 오히려 부담이 될 것이다. 그래서 이렇게 개별적으로 그 형상을 이해하도록 하기 위해서 우선 음양이라는 것에다만 초점을 모아놓고서 설명하기로 하겠다. 이렇게 음과 양 각각을 이해한 후 나중에 다시 한덩어리로 모은다는 것을 염두에 두고서 공부에 임해주기 바란다. 원래의 진리는 그렇게 분리할 수가 없는 형상을 취하고 있다 하더라도 우선은 나눠져 있는 것처럼 해야 이해하기가 수월하기 때문이다.

가령 소화 기관을 이해하기 위해서는 머리끝부터 발끝까지 이해를 해야 한다. 그래야만 비로소 소화 기관에 대해서 정확하게 이해하게 될 것이다. 그렇지만 처음 입문한 사람에게 그 전체에 대해서 한꺼번에 설명을 해준다면 아마도 머리가 터진다고 소리를 지르거나 아니면 신발도 신지 않고서 달아나버릴 것이다.

더구나 그것이 당장 먹고사는 데 아무런 도움도 되지 않는 오행 학문이라면 아마도 거의 틀림이 없을 것이다. 그래서 우선은 소화 기관만을 별도로 떼놓고 그것이 하는 일에 대해서 설명하고, 또 다음에는 심장을 떼놓고서 설명을 하는 식으로 해서 안목을 넓힌 다음 비로소 모든 기관을 종합해놓고서 설명을 하면 어렵다는 생각 없이 이해하게 될 것이다.

이러한 형식을 불교에서는 방편이라는 말로 설명하는데, 이러한 내용의 참소식을 이미 알고 계신 벗님이라면 "또 쓸데없는 군소리가 시작되는군 쯧쯧!" 하면서 못마땅해할 것 같다. 그렇게 생각하더라도 양해를 구한다. 항상 아래에서 땀을 흘리면서 쫓아오기에 여념이 없는 후배를 생각하면서 길을 가지 않을 수 없기 때문이다.

음양에 대한 이해를 가능하면 좀더 물질적인 면과 정신적인 면에 비춰서 해보기로 하겠다. 사실 따지고 보면 삼라만상의 모든 이치가 이 음양의 움직임에 불과하다는 생각도 든다. 앞으로만 나가는 게 능사가 아니라 이렇게 하나를 알더라도 좀더 구체적으로 명확하게 이해한다면 앞으로 공부를 해나가는 데 상당히 시간을 단축할 수 있을 것이다.

제1장
음양의 이전

 음과 양이 이 별에서 맨 처음 어떻게 발생하고 생성되고 성장했는지는 정확히 알기 어려울 것으로 생각된다. 예전의 시간 감각에도 문제가 있었겠지만, 기실 옛 사람들은 시간에 대해서 그렇게 전전긍긍하지 않았을는지도 모를 일이다. 이런 것에 대해서 오히려 지금 사람들이 더 알고 싶어하고 캐내고 싶어하여 궁리하고 연구하는 것처럼 보인다. 실제로 사람의 의식 구조에는 종합해서 보려고 하는 것보다 분리하고 분석하고 싶어하는 심리가 더 강하기 때문에 그렇게 할 수밖에 없을 것이리라.
 그러나 이러한 접근 방식이 나쁘다고는 생각지 않는다. 이렇게 분석하고 연구함으로써 더욱 정미롭게 발전하는 것이라고 생각되기 때문이다.
 각설하고, 이 우주의 이치라는 거창한 제목을 달지 않더라도, 곰곰이 생각해보면 원래 음양 이전에는 두 종류의 기운이 서로 분리되지 않고 엉켜 있었을 것이라고 상상할 수 있다. 이렇게 가정하는 이유는 어떤 것이든 시간이 흘러가면서 분리되고 정리되는 게 자연 법칙이라는 것을 살아가면서 느끼게 되었기 때문이다. 그렇다면 음양으로 나뉘기 전에 무엇인가가 있었다고 한다면 그 형태는 혼합된 기운일 것이라고 가정해볼 수 있을 것이다. 이것을 혼돈(混沌)이라는 말로 표현해도 무난할 것이라고 보는데 사실 혼돈이라는 말은 《장자(莊子)》14)에서도 보인다. 이것으로 미루어보아 매우 오래 전부터 우주의 형상을 처음에는 음과 양으로 분리하지 않고 이해했음을 알 수 있다. 《장자》의 내편(內篇)에 있는 "응제왕(應帝王)"의 마지막 대목에 혼돈에 대한 아주 간단한 내용이 있다. 풀어서 적어보면 다음과 같다.

남해의 왕과 북해의 왕이 중앙의 왕인 혼돈의 나라에 놀러와서는 아주 융숭한 대접을 받게 되었다. 그래서 그 답례로 무엇을 선물할까 하는 의논을 하다가, 왕인 혼돈을 보니까 보통 사람들은 일곱 개의 구멍이 있는데 혼돈은 구멍이 하나도 없었다. 그래서 두 임금은 의논을 한 끝에 하루에 한 구멍씩 7일 동안 혼돈 임금에게 일곱 개의 구멍을 내줬는데, 마지막 구멍을 내자 혼돈은 그만 죽고 말았다.

《장자》에 나오는 이 유명한 우화를 아직도 모르시는 분이 있다면 이 기회에 한 수 익혀두는 것도 좋겠다. 이 이야기는 어떤 사물이건 원래 생긴 자연 그대로의 모습이 가장 아름답고 편안한 것이고, 뭔가 인위적으로 조작을 하면 본래의 모습을 망가뜨리게 되는 것이라는 의미일 것이다. 음양이 나눠지기 이전의 형태라고 한다면 혼돈이 가장 어울리는 모습일 것이다.

얼른 생각하기에는 이 이야기가 매우 황당하다고 느껴지기도 할 것이다. 그런데 낭월이는 참으로 이렇게 쓸데없다고 생각되는 것에서도 매우 많은 정보를 얻어내는 재능이 있는 모양이다. 그러면 어떤 식으로 생각하는지 말씀을 드리기 전에 우선 벗님께서는 위의 이야기를 읽으면서

---

14) 제나라 사람인 장주(莊周)의 어록을 모아놓은 것이라고 보는데, 나중에 후인들이 보탠 것도 있다고 한다. 세상의 이치에 달관하여 부귀 명예에 연연하지 말고 자연에 응해서 살자는 내용을 많은 우화를 곁들여서 설명하고 있는 책이다. 일독(一讀)을 권한다.

어떤 생각이 들었는지 궁금하다. 스스로 한번 이 문제에 대해서 깊이 생각해본 다음 낭월이의 이야기를 읽어본다면 아마도 뭔가 느끼는 것이 또 다르리라 생각해본다.

낭월이도 역시 일개의 원리를 연구하는 학자일 뿐이다. 그러니까 스스로 찾아보고 연구해본 결과에 대해서 이치에 합당하다고 생각되는 것에 한해서만 소견을 말씀드리고 있을 뿐이라는 이야기다. 어떤 가치는 사실일 것이라고 생각은 하지만, 진실이 아닐 수도 있다. 그래서 더욱 깊이 살피기는 하지만, 어디까지나 길을 가는 나그네일 뿐이라는 점을 알고 읽어달라고 당부하고 싶다. 이미 완성된 것이 아니라는 것만 생각하고 읽어둔다면 큰 손해는 없을 것이다. 이렇게 말씀드리는 것은 혹시라도 낭월이의 말이 그대로 진리 그 자체라고 착각할까 봐 괜히 노파심이 들어서 드리는 말씀이다.

이 우화를 좀더 확대해서 해석해보면 의외로 많은 의미를 발견할 수 있다. 우선 남해의 왕이나 북해의 왕이라는 것은 음양(陰陽)이라는 말이다. 음양을 그렇게 남해니 북해니 하는 말을 빌려서 설명했다고 본다. 왕이라고 하는 것은 세력이 대등하기 때문에 집어넣은 것이 아닐까 싶다. 그리고 남북으로 나뉜 것으로 봐서 두 왕, 즉 음양은 치우쳐 있다는 의미로 생각해볼 수 있다. 또 오행으로 바라다본다면 남은 火에 속하고, 북은 水에 속한다. 따라서 水火는 항상 분리하기를 좋아한다는 말도 되는 것이다. 물과 불은 그렇게 서로 자신의 주장대로 치우쳐서 편견을 가지고 세상만사를 바라보게 되어 있는 것이다. 원래 세상만사가 생긴 대로 쳐다보고 생각하고 또 행동하는 것이 정상이라면 당연한 행동을 한 것이다. 우리는 흔히 '장님 코끼리 만지기'라는 말을 사용하지만 눈을 멀겋게 뜨고서도 그러기는 마찬가지이다. 하긴 장님이라는 말이 반드시 앞을 못 보는 사람을 칭하는 건 아닐 것이다. 눈을 뜨고서도 마음이 열리지 못해서 진리를 바로 보지 못한다면 장님에 불과하기 때문이다.

그럼 중앙에 있는 것은 무엇일까? 그것은 아마도 중(中)이었을 것이다. 어쩌면 중이라고도 할 수 없는 종합적인 형태를 가지고 있었는지도 모르겠다. 원래 중앙은 치우치지 않은 중심점을 말한다. 그렇게 중심점이 되어 있는 것은 어느 한 곳으로 치우치지 않으므로 개성도 없고 나아가서는 자신을 주장할 만한 형체도 없다. 土라고 부르고도 싶은데, 아직 구체적으로 어떤 형상을 떠올릴 정도로 발전된 형태가 아니어서 그냥 중이라고만 불러본다.

이렇게 개성도 없고 색깔도 없는 것이니 물이나 불의 마음에 들지 않았을 것은 분명하다. 그래서 물과 불은 자신의 의도대로 길들이려고 한 것이었다. 이것은 개성이 강한 사람이 자신의 의견대로 남의 생각을 끌어들이려 애쓰는 것과도 통한다고 하겠다. 그러니 중앙의 왕인 혼돈은 자신의 주장을 완강히 하지 않는 성분이었으므로 당연히 남북의 왕들이 시키는 대로 가만 내버려두었을 것이다. 그래서 분리가 되어버린 혼돈은 그만 죽었던 모양이다.

《장자》의 우화는 참으로 많은 의미를 함축하고 있다는 생각이 든다. 완충 역할을 하던 혼돈이 죽어버림으로써 이 땅에는 남북을 대표하는 水火만이 존재하게 되었다. 그 전에는 중앙의 혼돈왕이 있어서 두 왕은 서로 대립을 해도 항상 중재해서 싸우지 않고 화목했다. 그런데 중앙의 혼돈왕이 죽어버리고 나자, 이제는 서로 대립을 하게 되었고 자신의 주장이 너무 강하다 보니 싸움도 곧잘 하게 되었다. 사실 혼돈왕이 살아 있는 동안에는 두 왕의 의견도 이 혼돈의 흡수력에 의해서 잘 융화됐는데, 혼돈왕이 죽어버리자 세상의 이치는 분명해졌지만 그만큼 싸울 일도 많아졌던 것이다. 그들은 그제서야 혼돈이 죽은 것에 대해서 아쉬워했지만, 이미 엎질러진 물이니 달리 도리가 없었다. 그래서 기왕이면 서로 혼돈을 생각해서라도 싸우지 말고 양보하자는 동맹을 맺었는데, 이럴 때에는 단결이 잘 되어서 창조가 되는 방향으로 흘러갔지만, 그러다가 어느 한 왕의 세력이 커지게 되면 또 그것을 견제하기 위해서 다시 대립하게 되고, 그래서 균형이 깨어지곤 했던 것이다. 이것이 바로 음양이 시작되는 단계라고 생각하고 싶은 낭월이다.

위의 그림으로 설명을 해본다면, 혼돈이 살아 있는 상태가 앞에 있는 대한항공 마크와 닮은 그림이라면 혼돈이 죽어버린 다음에는 뒤에 있는 그림이 될 것이다. 중간에서 조절해주는 것이 있을 적에는 대립을 할 수가 없었는데, 조절해주는 것이 없어진 후로는 항상 만나기만 하면 싸우는 것이다.

혼돈이란 뒤죽박죽이라는 뜻도 있지만, 명확하게 나눌 수 없음을 이르는 말이 아닌가 한다. 어찌 보면 어두컴컴한 상태라고도 생각된다. 밤도 낮도 아닌 시간, 이를 일러서 혼돈의 시간이라고 하면 적절한 표현이 될 것이다.

요즘은 혈액을 실험하는 장면이 텔레비전에 많이 나오니 화면을 통해 혈액을 분리하는 모습을 본 적이 있을 것이다. 처음에는 그냥 붉은 피인데 원심분리기에 들어갔다가 나오면 피의 성분에 따라 위와 아래로 나뉜다. 적혈구와 혈장 등으로 나뉘는 것이 아닌가 싶은데, 이러한 상태의 이전, 즉 원래의 형태를 유지하고 있는 혈액을 그냥 혼돈의 상태와 비교해보면 어떨까 생각되기도 한다.

어쨌든 지금은 혼돈이 죽어버렸다. 그리고 우리는 그러한 혼돈의 중화된 상태를 동경하면서 그곳에 가까이 다가가려고 노력하고 있다. 이것에 이르려 정진하는 사람을 수행자라고 할 수도 있을 것 같은데, 우리가 이렇게 음양오행의 언저리에서 배회하고 있는 것도 아마 이 혼돈 시대의 자유롭고 천진한 경지에 도달하고자 하는 때문은 아닌지 모르겠다.

이렇게 해서 음양이 함께 섞여 살아가던 시절이 막을 내리게 되었다. 그리고 이것은 불교에서 말하는 본래의 천진면목이 무명의 세월을 보내면서 어두워진 것과도 대비가 된다. 불교에서는 원래의 천진한 불성(佛性)이 분리심에 사로잡혀서 그런 성품이 존재했었다는 것도 생각하지 않고 이미 익숙해져버린 업력의 파랑(波浪)에서 허우적거리고 있다고 본다. 부디 이번 생에서 그러한 파랑을 벗어나서 피안(彼岸)15)에 도달하도록 노력해봐야 할 텐데……

---

15) 저언덕이라고 번역하기도 하는데, 고통을 여의고 상대성을 여읜 절대적인 안락이 존재하는 영역을 말한다.

제2장
음양의 분류

　원래는 분리할 수가 없는 하나의 덩어리 혼돈이었는데, 어떠한 작용이 개입하면서 음양으로 분류가 되었다는 것을 이해했을 것이다. 이쯤 오면 이미 상대적인 개념이 형성된다. 크고 작음[大小]이나 높고 낮음[高低]이나 맑고 탁함[淸濁] 등의 구분을 하게 되는 것이 음양이라고 할 수 있다. 아름답고 추한 것이 형성되는 단계라고 볼 수 있겠다. 음양이란 이렇게 선과 악이 나뉘는 것을 말한다. 선악은 이미 전체를 잃었다고 볼 수도 있다.
　여기서 우리는 최초에 우주가 어떻게 생겼는지는 크게 신경 쓰지 말기로 하자. 지금 그런 궁리를 한다고 해도 정확히 알 수가 없을 뿐만 아니라 또 그럴 필요도 없으리라고 본다.
　이 허공에 가득한 공기를 마시며 '지금에' 살고 있는 이상, 지금 현재의 우주가 어떻게 생기고 어떻게 돌아가고 있는가에 대해서 궁리해보는 것이 더 이익이 많으리라 생각된다. 그리고 이렇게 음양으로 분리되어 커다란 흐름을 만들면서 서로 대립하고 보완하는 운동을 계속하고 있는 것이 신기하기도 하다. 한쪽으로 치우치면 지구는 그 즉시 폭발해버릴 것도 같은데, 묘하게도 조화를 이루면서 서로 견제하며 질서 있게 흘러가고 있는 듯하다. 그런데 보통의 사람 눈에는 음양은 서로 대립하고 싸우고 있는 것처럼 보인다. 밑바탕에 대립되는 마음을 깔고 있어서 그럴까……

그러나 이것이 또한 인간의 모양인 것을 어쩌랴. 그래서 어쩔 수 없이 음양이라는 분리의 대립을 이해하지 않을 수도 없다. 이러한 것이 극단적으로 흐르면 선악의 대립, 양극론을 불러온다.

음양은 서로 대립하는 것이라고만 이해한다면 결국 그 정도밖에 볼 수가 없다. 그러나 음양의 마음은 서로 균형을 이루고자 한다. 균형은 아름답다. 즉 기울지 않는 것을 말한다. 마치 시소의 중심점을 생각하는 것이라고 보면 된다. 올라가는 것은 양이고 내려가는 것은 음이라고 한다면 음과 양은 서로 오르락내리락할 적에 재미를 느낄 수가 있다고 하겠다.

그 둘 중에 어느 하나의 기운이 지나치게 많다거나 적다면 균형은 무너지게 될 것이다. 그렇다면 정말 재미없는 게임이 되는 것이다. 한쪽으로만 기울어져 있는 시소를 한번 상상해보라. 무슨 재미로 매달려서 놀겠는가? 그러나 시소에는 중심점이 있으므로 균형을 이룰 수가 있는 것이다. 시소의 두 어린이는 몇 시간이고 그렇게 깔깔거리면서 오르락내리락 음양의 균형을 즐긴다.

이러한 상태를 가리켜서 음양이 균형을 이룬 상태라고 말하는 것이다. 그런데 우리가 배울 명리학도 실은 기울어져 있는 음양의 균형을 찾아내고 그 불균형을 바로잡는 글자를 찾아내서 그것을 해석함으로써 그 사람의 길흉화복이 어떻게 나타나는지를 읽는 것이다. 즉, 어느 곳에다가 중심점을 잡으면 바르게 균형을 이룰 것인가에 초점을 맞춰보는 게임이라고 말할 수도 있다.

	陽	陰		陽	陰
物質的 또는 精神的	단단하다	부드럽다		밝다	어둡다
	유정물(생물)	무정물(광물)		활발하다	침체하다
	여름철	겨울철		봄철	가을철
	나무	암석		불	물
	남자	여자		소년(少年)	노인(老人)
	희망(希望)	절망(絶望)		미래(未來)	과거(過去)
	시간(時間)	공간(空間)		기쁨	슬픔
	지혜(智慧)	우치(愚痴)		정령(精靈)	사귀(邪鬼)
	부자(富者)	빈자(貧者)		시작(始作)	종말(終末)
	얼굴	뒤통수		등부분	배부분

표에서 보면 음양은 서로 상반된 형태를 하고 있다. 이렇게 음양은 서로 대립되는 구조를 가지는 것으로 우선은 이해하는 것이 편리할 것이다. 원래 유치원에서 처음으로 교육을 받을 적에도 우선은 큰 것과 작은 것에 대한 공부부터 하는 것이 순서니까 말이다. 그러면서 점점 의식이 향상되어가면 차츰 확장을 해나가는 것이 자연스러운 공부 방법이다. 여기서도 그러한 방법을 활용하여 서로 대립되는 구조를 보여드리는 것으로 공부를 시작하도록 하겠다.

1. 남녀의 음양

우선 음양(陰陽)을 설명하기 위한 대표로 남자와 여자를 내세웠다. 누구나 남자와 여자를 비교하면서 음양의 기본적인 구조를 이해하는 것이 쉬우리라 생각된다. 이것을 동물적으로 말하면 성(性)의 구별이라고 하겠는데, 암컷과 수컷이 그것이다. 그럼 이번에는 남녀라는 형태를 빌려서 좀더 구체적으로 분류를 해보도록 하겠다. 그래서 과연 남자는 양이라고 할 만하고, 여자는 음이라고 할 만한가를 살펴보면 올바르게 이해할 수 있을 것이다.

남녀의 다른 점에 대해서는 누구나 상식적으로 잘 알고 있지만 실제로 음양오행가의 안목으로 낱낱이 분석해봐야 학자다운 이해력이 생길 것이라고 생각되어서 여기서 살펴보는 것이다. 심리적인 면이나 형체적인 면에서 함께 생각해보도록 하자.

	남자	여자
성격	활발하고 개방적이다	세심하고 수구적이다
골격	강건하고 굵으며 힘세다	부드럽고 가늘며 연약하다
성기	돌출되었다	함몰되었다
성욕	충동적이고 적극적이다	수동적이고 소극적이다
음성	굵고 힘차다	가늘고 부드럽다
활동	외향적이며 밖에서 활동한다	내성적이며 집에서 활동한다
취미	스릴과 위험한 일	안전하고 아기자기한 일
재물	즉흥적이며 소비성이다	계산적이며 절약성이다
명예	남들이 높이 보는 것에 흥미	남편이 원하는 것에 흥미
기타	전반적으로 외향적이고 발산	전반적으로 내성적이고 수렴

이렇게 간단하게 남녀를 대표할 만한 구조에 대해서 나열을 해보았다. 물론 여기에 대해서 반론할 수도 있겠다. 여자 중에도 얼마든지 명예를 탐하는 사람이 있고, 밖으로 활동하는 사람이 있으며, 또 남자 중에도 집안에서 가정을 돌보는 것을 좋아하는 사람도 있다고 말이다. 당연한 말이다. 그러나 여기서는 가장 일반적인 상식에 준해서 이야기하는 것이다. 상식을 무시하고서 개별적으로 논한다면 어디 무엇을 기준삼아 이야기할 수 있겠는가? 구체적인 상황보다는 대략적인 구조로서 음양의 대립되는 형상을 이해하는 것으로 충분하다고 생각된다.

남자는 양을 대표한다

남자들의 의식에 대해 생각해보자. 남자들은 일반적으로 항상 분주하고 활발하게 움직이는 성분을 가지고 있다. 생각하는 방향은 항상 앞을 내다보고 있다. 그리고 남들과 경쟁하기를 좋아한다. 이렇게 밖을 향하는 의식을 양(陽)의 성분으로 이해해도 될 것이다.

그리고 직선적인 면이 강하다. 그래서 많은 남자들을 상대해본 여자는 자신 있게 말한다. "남자는 참 단순하다. 마치 덩치 큰 어린아이와도 같다. 칭찬해주고 얼러주면 그렇게 좋아한다."

이 말은 틀린 얘기가 아니다. 어린아이의 성품에는 양적(陽的)인 성분이 매우 강하기 때문인데, 남자에게서 그러한 모습을 읽었다면 성질을 올바르게 파악한 것이라는 생각을 해본다. 아내가 어디로 외출이라도 하면 안절부절못하는 남편이 의외로 많다. 그래서 직장에 나가서도 아내에게 전화를 걸어 확인해야만 편안하게 일할 수 있는 남자를 단순히 '의처증'이라는 말로 비웃는 것은 짧은 생각인 듯싶다. 이러한 행동들은 아내로 하여금 남편을 덩치 큰 아들 정도로 여기게 하는 모습인데, 남편이 사회적으로 지위가 높고 말고는 별 의미가 없다.

이러한 마음이 바탕에 깔려 있는 것이 남자인 것이다. 그리고 양이라고 하는 성분 역시 이와 같이 뭔가 앞으로 진행할 적에는 거침이 없지만, 음이 잡아주지 않고서는 도저히 앞으로 나갈 수가 없는 면이 있다. 그래서 양과 음의 사이는 부부간의 대등한 관계라기보다는 어머니와 자식 같은 느낌이 종종 들곤 한다. 그러니까 부부간도 이와 같은 구조로 이루어진다면 그 가정은 항상 화목한 분위기가 감도는 편안한 가정이 되는 것이다.

보통의 남자들은 집안에서 든든하게 가정을 지키고 있는 아내를 생각하면서 일에 몰두한다. 그렇게 자신이 맡은 일에 전력투구하는 남자에게서는 강인하고 굳건한 아름다움이 보이기도 한다. 나약한 모습보다는 지칠 줄 모르고 앞으로 전진하는 강인한 모습에서 가장 남성다운 당당함을 읽을 수 있다. 언제나 새로운 모험의 현장을 찾아서 뛰어드는 모습은 항상 양(陽)의 형태를 보여준다. 이러한 모습을 보면서 아내는 또한 짜릿한 흥분을 느끼면서 포근한 가정으로 돌아오기를 기다리고 있을 것이다. 그러한 장면을 생각하는 것만으로도 살맛이 나는 것이 또한 남자이다. 이러한 여러 가지를 생각해보면서 양의 성분을 받고 태어난 남자의 본질을 이해해보았다.

여자는 음을 대표한다

이번에는 여자를 관찰해보자. 여자가 가장 여자다워 보일 때는 아기에서 젖을 먹이고 있을 때라고 한다. 자신의 몸에서 만들어진 매우 중요한 영양소덩어리인 젖을 아기에게 먹이면서 그렇게 행복한 표정을 짓고 있는 모정(母情)은 그대로 음의 모습이다. 세상의 어떤 시련도 이 아기를 위해서라면 감당하고 말겠다는 의지를 가지고 있기도 하다. 이것이야말로 음의 성분을 가장 잘 나타내는 모습이라고 본다.

한 여인이 결혼을 해서 가정을 꾸려간다는 것은 대단히 힘들고 괴로운 일이다. 남자에게 여자의 역할을 하라면 참으로 견디기 어려울 것이다. 그런데도 여자는 잘도 참아가면서 자신의 몫을 다하고 있다는 생각이 든다.

이러한 모습에서는 결코 주인과 종의 관계는 읽을 수가 없다. 만약 그렇게 된다면 그 가정은 매우 삭막한 가정이 될 것이다. 언제나 정신적으로는 모자(母子)의 관계를 유지하면서 이끌어가는 가정이 가장 이상적인 화목한 가정이 아닌가 생각된다. 실제로 아내의 역할은 보통 그렇게 희생적인 면이 강하다. 여인이 이러한 포용성을 가지고 있지 않다면 남자는 점차 눈을 딴 곳으로 돌리게 될 것이다. 포근하게 감싸줄 어머니를 대용할 여인을 찾아서 말이다. 처음에는 미모에 이끌려서 결혼을 했다가도 막상 그 여인에게서 전혀 모성을 느끼지 못할 경우 내면적인 것에 불만이 생기면 남편의 마음은 황폐해질 것이다.

이렇게 되면 이 여인은 불행해지는 씨앗을 가지고 있는 셈인데 여인이 가장 여인다울 적에는 어머니가 되었을 때라는 것이 이러한 점에서 분명해진다고 생각된다. 미인박명(美人薄命)이라는 말도 얼굴만 예뻐서는 완전한 음의 역할을 다하지 못하므로 기구한 운명이 될 가능성이 높다는 의미로 해석할 수 있을 것이다. 사실 대다수의 남자들은 애인감으로는 미인을 생각하지만, 부인감으로는 후덕한 사람을 선택한다. 그래서 애인용과 부인용은 다르다는 말이 있기도 한데, 이것이 어쩌면 가장 자연스러운 모습일 것이다.

여인이 얼굴만 예뻐가지고는 완전하지 않다는 결론이다. 즉 음으로서의 기능이 부족하다는 것이다. 이렇게 설명을 하면 혹 여권운동을 하시는 분께서는 여자를 노리개 정도로 여긴다고 매우 강한 어조로 낭월이를 비난할지 모르겠다. 개인적으로 여권운동을 하고 다니는 것 자체를 못마땅하게 여겨지는 것은 사실이다. 그렇게 나돌아다니는 것은 음의 본질이 아니기 때문이다. 그리고 세상의 남자들을 모두 적대시한다는 것은 아무래도 남자들이 아들처럼 보이지 않는다는 이야기이다. 이것은 또한 자신이 완전한 어머니가 될 수도 없다는 이야기와 서로 통하기도 한다. 왜냐면 완전한 어머니는 자식을 어떻게 다뤄야 잘 따르는지 천부적으로 알고 있기 때문이다.

또한 남자들과 아무리 싸운다고 해도 결국은 불리하다. 싸운다는 것은 남자들의 특기이기 때문이다. 이러한 남자를 상대로 싸운다는 것은 애초에 불리한 싸움을 시작한 것과 다름이 없으니까, 스스로 매우 심한 갈등을 느끼게 될 것이 분명하다. 그러므로 이렇게 공격적이지 않다면 일단은 행복할 수 있는 여인이라고 하겠다.

이렇게 말을 하는 것은 여성의 본질이 자식을 품고 있는 모습이라는 것을 이해하라는 의미이다. 이러한 구조로 되어 있는 것이 음의 본질에 가장 어울리는 모습이다. 아들과 대등해지려고 투쟁하는 어머니는 없기 때문이다. 이러한 생각을 읽고서 다시 음양의 역할에 대해서 새롭게 이해한다면 낭월이도 이 사회를 좀더 아름답게 꾸미는 데 일조했다는 도취감을 가지게 될지도 모르겠다.

결혼은 음양의 결합

서로 다른 구조로 이뤄진 남녀는 성인이 되어 결혼을 함으로써 비로소 음양이 결합을 이루게 되어 자신의 본래 사명을 충실하게 수행할 수가 있게 된다. 남편은 아침이면 생기에 충만되어서 아내의 전송을 받으며 활발하게 직장으로 나가서는 가족을 위해서 열심히 일을 한다. 그 시간에 아내는 또한 집에서 자신의 몫인 살림을 살게 된다. 가정에서 하는 일을 일일이 계산한다면 참으로 놀라울 정도이다. 물론 눈에 보이지도 않는다. 그리고 보상도 없다. 언젠가 아내의 일에도 임금을 계산해야 한다고 말하는 것을 들은 적이 있는데, 이러한 식으로 계산을 한다면 아내를 모독하는 것이리라 생각한다.

실제로 아내가 무슨 대가를 바라고서 살림을 한다면 열흘도 못 할 것이다. 아기의 똥기저귀를 빨고, 온갖 더러운 것을 더럽다는 생각이 없이 치우고 닦는다. 그렇게 해놓고서야 비로소 만족한 미소를 머금고 휴식을 취한다. 이러한 일에 대해서 어떻게 임금을 매긴단 말인가? 참으로 뭔가를 몰라도 한참 모르는 사람들이 말도 되지 않는 소리를 하고 있다는 생각을 해보는 낭월이다.

그렇게 하루를 보내고서 저녁이 되면 지친 몸으로 귀가하는 남편을 맞는다. 따끈한 차를 끓여주고 대야에 물을 떠온다. 그러고서 다소곳하게 남편의 발을 닦아준다(너무 환상적일까?). 그러면 남편은 사랑하는 아내의 손길을 느끼면서 하루의 피로를 말끔히 잊어버리고는 다시 행복감에 젖어서 아내를 사랑스런 눈길로 바라다본다. 그러한 눈길을 받고 있는 것만으로도 아내는 꿈을 꾸는 것처럼 황홀할 뿐이다. 물론 이때에 남편도 분위기가 있는 사람이라면 아내의 발을 닦아줄 것이다. 그러면 온몸의 세포가 모두 생기를 머금고 되살아나는 듯한 감정을 느끼게 되고, 참으로 살아가는 행복이 이것이로구나 하는 생각을 하게 될 것이다. 이러한 삶이 지속된다면 응어리가 남아 있을 구석이 없다. 언제나 생기에 가득한 삶이 될 것이다.

하루의 일과를 마치고 휴식을 취하는 남편은 아내의 젖가슴을 만지면서 달콤한 꿈 속으로 빠져든다. 그러한 모습에서 남편은 아내를 단순히 여자라기보다는 어머니와 같게 생각하고 있다는 의미가 강하게 느껴진다. 젖가슴은 유아기의 아이에게 밥을 먹이는 일 외에는 별 도움이 되지 않는 물건이다. 오로지 덜 발달한 상태의 한 생명에게 도움을 주기 위해 필요한 도구였던 것이다. 그럼에도 불구하고 나이가 들어서 결혼을 한 사람이 아내의 가슴에 얼굴을 묻고 편안한 잠을 자는 것은 과연 변변치 못해서일까?

결코 그런 것이 아니라고 생각된다. 이것은 음양의 배합이 만들어내는 자연스런 모습이라는 생각을 하게 되는데, 이러한 환경이 되지 못한다면 그 가정은 점차로 황폐해질 것이고 급기야는 이혼이라는 극한 상황에 이르게 될지도 모른다. 양이 양으로 홀로 존재한다는 것은 매우 불안한 환경인 것이다.

그러나 이러한 음양의 배합을 자연스럽게 받아들일 수 없는 여인이라면 절대로 부부간의 마음에 서려 있는 행복을 죽였다가 깨어나도 느낄 수 없을 것이다. 낭월이에게 아내를 종으로 만들려고 흉악한 계략을 꾸민다고 입에 거품을 물지도 모른다. 그러나 아내를 종으로 만들려고 한다는 생각을 하는 순간, 자신이 종이 되어버리는 것이다. 그 사실을 느낀다면 참으로 다행스러운 일일 것이다.

어려서 학교에 갔다 오는 길에 목격한 장면이 기억난다. 같은 반 친구 중에 부모가 북한에서 피난 내려온 집이 있었다. 하루는 하교길에 그 집 앞을 지나가는데 마루 위에서 아내가 남편의 발을 씻겨주고 있는 것이었다. 그리고 남편은 그런 아내의 모습을 물끄러미 바라다보고 있었다. 당시에 그러한 장면을 보면서 매우 놀랍게 느꼈었다. 어린 마음에 남편이 매우 사나운 사람이라서 할 수 없이 그러는 것이라고 생각했는데, 그 아주머니는 기쁜 낯으로 자신이 즐거워서 그 일을 하고 있는 것처럼 보이는 것이었다. 그것이 참으로 이해가 되지 않았던 기억이 난다. 그런데 나중에 음양의 공부를 하는데 그 모습이 다시 떠오르는 것이었다. 그제서야 두 사람 사이에 흐르는 기운을 알 것 같은 기분이 들었고, 비로소 음양 결합의 한 모습이라는 생각이 들었던 것이다.

사실 발이라는 것은 묘한 구석이 있다. 상대방의 가장 낮은 부분이다. 어찌 보면 가장 더러운 부분이라고도 말할 수가 있을 것이다. 그러한 발을 자신이 정성 들여서 씻어준다. 그렇게 자신을 낮추는 모습에서 모성애를 느끼게 된다. 어머니의 마음이 아니고서는 도저히 남의 발을 씻어 줄 마음이 내키지 않을 것이라는 생각이 들기 때문이다.

인도에서는 스승의 발에 자신의 이마를 대는 것으로 최상의 예를 표한다. 인도인의 발은 맨발이다. 그러니까 온갖 더러운 것이 묻어 있을 가능성도 있다. 길가에 소도 우글거리고 있으니 쇠똥도 밟았을 발이다. 그러한 발에다가 아무 거리낌 없이 자신의 머리를 댈 수가 있는 것은 존경심의 표현이다.

그렇지만 이것은 아내가 남편의 발을 닦아주는 것과는 그 느낌이 다르다. 어쩌면 스승에게 예를 다하는 것이야말로 종이 주인을 대하는 것과 비슷할지도 모른다. 이것은 음양의 모습이 아니다. 주인과 종과의 관계이다. 이것은 엄숙할지는 몰라도 편안한 모습은 아닐 것이다. 낭월이도 아내가 발을 닦아주는 손길을 느끼면서 절대로 종이 주인의 발을 닦는 것 같다는 생각을 하지 않았다. 길에서 진흙에 빠진 발을 씻겨주는 어머니의 손길을 대하는 기분이 들면서 참으로 편안했다는 느낌이 든다. 오직 어머니의 감성을 가진 아내만이 할 수 있는 애정 표현이 아닐까 한다.

누구의 어머니였는지는 기억나지 않지만 출세를 한 자식이 대궐 출입을 하고 저녁에 집으로 돌아오면 머리가 허연 노모님이 장성한 아들의 발을 씻어주었다고 한다. 어찌 보면 아내가 할 일을 빼앗은 것도 같지만 그 어머니는 그야말로 순수한 사랑을 그렇게 표현하고 있었다는 생각이 든다. 누구는 그 이야기를 듣고 몹쓸 자식이라는 말을 했다고 하는데, 요즘 와서 가만히 그 이야기를 되짚어보니 참으로 아름다운 이야기였다는 생각이 든다. 자신이 장성한 아들에게 할 수 있는 일을 참으로 잘 골랐다는 생각이 들었기 때문이다.

결론은 음은 어머니의 품과도 같은 포근함이 있고, 양은 생기발랄한 아이 같은 활기가 느껴지는 성질을 가진다는 것이다. 이런 음양이 어우러지면 그것이 바로 음양 배합이 되는 것이다. 물론 남녀의 사랑이 익어가면서 더욱 완숙한 삶의 향기를 느끼는 것도 이와 같다.

음양의 교류에 대한 이해를 남녀의 배합을 통해서 살펴보았다. 물론 단편적인 이야기에 불과하겠지만, 감수성이 예민한 벗님이라면 능히 그 속에서 표현하고자 하는 의미를 눈치 챘을 것이다. 그런데 한편으로는 이 역시 편견일지도 모른다는 생각도 든다. 여자는 어머니와도 같아야 하고, 남자는 아들과도 같아야 한다는 것 또한 전적으로 낭월이의 관점이라는 것도 말씀을 드리지 않을 수가 없다. 왜냐하면 항상 세상 이치는 자신의 안목 넓이만큼으로 판단되는 것이기 때문이다.

낭월이가 이상적인 부부에 대해서 이렇게 생각한다고 해서 다른 사람들도 그렇게 생각한다고는 볼 수 없을 것이다. 그러니까 혹 이 이야기에 거부감이 든다면 그대로 무시한 채 또 다른 남녀의 음양관에 대해서 관찰을 하면 되겠다.

　이렇게 말씀드리는 것은 프로이트 선생이 생각나서이다. 그분도 대단한 관찰력으로 인간의 마음 구조에 대해서 연구를 하셨는데, 그분은 인간의 모든 것을 성욕(性慾)에 초점을 맞추고서 생각했다. 낭월이가 그의 이론을 접하면서 대다수의 사람들은 어떨지 모르겠지만, 모두가 그런 것은 아닐 거라는 생각이 들었다. 다른 관점에서 아무래도 프로이트는 정신적으로 성에 대한 어떤 문제가 있었던 것은 아닐까 하는 생각을 했다. 어떤 사람이나 역시 자신의 관점으로 세상을 바라다보게 된다는 점을 알 수가 있었던 것이다. 그러니까 낭월이도 자신의 눈으로 세상의 이치를 바라볼 뿐일 것이라는 생각이 들어서 추가 말씀을 드렸다.

　그리고 또 생각나는 것은 서정범 교수의 말씀이다. 30년 간 무당을 쫓아다니면서 온갖 연구를 한 다음 "귀신은 없다."는 최종 결론을 내리신 것이다. 이 이야기를 들으면서 놀랐는데, 결국 그 말도 맞을 거라는 생각이 들었다. 그러니까 신이 없을 것이라는 관점이 마음 속에 잠재되어 있으면 역시 신은 없는 것이다. 혹 다른 의미가 있어서 신이 없는 것이라고 말했다면 또 모르겠거니와, 참으로 신이 없다는 생각이 드셨다면 그 역시 서 교수의 관점일 것이라는 생각을 해봤던 것이다. 물론 낭월이는 신이 존재한다고 생각한다. 역시 낭월이의 생각일 뿐이지만 말이다.

　중요한 것은 세상은 바라다보는 눈에 따라 그 실체도 약간은 변화되어서 나타나는 것이 아닐까 하는 점이다.

　이러한 관점에서 낭월이의 이야기를 읽어본다면 혹 있을는지도 모르는 오류에 빠지지 않을 것이라는 생각을 해본다. 참고하기 바란다.

　각설하고, 단지 양(陽)이 양으로만 존재하고, 음(陰)이 음으로만 존재한다면 그들은 영원히 아무것도 할 수가 없다는 이야기를 해보자. 실제로 음양은 서로 교류하면서 더욱 완숙되어가는 것이다. 한곳에만 머물러 있는 것이라면 더 이상 발전할 수 없다. 음양은 서로서로에게 영향을 주면서 자신의 길을 가고 있는 것이다. 그래서 가정을 가지고 살아봐야만 비로소 인간의 길을 알 수 있는 것이 아닐까 하는 생각도 해본다. 자식을 낳아봐야 완전한 여인이 된다고 한다. 여자뿐 아니라 남자도 가정을 꾸려봐야 비로소 완전한 남자가 되는 것이 아닌지 모르겠다. 총각의 몸으로 살아가는 것과는 매우 다른 생각을 많이 하게 되기 때문이다.

물론 이것은 수없이 많은 세파를 거쳐야 하는 과정이므로 각오를 해야 한다. 이런저런 복잡한 일을 거부한다면 혼자서 살아가면 된다. 그렇지만 그렇게 하면서 자신이 변화되는 것보다는 함께 살아가면서 지지고 볶는 가운데에서 참으로 찐~하게 풍겨나오는, 어떤 것으로도 모방할 수 없는 진짜 삶의 냄새를 느껴보는 것도 좋을 것이다. 이것이 음양의 교류이다.

▣ 세계는 남자가, 남자는 여자가?

세계를 지배하는 것은 남자고 남자를 지배하는 것은 여자이다. 흔히 이러한 이야기를 한다. 그 속에서 음양의 흐름을 읽었는지 말았는지는 모르겠지만, 그냥 우리의 삶에서 그러한 지혜를 배울 수 있는 모양이다. 과연 남자는 천하를 지배한다. 모든 힘의 바탕에는 언제나 남성적인 힘이 분출하고 있다고 생각해도 무리가 없을 것이다. 그렇다면 과연 그 남자를 지배하는 것은 여자일까? 이 말의 의미를 따져보면 "그렇다."라는 대답이 정답에 가까울 것이다. 그런데 그것을 정답이라고 보기에는 다소 유치한 맛이 있어서 아쉽다. 음양 배합으로 인해서 상호 보완하고 있는 것이 남녀의 역할인데, 도대체 여자가 남자를 지배한다는 말은 어디서 나왔을까?

남자가 여자를 지배할 수는 없다. 지배한다면 이미 사랑이 없는 것이다. 물론 아름다운 일도 없다고 봐야 한다. 마찬가지로 여자도 남자를 지배할 수가 없다. 역시 지배한다는 것은 아름다움이 없다. 그냥 애교삼아 이 말이 아내에게 바치는 아부 정도라면 아무 상관이 없겠지만, 결국 여자는 남자를 지배할 수는 없다. 사랑에 눈이 먼다면 잠시 착시 현상을 일으킬 수는 있겠지만, 그러한 상황을 놓고서 지배한다고 말하는 것은 너무나 달콤한 착각이다. 아마도 이러한 말은 아내를 사랑하는 남자들이 아부용(?)으로 만들어놓은 것이 아닐는지 생각해본다. 그러한 말을 사용할 줄 아는 남편은 지혜가 상당한 사람이다. 벌써 "가정의 행복을 위해서는 아내에게 살짜기~ 쥐이는 듯(!!) 살아가는 것이 가장 행복하다."는 것을 파악하고 있는 사람일 것이다. 어디까지나 아내는 아내고 남편은 남편이다. 서로 보완이 되지 않고 지배하는 분위기의 가정이라면 언젠가는 그 병통이 폭발할 가능성을 묻어두고 있다고 봐야 할 것이다. 이것은 참으로 백년해로(百年偕老)를 하는 데 있어서 대단히 큰 장애물이다.

섣부르게 남편을 지배하겠다고 "남편은 아내하기 나름이에요!"라면서 무슨 광고 모델 아가씨가 하는 말을 그대로 믿고서 시도하다가는 자칫 화근을 부르게 될지도 모른다. 절대로 이러한 생각은 하지 않는 것이 서로에게 행복한 일이다. 누가 누구를 지배한다는 것은 음양 결합에서는 있을 수 없는 일이다. 어디까지나 상호 보완이다. "상호 보완!!"

2. 동서양의 음양

우리는 흔히 동양과 서양을 비교하기 좋아한다. 이것으로 이 공부의 이해를 도울 수만 있다면 한번 생각해보는 것도 괜찮을 것이다. 동서양을 비교하는 가장 보편적인 말은 "동양은 정신(精神)이고 서양은 물질(物質)이다."라는 것이다. 이렇게 보는 것도 무리는 아닌 게 물질적인 분야에서는 동양보다 서양이 놀라울 정도로 발전해왔기 때문이다. 현재의 물질 문명은 완전히 서양에서 주도를 하고 있기 때문이기도 하다. 그렇다면 이러한 시각을 음양관(陰陽觀)으로는 어떻게 이해해야 할 것인지 잠시 살펴보기로 하자.

동양은 양이다

우선 동양을 양(陽)이라고 가정해보자. 혹 여기에 대해서 반론을 제기하는 사람도 있을 것 같다. 즉, 흔히 양은 큰 것을 가리키는데, 서양은 사람이나 동물이나 하다 못해 감자와 옥수수조차 크니까 서양을 양이라고 봐야 한다고 생각하기 때문일 것이다. 그러나 여기서는 같은 물질로 비교하자는 것이 아니다. 그렇게 본다면 당연히 물질에 대해서 힘이 강한 서양이 양이 될 것이다. 하지만 그 문제는 물질의 동서양을 비교할 때나 유용하게 응용이 될 것이라고 본다. 그럴 때 서양을 양으로 보는 건 옳은 이야기이다.

여기에서는 물질과 정신이라는 테마를 놓고서 비교해보는 것이다. 원래 정신 쪽으로 치우치면 물질 쪽으로는 어둡게 마련이다. 이것을 그대로 음양의 항목에다가 적용시켜보는 것이다. 이와 같이 음양에 대해서 비교할 때에는 가능하면 서로 대칭이 되는 성분끼리 놓고서 봐야 비교적 올바른 자료를 얻을 수가 있다.

그럼 다시 동양에 대해서 생각해보도록 하자. 동양은 참으로 오랜 동안 정신 분야에 관해서 많은 연구해왔다고 생각된다. 우리 나라만 보더라도 충분할 것이다. 기(氣)의 문화에 이미 익숙한 우리는 언제라도 자연스럽게 접근할 수 있을 정도로 정신적인 영역에 길이 잘 들어 있다. 그리고 물질적인 것은 천시하고 정신적인 면만을 강조한 나머지 기술자들을 매우 괄시했던 흔적이 여기저기에 보인다. 그런 대접을 받으며 살아야 했던 장인(匠人)들은 그저 굶어죽지 않으려고 자신의 일을 꾸려왔을 뿐인지도 모른다. 마음 같아서는 모두 때려치우고 정신적인 학문이나 연구하면서 살고 싶었을 것이다. 하지만 양반과 상놈이 있는 엄격한 신분 제도의 사회에서 그렇게 자신이 싫다고 해서 그만둘 수 있는 것도 아니었다. 오로지 자신이 물려받은 일을 그대로 전승하는 수밖에 다른 선택의 여지가 없었던 것이다.

이것은 역시 정신적인 면을 높게 평가한 데에 그 원인이 있었다. 동양에서는 그만큼 정신적인 영역에 후한 점수를 주었던 것이다. 그리고 물질도 이러한 영역을 개척하는 데 소용하기 위한 한 방편으로 삼았을 것이다. 선기옥형이나 첨성대는 이러한 형이상학적인 영역을 측정하고 연구하는 도구로서 사용되었다고 하는 후문이다.

시를 쓰고 도학(道學)을 논하는 정신적인 영역은 귀하게 여기고, 호미나 종이를 만드는 일은 모두 천민인 '장이'들이나 하는 천한 영역이었다. 이러한 바탕이 마련된 것은 틀림없이 정신적인 영역을 높게 평가한 사회 풍습 때문이라고 봐야 할 것이 분명하다.

의학 분야에서도 마찬가지였다. 동양 의학은 대상을 관찰함에 있어 전체로 봤다. 인체나 우주나 그 뿌리가 같다고 생각하고 손가락 끝이 아프다면 우선 머리끝에서 발끝까지 살펴보고 그 원인을 알아낸 다음 치료를 하는 것이 동양 의학이다. 배가 아프다고 하면 우리의 할머니들은 엄지손가락에 실을 동여매고서는 바늘로 찔러서 피를 한 방울 나게 했다. 그렇게 하면 답답하던 속이 '꾸르륵~' 하는 트림 소리와 함께 시원해지던 것을 경험한 적이 있을 것이다. 이것이 동양 의학이다. 속이 아픈 것을 낫게 하는 데도 손가락이나 발가락에서 그 해결점을 찾아낸다. 이것은 이 몸을 하나의 우주로 보았기 때문이다.

이러한 여러 면에서 서양과는 상당히 대조되는 점을 많이도 발견하게 된다. 낭월이가 안목이 넓지 못해서 더 많은 예를 들지 못하겠지만, 바댓물의 맛을 알기 위해 태평양의 물을 다 마셔볼 필요는 없을 것이다. 그냥 한 방울의 물이면 바닷물이 짠지 싱거운지 다 안다. 이렇게 하나는 전체로 통하고, 또 전체는 하나로 통한다. 그래서 자연과 인간을 하나로 놓고 생각하게 되었던 것이다. 이것이 바로 동양인들이 물질적인 것보다는 정신적인 것에 비중을 두었던 원인이라고 생각한다.

서양은 음이다

이번에는 서양에 대해서 간단하게 생각을 해보자. 세계를 정복하려고 마음먹었던 사람들은 동양보다는 서양에 더 많을 것이다. 그리고 찬란한 물질 문화를 꽃피운 것도 역시 서양이라는 것을 부인할 수가 없다. 그만큼 서양의 기계 문화는 대단한 문명의 발전을 가져왔다. 그리고 연구를 하는 사람들도 물질에 대해서 깊이 관찰하고 발전을 시켰다. 반면에 정신적인 영역은 나약하고 무능한 사람들의 소유라고 생각하기까지도 했던 모양이다.

물질적인 것은 굳어 있다. 유연하지가 않다. 응고(凝固)되어 있는 것이다. 이것은 음이 가지고 있는 장점 중 하나이기도 하다. 그래서 내것과 네것이 분명하게 갈라진다. 그렇게 쪼개고 쪼개는 데 탁월한 재능을 발휘한 서양인들은 물질을 분리하는 데 명수가 되었고, 현미경을 발견하기도 했다. 물론 컴퓨터도 만들었다. 동양인들은 이러한 것에 대해서 생각도 하지 않았을 적에 서양인들은 놀라울 정도로 물질 문명을 발달시켰던 것이다.

원자(原子)니 분자(分子)니 하는 것들도 역시 물질적인 면에서 능력을 발휘한 서양인들이 찾아낸 것이었다. 그리고 의학 분야에서도 마찬가지이다. 서양 의학은 부분 의학이다. 눈 따로 코 따로 그리고 배 따로 임산부 따로 어린아이 따로…… 이렇게 모든 질병을 따로따로 떼놓고 연구를 시작했다. 그리고 각 분야에 대해서 깊이 파고들어갔다. 그리고 치료법도 그 부위에 이상이 없으면 고쳐진 것이다. 감기가 든 사람은 열만 내리면 나은 것이고, 손가락이 아픈 사람은 손가락만 아프지 않으면 치료가 된 것이다. 그 원인에 대해서는 크게 비중을 두지 않는다는 이야기이다.

요즘 디스크라고 하는 병이 상당히 흔한 모양이다. 그것은 척추에서 물렁뼈가 밀려나온 것을 말한다. 이 증세를 치료하려면 그 부위를 잘라내야 한다. 즉 밀려나온 그 문제의 물렁뼈로 인해서 통증이 생기는 것이니까 그것을 유발하는 디스크를 잘라내면 되는 것이다. 그러기 위해서는 허리 부위를 가르고 신경다발이 통과하는 위치에서 매우 조심스럽게 그 부위를 찾아서 도려낸다. 그러자니 위험도 많이 따른다. 그렇지만 그 병을 치료하려면 그 부위를 잘라내야 한다는 것을 당연하게 생각한다. 요즘에는 좀더 시설이 좋은 병원에서 레이저를 이용해 잘라내면 수술 부위도 좁고 부작용도 적다는 이야기를 하고, 많은 척추 디스크 환자들은 그 치료를 받고 싶어서 안달이라고 한다. 그런데 동양 의학 쪽에서는 이것을 어떻게 치료할까?

아니, 거창하게 동양 의학이라고 할 것도 없을는지 모른다. 우선 주변에 있는 기를 이용해서 병을 치료하는 사람들에게 이 부분에 대해 어떻게 생각하는지 의견을 물어봤다.

"디스크가 생겼으면 그 원인이 어디에 있는가를 찾아야 하는 거야. 원인을 찾아 우선 그곳부터 치료를 하면 허리의 통증은 자연히 없어진다고 볼 수가 있지. 일단 수술은 하지 말아야 한다는 생각이네. 수술을 하게 되면 우선 아픈 부위에 대해서는 증세가 없어지겠지만, 그 원인이 목뼈가 휘어져서 그 부담감으로 인한 허리 디스크였다고 한다면 과연 재발하지 않을까? 그럼 또 수술을 해야 하겠지. 디스크가 남아 있을 때까지 몇 번이고 잘라내는 수술을 해야 할거구만. 이렇게 원인은 그대로 둔 채 증세만 없애려고 하다 보니 수술을 하면 반드시 재발을 하게 되거든.

문제의 원인은 해결하지 않고서 결과로 나타난 그 증세만 없애려고 하니까 도저히 해결이 되지 않는 거라구. 허리에 디스크가 생겼다면 필시 목이 굳어 있을 거고 또 등에도 문제가 발생하게 되는 거야. 그러니까 우선 목을 바로 펴고 등의 긴장을 풀어준 다음 서서히 허리를 치료하다 보면 어느 사이에 자신도 모르게 병이 없어지게 되는 거지. 그런데 사람들은 병원에 가서 가르고 잘라내는 것만 치료라고 생각하고 이렇게 원인을 제거시켜주는 것은 하찮은 것으로 여기지. 자신의 육체가 칼날에 의해서 점차로 망가져가고 있는 것도 모르고 말이야. 참으로 답답한 일이지……"

이렇게 안타까워하며 말하는 사람들이 무슨 의과대학에서 6년의 수업을 받고서 면허증을 받은 엘리트도 아니다. 그냥 동양적인 음양오행에 대해서 연구를 하다가 문득 그 소식을 깨달은 사람들이라고 할 수 있겠다. 그런데 현재는 물질 문명이 장악을 하고 있는 시대이다. 그래서 재력과 권력을 장악한 양의(洋醫)들이 모든 치료권을 장악하고 민간의(民間醫)들을 '돌팔이'라고 하는 이름으로 구속하고 있는 것이다. 이것이 서양 물질 문명의 부정적인 면이라고 생각하는데, 물론 시대가 점차로 동양적인 사상으로 전환되어가면서 깨어나고 있는 듯해 참으로 다행스럽다. 하지만 그것이 모두 극복되는 날은 아직 요원하기만 하다.

필리핀이나 일본 등지에서는 이미 이러한 작업이 진행되고 있다는 이야기도 들린다. 유독 우리 한국에서만 아직도 병원이라는 집단의 풍요로움이 유지된다고 한다. 우리 민족이 서양의 물질 문명을 과학이라는 높은 의자에 모셔놓고서 정신적인 종 노릇을 하고 있는 동안에는 아무래도 쉽사리 해결되지는 않을 것이다. 이야기가 약간 엉뚱한 곳으로 흘러간 감이 있다. 원래 이 분야에서 생각을 하다 보면 참으로 답답해지는 마음이 들어서 자제력을 잃어버리는 순간이 많다. 물론 안타까워서이다.

이러한 부정적인 면을 포함하기는 하지만 서양의 물질 문화는 생활에 편리한 수없이 많은 도구들을 만들어낸 고마운 부분도 크다. 가령 옛날의 도인들은 천이통(天耳通)16)을 하기 위해서 많은 노력을 하였지만, 단돈 20만 원만 있으면 전화기를 설치할 수 있으므로 먼거리 통화가 가능하고, 신족통(神足通)17)을 위해서 노력한 것은 몇백만 원 주고 자동차를 사면 된다. 이러한 것은 역시 물질 문명의 긍정적인 면이라고 생각이 된다. 물론 사람에 따라서는 대기를 오염시켜서 지구를 파괴하는 기계라고 꾸짖는 사람도 없지 않지만 말이다.

이러한 음양적인 부분을 포함하면서 여전히 물질 문명은 아직 이 땅을 지배하고 있다. 그래서 미국 대통령은 세계의 대통령이 되는 것과도 같은 위력을 지닌다. 결국 대부분의 사람이 물질적인 풍요를 행복의 척도로 생각하는 지경에까지 이른 것이다. 이것이 서양이다.

동서양의 만남이 음양 조화

간단하게 단편적으로나마 동양은 정신적인 것에 치중하고, 서양은 물질적인 것에 치중한다는 것에 대해서 생각을 해봤다. 이렇게 서로 양극으로 치달리면 영원히 타협점을 찾을 수가 없을 것이라는 불길한 예감이 든다. 이렇게 되면 결과는 파멸이라는 답안이 기다리고 있는데, 하지만 참으로 묘한 것이 또한 음양이다. 그야말로 양이 극에 달하면 음이 생기고, 음이 극에 달하면 양이 생긴다는 말이 있으니 말이다.

근래 서양에서 발간되는 서적들 중에는 참으로 지구는 아직도 살아 있을 필요가 있다는 생각이 절로 드는 내용을 담은 것이 많다. 이런 책들은 우리 나라에도 많이 번역이 되어 나오고 있는데 그 가운데에서도 《과학은 지금 물질에서 마음으로 가고 있다》18)와 같은 것이 있다. 이 책은 제목부터 관심을 끌기에 덜렁 사들고 와서 한번 읽어봤다. 그리고

---
16) 거리에 구애받지 않고서 소리를 듣는 방법이다.
17) 축지법의 일종이라고 보면 되겠다. 먼거리를 단숨에 도달하게 된다.
18) 프레드 A. 울프 지음/박병철 · 공국진옮김, 고려원미디어.

《우주심과 정신물리학》이라는 책이 있는데, 삼라만상에는 그 마음이 내재되어 있어서 항상 작용을 하고 있다는 이야기가 나온다. 그 내용 중 바위에도 마음이 있다는 설명은 참으로 대단한 통찰력이라고 생각되어서 지금도 가끔 읽어보고 있는 책이다. 이 외에도 물질에서 마음으로 세상의 관점이 돌아가야 한다는 목소리를 높인 책들이 다수 출판되어 있다. 매우 고무적인 현실이라고 하겠다.

우리 나라도 반도체라든지 하는 첨단 산업이나 인공 지능 등의 물질 분야에서 상당히 서양의 기술을 따라잡고 있다고 한다. 이것도 역시 마음이 극에 달하면 물질로 기운다는 간단한 이치로 설명이 가능할 것이다. 이렇게 가다가 보면 서로 공통점을 발견하게 될 것이고, 그때가 빠르면 빠를수록 지구의 행복은 다가올 것이라고 생각한다.

특히 의학 분야에서는 시급한 문제이기도 하다. 지난해 약사와 한의사 간에 어떤 문제가 생겨 한의대 학생들이 수업을 거부하여 집단 유급 사태에 직면한 일이 있었다. 그리고 이 일은 아직도 마무리가 되지 않은 것으로 알고 있다. 작게 본다면 자신들의 밥그릇 싸움인 것 같아서 눈살이 찌푸려지기도 하지만, 크게 보면 어느 한쪽이 또 다른 한쪽을 집어먹으려고 하는 음모(?)가 있는 것도 같아서 매우 석연찮다. 동서양의 의학은 상호 보조적인 역할을 하는 것이 가장 좋은 모양으로 그려진다. 서로 대립할 필요가 없다는 생각이 들어서이다. 의학의 목적은 결국 인간의 삶을 보다 행복하게 영위하도록 해주는 것이다. 밥그릇에 비중을 두고서 머리 터지게 싸운다면 이 자체로 이미 실격인 것이다. 물론 먹고 살아야 되겠지만, 그렇다고 남의 밥그릇을 빼앗는 것은 또 무슨 심사인지 모르겠다. 결코 조금도 나을 것이 없는 무기(?)를 들고서 말이다.

이렇게 대립을 하는 동안에는 화합이 이뤄지지 않는다. 결코 음양의 배합은 불가능하다. 오로지 흑과 백만이 있을 뿐이기 때문이다. 서양은 겸허하게 동양의 정신을 배우고, 동양은 서양의 기술을 흡수하면 된다.

한의원에도 맥박 측정기나 혈압을 재는 기계 등이 비치되고, 종합병원에도 침술과가 생겨야 한다. 이렇게 서로의 장점을 개발하고 받아들이는 것이 서로를 위해서 행복한 것이라고 생각한다. 벌써 몇 년 전의 일이 되었지만, 중국에서 수술을 하면서 마취제를 사용하지 않고 침술로 마취를 시켰다는 얘기가 전 세계의 관심을 집중시킨 적이 있었다. 이런 탁월한 기술은 전수받아서 수술 후유증으로 시달리는 사람이 적어야 할 것이라고 본다.

이러한 이야기들은 의학에 문외한이다시피한 낭월이의 사견이다. 그러나 이러한 생각은 또한 그 의술의 혜택을 받아야만 하는 일반인들의 생각이기도 할 것이다. 중요한 것은 음양관을 가지고 동서양을 바라다보면 서로 전혀 대립할 필요가 없다는 게 분명하다는 점이다.

3. 심리적으로 보는 음양

한국 사람은 무엇이든지 '삼세번'으로 통한다. 가위바위보를 해도 삼세번, 시험에 응시를 해도 삼세번, 하다 못 해 술을 먹어도 석 잔, 이렇게 세 번이라는 것에 큰 의미를 둔다. 이것도 가만 생각해보면 지혜가 느껴지는 대목이라고 할 수 있다. 삼세번의 원리에 대해서 들은 얘기가 하나 떠오른다. 아마도 아전인수로 생긴 말이라 생각되어 반드시 믿을 건 못 되지만 한편 전혀 일리(一理)가 없지도 않은 것 같아 한번 적어보겠다.

옛날에 신께서 자신의 모습과 닮은 친구를 하나 진흙으로 정성껏 만들어놓고서는 단단해지도록 가마에 넣고서 구웠다. 잘 익으라고 푸욱~ 구워서 꺼냈더니 너무 오래 두었는지 시꺼멓게 탔다. 그것이 맘에 들지 않았던 신은 다시 또 하나를 만들어서 이번에는 타지 않도록 조심해서 구워서 꺼냈다. 그랬더니 이번에는 덜 익어서 허옇게 되었다. 그것도 맘에 들지 않았던 신은 조금 남은 흙을 닥닥 긁어서 또 하나를 만들었다. 그런데 재료가 약간 부족해서 덩치가 좀 작았다. 그래도 다시 반죽을 하기도 귀찮고 해서 그냥 가마에 넣고서는 이번에는 별로 신경을 쓸 필요도 없이 처음과 두 번째의 시간을 계산해서 적절히 구어서 꺼냈더니 더 구워지지도 않았고, 덜 구워지지도 않아서 노릇노릇한 게 보기에 좋았다. 그제서야 마음이 흐뭇해진 신은 세 개의 진흙 모형에 숨을 불어넣어 인간이 되게 했는데, 흑인과 백인, 그리고 황인이 되었다.

황인이 체구가 작은 것이 바로 이러한 연유 때문이었단다(믿거나 말거나). 그런데 이 이야기에서 우리가 간과해버릴 수 없는 몇 가지 의미를 찾아볼 수 있다. 그 하나는 흙으로 만들어졌다는 점이다. 역학의 관계 서적에는 인간은 오행을 구족한 동물이라고 되어 있다. 그런데 토라고 하는 성분은 역시 오행을 갖추고 있는 성분이다. 이것은 뭔가 시사하는 바가 있다고 생각된다. 그리고 시행착오를 통해서 비로소 완전해진다는 의미가 여기에도 들어 있다는 것이다. 그러면서 우리가 늘상 즐겨쓰는 삼세번이 여기에도 등장한다. 재미있는 일은 신도 실수를 한다는 점이다. 그런데 하물며 인간이야 말해서 무엇하겠는가 싶다. 그러므로 어떤 일이 잘못되더라도 절대로 기죽지 말고 재도전하자. 어쨌거나 한국인의 삼세번은 끈기의 표현이라고 생각되어서 든든하다.

잠시 잡담을 해봤다. 이렇게 세 번이라는 것이 오행가의 눈으로 보면 반드시 음양중(陰陽中)의 이치로 보인다는 것이 예사롭지가 않다. 아마도 오행의 소식을 모르는 사람은 '오행병(五行病)이 깊어진 사람'이라고 할 것도 같은데, 그야 아무려면 어떤가. 오행의 원리에서 생각하는 것만으로도 행복하니 말이다.

그러면 이제 사람의 마음에서 음양중은 어떻게 작용하고 있는지 살펴보도록 하자. 처음에는 남녀로, 다음에는 동서양으로 음양중을 설명했으니 이번에는 마음을 놓고 생각해봐야겠다. 삼세번은 해야 한국인의 냄새가 나지 않겠는가.

사람의 마음은 참으로 복잡하고 미묘한 물건이기 때문에 알다가도 모를 때가 많다. 그런 마음을 어떻게 이해하면 좋을 것인가를 늘상 연구하다가 보니, 심리학의 영역에 관심이 가게 되었다. 그래서 사람의 마음을 이 사주학이라는 원리로써 한번 접근해보려 마음먹고 있기도 하다. 그러면 먼저 도표로 마음의 음양 구조를 한번 이해해보도록 하자.

	양의 마음	음의 마음
과거	밝고 좋은 것만 기억한다	어둡고 슬픈 것들만 기억한다
현재	적극적이며 희망적으로 생각	소극적이며 부정적으로 생각
미래	앞만 쳐다보고 돌진한다	뒤를 살피면서 관찰한다
신앙	미래지향적인 종교에 관심	내면적이고 정적, 종교에 관심
물컵	아직도 절반이나 남았다	벌써 절반이나 마셔버렸다
사랑	그림 같은 집과 포근한 가정	사랑은 불행의 씨앗인데……
오염	아직도 맑은 공기는 많다	조금만 있으면 숨도 못 쉰다
행동	우선 저질러놓고 본다	돌다리도 두드려봐야 한다
재물	임자 없는 재물이니 열심히	아무리 설쳐도 내 몫뿐이다
기타	전반적으로 희망적이고 미래지향적이다	전반적으로 부정적이고 과거집착적이다

이러한 마음의 음양 구조에 대해서 생각해보면서 사람의 심리가 어느 쪽으로도 치우쳐서는 곤란하겠다는 생각을 해보았다. 어느 쪽으로도 치우치지 않는 게 좋다는 것은 누구나 알고 있는 사실이다. 그렇지만 그러한 마음을 가진다는 것이 그렇게 간단한 문제는 아니다. 가령 시소놀이를 생각해보자. 그 자리에서 가만히 수평의 위치를 지키고 있기는 극히 불가능하다. 항상 어느 쪽으로인가 기울어져 있기가 훨씬 쉬운 것이다.

그리고 그 힘이 적절하게 균형을 이루고 있으면 음에서 양으로, 또 양에서 음으로 오락가락하면서 재미있게 놀게 될 것이다.

또 중심점 하면 떠오르는 것이 외줄타기이다. 외줄타기 기술에서 무엇보다 중요한 것은 줄을 타는 사람이 중심을 잘 잡아야 한다는 것이다. 사람들은 "오른쪽으로 기울면 왼쪽으로 중심을 잡고, 왼쪽으로 기울면 오른쪽으로 중심을 잡으면서 천천히 줄 위를 걸어가면 된다."고 이론적으로는 쉽게 말한다. 그렇지만 실제로는 어떤가? 참으로 어려운 일이다. 더구나 그곳이 천길 만길 낭떠러지 위라면 말이다. 언젠가 〈리더스 다이제스트〉라는 잡지에서, 이미 늙어서 할아버지가 된 외줄타기 명수가 마지막으로 대단히 큰 계곡에서 줄을 타다가 떨어져서 죽어가는 이야기를 읽은 적이 있다. 물론 그때 떨어지지 않았다면 마지막이 아니었을지도 모른다. 그러나 일단 그렇게 마지막을 맞이했던 것이다. 우리의 마당놀이에서 사당패들이 노는 것에도 외줄타기가 있다. 그 광경을 보노라면 참으로 인간의 능력은 대단하다는 생각이 든다.

줄타기 전문가들은 절묘하게도 좌우로 흔들흔들 균형을 잡으면서 그 줄 위를 걸어간다. 여기에서 또 하나의 묘리를 얻게 되는데, 중심이라는 것은 고정된 선이 아니라는 점이다. 음에도 해당되는 듯하고, 또 그런가 하면 어느덧 양에도 해당하는 것이다. 그대로 고정되어 있는 것이라면 이미 생명력을 잃어버린 것이라는 생각을 해본다. 오른쪽으로 기울면 그 마음은 보수에 치우친 것이라고 할 수 있다. 오른쪽은 언제나 보수적인 것만 고집하기 때문이다. 반대로 왼쪽으로 기울 때는 반항에 치우친 것이라고 할 수 있다. 왼쪽은 언제나 비틀린 것을 나타내기 때문이다. 흔히 정치 이념을 다루는 용어 중에도 우익(右翼)과 좌익(左翼)이라는 말을 사용하고 있다.

여기에서 양의 마음은 오른쪽이라고 생각이 된다. 긍정적이고 미래 지향적인 성분이기 때문이다. 반대로 음의 마음은 왼쪽이다. 부정적이면서 파괴적이기 때문이다. 어떤 면에서는 왼쪽에 속한 사람들이 더욱 미래지향적이라고 할 것이다. 그렇게 본다면 또 왼쪽이 양이라고 하겠다. 정답 없이 왔다갔다한다고 느끼겠지만 보는 관점에 따라서 달라지는 것이 음양관(陰陽觀)이기 때문에 그런 것은 전혀 상관이 없다고 생각하는 낭월이다. 이치는 언제나 자유롭기 때문이다. 고정시켜놓을 필요가 전혀 없는 것이다.

마음을 어느 한쪽으로도 기울이고 있지 않은 사람을 중립적(中立的)이라고 말한다. 흔히 중립적인 입장을 가지고 있는 사람은 의견이 다른 두 사람의 말에 찬성하지도 반대하지도 않고 모두 그럴듯하다고 생각한다. 비교적 상황을 객관적으로 바라다볼 수가 있는 입장이기 때문일 것이다. 이런 사람을 일러서 한쪽으로 치우친 사람은 '뜨뜻미지근하다'고 비난하곤 한다. 물론 오른쪽에 있는 사람은 사상이 의심스럽다고 할 것이고, 왼쪽에 있는 사람은 용기 없는 사람이라고 할 것이다.

어쨌든 보통의 사람 마음은 오른쪽이 아니면 왼쪽이다. 다시 말해서 음이 아니면 양이라는 것이다. 이것이 사람의 마음을 지배하는 동안에는 항상 치우친 편견으로 세상을 오염시키게 된다. 참으로 중도의 관점에서 바라다보지 않는다면 그가 하는 모든 일은 문제를 야기할 것이라고 생각된다.

4. 음양으로만 나눌 것인가

음과 양이라는 이분법으로 삼라만상을 나타낼 수가 있다고 생각하면서도 또 한편으로는 과연 모든 것을 음과 양으로만 나눌 수 있을 것인가 하는 의문을 가진 것도 사실이다. 세상의 모든 이치는 표면적으로 볼 적에는 일단 음양이라는 대립되는 형태를 가지고 있는 것이 기본인 것 같다. 그래서 '상대성 이론'이라는 것을 창안했던 아인슈타인 선생이 탁월하다는 대접을 받는 것도, 그것이 맞는 현실이기에 마땅할 것이다. 그렇지만 그 이야기는 우리 역학 분야에 들어오면 가장 기본적인 이야기에 불과하다. 따라서 사실 상을 받는다면 주역 학자들이 받아야 하지 않을까 하는 억지를 써본다.

주역이라는 것은 순전히 음(--)과 양(—)으로 표기하는 학문이다. 이렇게 단 두 가지의 단순한 표시만을 가지고서 이 땅 위에서 벌어지는 삼라만상의 성쇠(盛衰)를 모두 표현할 수가 있다는 것이 참으로 신기하다면 신기하다고 말할 수 있을 것이다. 그런데 이렇게 상대적인 성질을 가지는 음과 양으로 표시하지 못하는 또 다른 것은 없는지 생각해보게 된다.

옛날 우리의 선조들은 시인들을 뽑아서 정치를 시켰다. 시인은 감성이 예민하고 자연을 비교적 심도 있게 관찰하기 때문에 만물의 이치에 어긋나지 않게 정치도 그만큼 잘 할 수 있으리라 생각했던 옛 어른들의 지혜에 공감이 간다. 그때의 과거장은 문제를 하나 던져놓고는 그 글을 바탕삼아서 시를 짓도록 하는 낭만이 있는 곳이기도 했다. 그러나 그들도 막상 정치를 하면 당파를 모아서 각기 자신의 세력을 확장하려고 목숨을 걸었던 사람도 많았다. 참으로 어려운 것이 음에도 양에도 치우치지 않은 마음인가 보다.

그런데 어느 쪽에도 치우치지 않는 마음은 분명 존재하기는 하는 것 같다. 그것을 '음도 아니고 양도 아닌 것'이라고 하든지, 또는 '음이면서도 음이 아니고 양이면서도 양이 아닌 것'이라고 하든지는 별로 문제가 되지 않을 것이다. 다만 중요한 것은 음과 양이라는 것말고 그 사이를 흐르는 중간(中間)이라고 할 수 있는 무엇이 있다는 사실이다. 우리가 지금 음양의 구조에 대해서 살펴보고 있지만, 만약 그것의 드러난 모습만 보고 그 이면에 흐르고 있는 어떤 성분에 대해서는 생각해보지 않는다면 매우 중요한 것을 놓치게 될는지도 모른다.

그렇다면 과연 그 어떤 성분이라는 것은 무엇일까? 비록 여기가 초보적인 이론을 논하는 자리이기는 하지만, 역학에 대해서는 비록 초보라고 할망정 정신적인 수준도 초보는 아니라는 것을 믿는다. 그래서 이러한 약간은 무거운 주제를 생각해보는 것도 또한 의미가 있으리라 여겨진다. 무엇보다도 음양으로도 나눌 수 없는 그 무엇이 있다는 것을 인식할 수 있다는 것만으로도 이미 평범한 안목은 넘어섰다고 할 만하겠다.

그렇다면 과연 음도 아니고 양도 아닌 이것을 무엇이라고 해야 적절할까?

5. 음양을 결합시키는 그 무엇

음양(陰陽)을 쉽게 이해하기 위해서는 대립되는 것으로 생각하면 된다. 그런데 그 대립이 서로 균형을 유지하고 있는 것으로 미뤄서 그 중간을 조절하는 무엇이 있음을 짐작할 수 있다. 그러니까 항상 대립의 사이에는 중간이라고 하는 보이지 않은 영역이 있으리라는 것이다. 여기에서 다시 한 번 혼돈에 대한 이야기를 꺼내보겠다. 즉 남해의 왕과 북해의 왕은 水火의 대립이 되는 것이고, 그것은 음양이라는 말로 대신하게 된다. 이렇게 水火의 대립만이 존재하게 됨으로써 우리는 분리되어가는 시대에 살게 되었는데, 이 상태말고 그들이 혼돈을 죽이기 이전의 상태를 한 번 더 생각해보자는 것이다.

몇 명의 왕들이 있었는가? 그렇다 바로 세 명의 왕이었다. 여기에서 우리는 '셋'이라고 하는 숫자에 관심을 가져보도록 하자. 친구가 있어도 셋이 있으면 싸우지 않는다. 그런데 여기에 한 친구가 더 끼여들면 서로 패가 갈려서 친구의 험담을 늘어놓다 사이가 깨지곤 한다. 혼돈이 살아 있었다는 것은 바로 음과 양의 중간에 그 무엇이 분명하게 존재했다는 이야기이다. 이것에 대해서 좀더 관심을 가져본다면 우리는 어렵지 않게 삼태극(三太極)이라고 하는 모양을 떠올릴 수 있을 것이다.

 어느 날 문득 삼태극이 바로 혼돈과 음양이 서로 동행하고 있는 모양을 나타낸 것이라는 생각이 들면서 중국에서 말하는 음양은 뭔가 잘못되었다는 생각을 하게 되었다. 그러면서 음양의 중간에서 항상 조절자로 작용하고 있는 것에 대해 분명히 인식하게 되었다. 이것을 요즘 유행인 기(氣)라고 하는 것과 연관을 지어보면 어떨지 모르겠다. 일단 음과 양의 중간에서 보이지는 않지만 그 무엇이 있다는 것을 마음 속에다가 그려놓기 바란다. 그렇게 하는 것이 이 대자연의 기밀을 훨씬 쉽게 찾아내는 방법이 될 것이다.

 음과 양은 서로 대립하면서도 반목을 하는 것은 아니라고 한다. 사실 음과 양은 서로 조화를 이뤄가면서 뭔가를 창조하는 성분이라고 하는 것이 더 타당할 것이다. 그렇다면 이렇게 이질적인 성분이면서도 서로 조화를 이뤄내는 것은 무슨 힘에 의해서일까?

 낭월이는 이러한 성분을 중(中)이라는 말로 대신한다. 음양중(陰陽中)이라는 말을 해야 한다는 것이다. 그림으로 나타낸다면 다음과 같을 것이다. 음양중이라는 형태에 대해 생각하다 보니 어떤 형상이 떠올라서 이렇게 나타내보는 것이다.

위의 그림을 보면 음과 양이 있는 영역에 추가로 또 하나 무엇인가가 있다. 이 성분은 중용의 구조를 가지고 있는 것인데, 음과 양이 서로 자신의 형태를 유지하고 있는 것도, 바로 이 중간에 있는 형태의 힘에 의해서가 아닐까 한다. 이러한 성분에 대해서 단순히 음양의 대립되는 구조로만 살펴본다면 그 다음은 전혀 생각해볼 여지가 없게 된다. 위의 그림들은 비록 그림의 형태는 다르지만 나타내고자 하는 의미는 같다. 앞의 그림이 평면적인 설명이라고 하면 뒤의 그림은 입체적이라고 할 것이다.

움직이는 성분은 음양이고 움직이지 않는 성분은 중간이라고 할 수 있다. 보통의 안목으로는 움직이는 것만 살피게 되지 움직이지 않는 것에는 마음을 쓰지 않는다. 움직이는 것을 살피는 것은 누구나 가능한 일이지만, 움직이지 않는 것을 살피기는 쉽지 않다. 마음도 움직이지 않을 때에 움직이지 않는 것을 비로소 살필 수 있다. 그렇다면 움직이지 않는 마음은 어떻게 가능한가?

움직이지 않는 마음은 삼매(三昧)에서만 가능할 것으로 본다. 마음이 움직이지 않으면 비로소 움직이는 이면에 존재하는 그 무엇의 실체를 찾아낼 수 있을 것이라고 추리해본다. 그러니까 이렇게 쉼없이 흐르고 있는 마음으로는 그 실체를 도저히 파악할 방법이 없다

이러한 실체를 분명하게 인식할 수 있는 것은 도인의 경지에서 삼매에 몰두할 때에만 가능하다. 평범한 사람이 상상만으로 어떤 결론을 이끌어낸다는 것은 무리이다. 그러나 상상하는 것마저 포기할 필요는 없다고 생각한다. 물론 이 영역은 명리학을 연구하는 학자에게는 영원한 숙

제가 될지 모르겠다. 아마도 언젠가는 이 영역에 대해서 분명하게 어떤 설명을 할 수 있을 것이다. 그러나 지금은 이 정도의 문제를 제기하는 것만으로 만족해야 할 것 같다.

움직임이 없는 성분을 바로 인식한다면 비로소 음양의 대립되는 경지에서 자유로워질 것이라는 생각을 해본다. 좀더 확대해서 해석해본다면 이 경지에 도달하게 되면 대자유인(大自由人)이 된다는 말이다. 선이나 악이라는 굴레, 혹은 천당과 지옥이라는 분별심에서 자유로워질 것이다. 이러한 경지를 역학에서는 중화(中和)라고 말할 수가 있겠고, 불교에서는 중도(中道), 혹은 해탈(解脫), 또는 열반(涅槃)이라 말할 수도 있겠다. 그리고 확실히는 모르겠지만, 기독교에서 말하는 영생(永生)도 이 영역에 포함될 것이라고 본다.

■ 인간의 음양구조에 대해서

여기에서 잠시 인간의 마음에 대해서 생각을 좀 해보고 넘어가도록 하자. 사람의 행동에 관해서도 음양의 구조로 생각해볼 것이 있다. 음과 양의 대립에 대해 관찰해본다면 분명히 차이가 나는 것을 알 수 있으리라고 본다.

음적인 사람

음적(陰的)인 사람은 매사에 부정적이면서 고정되어 있다. 그리고 내면적인 세계에 대해서 관심이 많다. 이러하기 때문에 수행자의 길에 접어들 가능성이 많다. 그러나 또한 부정적인 사고력으로 인해서 오히려 파란을 불러오는 파괴적인 행동을 나타내기도 한다. 이렇게 본다면 음적인 사람은 죄를 지어도 큰 죄를 지을 것이고, 수행을 해도 큰 수행자가 될 수 있는 가능성을 가지고 있다고 하겠다.

양적인 사람

양적(陽的)인 사람은 언제나 긍정적이면서 적극적으로 생활한다. 그리고 항상 앞을 보면서 살기 때문에 내면적인 삶에는 별로 관심이 없는 것도 특징이다. 그야말로 평범한 일반인의 형태를 보인다. 또한 호기심이 많기 때문에 창조적인 것에 관심을 보인다. 이 시대에 가장 많은 사람의 형태이다. 이것은 지금이 양의 기운이 넘치는 시대라는 것을 알 수 있게 해주는 자료가 되는 셈이다.

중간적인 사람

중간적(中間的)인 구조에 해당하는 사람은 그리 흔하지 않다. 그리고 이러한 사람은 눈에 얼른 띄지도 않기 때문에 언뜻 봐서는 알 수도 없다. 중간적인 사람은 선악(善惡)의 분별심이 없다. 백결 선생이나, 토정 선생은 아마도 이러한 경지에 해당하는 인물이 아닐까 싶다. 그리고 서화담 선생도 아마 선악에 기울지 않았을 것이다. 악한 사람이 선해지기는 쉽지만, 선하지도 악하지도 않기란 참으로 어려운 일이다. 그러니까 가장 중요한 삶이 되는 중간적인 상태에 머물러 있는 사람은 참으로 흔하지 않다.

보통 사람들은 누구나 음이나 양으로 치우쳐 있기가 쉬우므로 음양적인 설명을 통해서 이해할 수 있다. 그리고 우리 오행을 연구하는 학자들도 비로소 선과 악에 기울지 않을 가능성이 있는 길로 들어선 사람이라고 생각된다. 물론 자신의 마음을 다스리는 수행자의 경우에 해당하는 말이긴 하지만…… 그러니까 자신의 마음을 어떻게 다스려서 중화의 경지에서 머무르게 할 것인지는 스스로 연구하고 노력할 일이라고 본다.

처음 불교에 입문해 공부를 하게 되면, 지선(至善) 즉 악을 멀리하고 선을 가까이하라는 말을 자주 볼 수 있다. 이것은 음양관으로 볼 적에는 문제가 있다. 선과 악을 구분한다는 것 자체가 아무리 생각해봐도 치우친 마음이기 때문이다. 만약에 불교가 오로지 선과 악에 대해서만 구분을 두는 종교였다면 이미 진작에 허물어져버렸을 것이다. 그런데 좀더 공부를 진행해보면, 놀랍게도 선에도 악에도 치우치지 말라는 구절이 등장한다. "정신에도 집착하지 말고, 물질에도 집착하지 말며, 선행에도 집착하지 말고, 악행에도 집착하지 말라. 집착이 없는 그 마음이 참으로 자유로운 해탈이다." 이와 유사한 말씀들을 간간이 만날 수 있다. 결국 깨달음을 얻지 못하면 여간 열심히 가꿔온 선행(善行)도 아무 도움이 되지 않는다는 내용을 보면 전기가 온몸을 통하는 듯이 찌릿찌릿해지는 느낌이 든다. 그래서 불교는 오랜 세월이 지났음에도 불구하고 항상 신선한 햇과일과도 같은 풋풋한 정겨움이 풍겨나오는 것이다.

  이 경지에 도달하게 되면 모든 상대되는 것으로부터 자유를 얻게 될 것이고, 이때서야 비로소 도인(道人)이라는 말을 들을 수가 있을 것이다. 오행의 상생(相生)과 상극(相剋)의 굴레를 벗어나지 않고서는 완전한 자유를 이야기하기가 불가능할 것이라는 생각을 해본다. 그러나 지금 여기서는 다만 음양의 중간에 있는 그 무엇에 대한 존재를 인정하는 것만으로도 충분하리라고 생각된다. 이 정도로 중간(中間)에 대한 말씀을 줄인다.

제5장
음양의 순환 법칙

 음양은 고정되어 있는 것이 아니다. 서로 끊임없이 돌고 돈다. 낮과 밤이 서로 교차되듯이, 달이 차서는 기울고 하는 순환을 되풀이하듯이, 또 1년의 사계절이 항상 규칙적으로 순환을 하듯이 그렇게 흐름을 타고 있는 것이다.

형상	●	◐	☯	◑	○
상황	純陰	陰中之陽	陰陽中和	陽中之陰	純陽
오행	水	金	土	木	火

 위의 표처럼 음양의 비율을 그림으로 나타내볼 수도 있다. 여기서는 가운데에 있는 그림인 음양이 균형을 이룬 형태를 가장 이상적으로 본다. 그렇지만 사람의 사주는 그렇게 균형을 이루고 있는 경우가 흔치 않다. 대개는 어느 한쪽으로 기울어져 있고, 또 그에 부합해서 어느 한쪽으로 기울어져서 살아가는 것이 인생의 모습일 것이다.
 그리고 이것은 사람에만 국한되는 것이 아니라, 온 삼라만상이 모두 이렇게 뭔가 균형을 이루지 못하고 있어서 자신의 부족함을 채우기 위

해 정진(精進)하면서 살고 있는 것이 아닐까 생각해본다. 그리고 어느 형상이든 그 이면에는 보이는 것과는 반대되는 어떤 형상이 있을 것이라는 생각을 해본다. 즉, 순양(純陽)의 형태가 겉으로 보인다면 그 이면에는 순음의 성분이 잠자고 있다는 것이다. 순양에는 순양만이 존재한다고 생각하지 말자는 것이다.

이 몇 개의 그림은 음양을 각기 다른 관점에서 바라다본 것을 나타낸 것이다. 이 그림은 태극(太極)이라고 부르는데, 음과 양이 서로 균형을 이루면서 빙글빙글 돌아가는 형상을 취하고 있다. 이렇게 균형을 이루고 있어야 태극이라고 부르지, 만약에 음양이 어느 한쪽으로 기울어져 있다면 그러한 말을 쓰지 않는다.

태극은 그런 의미에서 매우 신성한 음양의 균형이라고 볼 수 있는데, 우리 나라 국기에 이렇게 심오한 도형인 태극을 사용하고 있는 것을 보면 참으로 묘한 기분이 든다. 일설에는 음양오행의 근원을 추적해보면 한반도의 고대사로 접어들게 된다는 이야기가 있다. 아마도 원래의 태극 사상을 찾아낸 인간이 바로 우리 동이족이라서 그 주인의 자손들인 우리가 국기에 음양의 상징을 넣어서 사용하는 것은 아닌가 생각해본다. 그런데 정작 태극의 국민들은 음양의 참 이치를 모르고 그냥 주역에서 쓰는 팔괘를 국기로 사용하고 있나 보다 하는 정도만 인식하고 있는 것도 참 묘하다면 묘한 일이다.

그러면 태극 표시에서 각 음양의 중심 부분에서 나타나고 있는 점에 주의하면서 다음 글을 읽어보자.

음극즉양생(陰極卽陽生)
(검은 부분에 보이는 하얀 점에 해당함)
양극즉음생(陽極卽陰生)
(하얀 부분에 보이는 검은 점에 해당함)

음의 기운이 극에 달하면 양의 기운이 생기고
양의 기운이 극에 달하면 음의 기운이 생긴다.

이 글을 음미해보면서 음양의 순환 법칙을 생각해보자. 양이 극에 달하면 음이 생긴다는 말은 기쁨이 극에 달하면 슬픔이 생긴다는 말도 된다. 기쁨이 너무나 벅차오르면 눈물이 나오는 경우를 접해보았을 것이다. 그리고 슬픔이 극에 달하면 웃음이 나오는 경우도 겪어봤을 것이다. 이러한 인생살이를 통해서 옛 어르신의 말씀을 되새기는 것은 참으로 유익한 공부라고 본다.

이러한 의미가 앞에서 본 몇 개의 태극 그림에서도 나타나 있다. 양의 한복판이나 음의 한복판에는 또 다른 색깔의 무엇이 보이는데 이것을 전에는 그냥 한복판에 해당하는 것이라고 하고 넘어갔었다. 그러나 그보다는 바로 음이 극에 달한 부분에서는 양의 기운이 발생한다는 의미로 해석을 해야 옳다는 생각이 들어서 설명을 드린다.

주역에서 표시하는 64괘는 항상 나쁘기만한 괘도 없고, 항상 좋기만한 괘도 없다. 오늘 나쁜 의미의 괘상은 내일은 또 좋은 괘상으로 변한다. 그래서 잠시 기다리면서 근신을 하라고 한다. 그리고 오늘의 좋은 괘가 내일도 좋다는 보장이 없다. 이미 하나에서 극에 달한 기운은 기울 준비를 한다는 말씀이다. 차면 기우는 법칙은 균형을 이루는 음양의 법칙이라고 생각된다. 그래서 공자도 만년에 《역경(易經)》의 심오한 이치에 젖어들지 않았을까 하고 생각을 해본다.

이러한 옛 어르신의 말씀이 "공을 이룬 후에는 물러갈 줄 알아야 한다."는 것은 아닌지 생각해보기도 한다. 자연의 법칙이나 조화나 그런 것들은 항상 자신의 일을 마치면 조용히 다음 타자에게 물려주며 물러난다. 음양의 이치도 바로 이와 같은데, 그렇게 서로 조화를 이뤄가는 것이 아마도 자연이라는 말에 어울릴 것이라고 생각해본다. 그러니까 사람도 자신의 탐욕을 제어하지 못하고 과욕을 부리고 있을 적에는 자연이 아니라는 생각이 든다.

1. 음양의 비율

음과 양은 서로를 견제하면서 또 서로를 돕는다. 이것이 자연이다. 그러나 그 구체적인 상황은 그렇게 간단하지만은 않다. 즉 견제를 하는 데에도 정도 문제가 있는 것이다. 100퍼센트의 견제도 있을 것이고, 약간의 겁을 주는 정도로 그치는 경우도 있을 수 있겠다. 정황에 따라서 그 차이가 나는데, 이러한 차이점을 알기 쉽게 표시한 것이 크게 다섯 가지로 분류하는 오행(五行)이라는 것이다. 오행은 서로 대립하고 견제하는 다섯 가지 기본형 원소를 말하는데, 그 상황을 좀더 설명하면 다음 표와 같다.

	음양의 비율	오행	명칭
陽體	음의 기운에서 양의 기운으로	木	(陽中之陰)
陽體	양의 기운이 전체를 장악했을 때	火	(陽中之陽)
中間	양과 음의 기운이 균형을 이룸	土	(陰陽中和)
陰體	양의 기운에서 음의 기운으로	金	(陰中之陽)
陰體	음의 기운이 전체를 장악했을 때	水	(陰中之陰)

이러한 음양의 각기 다른 상황을 오행이라는 말로 설명하게 되는데, 그 각각의 비율 차이에 따라서 실제로도 분명한 차이가 있게 된다. 그것을 이해하기 위해서 다음 단계로 오행에 대한 연구를 해보자.

사주팔자를 연구하는 것을 음양오행학(陰陽五行學)이라고도 한다. 그 말은 음양오행에 대한 공부를 하면 사주팔자를 잘 해석할 수 있다는 뜻이다. 사실 음양의 비율을 잘 헤아리고 분별하는 것이 명리학이다. 그래서 사주를 해석하려면 음이 얼마나 많은가 또는 양이 얼마나 많은가 하는 것을 저울질해야 하는데, 저울질을 잘하는 사람이 장사를 잘하듯이 음양비율의 정도를 잘 분석하는 학자가 깊이 들여다보고 멀리 내다본다.

표를 봐서 알 수 있듯이 양이 극에 달한 것은 불[火]이라고 한다. 그리고 음이 극에 달한 모양을 물[水]이라고 한다. 또 양 중에서도 음의 기운을 포함하고 있는 것을 나무[木]라고 하며, 음 중에서도 양의 기운을 포함하고 있는 것을 쇠[金]라고 한다. 이것에 대한 상세한 이야기는 뒤에 오행을 설명하면서 다시 거론할 것이다.

이 이야기는 주역에서 말하는 사상(四象) 이론과도 부분적으로 부합된다. 사상에서는 괘상의 형태로 나타내는데 표로 만들면 다음과 같이 생겼다.

	四象의 卦象	陰陽比率	五行分類
太陽	⚌	純陽之氣	火
少陰	⚎	陽中之陰	木
少陽	⚍	陰中之陽	金
太陰	⚏	純陰之氣	水

여기서 보면 태양(太陽)은 火와 같다고 보겠고, 소음(少陰)은 음이라고

하는 이름이 뒤에 붙어 있어서 음인가 할 수도 있겠으나, 실은 글자 그대로 '음의 기운이 적음'이라는 뜻인바 그 본체는 양이면서 음의 기운이 적게나마 들어 있는 木과 같다고 보겠다. 또 소양(少陽)도 본체는 음인데 양의 기운이 조금 서렸다는 뜻이니 金과 같다고 하겠으며, 태음(太陰)은 글자 그대로 水와 같다고 보면 되겠다. 이렇게 오행으로 대입시켜보면 木火金水의 형태와 흡사하다. 그런데 사상에서는 土에 대한 이야기가 없다. 동무 이제마(東武 李濟馬) 선생의 사상론이 어쩌면 土에 대한 이론이 빠진 관계로 해서 완성되지 못한 것은 아닌지 모르겠다는 생각이 든다. 한의사들의 이야기를 들어보면 사상 의학이 획기적이기는 하지만 상당히 문제가 있는 것도 사실이라고 하는데, 아무리 생각을 해봐도 土의 성분 없이 사상만을 이용해서는 인간의 구조를 제대로 설명하기가 어려웠을 거라는 게 이 오행가의 지나친 염려만은 아닐 것이다. 요즘은 팔상론이라는 이야기도 나오는 것을 보면서 오히려 십상론(?)이 나와야 하지 않을까 하는 생각을 해보기도 한다.

그리고 이러한 木火金水의 대립을 서로 조절해주는 역할을 하는 것을 흙[土]이라고 부른다. 사실은 오행 중에서 가장 개성이 없으면서도 가장 중요한 일을 해내고 있는 것이 土의 성분이다. 여기서 주의해야 할 것은 木火金水가 모두 음양의 형태에 따른 기호라는 점이다. 그러고 보면 기본은 역시 음양이라는 법칙이라고 하겠다.

음양오행의 기본 구조는 이렇게 간단하다. 그런데 이것들을 인간의 일상 생활에 그대로 대입하는 사주 공부를 하다 보면 그게 그렇게 만만한 구조가 아니라는 생각을 필히 하게 될 것이다. 서로 만나고 헤어지는 과정에서 파생되는 많은 사연들은 정말 처음으로 공부를 해보려고 마음을 낸 초학자(初學者)에게는 대단히 혼란한 것임에 틀림이 없다. 물론 하나하나 배워나가다 보면 능히 이해하게 되겠지만, 성급한 마음으로 얼른 신통방통한 예언을 해서 족집게 도사가 되고 싶다는 허망한(!) 욕심을 가지고 있는 초학자라면 아마도 틀림없이 인내심의 한계를 느끼게 될 것이다.

2. 음양의 변형

이미 앞의 설명에서 오행(五行)이라는 용어가 등장을 했다. 이 오행이라는 부호는 엄밀히 말한다면 음양의 형상을 분류한 것이라고 할 수 있다. 그러니까 음양의 각기 다른 모습을 고정시킨 것이라고 할 수도 있겠다. 음양이라는 것만을 가지고 다양하게 변화된 모습을 이해하기에는 뭔가 부족한 느낌이 들었을 것이고, 그래서 아예 그러한 구조를 어떤 부호로 표시해서 간단하게 인식하도록 해야 할 필요를 느꼈을 것이 당연했다. 이러한 과정에서 필연적으로 등장한 부호가 바로 오행인 것이다. 남자를 양이라고 하고, 여자를 음이라고 했던 비유를 다시 여기에 끌어들여 설명을 해보겠다.

원래의 음양이라는 형상을 설명할 적에는 남자와 여자를 각각의 대표로 사용해서 나타내도 아무 문제가 없었다. 그런데 세월이 흘러서 점차 다양한 형태의 음양이 발생을 하게 되었다. 남자는 크게 봐서는 모두 양이지만, 그 중에서도 여자의 분위기를 갖는 남자가 있었다. 그러한 사람은 남자라고는 하지만 어쩐지 단순히 남자라는 커다란 범주에 넣기가 개운치 않아 또 한 번의 분류 과정을 거치게 되었다. 그래서 이러한 부류의 남자들은 '여자 같은 남자'라는 이름을 부여받게 되었다.

여자도 마찬가지였다. 처음의 여성다움이 왜곡되면서 나중에는 여자이면서도 남자보다 더욱 억센 형상을 한 여자가 나타나게 되었다. 이러한 사람은 단순히 여자라고 하는 말로만 묶어두기에는 상당히 부담이 되었다. 그래서 이러한 사람들을 묶어서 '남자 같은 여자'라는 말로 부르기로 했던 것이다. 이렇게 분류를 해보았는데, 남자 같은 여자의 부류는 겉모습은 여자지만 실제로는 남자의 성격을 가진다고 봐야 할 상황이었다. 또 여자 같은 남자도 마찬가지로 겉모습은 남자지만 생각하는 것과 행동하는 것은 하나같이 여자의 모습이었던 것이다.

 그런데 이렇게 분류를 하다 보면 남자도 여자도 아닌 부류가 있어야만이 '음양의 중간'에 해당하는 성분을 나타낼 텐데, 실제로 그러한 사람은 없다고 봐야 한다. 만약 남자인지 여자인지 구분이 되지 않는 사람이 있다면 아무래도 그 사람은 정상인이 아니라고 간주할 수 있다. 그러므로 음양의 중간에 해당하는 성분은 형상적으로는 찾기를 포기해야 할 것이다. 그러나 구태여 있다고 한다면 형상에 구애받지 않고, 그 마음이 어느 곳으로도 치우치지 않은 중화를 이룬 사람들이라고 하면 말이 될 것도 같다. 아니면 성인(聖人)의 무리라고 볼 수도 있겠다. 세간의 모든 욕망을 떠난 자유인은 성별에 의해서 자신의 욕망이 발동하지 않으므로 구태여 여자니 남자니 하는 말이 의미가 없을 것이다. 이러한 이치로 봐서 음도 양도 아닌 사람이기도 하고, 또 음이기도 양이기도 한 사람도 되는 사람은 음양이 중간인 성분으로 볼 수가 있을 것으로 생각된다. 어쨌든 이렇게 해서 기본적인 혼돈으로부터 많은 세월이 흘러서 음양이 되었고, 그 음양은 또 더 많은 세월이 흘러서 더욱 복잡한 형상으로 전개되고 있는 것이다.

 이렇게 자연스럽게 여기까지 왔으니 오행의 이야기로 방향을 전개해 나가 보자. 음양이라는 것을 모두 이해했다면 무엇보다도 축하할 일이다. 그러나 아직은 미흡할 것이다. 그것은 간단하게 책을 한번 읽는다고 해서 완전하게 소화가 되는 것이 아니기 때문이다. 자신의 마음 속에 오랫동안 머물게 하면서 씹고 또 씹다가 보면 문득 "이것이 음양의 소식이

겠구나!" 하는 느낌이 온다. 그러한 과정을 거쳐야만 비로소 어느 상황을 대하든지 그 내용에 흐르고 있는 음양의 정신을 파악하게 된다. 이렇게 되기까지는 항상 음양의 변화가 혼란스럽게 다가올 것이다. 그래서 가만히 있는 것처럼 느껴지는 음양이 어느 날은 뒤집혀서 보이기도 하고, 또 어느 날은 한덩어리로 된 것도 같은 혼란을 겪게 된다. 이러한 것을 음양이 그 형상을 변화시킨다는 말로 불러보겠다. 그야말로 변형(變形)인 것이다. 그렇지만 아무리 형상이 변한다고 해도 그 바탕에 깔려 있는 본래의 모습은 변할 수가 없다고 확신한다. 그러므로 겉모습에 속지 않고서 본래의 형상을 찾아내기만 한다면 아무리 혼란스러운 뒤범벅의 음양을 만나더라도 그 본질에 흐르는 기운을 감지하게 될 것이라고 생각한다.

오늘도 그러한 안목을 기르기 위해서 부단히 관찰하고 궁리해본다. 그러면 참으로 깊고도 오묘한 이치가 문득문득 스쳐지나간다. 똑같은 모습인 듯하면서도 어제와 다르고, 아까와도 다르다. 이렇게 시시각각으로 변화하고 있는 음양…… 그 가운데를 관통하고 있는 본래의 모습…… 이러한 전투를 치르면서 언제나 희열감을 맛보게 된다. 이것이 바로 음양을 연구하는 학자에게 베푸는 신의 선물이 아닐까 생각해본다.

이제 앞으로는 매우 다양한 음양의 형태를 접하게 될 것이다. 그러한 혼란 속에서 올바른 맥을 찾아가기 위해서는 상당한 노력이 필요한 것이다. 부디 낭월이의 현란한 눈가림에 속지 말고, '음양의 코빼기'를 바로잡아 낚아채기 바란다.

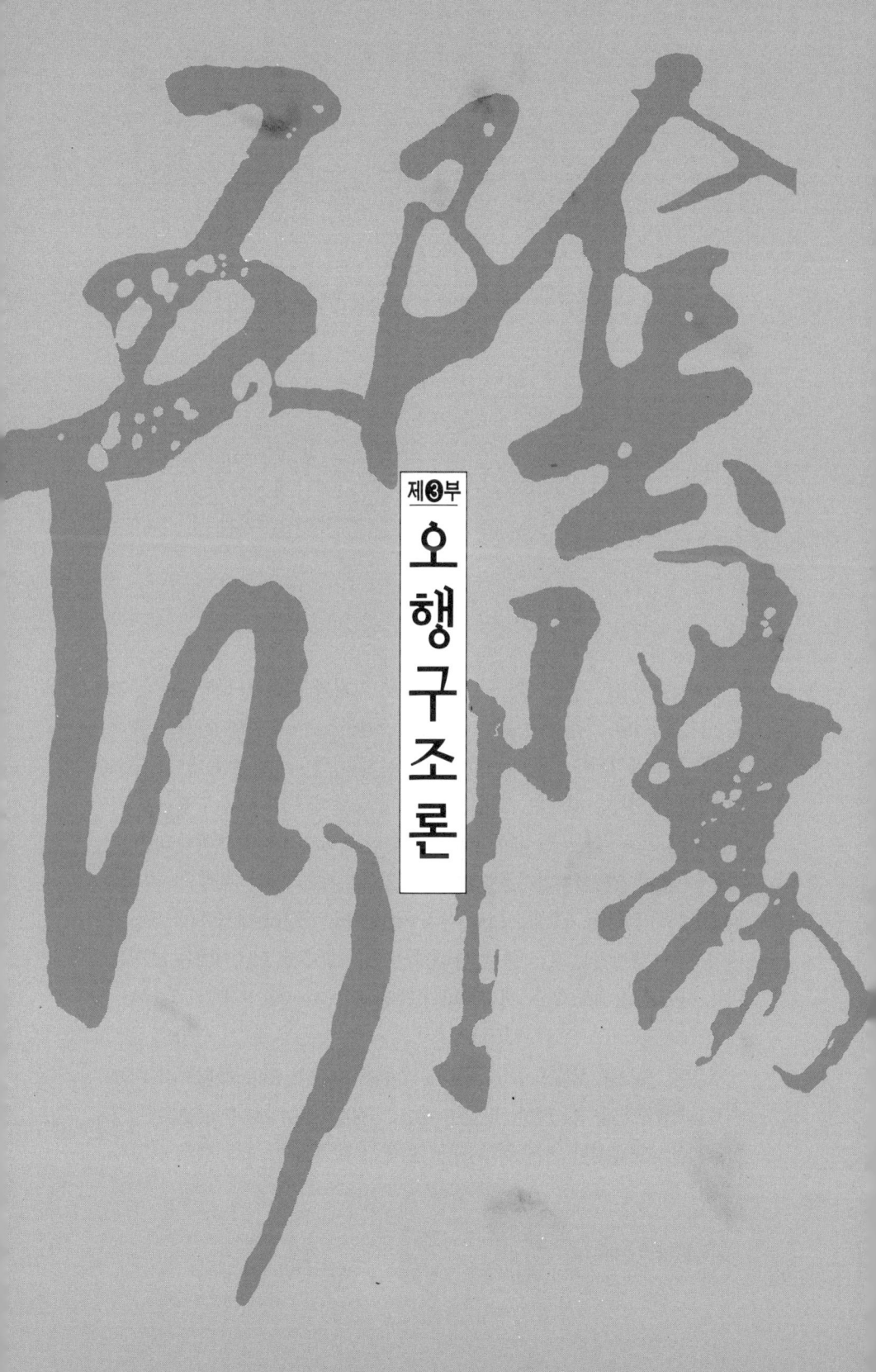

제3부
오행구조론

오행(五行)이라는 글자의 의미는 "다섯 가지의 성분이 돌아다닌다."는 말이다. 그런데 이러한 뜻을 함축하는 '오행'이라는 한자의 간결한 표현이 좋다고 생각된다. 다섯 가지의 성분이 돌아다닌다고 하는데 그 구조가 어떤 것인가를 배우는 것이 바로 오행 공부이다. 그것이 일정한 질서가 있는 것인지, 아니면 자유롭게 돌아다니는 것인지, 그도 아니라면 또 다른 기준이 있는 것인지를 명확하게 알아보자. 그래야 오행의 본질에 더 가까이 접근할 수 있으므로 마치 여름날에 잠자리를 잡듯이 조심조심 오행에 다가가보자. 너무 간단하게 보고서 함부로 덤비다가는 오행은 어느 사이에 흔적도 없이 사라져버리고 말 것이기 때문이다.

　음양의 확장된 모습으로 존재하는 오행을 각각의 원소로 나눠서 이해해보도록 하겠다. 이 다섯 가지의 원소는 정신적인 형상과 물질적인 형상을 모두 포함한다. 아울러서 지구 위에서 발생하는 모든 현상도 오행이라는 다섯 가지를 바탕으로 설명할 수 있다. 어떻게 보면 광대무변한 세계를 단지 다섯 가지라는 오행으로 설명한다는 것이 좀 무모해 보이기도 한다. 그렇지만 실제로 하나하나 연구하다 보면 그 다섯 가지의 바탕으로만 설명을 하는데도 무궁무진한 진리(眞理)의 세계를 관찰하게 된다는 사실을 발견하고는 놀라움을 금할 수 없게 된다. 이러한 이유로 이 공부에 발을 들인 사람은 냉큼 벗어나지를 못하고 푸욱 빠져들게 되는 것인가 보다.

그럼 오행이 어떠한 구조로 이뤄져 있나 우선 생각해보자. 오행의 기본은 간단하다. 木火土金水의 다섯 가지뿐이기 때문이다. 이렇게 간단한 기본적인 것으로 모든 인간사의 기초가 되는 사상들을 대입시켜보면, 의외로 다양하게 전개되는 상황에 놀라게 된다. 이제부터 오행의 기본적이라고 할 만한 것부터 차근차근 설명을 해보겠다.

형상이 있는 것을 인용해서 설명하는 것이 오행을 빠르게 이해하는 방법이라 생각하여 그렇게 하기로 하겠다. 그렇지만 이렇게 설명을 한다고 해서 오행을 단지 물질이라고 생각해버린다면 이것은 참으로 곤란한 일다. 기초적인 공부는 물질적인 형상을 빌려서 설명하겠지만 오행은 정신적인 세계에도 얼마든지 대입할 수 있다는 점을 이해하는 게 좋겠다.

처음에 木이라는 성분을 나무라고 이야기했더니, 나중에는 金이라는 성분이 도끼라고 고집하면서, 불이 타오르려면 나무만 있어서는 곤란하고 도끼를 구해 나무를 쪼개서 불을 붙여야 한다는 얄궂은 이론을 전개한다. 정말로 철저하게 물질적으로 오행을 이해하고 있는 학자들을 만날 때는 참으로 씁쓰레한 기분이 든다. 물론 《궁통보감》이라는 책에 이러한 이론(庚金擊甲論)이 있는 것도 사실이지만, 이것은 초학자를 위해서라면 또 몰라도 아무리 봐도 세련된 해설은 아니라고 생각된다.

分類＼五行	木	火	土	金	水
基本形	나무	불	흙	바위, 쇠	물
五行性	曲直	炎上	稼穡	從革	潤下
十干	甲乙	丙丁	戊己	庚辛	壬癸
十二支	寅卯	巳午	辰戌丑未	申酉	亥子
相生	木生火	火生土	土生金	金生水	水生木
相剋	木剋土	火剋金	土剋水	金剋木	水剋火
五色	靑	赤	黃	白	黑
五常	仁	禮	信	義	智
一年	春	夏	四季	秋	冬
方向	東	南	中央	西	北
身體	신경계	순환계	근육계	뼈 조직계	혈액계
五臟	肝	心臟, 心包	脾臟	肺	腎臟
六腑	膽	小腸, 三焦	胃	大腸	膀胱
얼굴	눈	시력	입	코	귀
입 속	맛보기	혓바닥	입술	치아	침
혀 위	신맛	쓴맛	단맛	매운맛	짠맛
마음	천진난만	분노, 격정	인정, 평화	살기, 의리	음모, 술수
직업	교직자	연예인	공무원	군인, 경찰	도둑, 사기
인생	소년기	청년기	중년기	장년기	노년기
지역	강원도	경상도	충청도	전라도	함경도
세계	극동	적도 부근	중국 등지	유럽, 미국	러시아
자동차	가속기 액셀러레이터	동력기 엔진	변속기 기어	정지기 브레이크	윤활유 오일
비율	陽中之陰	陽中之陽	陰陽中和	陰中之陽	陰中之陰
발음	ㄱㅋ	ㄴㄷㄹㅌ	ㅇㅎ	ㅅㅈㅊ	ㅁㅂㅍ
先天數	3, 8	2, 7	5, 10	4, 9	1, 6
後天數	1, 2	3, 4	5, 6	7, 8	9, 10
五氣	風	熱	濕	燥	寒
五竅	目	舌	口	鼻	耳
五惡	肝惡風	心惡熱	脾惡濕	肺惡寒	腎惡燥
五養	酸養骨	苦養氣	甘養肉	辛養筋	鹹養脈
氣體	酸素	窒素	??	炭素	水素

이러한 여러 가지 형상으로 오행을 이해하도록 연구해보자. 통찰력이

깊어질수록 사물을 오행으로 분류하는 것이 더욱 쉬워진다. 오행의 형상을 모두 외운다는 건 머리가 아무리 좋아도 한계를 느낄 것이다. 그냥 이해를 하는 것이 훨씬 효율적이다.

공부를 하는 데에는 암기력과 이해력이 필요한데, 여기서는 이해력이 뛰어난 사람이 훨씬 앞서가게 된다. 암기도 해야 하지만 우선 이해를 해야 하기 때문이다. 조용히 오행 삼매에 들어서 오행의 원리를 하나하나 되씹어보다 보면 오행이 하나로 어우러지는 멋진 소식도 접하게 되리라고 본다.

이미 각각의 독립된 인격체로 굳어진 오행의 영역에 접근했으니 이제 오행의 각기 다섯 가지 기본적인 구조에 대해서 이해해보자. 그리고 이 오행의 항목을 다 이해하게 되면 다시 또 이 다섯 가지 오행이 음양으로 어떻게 분화하는지 설명하겠다. '오행의 음양'이 되는 것인데, 그 결과 오행은 열 가지의 구조로 확산이 된다. 이 열 가지는 이른바 십간(十干)이라는 형태로 설명되는데 이렇게 마냥 늘어가기만 하면 언제 끝이 날지 염려가 될 것이다. 하지만 이 십간의 영역에서 이해를 마치게 된다면 더 이상의 확장은 걱정하지 않아도 충분하다. 물론 냉정하고도 분명하게 이해하고 난 다음의 이야기이다.

그러면 이러한 구조를 생각하면서 다음의 표를 참고해보자. 오행의 이치로 어디까지 분화해나갈 것인지 정리해보는 과정으로 생각해도 좋다.

	근본 바탕	1차 분화	2차 분화	3차 분화	4차 분화
命理	渾沌	陰陽	五行	十干	四柱八字
周易	無極	陰陽	四象	八卦	六十四卦
佛敎	불성	분별심	오온	12인연법	육도 윤회
人生	탄생	유아기	학습 시절	사회 생활	늙어간다

이렇게 간단한 도표로 나타내보았는데, 여기서 보듯이 3차로 분화하는

십간의 형상을 바탕으로 삼라만상의 구조를 읽어내는 것을 명리학이라고 본다. 주역에서는 8괘를 의지해서 64괘라는 결론을 얻어내고 그로써 자연의 모습을 읽어내며, 불가에서는 인과응보에 의지해서 육도 윤회를 하게 되는 것이다. 또 아울러서 인생살이에 있어서는 그렇게 사리 판단을 하면서 늙어간다는 이야기이다.

이렇게 분류해봤는데, 이것이 오행에 대해서 정확하게 말한 것은 아니라 하더라도 대략 비슷은 하리라고 생각된다. 중요한 것은 십간의 구조까지만 속을 썩이면서 궁리하면 된다는 것이다. 그 후에 전개되는 것은 특별히 색다른 것이 아니기 때문이다. 그러므로 근본이 되는 오행의 구조에 대해서는 더욱 분명하게 이해를 하고 넘어가야 한다는 주문을 하는 것이기도 하다. 그럼 이제 그 오행 하나하나를 음미하면서 본래의 특수한 구조를 설명해보자.

제1장
木

혼돈(混沌)→ 양(陽)→ 양 중의 음(陰)→ 다시 음양으로 분리→ 십간의 甲乙

양(甲): 소나무, 은행나무, 대들보, 추진력, 뻗어나가는 기운
음(乙): 잔디, 곡식, 잡초, 넝쿨식물, 지구력, 적응성

木은 나무이다. 나무라고 하는 것이 뭐냐고 묻는 사람은 없으리라고 생각된다. 어디에서나 눈을 돌려 바라다보면 산천초목이 보인다. 길가에서는 가로수가 보이고, 방안에서는 화초가 보인다. 이러한 생각을 하면서 이 글자를 음미한다면 벌써 오행의 20퍼센트를 알게 되는 것이다.

우선 눈으로 살펴봐야 변화를 가장 분명하게 알 수 있으니 나무의 종류를 보면서 木을 이해하도록 하자. 물론 물질적인 것이 木의 전부는 아니지만, 일단 물질적인 것으로 이해하기가 가장 용이한 성분이기도 한 까닭이니 그렇게 하기로 하자. 木은 그 본성이 인(仁)이라는 것으로 되어 있다. 그래서 木의 성분이 강한 곳에 사는 사람들은 어질다고 한다. 그러나 木이 지나치면 불인(不仁)이 된다. 이것은 같은 木의 음양에 불과한 이치이다.

이러한 기본적인 성분을 가지고 있는 木은 사람에게 있어서는 어린 시절을 나타낸다. 맹모삼천(孟母三遷)19)이라는 말도 있듯이 어려서의 환경은 참으로 중요하다. 마찬가지로 나무를 살펴보면 환경이 얼마나 중요한가를 실감하게 된다. 바위 주변에 떨어진 도토리와 기름진 토양에 떨어진 도토리가 성장하는 것을 보면 환경이 주는 차이점을 여실하게 느낄 수가 있기 때문이다.

《자평진전(子平眞詮)》에서는 양목(陽木)을 木의 기운(氣運)이라고 하고, 음목(陰木)을 목의 질(質)이라고 했다. 음양을 기와 질로 구분한 것인데 일리가 있는 이야기이다. 원칙적으로 음양을 물질과 기운으로 분별할 것은 아니다. 그렇지만 이렇게라도 구분을 하는 것은 음과 양을 좀더 뚜렷하게 이해해보기 위한 궁여지책이라는 생각이 든다.

木은 발산하는 것을 기본 성분으로 한다. 우리 주변에서 볼 때 그러한 성분은 식물성(植物性)에서 가장 많이 나타난다. 식물은 자란다는 의미가 매우 강하기 때문이다. 다른 것과 비교할 때 木이라고 하는 것은 이 점이 특별하다. 이렇게 성장하는 성분은 사람에게도 분명히 존재하는데, 그 중에서도 어린 사람에게 많다. 그래서 어린 시절을 청춘기(靑春期)라고 한다. 청춘에는 木이라는 이미지가 상당히 강하다. 푸른 청색은 木의 색깔을 의미한다. 봄[春]도 木의 계절을 의미한다.

그래서 사람의 木인 청년기에는 항상 미래를 생각하고 기분에 좌우되고 꿈이 많고 육체도 하루가 다르게 성장한다. 사소한 억압에도 견디기 힘들어하고, 하고 싶은 것을 자제하는 능력도 부족하다. 이러한 모든 것들은 너무나도 木을 닮았다.

木은 인내심이 부족한 반면에 순수하기도 하다. 젊은 사람들이 하는 토론에 참가해보면 사회와 타협하지 않는 순수함이 배어 있음을 느끼는

---

19) 맹자(孟子)의 모친께서 어린 맹자를 위해서 주위의 환경을 중요하게 생각하여 세 번을 이사했다는 고사

경우가 많다. 이렇게 순수한 것도 또한 木의 성질이다.

그리고 木은 또 욕심이 많다. 청년들은 뭔가 자신의 목적이 달성될 거라고 생각하는 듯하다. 그래선지 몰라도 항상 일에 집착한다. 일단은 이런 모습을 바람직하다고 여겨야겠지만 그래도 역시 적당한 것이 좋다. 뭐든지 자기 뜻대로 하려 하고, 그렇게 되지 않으면 쉽게 좌절하기도 하는 청춘은 아무래도 좀 덜 자란 듯하다. 木의 기본 성분이 희망(希望)이기 때문일 것이다.

木의 양(陽)은 앞으로 나아가려고만 한다. 앞으로 나가려고만 하는 것은 용수철과도 같은 의미가 있다. 어린아이들은 항상 미래에만 관심이 있다. 과거라는 것에는 전혀 관심을 두지 않는다. 오직 미래에만 마음이 가는 것은 木의 시기라서 그렇다고 이해하면 되겠다. 그래서 항상 다음과 같은 질문을 입에 달고 있다.

"몇 살 더 먹으면 학교에 가?"
"몇 밤 더 자면 생일이 되지?"

이것도 역시 木의 성분으로 이해할 수 있다. 木은 언제나 이와 같이 희망을 포함한다. 희망과 욕심이 비례한다는 것도 재미있다. 욕심이 없으면 목숨을 달아놓고 일을 추진하기가 어렵다. 젊음이란 그렇게 한 가지 일을 향해서 돌진하며 좌우를 돌아보지 않는다. 좌우를 이리저리 살피기 시작했다면 이미 木의 성분을 벗어났다고 해야 할는지도 모른다.

학생들이 사회가 부패했다고 시위하는 것을 보면 앞만 보고 있다는 생각이 든다. 부패를 한 이유라든지 사람이 살아가는 여러 가지 이유 등을 생각하다 보면, 어떤 부조리도 이해할 수가 있기 때문이다. 물론 부조리가 진리라는 것은 아니지만 세상에는 어찌할 수 없는 일도 있을 수도 있다는 것을 이해한다면 그렇게 허구한 날 길거리에서 최루탄을 마시면서 시위에 가담하지 않을는지도 모른다.

사회가 공평해지기만 한다면 굶어죽어도 좋다는 식으로 떠들고 다니던 친구도 군대에 다녀와서는 자기는 언제 그랬냐는 듯이 시위하는 학생들을 보면서 "아직 철이 덜 들었군." 하면서 혀를 차기도 한다. 정말 개구리가 올챙이 시절을 생각하지 못해서일까? 아니면 木의 기운이 어느덧 火의 기운으로 변해서일까?

1. 木의 본질

木의 기본적인 구조에 대해서 살펴보았다. 이번에는 좀더 구체적으로 木에 연결된 것들에 대해서 생각해보도록 하자. 우선 木을 의미하는 여러 가지에 대해서 살펴보면, 비록 그 외형은 다르지만 각기 그 내부에 흐르는 어떤 느낌이랄지, 기본 성향 같은 것에서 일관되는 어떤 성분이 무엇인가 있을 것이라 생각된다. 이제 그러한 구조에 대해서 이모저모 가능한 한 상세히 살펴보도록 하자.

여러 가지 주변 사물에서 木의 성분에 부합되는 것을 찾아보자. 그러려면 木의 특성을 가지고 찾게 되는데, 독립된 구조를 가지고 있는 어떠한 물질이든 틀림없이 木에 해당하는 원리를 포함하고 있을 것이라고 전제하고서 면밀히 살피다 보면 그럴싸한 장면이 나타나게 될 것이다. 그러므로 다음의 표에서 20가지 종류를 나열해서 木에 해당하는 성분을 찾아봤듯이, 자신이 종사하는 일에서도 얼마든지 木에 해당하는 구조를 찾아서 넣을 수가 있을 것으로 본다.

명리학 공부는 이렇게 기본적인 구조를 이해하고서 스스로 또 다른 유형을 찾아서 자꾸 확대해서 해석해나가는 과정을 통해 뭔가를 얻게 되고 점점 발전하는 것이 아닌가 하는 생각을 해본다. 그러니까 주어진 자료만 가지고 대입시키고 스스로 궁리하지 않는다면 아마도 그 자리에 머물러서 더 이상 발전하지 못할 것이다. 그러므로 항상 깨어 있는 눈으

분류	설 명
형 상	나무처럼 생겼다.
나 무	나무에서는 성장 부분인 잎눈이 특히 목의 성분이다.
도 형	직선이나 곡선이다. 그래서 곡직(曲直)이라는 말을 한다.
수 리	선천수로는 3과 8이고, 후천수로는 1과 2이다.
음 양	양의 체이면서 음의 성분을 포함하고 있다.
인 생	유년 시절을 나타낸다. 성장기이다.
인 체	신경조직이 나무와 흡사하게 생겼다.
장 기	간장(肝臟)과 담(膽)을 목의 배열에 넣는다.
기 관	시신경의 분야는 목의 기운이 발산되는 영역이다.
방 위	동서남북 중에서는 동방(東方)을 나타낸다.
색 채	삼원색에서는 청색(靑色)을 상징으로 취한다.
계 절	일년의 사계절 중에서는 봄에 해당한다.
심리학	천진난만한 어린아이 같은 성격이다.
지 구	세계적으로 동북아시아 특히 극동이 해당하고, 한국과 일본이 가장 강하게 목의 성분을 가지고 있다.
한반도	한국에서는 강원도가 목 기운이 가장 많은 지역이다.
자동차	스포츠카의 고속 위주로 목에 해당한다.
차구조	액셀러레이터는 앞으로만 나가는 목과 공통적이다.
음 성	'ㄱ' 과 'ㅋ'이 목의 소리에 해당한다.
컴퓨터	입력 장치인 키보드나 마우스 또는 스캐너가 해당한다.
S / W	앞으로 진행하는 것으로 아이들이 좋아하는 게임 종류이다.

로 부지런히 연구하고 궁리하는 자세를 가지고 있어야 소위 말하는 '대가(大家)'의 대열에 가장 빠른 시간 안에 진입하게 될 것이다.

그렇다면 과연 木의 본질은 무엇일까? 木의 가장 뚜렷한 성분은 처음이라는 시작 부분에 해당한다는 점과 매우 활발한 움직임을 가지고 있다는 것이다. 그것은 사방팔방으로 움직이는 것이 아니라 한 방향으로 향해서 나아간다는 집중감도 포함한다. 그러니까 사방으로 튀는 폭탄과는 다르게 한 방향으로 뻗어가는 불꽃놀이의 폭죽을 연상할 수 있다. 폭죽 중에서도 사방으로 퍼지는 것은 제외한다. 나무도 아무렇게나 사방팔방으로 가지를 뻗지 않고 뭔가 자신이 목적한 하나의 방향으로 밀고나

가는 성분을 강하게 가지고 있다는 것을 생각하고 살펴보면 이러한 추리를 할 수 있다.

木은 火의 구조와 비교해볼 때 아직은 덜 성숙한 양이라고 할 수 있다. 木이나 火나 발산되는 성분을 갖는 것은 공통되지만 빛은 한 방향이 아닌 사방으로 발산되는 반면 木은 한 방향으로만 발산되기 때문이다. 물론 빛 중에서도 레이저와 같은 것은 한 방향으로만 진행하니까 木의 기운이 강한 것으로 봐야 할는지도 모르겠지만, 일반적인 빛이라면 사방으로 흩어지는 것이 보통이다. 이에 비해서 木은 한 방향으로 나아간다. 이러한 것이 木의 가장 특별한 성분이라고 하겠다.

그리고 또 다른 木의 본질은 성장하는 구조가 눈에 보인다는 점이다. 사실 오행 중에서 木처럼 생사의 경지를 들락거리는 것처럼 보이는 오행도 없다. 특이하게도 오행 중 木만이 삶이라는 형태를 말할 수가 있다. 대강 이러한 정도로 木의 특징에 대해서 정리를 해보았다.

2. 나무의 마음

이번에는 木에 해당하는 마음에 대해서 살펴보도록 하겠다. 한마디로 木의 마음은 미래 지향적이라고 할 수 있을 것이다. 언제나 앞을 향해서 나간다. 그 모델은 20세 이전의 사람에게서 흔히 찾아볼 수 있다. 어린 아이들은 항상 앞만을 쳐다보고 간다. 전후 좌우를 살피는 기능은 아예 없다고 볼 수 있다. 그래서 길을 건널 경우에도 길 저편에 어머니가 있으면 옆에서 차가 오거나 말거나 그냥 내달리는 경우가 많다. 이것이 도로 사고의 많은 비중을 차지한다는 보고를 본 기억이 난다.

예전에 걸망을 걸머지고서 동가식서가숙하던 시절에 있었던 이야기다. 존경하는(?) 김삿갓이 화순의 적벽에서 마지막을 보냈다는 이야기를 들고 한번 가보았다. 그곳을 다 둘러보고 광주로 나가는 직행버스에서였다. 조그만 면 단위의 마을을 지나는 중이었는데 앞에서 급브레이크를 밟는 소리와 함께 갑자기 차가 멈췄다. 반사적으로 눈을 들어서 밖을 살폈다. 나는 여행중에는 가능하면 맨 앞자리를 찾아서 앉는 습관이 있다. 그래야 여행의 맛이 났고, 또 갑갑하지도 않아서였다.

길 밖의 상황은 얼른 짐작이 되었다. 대형 트럭이 멈춰 있고, 그 트럭 뒤에는 초등학교 2학년 정도의 남자아이가 엎어져 있었다. 그 아이의 코와 입에서는 선혈이 흐르고, 두 다리는 뒤로 접혀진 채 바닥에 종이처럼 달라붙어 있었다. 그리고 20여 미터 길 건너에서 어머니로 보이는 여인이 뛰어오다가는 더 이상 오지를 못하고 그 자리에 주저앉아서 대성통곡을 하고 있었다. 어린아이는 잠시 동안 고개를 움직이는 듯하더니 이내 길바닥에 쳐박고는 조용해졌다. 아마도 숨을 거둔 것 같았다.

여행자는 이러한 장면을 목격했을 때 가장 마음이 아프다. 그런데 그 상황이 일어난 것은 역시 木 기운 때문이었다고 생각한다. 멀리서 반가운 엄마를 발견한 어린아이는 그냥 길을 건너서 달려갔을 것이다. 그리고 늘상 과속의 대명사로 불리는 트럭도 언제나처럼 내달렸을 것이다. 사고는 순식간에 일어났고, 직행버스가 발견한 것도 거의 몇 초 내의 일이었다. 무엇보다도 그 어머니가 한동안 마음에 걸렸다. 아니 이것은 지금도 마찬가지이다. 아직도 그 장면을 생각하면 그 비감어린 표정으로 대성통곡하던 어머니의 모습이 떠오른다. 이러한 것도 역시 木이라는 성질을 가지고 있는 자연의 한 모습이라는 생각이 들어서 잠시 떠올려봤다. 물론 교육을 통해서 이러한 사고가 일어나지 않도록 미연에 방지해야겠지만, 어린아이들은 좌우를 살피기에는 어울리지 않는 기본 성질을 가지고 있는 것이다. 이런 마음이 바로 木의 마음이라고 보자는 것이다.

한 그루의 나무를 보면서도 木의 마음을 감지해본다. 나무는 어디에 있든지 위로 자란다. 장마비에 지반이 무너져서 나무가 옆으로 쓰러지게 되더라도 그냥 그 방향대로 옆으로 자라는 게 아니라, 다시 그 위치에서 위로 새순을 만들어서 90도 각도를 유지한 채 그냥 위로 자란다. 그러니까 앞으로 나아간다는 말은 이런 경우에는 '위로'라는 말로 해야 적절할 것이다.

木의 마음은 비교적 단순하고 솔직하다. 복잡한 것을 추리하고 연구하는 데에는 선천적으로 재능을 발휘하지 못한다. 오히려 단순한 일에 탁월한 진취력을 발휘한다고 하는 것이 적절하다. 그리고 시작을 잘하는 구조이기 때문에 일을 잘 벌인다. 벌이는 것에 소질이 있는 사람은 대부분 마무리가 신통치 못하다. 어린아이들은 자신이 재미있어서 놀다가도 갑자기 싫증이 나면 언제 그렇게 열심히 놀았냐는 듯이 놀이 기구들을 내팽개쳐버리고는 금세 또 다른 놀이를 한다.

이미 언급했듯이 우리 한반도는 전 지구적으로 볼 때 木의 방향에 속한다. 그래서인지 우리 민족은 무슨 일이든지 시작은 잘하는 것 같은데 반대로 마무리는 신통치 못한 경우가 허다하다. 스포츠에서도 이 재능이 유감없이 발휘가 된다.

상품을 봐도 그렇다. 처음에는 멋지고 그럴싸한 제품이 나온다. 그래서 좋다고 생각하고 계속 사용하다 보면 어느덧 그 상품이 왜곡되기 시작해서 불순물이 삽입되는 것이다. 그래서 나중에는 완전히 불량품에 가까운 제품으로 둔갑하는 경우가 있다. 이것도 또한 한반도의 토양에 의한 영향이라고 하면 너무나 무책임한 말이 될 것 같지만, 어쩌겠는가? 이것이 또한 현실이니 말이다. 얼마 전에 한 잡지사에서 중형승용차에 대한 실험을 한 적이 있었다. 현대, 대우, 기아의 대표적 중형차 모델이 실험 대상이었다. 실험 결과는 처음에 나온 모델이 그대로 유지되고 있는 차종이 가장 튼튼하다는 것이었다.

담배를 좋아하는 분들에게 물어보면 국산 담배는 피워주고 싶어도 짜증나고 얄미워서 사주기가 싫다고 한다. 처음에는 맛이 그런대로 피울

만한데 언제부터인지 모르게 서서히 맛이 나빠진다는 것이 그 이유이다. 그러다가 급기야 "이거 담배맛이 왜 이래?" 하는 소리가 나오게 되면 멀지 않아서 담배값이 인상된다는 것이다. 그래서 맛으로 담배값의 움직임을 느낄 수가 있다고 한다. 반면에 수입 담배는 한번 그 담배의 맛을 들여놓으면 언제라도 항시 그 맛이라고 한다. 그래서 한국의 전매청에서 하는 행동거지가 얄미워서 국산 담배를 피우기가 싫다고 하는 것이다.

상투적인 수법으로 애국심에 호소하여 국산품 애용을 강요하는 것도 한계가 있다. 요즘 같은 개방 시대에 상품의 질을 높일 생각은 하지 않고 그런 참으로 영양가 없는 잠꼬대에 불과한 말로 사업을 운영하려는 사람들이 딱하게도 생각된다. 한편 역학을 한다는 입장에서 보면 木의 특성을 가지고 있어서 시작은 잘하고 마무리는 잘하지 못하는 것이겠거니 하면서 포기하는 마음도 든다. 결국은 이러한 것들이 모두 木의 특성이라는 결론 아닌 결론을 내본다.

연구를 하다 보면 木의 마음이 참으로 한국이라는 특성을 잘 대변한다는 생각을 가지게 된다. 이것은 동글동글한 지구에서도 동서남북이 분명히 있다는 것을 확실히 인식하게 해주는 일이기도 하다. 한반도가 동쪽이라는 것은 예부터 동방예의지국이라는 말을 들어서만은 아니다. 서양 사람들도 한반도를 동방으로 보는 것에는 이의가 없다. 그렇다면 뭔지 모르지만 땅의 움직임에서 동서라는 기준은 애당초 마련된 것이라고 볼 수밖에 없다.

이렇게 여러 각도에서 木에 대한 성질과 구조를 살펴보았다. 아마도 이 정도의 설명이라면 오행 중에서 가장 앞에 있는 木의 구조를 충분히 이해했으리라 생각해 이만 줄이고 다음 항목으로 넘어가겠다. 다음에 木을 만날 적에는 木이 음양으로 나눠지는 상태에서일 것이다. 그럼 그때까지 또 木에 대해서 많은 명상을 하기를 바란다.

제2장
火

혼돈→ 양→ 양 중의 양→ 다시 음양으로 분리→ 십간의 丙丁
양(丙): 태양, 폭발력, 난폭, 투쟁적, 예의, 선명함
음(丁): 달, 문명(文明), 학자, 희생, 봉사, 헌신

불은 밝음을 그 본성으로 삼는다. 그래서 모든 것을 분명하게 처리한다. 이를 일러서 예(禮)라고 한다. 그러나 또한 무례하기도 한 것이니, 지나치게 불이 많으면 예도 또한 무례하게 된다고 한다. 즉 지나친 사양은 결례라는 말과도 통한다고 하겠다. 그러고 보면 예와 무례는 같은 종이의 양면이라고 할 수 있다.

불은 언제나 인간의 문명과 함께해왔다. 인간이 불을 발견한 이래로 다른 동물들과는 선명하게 구별되는 독특한 문화(文化)라는 것을 만들어 왔다. 이러한 것을 볼 때 인간에게 있어서 불은 꽃이라고도 할 만하다. 우선 불의 본성은 밝음인데, 사람에게도 가장 사리에 밝은 시절이 있다. 즉 청년(靑年)의 인생을 말한다. 대략 나이로 치면 20세 이후라고 보면 될 듯하다. 초년(初年)의 소년(少年)기에는 모든 일이 어설프고 풋내가 나게 마련이다.

그렇지만 나이 20을 넘기면 이때는 천방지축이 뭔지는 이해하게 된다. 그리고 뭔가 밝은 생각으로 인생을 설계하게 되는 것이다. 감정적으로 일을 대하기보다는 사리를 분별하고 자신의 능력에 따라서 일생 동안 업으로 삼을 일을 냉정하게 구하기도 한다. 이 火의 나이가 되어서도 정신을 못 차리고 감정적으로 동분서주(東奔西走)한다면 사람들은 그를 '철이 덜 든 사람'이라고 이른다.

누구나 그 나이에 어울리는 생각과 행동이 있는 모양이다. 너무 어린 녀석이 사리에 밝으면 애늙은이라고 해서 징그럽다고 한다. 그렇지만 이렇게 불의 기운이 발생해야 할 나이에 또 천방지축을 못 면하면 역시 사람들이 걱정을 한다. 이 나이에는 가정을 꾸미고 자식을 얻어야 하는 것이 일반적이다.

다른 생명체와는 달리 **인간은** 오행을 골고루 가지고 태어났다고 한다. 그래서 인간을 만물의 영장이라고 하는 것이다. 그리고 오행을 골고루 가지고 태어났기 때문에 음양오행으로 비추어서 길흉을 판단할 수가 있다. 다른 동물들은 오행을 고르게 갖지 못했기 때문에 어쩔 수 없이 운명의 기준이 없다는 것이다. 그러니 장난으로라도 집에 있는 강아지가 태어난 시간을 잡아서 사주풀이에 응용을 해봐도 전혀 맞을 리가 없다. 사주라는 학문은 오행의 기운을 고르게 받고 태어난 인간에게만 적용해야 한다고 많은 명리학자들이 말씀하셨다.

불은 정열이라고 말한다. 정열은 인생의 꽃이다. 그래서 정열은 사랑과도 맞먹는다. 사실 20세 이전에 그렇게 몰려다니면서 시위를 하던 친구들도 나이를 조금 더 먹으면 이제는 사랑을 찾아다닌다. 사랑을 애인에게 고백할 적에는 뭐라고 말을 하는가? "불타는 사랑을 그대에게"라고 말을 해야 뭔가 분위기가 잡힌다. "물 같은 내 사랑을 그대에게 준다."고 한다면 이게 무슨 맥주 김빠지는 소린가 할 것이다.

불과 사랑은 떼려야 뗄 수가 없을 정도로 흡사하다. 장미꽃은 사랑을 닮았지 결코 죽음이 연상되지는 않는다. 장미는 사랑을 표현하기 위해서 사용하는 꽃이기 때문이다. 이렇게 언제나 그 자리에 어울리는 모양이 있는가 보다. 이 사랑과 장미꽃은 인생이 불의 시기를 맞이했을 때 생기는 일이다.

앞도 생각하지 않고, 뒤도 생각하지 않는다. 오로지 지금 활활 타오르는 정열만이 중요하고 또 가치가 있다고 생각할 뿐이다. 그래서 자신의 연인이 생활력이 있거나 없거나 상관이 없고, 부모님이 반대하거나 말거나 전혀 개의치 않는 것도 이 무렵이다. 로미오와 줄리엣의 사랑도 가만히 생각해보면 역시 火에 속하는 사랑이었다. 그야말로 철없는 애들의 불장난처럼 느껴지는 것이다. 그러나 그네들은 진지하다. 그리고 그럴 수밖에 없기도 하다. 불이기 때문이다. 불은 항상 먼 앞을 내다보지 못하는 특성이 있기 때문이다. 항상 자신의 안목대로만 세상을 바라보게 되고, 또 그렇게 행동한다. 지혜가 깊어지면 이 세상 밖에 또 다른 세상이 있다고 생각하게 되지만, 지혜가 얕은 사람은 자신이 살고 있는 이 부분에 대해서만 집착하는 것이다.

그러고 보면 불이라는 성분은 지혜와는 상당히 거리가 있다고 하겠다. 실제로 젊은 청춘 남녀들이 노는 것을 보면 대개는 지혜에는 별로 관심이 없어 보인다. 오로지 자신의 힘과 정열만 믿고 행동할 뿐이다. 또 그렇게 되는 것이 가장 아름답고 어울린다고 하겠다. 이것이 불이다.

1. 火의 본질

불이 폭발하는 성분을 가지고 있다고 한다면, 이것은 火의 구조를 가장 잘 대변한 것이다. 한가하게 한 방향을 응시하고 있는 것이 아니라,

상당히 분주하게 동서남북으로 뛰어다니는 성분이라고 생각할 수 있다. 그리고 이러한 구조를 가지는 것은 火의 특성이 양중지양(陽中之陽)으로서 극양(極陽)에 속하기 때문이기도 하다. 원래 양은 구석구석에 빛을 전달하는 특성이 있다. 火의 이러한 모습을 다양한 사물의 구조를 통해 관찰해봄으로써 이해를 돕도록 하자.

분 류	설 명
형 상	불처럼 생겼다.
나 무	나무에서는 꽃이 특히 화의 성분이다.
도 형	방사형의 직선이다. 그래서 염상(炎上)이라는 말을 한다.
수 리	선천수로는 2와 7이고, 후천수로는 3과 4이다.
음 양	체와 용이 모두 양으로 순양(純陽) 또는 극양(極陽)이다.
인 생	청년 시절을 나타낸다. 결혼기이다.
인 체	순환기능이 활발하게 움직이는 불과 흡사하게 생겼다.
장 기	심장(心臟)과 소장(小腸)을 화의 배열에 넣는다.
기 관	안광(眼光), 즉 시력은 화 기운이 발산되는 영역이다.
방 위	동서남북 중에서는 남방(南方)을 나타낸다.
색 채	삼원색에서는 적색(赤色)이 화의 상징이다.
계 절	일년의 사계절 중에서는 여름에 해당한다.
심 리	선악을 분별하고, 시비를 가리려고 하는 성격이다.
지 구	세계적으로는 적도 부근, 인도 등이, 인종으로는 홍인이 해당한다.
한반도	한국에서는 경상도가 화 기운이 가장 많은 지역이다.
자동차	놀러다니는 레저용 차량, 관광 차량은 화의 성분이다.
차구조	전기 부분인 배터리와 연계하는 장치들은 불에 해당한다. 그 중에서도 라이트 장치 등이 대표적이다.
음 성	'ㄴ' 'ㄷ' 'ㄹ' 'ㅌ'은 화의 소리에 해당한다.
컴퓨터	보여주는 기능인데, 그 중에서도 모니터가 해당한다.
S / W	계산에 전문인 스프레드시트 종류가 해당한다.

이러한 여러 가지 형상을 통해 불에 대한 본질을 이해할 수 있다. 火는 木의 시작하는 분위기가 좀더 진행되어서 이제는 절정에 달한 형태라고 보겠다. 木의 마음을 음양으로 본다면, 아직은 양이 덜된 구조로

짜여져 있었다. 그러니까 木의 마음이 앞만 쳐다보고서 나아가는 것은 불로 나아간다는 의미가 포함되어 있는 것이다. 그래서 이렇게 왕성한 불로 진입을 하게 되면 비로소 木의 기능은 끝이 난다. 그러면 그때부터 불의 역사가 시작되는 것이다.

2. 불의 마음

이번에는 불의 마음을 헤아려보자. 애초에 불의 마음을 정열적인 청춘의 마음이라고 했는데, 특히 밝음이라고 하는 특징을 빼놓을 수가 없다. 불은 그 자체가 빛이기 때문이다. 하늘의 별을 불이라고 보는 것도, 바로 그 자체가 밝음이기 때문이다. 따라서 불에 속하는 마음도 침침한 것이 아니라 명확한 것이다. 옳으면 옳고 나쁘면 나쁜 것이다. 불에게 있어서는 아리송한 답변은 없다고 봐도 좋다. 언제나 명확하게 해야만 직성이 풀린다. 그래서 선생님의 성격이 불의 구조로 되어 있다면 그 반의 학생들은 모두 피곤하게 될 가능성도 높다. 항상 상과 벌이 분명하기 때문에 달리 토를 달 수도 없는 것이다. 그래서 어떻게 보면 여유가 없어 보이기도 하다.

火의 마음은 지금 순간을 가장 소중하게 여긴다고 할 수 있다. 가장 현실성이 높은 성분이라고 본다. 木이 미래 지향적이라는 것과 비교하여 불의 마음은 '현재 충실형'이라고 하면 어떨는지 모르겠다. 지금의 상황에서 가장 적절하게 판단하는 것에 관심을 가지는 것이다. 일생 중에서 청춘은 지금의 순간을 위해서 모든 것을 건다고 하는 말과도 일치하는 것이다.

오늘을 마셔버리고 모든 것을 잊고서 춤을 추는 것도 청춘이기에 가능한 것이고, 보통 그렇듯이 내일 일을 하기 위해 휴식을 취해야 하는 것도 불에게는 별 의미가 없다. 오로지 오늘 저녁 이 파티에 모든 것을 맡기고 신나게 밤 새워서 놀기만 하면 되는 것이다. 청춘이기에 가능한 것이라고 본다.

불이 밤에 더 강하듯, 청춘도 밤에 더 강하다. 낮에는 이런저런 허울에 신경이 쓰여서 마음대로 즐기지 못하지만 밤에는 그야말로 완전하게 자신들만의 공간을 얻어서 아무런 구애도 받지 않고 젊음을 불태울 수 있기 때문이다. 물론 모든 젊은이들이 이러한 성분을 가지는 것은 아니다. 다만 확률적으로 볼 적에 火의 성분이 많은 시기인 만큼 충동적인 성분이 많고 그래서 또한 즉흥적으로 결정을 내리고 분위기에 휩쓸리는 구조라고 볼 수 있다는 이야기이다.

혹, 젊은 사람이 '만약'이라는 사슬에 매여서 마음대로 하지 못한다고 한다면 기백이 없고 지나치게 소심하다고 할 것이다. 심지어는 '애늙은이'라는 말도 들을 가능성이 있다. 비록 실수를 많이 저지른다고 하더라도 젊은이의 패기로 한 것이었기에 이조차 아름다울 수 있는 것이 아닐까? 실수를 두려워하는 사람은 발전하기도 어렵다는 것은 맞는 말인 것 같다. 항상 조심만 하는 사람의 소심한 마음에는 뭔가 모험을 하면서 자신의 삶을 개척해나가는 정신이 결여되어 있다. 어쨌든 젊은이는 불의 기운이 펄펄 넘치는 게 아름답고, 늙은이는 사려가 깊은 것이 아름답다고 할 것이다. 젊은 불은 비록 실수를 할망정 그렇게 펄펄 넘치는 에너지를 주체하지 못하고 우쭐댄다. 이것이 불의 가장 아름다운 면이라고 생각된다. 이러한 마음이 불의 참마음이라고 생각된다.

그러나 세상의 이치가 그렇게 아름답게만 짜여 있는 것은 아니다. 불은 자기 주장이 너무 강하기 때문에 주변으로부터 독선적이라는 말을 자주 듣는 단점도 가지고 있다. 남의 일에 괜스레 끼여들어서는 시시비비를 가리다가 자신도 걷잡을 수 없는 혼란 속으로 빠져드는 것도 불의 단점이라고 생각된다. 자기가 온 동네의 일거리를 혼자 도맡아야 하는 것처럼 생각하는 불은 언제나 가만히 있지를 못한다. 그리고 실제로 불은 가만히 있을 수가 없기도 하다. 불이라는 것은 살아 있으려면 활활 타올라야만 하는 것이니 말이다. 그러니 왜 그렇게 가만히 있지 못하냐고 불에게 물어본다면 아마도 이렇게 대답할 것이다.

"나는 원래 타고난 업무가 그런걸요. 세상의 어두컴컴한 구석과 불합리한 구석을 모조리 고쳐서 밝게 해야 합니다. 그렇게 하지 않고서는 나의 일이 끝났다고 할 수가 없지요. 그러니까 그냥 지켜봐주기만 하고 말리지는 마십시오."

이렇게 말하는 불에게 달리 뭐라고 해야 할지 생각나지 않을 것 같다. 불은 역시 화끈함 그 자체이다.

제3장
土

혼돈→ 변화하지 않음→ 음양 중립→ 오행으로 오면서 구체적인 물상(物象)을 얻어서 음양으로 분리→ 십간의 戊己
  양(戊): 지리산, 메마른 고원, 고독, 신의
  음(己): 문전옥답, 비습(卑濕), 저장성, 모성애

인간은 흙[土]에서 태어나서 흙으로 돌아간다. 그러므로 흙은 인간의 완전한 고향이라고 하겠다. 土는 언제나 그 자리에 있으니 믿음과도 상응한다. 믿음이란 신용(信用)과 같은 말이다. 흙은 또한 움직이지 않는 것이 특성이다. 그래서 사람에게 土의 기운이 지나치면, 자칫 고독하고 폐쇄적인 사람이 될 수도 있다.

土는 음도 양도 모두 포함하고 있다. 그래서 기본 구조가 신(信)이라고 한다. 土는 거짓말을 하지 않는다고 한다. 노력한 만큼 되돌려준다는 말이 이어지는 것은 물론이다. 정직한 土를 보면서 믿음이라는 기본 성분을 이해해본다. 木의 일직선적인 단순함과 火의 분산적인 산만함과 비교한다면 土는 상당히 여유가 생긴 형태라고 하겠다.

음양이 사상(四象)으로 나뉠 적에는 土라는 개념이 빠졌다. 당연히 土

가 있었을 텐데 빠진 까닭은 아마도 개성이 없다 보니 제외된 것이 아닐까 하고 나름대로 생각해본다. 사실 다섯 가지 기본 구조 중에서 土만큼 이해하기 어려운 것도 없다. 따라서 土를 이해한다면 이미 고수의 대열에 낀 것이라고 할 만도 하다.

하건충(何建忠) 선생은 사상(四象)에다 土에 해당하는 성분을 집어넣었는데, 土가 추가되는 이유를 원래 무극(無極)[20]의 성분이 그대로 하강(下降)했기 때문이라고 했다. 사실은 혼돈에서 음양으로 분리가 되었을 때 원래의 혼돈 성분은 이미 토화(土化)해서 음양의 사이에 자리를 틀고 앉았던 것이다. 이것을 중(中)이라고 하는데, 중국의 음양에서는 완전히 빠져버렸던 것이다. '음양중(陰陽中)'으로 태극이 나타나 있는 것은 우리나라의 삼태극(三太極)뿐이다. 세계 어디에도 삼태극은 보이지 않는다. 오직 이 좁은 한반도에서만 삼대 원소인 삼태극의 표시가 나타나고 있다.

이것을 보면 장차 한반도가 지구를 통솔할 기미가 보인다는 최근 선지자들의 예언이 전혀 근거가 없는 말이 아니라는 생각이 든다. 즉 선조 대대로 음양이라는 틈 사이에 분명히 존재하는 성분이 있다는 것을 인식하고 있는 민족이라면 장차 세계 통일의 주역이 될 만도 하다는 생각이 든다.

그동안에는 그냥 뒤에 가려져 있다가 오행(五行)으로 분화되면서 비로소 스스로 등장하는 것이 바로 土의 성분이라고 할 수 있다. 그리고 土는 모든 것을 포함하고 있다고 한다. 원래는 잘 보이지 않아서 인식하기가 어려웠는데 여기에서 土라고 하는 성분으로 개별적인 작용을 하기 때문에 비로소 이 성분에 대해서 인식하게 되는 것이라고 본다.

피라미드라는 물건은 자연의 신비한 기운을 모으는 기능이 있다고 한

---

[20] 음양으로 나뉘기 이전의 상태. 즉 혼돈과 비슷하겠다.

다. 그에 대한 연구는 여러 분야에서 활발하게 진행돼 지금은 피라미드의 기를 이용하는 기구들이 외국에서 상당히 호황을 누리면서 팔려나간다고 한다. 그런데 피라미드는 4면으로 되어 있다. 서로 대립을 이루며 모여 있으며 결국은 맨 끝에서 서로 만나게 되어 있다. 그러려니까 어쩔 수 없이 삼각형으로 생겼나 보다. 그런데 이것을 오행이라는 구조로 설명을 한번 해보기로 하자.

네 가지의 면은 사행(四行)이라고 보면 어떨까 싶다. 사행이라는 것은 木火金水를 말한다. 이들은 서로 대립되는 형태의 구조로 되어 있다. 金木이 서로 대립되고, 水火가 역시 서로 대립하고 있는 것이다. 그런데 이들의 대립을 통일시키거나 견제하고 있는 것이 바로 土라는 일행(一行)이다. 이 土가 없다면 영원한 대립만이 존재한다.

그러면 피라미드에는 오행 중 土에 해당하는 성분이 없는 것일까 궁리를 해봤다. 그런데 피라미드의 내부에서는 놀라운 일이 발생하고 있다고 한다. 우주의 기운이 한자리에 모여서 대단한 파워를 연출한다는 것이다. 이러한 파워는 바로 사행이 모여서 한덩어리가 되어 생겨나는 힘이고, 이렇게 사면에서 들어온 기운을 한덩어리로 응축하는 성분이 土가 아니겠느냐는 생각을 하게 되었다.

기본적인 오행론에서도 별 특색이 없는 土가 각기 특별한 기운이 대립하고 있는 다른 것들을 서로 어우러지게 하고 조절하는 중화(中和)의 성분이라고 한다. 이로 본다면 피라미드에서도 土의 작용은 겉으로 드러나지 않으면서 신비한 능력을 발휘하게 해주는 것이라고 생각하는 게 전혀 근거 없는 이야기라고 할 것만도 아니다.

土라는 성분은 겉으로 봐서는 얼른 이해가 되지 않는 구석이 너무나 많다. 그래서 참으로 신비한 것이라고 할 수 있다. 이 土의 성분을 구석구석 이해한다면 당연히 '오행도사(五行道士)'가 되리라고 생각한다.

너무 土에 대한 예찬만 늘어놓았는지도 모르겠다. 그러나 土에도 당연히 단점이 있다. 그래야 음양의 이론에 걸맞기 때문이다. 단점 중에서도 가장 두드러지는 것은 폐쇄성이 아닐까 싶다. 土라는 것은 푸욱 파묻혀 있으니, 앞으로 나아가는 생동감이 있는 것도 아니고, 그렇다고 불처럼 초점이 뚜렷한 것도 아니므로 옆에서 보는 사람은 항상 답답한 마음이 든다.

누가 시위 행렬에 가담하기를 권한다면 土는 이렇게 말할 것이다. "그 사람들의 말도 틀린 것은 아니네요. 그렇지만 이렇게 나서서 강제적으로 밀고 간다고 해서 일이 다되는 것도 아니구먼요. 그러니까 조금만 더 기다리면서 서로 타협을 해보는 게 어떨까요?" 그러므로 성질 급한 木이 볼 적에는 정말로 한 대 후려치고 싶은 생각이 들기도 할 것이다. 이렇게 답답한 친구들이 있기 때문에 정부가 힘없는 백성을 괄시하고 착취한다고 열변을 토한다. 그렇지만 土는 전혀 묵묵부답이다. 참 답답한 인사다.

1. 土의 본질

土의 본질은 어느 것과도 연관을 맺고 있다는 점이다. 오행에서 土를 제외한 다른 네 가지 성분들은 서로 대립을 하지만, 土가 있음으로써 서로 화평을 유지할 수 있다. 《자평진전》에서는 土는 충기(沖氣)로서 발생했다고 하는데, 충기라는 것은 金木과 水火가 서로 대립하는 과정에서 통일을 이루기 위해서 발생한 기운이라고 한다. 따라서 다른 성분들은 모두 土라고 하는 과정과 인연을 맺음으로써 서로 창조의 성분으로 활용되는 관계를 갖게 된다.

마치 자동차의 변속기인 기어에 해당한다고 보면 된다. 자동차가 달리면서 가속이 되면 기어를 변속해줘야만 한다. 그렇지 않고서는 빠른 속도로 나아갈 수가 없다. 1단에서 2단으로 변속하고, 또 2단에서 3단으로 변속해나가면서 가속을 시키게 되어 있다. 그런데 이 순서를 무시하고 1단에서 단번에 5단으로 변속한다면 차량에 상당히 무리가 갈 것이다. 그렇거나 말거나 그렇게 변속을 하더라도 일단 기어는 필요한 것이다. 기어 없이 그냥 1단만으로 주행할 수 없는 것이 현재의 자동차 구조임이 분명하다.

혹자는 노기어라는 말을 하는 오토미션을 떠올릴지도 모르겠다. 그렇지만 오토라고 하는 것도, 그 내부에서는 엄연히 기어가 작동을 하고 있다. 다만 손으로 변속하는 것을 기계 장치가 자동으로 해주고 있다는 것이 다를 뿐이다.

이렇게 자동차를 비유로 해서 생각해봤지만, 土 자신은 표면에 나타나지 않으면서 없어서는 안 되는 형태의 일을 하고 있다고 생각된다. 이것이 바로 土의 본질인데, 이러한 특징은 지지(地支)의 배열에서 특히 강하게 나타나고 있다. 나중에 지지에 대한 항목에서 언급하겠지만, 참고삼아 말씀드린다면 辰戌丑未라고 하는 네 개의 지지는 모두 土가 각기 계절의 끝에 붙어 있으면서 서로의 오행을 연결시켜주는 작용을 하고 있는 것이다. 봄에서 여름으로 넘어가는 계절의 중간에는 辰土라는 성분이 변속을 하고 있고, 여름에서 가을로 넘어가는 계절에서는 未土라는 성분이 기어의 역할을 하고 있는 것이다. 또 가을에서 겨울로 넘어가기 위해서는 戌土의 작용을 거쳐야 하고, 겨울에서 봄으로 넘어갈 때에는 丑土가 대기하고 있는 것이다.

그럼 다시 표를 통해서 이러한 기능을 하는 土에 해당하는 성분을 알아보도록 하자.

분 류	설 명
형 상	흙처럼 생겼다.
나 무	나무에서는 결실 부분인 열매의 과육(果肉) 성분이다.
도 형	동그라미의 형상을 떠올리게 한다.
수 리	선천수로는 5와 10이고, 후천수로는 5와 6이다.
음 양	음과 양의 중간적인 위치에서 조절을 하고 있다.
인 생	중년 시절을 나타낸다. 완숙기이다.
인 체	소화 조직이 토와 연결되어 설명된다.
장 기	비장(脾臟)과 위(胃)를 토의 배열에 넣는다.
기 관	입은 토의 성분이 발산되는 영역이다.
방 위	동서남북 중에서는 중앙(中央)을 나타낸다.
색 채	삼원색에서는 황색(黃色)이 토의 상징이다.
계 절	일년의 사계절 중에서는 환절기에 해당한다.
심리학	완숙한 성인의 모습을 나타내는 성격이다.
지 구	세계적으로 중앙 부위에 해당하며 특히 중국이 토의 성분이 강한 것으로 본다.
한반도	한국에서는 충청도가 토 기운이 가장 많은 지역이다.
자동차	대중교통인 버스는 토의 구조에 어울린다.
차구조	기어는 중립적인 입장에서 조절하는 토와 공통적이다.
음 성	'ㅇ' 과 'ㅎ'이 토의 소리에 해당한다.
컴퓨터	메모리에 해당하는 램인데, 편견 없이 어떠한 프로그램이든지 사용할 수 있기 때문이다. 즉 중용의 개념이다.
S / W	자료를 보관하고 활용하는 데이터 베이스 종류이다.

역시 다른 오행의 설명과 마찬가지로 몇 가지 형상을 통해서 土에 대한 이해를 도와보려고 만들어본 표이다. 물론 더러는 의미가 명확하지 않지만, 그 바닥에 흐르는 것에서 취상(取象)하였다는 것을 참조해서 음미해주기 바란다. 이것은 각각의 오행에 대한 표에 대해서 모두 공통된 말씀이다. 참고로 오행을 이해하려면 낭월이의 글을 머리로 외우려고 하지 말고 가슴으로 느껴보기를 권한다. 그 바닥에 흐르는 기운을 읽는 것이 훨씬 이해하기 쉬울 것이다. 스파르타식으로 열심히 외우는 것도 좋기는 하지만, 이러한 방식은 활용성이 떨어지는 단점도 부인할 수가 없

다. 외우기보다는 가슴으로 받아들여 이해함으로써 무한히 넓게 활용할 수 있게 되는 장점이 덤으로 따라올 것이다.

2. 흙의 마음

이번에는 정신적인 면에서 土를 살펴보도록 하자. 말은 정신적인 면을 살펴본다고 했지만, 실은 정신적인 것과 물질적인 것이 뒤범벅이 되어 있다는 것을 느낄 수 있을 것이다. 그래도 가능하면 정신적인 면을 고려해서 설명을 해보겠다. 도대체 土의 정신에는 어떠한 것이 흐르고 있을까?

우선 인생살이에 견주어서 생각을 해보자. 土의 성향이 주로 나타나는 시기를 인생으로 따진다면 아마도 40대 중반이 아닐까 싶다. 사람이 대략 40대가 되면 개성이 서서히 없어진다. 개인적인 특성보다는 직장이나 가정과 같은 환경에서 영향을 받아 형성된 중화(中和)(?)적인 분위기가 지배하는 시기라고 생각된다.

木火의 시기에 발전적이고 진취적인 계획을 세우고 활발하게 활동했다고 한다면 土의 시기는 뭔가 생의 과거를 돌이켜보는 나이가 된 것이다. 과거를 돌이켜보면서 자신이 무엇을 이루어놓았는지 조용히 음미해보는 나이가 바로 40대 중년의 인생이 아닐까 싶다. 그리고 될 일과 불가능한 일을 판단하고 다시 정비를 하는, 심사숙고하는 시기라고도 볼 수 있다.

이때에 자칫 삐끗하면 인생의 설계는 마지막이 된다. 그래서 이 시기를 성공적으로 보낸 사람에게선 뭔가 성숙된 사람의 냄새가 풍기게 된다.

공자(孔子)가 말씀하신 '사십불혹(四十不惑)21)'은 바로 이러한 시기에 정확히 들어맞는 이야기이다. 이전에는 시행착오를 겪으면서도 뭔가 새로운 도전을 해보며 그렇게 실험적인 인생을 활발히 살아왔다면, 이제는 자신이 무슨 업을 타고났는지 깊이 생각해보고 앞으로 무슨 일을 하는 것이 천명(天命)에 순응하는 것인지를 알고 흔들리지 않는 나이…… 이것이 바로 土로서 설명을 해보는 중년(中年)의 인생이 아닐까 싶다.

그리고 보면 인생의 중년은 청년과 노년의 교체 시기라고도 할 수가 있겠다. 펄펄 날뛰면서 용기백배하는 젊음과, 뭔가 생각이 깊은 50대 이후의 중간인 40대에는 분명히 뭔가 생각할 점이 많을 것 같다. 자신만을 생각하던 것에서 세상은 혼자서만 살고 있는 것이 아니라는 마음을 비로소 가지게 되는 것이다. 이럴 즈음에는 생각도 매우 복잡해진다. 단순한 직선형에서 산만한 분산형으로, 이번에는 다시 융화가 필요하다고 느끼는 원(圓)의 형태로 변환되는 과정이라고 하면 어떨까 싶다.

그동안 배우고 느꼈던 모든 것이 이 시기에 하나의 형태를 만들기 위한 자료로 사용이 된다. 그것은 자신의 장점과 단점을 모두 파악하게 되는 과정이기도 할 것이다. 그리고 가능한 일과 불가능한 일도 알게 된다. 그래서 공자님도 50에 천명(天命)을 알게 되었다고 한 것이 아닐까 하는 생각을 해본다.

사람이 살아가면서 자신이 하늘로부터 부여받은 일을 안다는 것은 참으로 행복한 일이다. 이렇게만 되면 전혀 흔들리지 않고서 자신의 길을 갈 수가 있겠기 때문이다. 사람이 흔들리는 것은 자신의 일을 찾지 못해서이다. 자신의 몫에 대해서 분명하게 파악을 했다면 흔들릴 이유가 없겠기 때문이다.

이제 木火의 시절을 넘기고서 비로소 중년의 土에 해당하는 시기에

---

21) 공자님이 나이 40이 되어서야 미혹(迷惑)하지 않았다는 말에서 나옴.

도래한 낭월이를 비롯해서 중년의 복 많은 土의 인생들을 위해서 파이팅이라고 한번 외치고 싶다. 그런데 어째서 '40대의 돌연사'라는 말이 생겨났을까? 도대체 얼마나 많은 스트레스를 받고 살기에 그렇게 한창 결실을 향해서 나아가야 할 40대에 진기가 모두 빠져버려 더 이상 지탱하지 못하고 아쉬움만 간직한 채 숨을 거두는 경우가 많은지 참으로 안타깝기만 하다. 이것은 아마도 이 시대의 책임이 아닌가 싶다.

온갖 속박, 채찍질, 경쟁력, 가정…… 이러한 굴레 때문에 스스로 삶의 가치를 느낄 사이도 없이 노년을 맞이해버린 불행한 이 시대의 중년들에게 어느 누가 보상을 해줄 것인가 외쳐본다.

제4장
金

혼돈 → 음 → 음 중의 양 → 다시 음양으로 분리 → 십간의 庚辛
양(庚): 바위, 강인함, 인내, 살기, 천진함
음(辛): 보석, 냉혹, 피를 두려워하지 않음, 은근한 바람

　金은 오행 중에서도 가장 강건(剛健)한 성분이다. 그리고 의리(義理)를 가장 중히 여기는 성분이기도 하다. 뜻이 통하는 벗과 어울리기를 좋아한다. 하지만 운세가 불량할 적에는 자칫 침체가 잘되는 단점도 지니고 있다.
　金은 금속이 대표적인 물질이다. 그리고 보통 바위와 같은 원석이 양의 金에 해당하고, 가공이 되었다고 보는 순도가 높은 금속은 음의 金에 해당한다. 그러면 金은 과연 무엇일까? 木을 극하는 작용을 하는 것으로 봐서 바위라고 하면서도 살기(殺氣)를 띠고 있는 기운이라고 하기도 한다.
　《적천수(滴天髓)》에서는 金을 일러서 숙살지기(肅殺之氣)라고 했다. 즉, 金에는 생명을 죽이는 힘이 있다고 본 것이다. 그 말은 근거가 있다. 가을을 일러서 금왕지절(金旺之節), 즉 金의 기운이 가장 강한 계절이라

고 하는데 가을에는 모든 산천의 초목이 시들기 때문이다.

그래서 金에다가 '살기'라는 살벌한 기운을 집어넣었던 것이다. 이러한 형태로 설명을 하면 金이라는 성분이 인생살이에서 필요 없는 것은 아닐까 하고 생각할지도 모르겠다. 하지만 사실 필요 없는 이치는 하나도 없다는 것을 전제하고 金의 기운은 과연 무슨 도움이 되는지 한번 생각해보자.

金의 맛은 맵다고 한다. 매운맛이라는 것에서 드는 느낌이 아무래도 심상치 않다. "꼭 매운맛을 봐야 알겠어?"라는 말 속에는 뭔가 상당히 협박적인 분위기가 서려 있어 보인다. 그것이 바로 숙살지기라고 하는 金의 성분인 것이다. 흔히 시집살이의 고달픔에 대해서 이야기한 것 중에 "고추 당추 맵다 한들 시집살이보다 더 매울까." 하는 말이 있다. 가령 木의 맛은 신맛인데, "시집살이가 새콤하다."라는 말을 한다면 어느 누구도 시집살이가 고달픈가 보다고 생각하지 않을 것이다. 아무래도 "시집살이가 맵싸~하다."라고 해야 "흠, 좀 힘이 드는 모양이구먼……" 하고 알아줄 것이다. 이처럼 金의 매운맛에는 예사롭지 않은 어떤 혹독함이 들어 있는 것이다.

1. 金의 본질

金에 대해서 생각할 때는 금속을 떠올리지 않을 수가 없다. 더 나아가서는 광물질(鑛物質)도 함께 떠올리는 것이 당연하다. 금속이 광물질에 포함되기 때문이다. 금속 또는 광물질은 고열을 받으면 받을수록 더욱 단단해진다.

옛날 무림 시절(武林時節)에는 칼이나 창이나 철추나 도끼 등 모두 철

(鐵)로 만들어진 무기를 사용했다. 그 당시에는 무공도 무공이지만, 무기에도 매우 열성적인 관심을 보였던 것이 사실이다.

그들은 좀더 강력한 무기를 만들기 위해 가능한 한 단단한 재료를 원했고, 그 결과 어느 산에서 나는 철로 만든 칼이 명검이라는 등 정보를 얻게 되었다. 그러면 그 철을 구하기 위해서 목숨을 걸었고, 또 그렇게 구한 철을 천번의 단금질을 통해서 더욱 강한 쇠로 변화시켜나갔다. 그렇게 불 속과 물 속을 드나들면서 단련된 쇠는 드디어 강력한 보검(寶劍)이 되고, 이 칼은 수많은 무림인들 사이에서 쟁탈의 표적이 되었다. 단지 한 자루의 검을 얻기 위해서 수많은 사람의 목숨이 스러져갔던 것이다.

무공에 차이가 난다면 무기는 별로 의미가 없다. 그렇지만 무공이 대등하다고 한다면 무기가 승부에 대단히 커다란 역할을 하게 된다. 그래서 무술이 높으면 높을수록 훌륭한 검(劍)을 소유하려는 간절한 욕망도 배가되는 것이다. 이렇게 해서 쇠는 단단할수록 그 진가를 인정받게 된다.

아니 구태여 명검에 대한 이러한 전설 같은 얘기를 예로 들 필요도 없다. 주변에서도 얼마든지 金의 성분을 파악할 수 있는 구체적인 형상을 찾아볼 수가 있다. 한옥집을 지으려면 당연히 주춧돌이 필요한데, 그것이 단단할수록 좋을 것은 말할 나위도 없다. 그리고 집이 커진다면 주춧돌 역시 그에 비례해서 커지게 마련이다. 명색이 돌인데 아무렴 기둥보다야 덜 단단하겠는가만, 그래도 주춧돌이라고 한다면 가장 단단한 돌이기를 바란다. 이러한 까닭에서 金에 해당하는 성분은 단단해야 대우를 받고, 그 단단함은 매우 높은 열을 견디고 나온 다음에 얻어지는 것이다.

이러한 다양한 金에 대한 형상을 일일이 열거할 수 없으므로 역시 표를 이용해서 간결하게 정리해서 생각해보도록 하자.

분류	설 명
형 상	금속이나 바위처럼 생겼다.
나 무	나무에서는 목질의 견고한 부분이 금의 성분이다.
도 형	모나고 울퉁불퉁한 모양을 갖고 있다.
수 리	선천수로는 4와 9이고, 후천수로는 7과 8이다.
음 양	음의 체이면서 양의 성분을 담고 있다.
인 생	장년 시절을 나타낸다. 마무리 단계이다.
인 체	골조(骨組)가 금의 오행을 갖고 있다고 본다.
장 기	폐장(肺臟)과 대장(大腸)을 금에 넣는다.
기 관	코는 금의 기관이 외부와 연결되는 영역이다.
방 위	동서남북 중에서는 서방(西方)을 나타낸다.
색 채	삼원색에 없는 백색(白色)이 금을 상징한다.
계 절	일년의 사계절 중에서는 가을에 해당한다.
심리학	중후하고 무게 있는 성격이다.
지 구	세계적으로 유럽을 나타내고, 특히 프랑스나 영국, 그리고 미국도 금에 해당한다.
한반도	한국에서는 전라도가 금 기운이 가장 많은 지역이다.
자동차	한 가지 용도로 쓰이는 차량은 모두 금의 성분으로 본다.
차구조	브레이크는 금의 기능으로 본다.
음 성	'ㅅ' 'ㅈ' 'ㅊ' 이 금의 소리에 해당한다.
컴퓨터	롬바이오스와 시모스 등 각인(刻印)된 부분이 해당한다.
S / W	고정되어 있는 형태로 사전 종류이다.

이렇게 다양한 형태로 金에 대한 것을 이해해보았다. 자동차를 예로 들어 생각해본다면, 브레이크가 金에 해당한다. 그런데 金剋木하는 성분은 물론 나중에 설명하겠지만, 金의 성분인 브레이크가 木의 성분인 액셀러레이터를 강력하게 견제하는 기능을 가지므로 그것은 여기서도 완전히 일치하는 이론이라고 하겠다.

속도를 낼 수가 있는 것은 브레이크가 있다는 것을 믿기 때문인데 만약 브레이크가 고장이 났다면 이 차량은 시속 10킬로미터도 달릴 수가 없을 것이 뻔하다. 물론 죽을 작정을 한다면 예외이겠지만 말이다. 브레이크와 같은 강력한 제동 장치가 있기 때문에 시속 160킬로미터로 달리는 것도 가능하다. 그러고 보면 金의 기능은 뭔가 달리는 것을 멈추게 하는 작용을 한다고 이해할 수 있다. 이러한 성분은 가을이라는 계절에서도 의연하게 살아 있다. 아시다시피 가을은 모든 생명체들이 성장을 멈추는 계절이다. 산천초목이 그렇고 모든 동물들도 마찬가지이다. 곰이나 개구리는 아예 땅굴 속으로 들어가버린다. 자연에서 생기(生氣)가 끊어졌기 때문이다. 내년 봄에 다시 생기가 발동하면 뛰어나올 것을 기약하며 조용하게 숨어버리는 것이 자연스런 모습이다. 이러한 모습에서 金의 기운을 느끼게 된다.

2. 쇠의 마음

역시 金의 마음도 인생에 견주어 생각해보도록 하자. 金의 기운은 인생으로 따지자면 중년을 넘어서 초로(初老)라고 볼 수 있겠다. 나이로 치면 50대이다. 이 때는 일생 동안 벌여놓은 일에 대한 결실을 생각하는 시기라고 생각된다. 학자의 길을 걸어왔다면 학문으로 인정받을 시기가 될 것이고, 사업가로서 살아왔다면 재물을 상당 부분 모았을 수도 있겠다. 그리고 가정적으로도 자녀가 이미 성장하여 멀지 않아서 결혼도 할 것이다. 분명히 인생의 결실을 생각하는 시기라고 하겠다. 그러한 시기에 숙살지기인 金의 기운이 작용을 하는 것은 무슨 의미일까?

여기서 숙살지기는 사방으로 뻗어나가는 가지에 대한 작용을 억제시키는 힘이 아닐까 생각해본다. 따라서 나이 오십에 무슨 일을 새롭게 한다고 하면 말리고 싶어진다. 특히 대표적인 사람이 바로 정년 퇴직을 한 교사이다. 일생 동안 교직에 종사하면서 사도(師道)를 걸어온 선생님은 재물에 대한 탐심을 통제하고 검소하게 살면서 언제나 후학들이 바르게 스스로 목적을 가지고 살아가도록 채찍질하며 살아왔다. 그런데 이제 나이에 밀려서 교직에서 물러나게 되고, 그동안의 대가로 얼마간의 퇴직금을 받게 된다. 보통은 퇴직 후 조용하게 전원 생활을 하며 일생 동안 연구하고 싶었던 많은 자료들을 책으로 정리하면서 보내는 것이 가장 아름다워 보인다.

그런데 어떤 선생님들은 갑자기 큰돈이 손에 들어오자, 일생 동안 교직자로서 인정을 받아왔던 것처럼 이제는 그 돈을 이용해서 재물에 대한 욕구를 채워보고 싶어진다. 일생 동안 박봉으로 가족들에게 항상 불편을 주었던 것에 대한 미안한 마음도 좋은 핑계거리가 된다. 안전하게만 굴린다면 아마도 상당히 재미있는 일이 생길는지도 모른다고 생각한다. 그래서 사업가에게 의뢰를 한다. 역시 돈은 돈의 전문가에게 묻는 것이 상책이라는 생각에서다.

만약에 그 사업가가 일생을 교단에서 고지식하게 바른 길만 이야기하던 선생님이라는 것을 전제하고 사업 조언을 해준다면 참으로 철이 든 사람일 것이다. 그렇지만 사업가라는 사람들은 돈의 냄새만 맡으면 죽었다가도 되살아난다. 그래서 이 선생님에게 돈을 두 배, 세 배, 열 배로 뻥튀기할 수 있는 방법을 입에 거품을 물고서 설명한다.

물론 사업가의 안목으로 열심히 이야기하는 것이다. 그리고 사업가가 볼 적에는 충분히 승산이 있다고 보기 때문에 열심히 이야기를 하는 것이지 선생님이 망하도록 조언을 하는 것은 아니다. 그래서 선생님은 그 말을 진심으로 고맙게 생각하면서 사업가의 가르침에 따라서 돈을 투자하게 된다. 여기서 커다란 실수를 하고 마는 것이다. 그 사업가는 거래처에서 돈을 주지 않으면 으름장도 놓고, 정 안 되면 집담보를 잡아놓든지 고소라도 하면서 사업을 운용해가는 것을 당연하다고 생각하는데, 이 선생님은 그러한 어려움이 있을 줄은 생각도 하지 않는다. 그저 모두가 자신의 생각대로 인과의 법칙대로 하나하나 풀려나갈 것이라고 믿는 것이다.

사실 사업가가 하는 말들은 정말로 금세 돈방석에 올라앉을 것만 같이 대단히 매력적이다. 사업가는 돈의 생리를 잘 알기 때문에 어떻게 하면 두 배가 되고 세 배가 된다는 점에 훤하지만 실제로 선생님이 생각하는 것처럼 그렇게 간단하게 순리로만 흘러서 돈이 모일 것이라고는 절대로 생각하지 않는다.

그렇지만 사업가는 처음으로 돈을 벌어보려고 나선 신출내기 사업 후배에게 불길한 이야기는 하나도 하지 않는다. 그저 가장 잘될 수 있는 조언만을 한다. 바로 여기에서 문제가 생기는 것이다. 선생님은 사업가의 청사진만 믿고서 일생 동안 노력한 대가인 퇴직금을 모두 털어넣고는 일을 시작하는데 처음에는 뭔가 될 듯하더니만 한 가지 두 가지 서서히 막히기 시작한다.

그러면 선생님은 다시 사업가를 찾아가서 어떻게 된 것인지 자문을 구한다. 그러면 사업가는 당연히 돈을 주지 않는 거래처는 강력하게 대해야 그 놈들이 돈을 준다고 방법을 일러준다. 그 사업가가 시키는 대로 한다면 성공할 확률도 있을 것이다. 그런데 문제는 사업가는 그렇게 할 수가 있어도 선생님은 그렇게 할 수가 없는 것이다. 그러니 퇴직금으로 시작한 사업은 보나마나 실패작으로 끝날 확률이 90퍼센트 이상이다.

선생님으로 일생을 보낸 학자가 늘그막에 사업을 벌여 실패하는 것은 金의 시기에는 어떻게 처신해야 하는지 하늘의 가르침을 이해하지 못했기 때문이다. 이 숙살지기라는 것을 알았다면 어떻게 종자를 뿌리는 봄에나 세웠어야 할 계획을 인생의 가을인 늘그막에 시작을 했겠는가 말이다.

이렇게 자연은 냉정하다. 인정도 사정도 없다. 자신이 인생의 결실을 생각할 나이가 되면 결실만을 생각하고 마무리하는 것이 올바른 살림살이이다. 정리를 해야 할 시기에 새롭게 일을 꾸미는 것은 전혀 자연의 이치를 모르고 정해진 때를 생각하지 않는 철이 덜 든 사람들이 하는 행동에 불과하다. 스스로 실수를 저질러놓고는 결국 하늘만 원망하겠지만 하늘이 무슨 인정이 있겠는가?

노자(老子)의 《도덕경(道德經)》에는 "신(神)은 인간을 제사 지낼 때 쓰는 짚으로 만든 인형처럼 대한다."라는 말이 나온다. 사람이 제사를 지낼 적에는 짚으로 사람을 만들어서 잘 모시고 있지만 제사가 끝나면 길바닥에 버린다. 신도 필요할 적에는 인간을 사용하지만 필요가 없으면 그렇게 버린다. 신은 자비롭지도 무섭지도 않다. 그저 그렇게 자연의 섭리에 따라서 대할 뿐이다.

이렇게 오십대는 金의 기운을 받고 있다는 자연의 섭리를 알게 되면 인생을 조용하게 정리하는 시기라는 단순한 진리를 깨닫게 될 것이다. 그리고 그렇게 되는 것이 아마도 자신에게나 가족에게나 이웃에게나 좋은 일이 될 것이다. 자연의 金은 인생에 대해 이러한 법문을 설하는 것이다. 이것이 우리가 오행 중에서 金에 해당하는 영역에서 깊이 생각해 볼 문제라고 본다.

제 5장
水

혼돈 → 음 → 음 중의 음 → 다시 음양으로 분리 → 십간의 壬癸
양(壬): 바다, 호수, 강, 도량이 넓음, 지혜로움
음(癸): 샘물, 옹달샘, 생수, 유동적, 궁리가 많음

만물을 적셔주는 물은 항상 움직이기를 좋아한다. 언제나 같은 자리에 머물기를 거부한다. 머물면 썩어버리기 때문이다. 생각이 많기 때문에 얼른 보면 꿍꿍이가 많은 사람처럼 보이기도 한다. 그래서 간혹 음모가 많은 사람이거나 사기꾼이 아닌가 하는 오해도 받는다.

물은 지혜라고 했다. 지자요수(智者樂水)라고 하는 말도 있다. 지혜로운 사람은 물을 좋아한다는 말이다. 사람의 지혜도 흐르는 물처럼 끊임없이 생각하는 것이기 때문이다. 그래서인지는 몰라도 물로 태어난 사람은 그렇지 않은 사람보다 훨씬 생각이 많은 것 같다. 이것도 어쩌면 물의 영향일 거라고 생각해본다.

지구상에서 공기 다음으로 가장 오랜 시간 존재했던 성분이 물이다. 공기에서 물이 생겨났다고 한다면 생명체는 물에서 나타났다고 할 수 있다. 물을 지혜를 상징하는 것으로 활용할 수 있는 것은, 물이 이렇게

지구에서 가장 오래 된 물질 중 하나라는 것과 연결지어 생각해볼 수 있다. 즉 지혜라는 것은 하루아침에 얻어지는 것이 아니라, 오랜 시간을 두고 연구하고 경험하고 시행착오를 거친 다음에 얻을 수 있는 삶의 경험의 결정체이기 때문이다.

"보쇼! 물이 무슨 생각을 한단 말이오. 원 씨도 안 먹히는 말을 하고 있소…… 안 그렇소?"

아마도 이러한 말을 하는 사람도 있겠는데, 낭월이의 생각은 또 다르다. 유정물(有情物)과 무정물(無情物) 일체를 통틀어 삼라만상은 나름대로의 생각이 있다고 보는 것이다. 길가에 흔하디 흔하게 뒹구는 돌멩이나 허공을 나는 먼지 알갱이, 그리고 못이나 망치에도 그 나름대로 생각이 있다고 보는 것이다. 물론 그러한 것을 증명이라도 하라고 대든다면 달리 할 말이 없지만, 그래도 일체의 유형무형의 물질은 모두 자기 나름대로의 생각이 있다고 생각한다.

전에 《우주심과 정신물리학》이라는 책을 읽었던 기억이 난다. 그 책에서 저자는 바위의 자아 발전 형태를 그림을 곁들여서 재미있게 설명하고 있다. 그것은 바위가 처음에는 그냥 스스로 잠을 자는 듯한 마음으로 지냈는데 사람들이 하나 둘 찾아와서 자꾸자꾸 절을 하고 소원을 빌고 하자 결국 일종의 신격(神格) 또는 인격(人格)을 가지게 되었다는 이야기였다. 물론 이러한 이론을 전개하는 이면에는 바위에도 마음이 있다는 것을 전제한다. 그 책에서는 생각이 움직이는 형태를 파장이라는 말로 바꿔서 하기는 했지만, 같은 의미로 해석이 된다.

물체가 견고하면 생각(또는 파장)도 미미하게 움직이고, 물체가 유연하면 생각도 유연하고 자유로울 것이다. 앞에서 나무와 불과 흙, 그리고 金에 대한 생각을 해봤지만, 각기 생긴 대로 사고 방식을 가지고 있다는 생각이 든다. 나무는 나무의 형상대로 앞으로만 나아가려고 하는 의식을 가지고 있다는 것을 확인할 수가 있었고, 불은 또 그렇게 사방으로 활발하게 뻗어나가는 형태의 심성을 소유하고 있었던 것이다. 그러므로 불이 가장 활발한 성분이라고 하겠다. 또 바위는 견고한 주체성을 가지고 있다는 점이 특징이라 할 만하다. 그럼 여기에서 보이는 물은 어떠한 본성을 가지고 있는지 살펴보도록 하자.

1. 水의 본질

일반적으로 물은 아래로 흐른다고 말한다. 그런데 물이 아래로만 흘러가는 것처럼 보이지만 실은 아래로 흘러가는 게 아니라 응고(凝固)하려는 것이 아닐까 생각된다. 응고하기 위해선 물이 모여야 하고 모이기 위해서는 빈 공간이 있어야 한다. 이때 빈 곳이 나타나면 그곳을 채우기 위해 물이 움직이게 되므로 결국은 아래로만 흘러가는 것처럼 보인다는 가정을 할 수 있게 된다. 물의 흐름을 지켜보면서 "물은 아래로 흐르는 것이 아니라 응고하고 있는 도중(途中)이 아닐까" 하는 결론에 다다를 수 있었다.

흔히 자유자재라는 말을 사용한다. 그것을 물의 구조에 연결시켜보면 참으로 재미있다는 생각이 든다. 오행 중에서 물처럼 유연한 구조도 없다는 것이다. 사람이 건강할 적에는 몸이 유연하다. 어린아이는 몸이 유연하기 때문에 높은 데에서 떨어져도 여간해서는 잘 다치지 않는다. 그리고 성인도 그냥 넘어졌을 때보다는 술에 취해서 넘어졌을 때 덜 다친다고 한다. 역시 술이 인간의 굳어진 몸을 유연하게 해줬기 때문이라는 이야기를 하고 싶어서 끌어다넣는 것이다.

그러고 보니 생각나는 사람이 있다. 경기도 신갈에 '이정운'이라고 하는 여인이 있다. 이분은 기술이 하나 있는데, 사람의 굳어진 몸을 주무르면 부드럽게 된다는 것이다. 물론 병원에서 무슨 디스크라고 하건 말건 별로 개의치 않는 것이 특색이라면 특색이다. 심지어는 간암이라고 하더라도 전혀 신경을 쓰지 않는다. 그냥 간 부위가 굳어 있으니까 유통이 되지 않는단다. 그러므로 만져서 부드럽게 해주면 건강해진다는 것이다. 그리고 실제로 주무르다 보면 굳은 것이 부드럽게 되고, 결국은 치료라고 하는 형태로 진행이 되는 모양이다.

"어떻게 해서 그렇게 병원에서도 포기한 난치(難治)의 병을 겁 없이 치료하는 거라우?"

"치료는 무슨, 하하하. 내가 의사인가 뭐? 그냥, 완전히 굳어지면 죽어버린 것이고, 만져봐서 아프다는 통증이 느껴지면 아직은 가능성이 있으니까 그냥 주물러보는 거지요, 하하."

이렇게 깔깔거리고 웃는 것을 보면서 참으로 자유로운 영혼이라는 생각이 문득문득 들었는데, 이 여성의 사주에서 태어난 날이 바로 물이었다. 낭월이도 선천적으로 굳어지기 쉬운 불건강체(不健康體)의 몸을 타고났던지 한동안 건강이 불량해서 고생을 했는데, 이 선생을 만나서 몸이 유연해진 셈이다. 참으로 묘한 재주를 가지고 있는 사람이라는 생각이 들었다.

비록 조그마한 나라지만 이렇게 구석구석에는 특별한 재주를 가지고 자기 나름대로 중생 구제 사업을 하고 있는 사람이 의외로 많다. 비록 의료면허증이 없어서 당당하게 치료를 한다는 말은 못하지만, 아무렴 어떤가? 치료든 건강 요법이든 그게 중요한 것이 아니니까 말이다. 이렇게 굳어 있는 사람의 몸을 유연하게 풀어주면서 고통을 덜어주고 있으니 낭월이가 보기에는 틀림없는 '약손'이었다. 그런데 만져줄 적에 너무나 징그럽게 아픈 것은 참 불만이다.

여담이 길어졌나 보다. 이렇게 유연한 게 건강한 것이라는 얘기를 하다가 문득 생각이 나서 잡담을 했다. 그러고 보니까 죽은 사람은 몸이 굳어버린다는 간단한 진리를 읽어내게 된다. 그러니까 살아 있더라도 몸이 부분적으로 굳어버린다면 점차로 죽어가는 모습이라고 할 수가 있겠다. 텔레비전의 한 프로그램에서 유방암 자가진단법을 말하면서 유방을 만져봐서 뭔가 단단한 것이 집히면 암인지 의심해보라고 하는 것을 본 기억이 떠오른다.

이렇게 단단한 것에 대해서 이야기를 하면 할수록 물의 유연함이 자랑스럽게 떠오른다. 동그란 그릇에 담으면 동그랗게, 길다란 병에 담으면 병 모양으로 삽시간에 변하는 물의 유연함은 그 어떤 물질로도 대신하기 어려울 것이다. 그러면 이쯤에서 물에 소속된 형태들을 여러 가지 각도에서 관찰해보도록 하자. 그동안 도표를 봐서 아시겠지만, 같은 제목으로 각기 오행의 특징적인 면을 관찰해보는 형태를 취하고 있다.

도표를 보면, 특히 인체의 장기 중에서 신장(腎臟)이 水에 해당한다는 점은 매우 흥미롭다. 나이를 먹으면 신장의 기능이 약화된다. 반대로 젊은 사람들은 신장의 기능이 강력하다. 인체의 모든 장기가 다 그렇지만 특히 신장은 나이를 먹으면서 쇠약해지는 기관이라는 생각이 든다. 그 이유는 신장은 생식기와도 밀접한 연관이 있는 기관이기 때문이다. 생식기는 생명의 잉태를 위해서 필요한 부분이다. 그런데 이미 노년이 되면 생식을 할 필요가 없기 때문에 급속도로 쇠약해지는 것이 아닐까 하는 생각을 해본다. 이것이 참으로 다행스럽게 느껴지는 것은 늙어서 자식을 얻으면 과연 누가 그 자식을 키우겠느냐는 생각이 들어서이다.

이것은 사회적으로 적지 않은 문제일 것이다. 그러니까 조물주는 차라리 생산 기능을 약화시킴으로써 키우지도 못할 자식을 낳는 문제가 발생하지 않게끔 미연에 방지한 것이 아닐까 하는 엉뚱한 생각을 해봤다. 그리고 또 신장의 기능이 약화되면 귀가 어두워진다. 귀는 장부에 있는 신장하고 연관이 되어 있기 때문이다. 늙으면 귀가 어두워야 한다는 말을 한다. 젊은 사람들이 하는 욕지거리는 못 알아듣는 것이 오히려 속이 편한 법이다. 젊은 사람들은 늙은이를 무시하고 얕잡아보면서 항상 험담을 늘어놓기 일쑤다. 그런데 만약에 귀가 밝아서 이러한 것을 모두 들을 수가 있다면 얼마나 마음이 아플 것인가. 그래서 차라리 귀라도 어두워지면 아예 듣지를 못하니까 속이나 편안하지 않겠느냐는 생각을 해봤다. 이것이 조물주의 각본일 것인데, 과연 그럴까?

분 류	설 명
형 상	물처럼 생겼다.
나 무	나무에서는 수분에 해당하는 것과 씨앗 성분이다.
기하학	타원형의 모습으로 표하면서 불규칙한 형상이다.
수리학	선천수로는 1과 6이고, 후천수로는 9와 10이다.
음 양	순음의 체로서 극음(極陰)에 해당한다.
인 생	노년 시절을 나타내며 휴식기이다.
인 체	70퍼센트라는 인체의 수분이 수에 해당한다.
장 기	신장(腎臟)과 방광(膀胱)이 수에 해당한다.
기 관	귀는 수의 정기가 발산되는 영역이다.
방 위	동서남북 중에서는 북방(北方)을 나타낸다.
색 채	삼원색에서는 없는 흑색(黑色)이 수의 상징이다.
계 절	일년의 사계절 중에서는 겨울에 해당한다.
심리학	깊이 생각하는 현자의 성격이다.
지 구	세계적으로는 러시아 부근이고, 알래스카도 수의 기운이 강한 지역이다.
한반도	한국에서는 함경도가 수 기운이 가장 많은 지역이다.
자동차	국가 기관에서 사용하는 차량이 해당한다.
차구조	열을 발산하여 기계를 식혀주는 기관인 라디에이터와 오일 부분이 물과 공통적이다.
음 성	'ㅁ' 'ㅂ' 'ㅍ'가 수의 소리에 해당한다.
컴퓨터	최종 마무리 단계인 프린터나 디스켓, 하드디스크이다.
S/W	운영 체제인 윈도우즈, 도스, 또는 OS/2, 유닉스 등이다. 이들은 프로그램 중에서 가장 두뇌에 해당한다고 본다. 이들이 아니면 다른 프로그램들도 사용이 불가능하기 때문이다.

2. 물의 마음

또 다른 관점에서 물과 인생에 대해 생각을 해보자. 흔히 하는 말 가운데 사람은 늙어봐야 안다는 것이 있다. 심지어는 도인(道人)은 죽을 적에 봐야 한다는 말도 있다. 젊어서는 아무래도 상관이 없다는 말은 아니겠지만, 나이를 먹어보면 그 사람이 젊어서 어떻게 살아왔는지 알게 된다는 의미가 포함되어 있을 것으로 짐작된다.

그럼 우리 명리학도(命理學徒)는 이러한 말에서 무엇을 읽어내야 할지 한번 깊이 생각해보자. 무엇 하나라도 간과(看過)해서는 안 되는 것이 학자인데, 하물며 인간의 운명을 연구하는 명리학자라면 이러한 말에 무슨 깊은 뜻이 있는지 정도는 생각하고 파악해둬야 하지 않을까 하는 사명감 비슷한 것이 들기도 한다. 그럼 낭월이가 파악하고 있는 "늙어봐야 안다."는 말의 의미를 말씀드리겠다.

노년(老年)의 시기는 오행에서는 물에 해당한다. 그래서 물의 형태를 한번 생각해보았다. 그랬더니 물은 삼체(三體)의 변신이 모두 가능하다는 간단한 이치를 발견할 수 있었다. 삼체라고 호들갑을 떨었지만 별것은 아니고, 기체, 액체, 고체의 삼체를 말하는 것이다. 원래 별것도 아닌 것을 수다스럽게 늘어놓는 것이 낭월이의 특징이니 도리 없는 일이지만, 사실은 이렇게 평범하게 상식적으로 알고 있는 것 속에서 의외로 깊이 있는 말씀을 듣기도 하므로 가볍게 여길 것은 하나도 없다고 봐야 옳을 것이다.

"인생의 늙음을 고체처럼 단단하게 굳어서 보낼 것인가, 아니면 액체처럼 유연하게 보낼 것인가, 그도 아니라면 기체처럼 아예 승화되어버릴 것인가?"

이러한 주제를 만들어서 비교하면서 생각해보도록 하겠다.

기체의 노년

앞의 질문을 한다면 어느 것을 선택할 것인지는 스스로에게 물어보라. 아마도 기체처럼 살게 된다면 우리는 신선이라는 말로 불러야 할지도 모른다. 신선은 우화등선(羽化登仙)한다고 하는데, 그것은 날개가 생겨서 하늘로 올라간다는 말인가 보다. 그렇지만 육신에 날개가 생길까 싶다. 다만 그만큼 몸이 가벼워진다는 말로 새겨들어본다. 그리고 이러한 자유는 일생 동안 얼마나 피나게 수련했는가에 달렸다고 봐도 과언이 아닐 것이다. 그렇게 수행을 한 사람은 기체로 존재하는 물(노년)이 될 것이다. 그러므로 범인은 꿈도 꾸지 못할 영역이므로 접근 불가한 대목일는지도 모른다.

이렇게 기체로 된 물(노년)은 세간에서 살면서도 아무런 속박 없이 그렇게 자유롭게 살다가 간다. 전혀 틀에 매이지도 않고 혈연이나 명예욕에 사로잡혀서 늘그막에 재판정에서 사형을 언도받는 치욕을 당하지도 않는다. 그야말로 "주리면 먹고, 곤하면 잔다."는 서산대사의 말대로인 것이다. 과연 어떻게 늙어야 이렇게 될 것인가⋯⋯ 나 자신도 늙으면 이렇게 될 수가 있을까? 참으로 고민스러운 대목이라고 하겠다. 너무나 부럽지만 정진을 하지 않고서는 절대로 얻어질 수 없는 경지이기에 평생 게으름이 특기인 낭월이로서는 참으로 가능성이 없는 분야이다.

고체의 노년

다음으로 반대 입장에 있는 고체를 생각해보자. 늙으면 모든 것이 굳어진다. 몸도 마음도 그렇게 굳어지는 것이다. 손발도 예전 같지가 않고, 허리도 마음대로 움직이지 않는다. 그뿐이랴, 머리마저도 예전처럼 활발하게 움직여지지가 않는 것 또한 어쩔 수 없는 현실인 것이다. 이것이 일반적으로 늙어가는 모습의 공통점인 것은 분명하다.

그러므로 이러한 것은 숙명으로 받아들여야만 하는 것일까? 자식들은 세대 차이가 난다는 이유로 상대를 하지 않는다. 세대 차이가 나는 것은 이해력이 부족한 탓일 게다. 늙은이가 젊은 자식들의 생각을 따라갈 방법이 없다는 게 어쩌면 더욱 적절한 설명이 될 것이다. 그러므로 괄시를 받아도 어쩔 수가 없는 일이다. 평생을 그렇게 자신의 영역만을 주장하면서 살아온 삶이라면 늙어서도 보는 것과 생각하는 것에 한계가 있을 것이다.

많이 경험하고 많이 생각한 사람이 훨씬 상대하기에 편하다는 것을 살아가면서 절실히 느낀다. 도회지에서 여러 부류의 사람들과 상대해본 사람은 이해력이 상대적으로 넓다. 이기적인 듯해도 실제로 대화를 나눠보면 남의 입장을 훨씬 더 잘 이해하는 것이 도회지 사람들이다.

반면에 시골에서만 살아온 사람은 어떤가? 흔히 시골사람은 순박하다고 이야기한다. 물론 사실이다. 도시의 찌들은 각박함은 없을는지도 모른다. 그렇지만 실제로 이해타산에 관계된 일로 시골사람과 의견이 대립되어 보라. 전혀 자신이 손해볼 가능성이 있는 말은 받아들이지 않는다는 답답함을 느끼게 될 것이다. 그러면서 깜짝 놀라게 되는 것이다. 평소 시골사람의 순박함에 대해서만 생각했던 사람이라면 충격도 만만치 않을 것이다. 외곬로 자신의 입장만을 강조한다. 전에 고물 행상을 할 적에, 고물상 주인이 하던 말이 생각난다.

"모르는 소리 말어, 시골사람이 더 무섭다구. 물세를 내지 않는 사람들하고는 싸울 생각을 말아야 한다구. 이해력이 없어서 설명을 해봐야 몰라. 그러니까 웬만하면 그냥 피하라구. 장사하러 다니려면 별별 사람이 다 있으니까 말이야."

그는 이렇게 조언을 해줬었다. 그 말을 들으면서 뭘 그러랴 싶었는데, 실제로 돌아다니면서 정말 그렇다는 것을 느끼게 되었다. 과연 보고 듣고 생각하는 것이 좁은 공간에 한정되어 있으므로 사고력도 한계가 있는 모양이다. 그리고 상대하는 사람들도 항상 그 동네의 그 사람들뿐인

바에야……

물론 시골에 살아도 교제의 폭이 넓은 사람은 예외겠지만, 보통 그렇게 농촌에서 늙은 사람의 사고는 아무래도 굳어 있을 가능성이 크다고 하겠다. 그래서 환경을 무시할 수가 없다는 말을 하는 것이겠지만, 실은 사주팔자의 형태로 살펴봐도 농사를 짓고 있는 사람의 격국은 도회지에서 장사를 하는 사람의 격국에 비해서 떨어진다. 그렇다면 이것도 사주팔자라고 해야 할까?

문제가 있는 사람이 또 있다. 소위 말하는 '전문화의 시대'의 부산물이라 여겨지는데, 학교를 졸업하고 일생 동안 자신의 전문 분야에서만 일하다가 그 연구실에서 정년 퇴직한 사람의 경우이다. 이런 사람은 생각이야 많이 했을 테니, '깊이'에 대해서는 탓할 것이 없겠으나, '넓이'에 대해서는 뭔가 문제가 있을 것이 뻔하다. 넓지 않은 시야도 고정 관념이 강하게 작용하는 요인이 될 것이다. 자신의 분야에서는 일류의 권위를 자랑하지만, 연구실만 벗어나면 모두가 생소한 것들뿐이라면 이 사람은 어떻게 하겠는가? 그 생소한 분야로 파고들 것인가 아니면 도로 연구실로 들어가서 자신에게 익숙한 분야에 대해서나 연구할 것인가? 연구실로 도로 들어가버린 사람이라면 이 사람도 아마 고체의 노년을 맞이할 가능성이 높은 사람의 대열에 서야 할 것이다.

액체의 노년

액체는 그래도 물의 본연의 모습은 잃지 않고 있다고 생각된다. 기화(氣化)까지는 바라지도 못하겠지만, 얼음덩어리는 면해야 하지 않겠는가 말이다. 몸도 마음도 유연한 노년이라면 그런대로 멋진 인생이라고 할 만하지 않으랴 싶다. 언제나 새로운 사람과 더불어서 공통된 화제를 가지고 한참 동안 이야기를 나눌 수가 있는 여유로움이 있다는 것이 물의 특성이다. 여기에서 《장자(莊子)》의 한 도막을 말씀드려보겠다.

천하의 성군이라는 요임금이 변방을 순시하고 있었던 모양이다. 그래서 성문을 지키던 문지기가 임금에게 인사를 드리면서 축수를 드렸다.
"성군이시어, 장수(長壽)를 누리소서!"
"싫으네, 오래 살면 욕된 일이 많아서 말이야."
"그럼 임금이시어, 부유(富裕)하소서!"
"그도 싫으네, 부자가 되면 귀찮은 일이 많아지걸랑."
"임금이시어, 백자천손(百子千孫)하소서!"
"싫으네, 자식이 많으면 골치가 아퍼."
그러자 국경을 지키던 사람이 이렇게 말했다.
"나는 처음에 당신이 성인이라고 생각했었는데, 오늘 만나보니 그저 군자(君子)정도밖에 안 된다는 것을 알겠군요. 하늘은 만민에게 일거리를 주는 법이거늘 아들이 많은들 무슨 걱정거리가 되겠습니까? 또 재물이 많으면 사람들에게 나눠줘버리면 편안할 것이고, 이렇게 해서 천하가 편안해져서 다스림이 없이도 잘 다스려진다면 천년을 산들 골치 아플 일이 뭡니까?"

이 이야기가 《장자》의 어느 편에 있었는지는 기억력이 부실해서 잘 모르겠는데, 대략 이야기는 비슷할 것이다. 이야기를 보건대, 요임금도 굳어 있었던 모양이다. 자유롭고 유연한 사고는 아니라는 느낌이 든다. 물론 실제로 그랬는지는 알 수도 없고 알 필요도 없다. 중요한 것은 늘 그막에 이렇게 성문지기의 말대로 유연한 마음으로 살 수가 있느냐 하는 점이다.
이러한 정도의 사고 방식이라면 기체까지는 몰라도 액체로서는 충분하리라고 생각되어서 말씀드려봤다. 《장자》는 많은 생각을 하게 되는 내용들이 많아서 열심히 읽는 책 중 하나인데, 위의 이야기는 그 중에서도 문득문득 생각나는 것이다. 벗님은 이런 세 가지 노년 가운데 어떤 형태가 될지 조용히 한번 생각해보는 것도 무익하지만은 않을 것이다.

이렇게 멋지게 생을 마무리할 수 있는 것은 오상(五常) 중의 지혜(智慧)가 늙은이에게 해당한다는 말과 일치한다. 오죽하면 우리 속담에 "늙은 쥐가 항아리를 뚫는다."고 하겠는가? 하다 못 해 한 마리의 쥐도 늙으면 요령이 생겨 그 단단한 항아리도 구멍을 낼 수 있다는 말이다. 하물며 인간이 되어서 아무 지혜도 없어서야 정말 어디 인생을 잘 살았다고 하겠는가? 아무래도 젊은 사람의 위태위태한 삶을 보면서 자신의 경험을 돌이켜보는 늘그막의 유유자적함은 늙어보지 못하고서는 맛보기가 불가능할 것으로 보인다.

갑자기 옛 이야기 하나가 떠오른다. 고려장 풍습이 있던 시절의 이야기이다. 한 정승이 중국과 관련해서 어려운 문제가 발생해 쩔쩔매며 고민을 하고 있었다. 그런데 그 정승에게는 차마 생매장할 수가 없어서 마루 아래에 비밀방을 만들어 숨어사시게 했던 아버지가 계셨다. 자식의 고민거리를 알게 된 노부(老父)는 아주 간단하게 해결책을 일러주었다. 덕분에 나라는 위기를 모면하게 되었고, 정승은 왕에게 늙으신 아버지가 문제를 풀어주셨다는 말씀을 드렸다. 이에 깨달은 바가 있어 왕은 결국 고려장이라는 풍습을 없애버렸다는 이야기이다.

노인들의 기가 막힌 지혜에 대한 이야기는 누구나 한번쯤 들어보았을 것이다. 노인들은 자신의 모든 경험을 바탕으로 한 지혜로움으로 젊은 제자들이 헛된 길에서 시간을 낭비하며 헤매는 것을 바로잡아주기도 한다. 참으로 멋진 일이다. 그렇게 늙었다면 자연의 법리에 잘 따른 것이라고 볼 수 있다.

이렇게 인생의 마무리를 저녁 노을의 장엄한 황혼처럼 물들이는 것이 오행 중의 水에서 배울 공부라고 생각한다. 물은 응고(凝固)하는 성분이 있다. 그래서 늙은이는 뭔가를 마음에 뭉쳐둔다. 자신의 일생을 정리해서 마음에 묻어둘 수도 있고, 아들 며느리가 자신을 서운하게 했다는 것을 마음에 뭉쳐둘 수도 있다. 스스로 만들어서 스스로 저장하는 것이 물이다. 노인네가 꽁하고 서운해한다고 젊은 사람들은 섭하다고 하지만, 이렇게 뭉쳐지는 것이 또한 노인이고 물의 본성이다. 이렇게 뭉쳐진 응어리는 저세상으로 가지고 갈 것이다. 이것은 결국 다음 생을 준비하는 자료가 될 것이고, 그래서 다시 또 어둠의 세상에서 방황하는 씨앗이 될는지도 모른다.

물에 대한 생각을 하면서 인생의 마무리를 이해하지 못했다면 이 오행논을 잘못 배운 것이라고 하겠다. 물의 마음이 도둑놈이나 사기꾼의 심성이 아니라, 이렇게 인생을 되돌아보게 하는 지혜라는 것도 여기서 알아둬야 할 중요한 것이다. 실제로 물은 쉼없이 움직인다. 고요하다고 하는 아침바다도 사실은 잠시도 쉬지 않고 움직이고 있다. 낭월이는 어려서 안면도의 해변에서 자랐기 때문에 바다의 구조를 대략 이해한다. 특히 갯벌만 보이다가도 일정한 시간이 되면 어김없이 푸른 물이 밀려와 넓은 갯벌을 가득 채우는 바다의 조수는 언제나 신비의 대상이었다. 이렇게 끊임없이 움직이는 물을 생각하면서 인간의 지혜가 물을 닮았다는 옛 어르신의 말씀에 공감한다.

물의 여러 성분 가운데 또 하나는 물이 다음의 세대로 연결되는 통과 다리라는 것이다. 물은 다음 세대를 위해 응고한 자료를 모아 저장을 하는데, 이것이 대뇌(大腦)에 축적이 된다고 한다. 대뇌는 인간이라는 생물이 진화하면서 거쳐온 모든 과정에서 얻은 정보를 그대로 보존하고 있다고 한다. 생물 발생 초기에 물에서 생명이 발생했을 적에 입력된 생활 정보까지도 뇌에 보존되고 있다는 말을 어디선가 본 것 같다. 뇌는 바로 자료 보관소라고 할 수 있겠다.

그러한 맥락에서 뇌는 오행이 水라고 해도 크게 틀리지 않을 법하다. 사실 머릿속에는 수없이 많은 신비한 구조가 후학의 접근을 기다리고 있다. 아직도 풀리지 않는 전생의 기억이 과연 뇌의 어느 부분에 저장되어 있는지도 참으로 궁금하다.

불가에서 도를 닦아가다 보면 숙명통(宿命通)이라는 신통력이 발생하는 시기가 있다. 글자 그대로 과거의 운명을 모조리 알게 되는 신통한 능력이 숙명통인데 이것이 생기면 자신을 포함해서 어떤 사람이든지 그 사람의 과거에 대해서 거울을 보듯이 훤하게 알아본다고 한다. 이 숙명통을 얻게 되면 그 사람의 이번 생에 있었던 과거뿐 아니라 전생과 또 전전생에 어디서 어떻게 살았는지도 알게 된다고 한다. 이러한 것을 알게 되는 것은 어떤 귀신이 이 도인을 따라다니면서 그 사람의 전생을 일러줘서 그런 게 아니라 자신의 머릿속에서 과거의 연결고리에 해당하는 뇌의 기능이 잠에서 깨어난 것이 아닐까 생각한다.

머리의 어느 부분에 있을 저장 창고의 문을 어떤 지혜의 열쇠로 열기만 한다면 자신의 과거 모든 생에 대한 보관 자료를 읽어볼 수가 있다고 한다. 그런데 자신의 보관 창고 열쇠를 얻은 사람이라면 열쇠 구하는 바를 깨달았을 테니 다른 사람의 보관 창고 열쇠도 쉽게 얻어 들여다볼 수 있지 않을까 생각해본다. 여섯 가지 신통력 중에서 과거의 기억을 다시 읽어볼 수 있는 숙명통은 참으로 매력적인 능력이라고 하겠다.

요즘 서점가에서는 전생에 대한 흥미있는 책들이 인기를 끌고 있기도 한데, 이러한 것을 보면서 역시 사람은 전생에 대해서 흥미를 가지고 있구나 하는 생각을 해본다.

많은 인기를 끌었던 영화인 〈사랑과 영혼〉에서도 많은 정보를 얻을 수 있다. 남자 주인공이 문득 죽음을 맞이하면서 벌어지는 여러 가지 경험들이 어쩌면 실제 상황인 것 같아서 도저히 서양인의 각본이라고는 믿어지지 않았던 기억이 난다. 사람이 죽고 나서의 상황이 영계(靈界)에 상당히 관심이 많은 사람들이 보더라도 수긍할 수 있을 정도로 가장 보편적인 방식으로 설명되어 있다고 생각됐다. 그래서 나중에 영혼에 대해서 질문을 하는 사람이 있으면 이 영화를 보라고 권해야겠다는 생각도 했었다.

보통의 사람은 자신의 뇌의 기능 중에서 극히 일부분만을 사용하다가 죽는다고 한다. 2퍼센트라고 하기도 하고 어떤 사람은 소수점 이하를 사용한다고도 한다. 대개 잠재되어 있는 능력을 아주 조금밖에는 활용하지 못하고 사는 것으로 생각된다. 이 잠재되어 있는 것이 바로 전생의 기억이 아니겠느냐는 생각은 크게 무리가 없다고 본다. 전생에 했던 일은 습관이 되어서 이생에서 다시 그 일을 하면 어쩐지 오래 전부터 익숙하게 해왔던 것처럼 느껴진다고 한다.

이러한 자료를 보관하는 장소가 바로 뇌라는 기관인데, 뇌의 물질적인 부분은 이번 생에서 부모님께 물려받은 것에 불과하지만 어느 영혼이 이 새로운 생명체의 뇌 속으로 들어가면서 자기 전생의 경험을 모은 영상 자료를 한 부 복사해 가지고 들어가는 것인지도 모른다.

그래서 자신이 어느 날 전혀 가본 적이 없는 장소에 갔을 적에도 그 공간이 언젠가 한 번 머물렀던 것같이 편안하고 익숙해서 당황하는 경우가 가끔 있는 모양이다. 이러한 모든 것이 오행으로 치면 水의 기능에 해당하고 그 중에서도 저장하는 기능에 포함된다고 생각이 된다.

이 水의 기능이 나무의 씨앗을 만들어서 보관을 하는데, 응고력이 좋기 때문에 천년 묵은 은행나무의 자료를 그대로 보관하고 있는 것이다. 언젠가 피라미드 속에서 발견된 하나의 씨앗을 심었더니 2000년 전의 토마토가 열렸다고 하는 뉴스를 보면서 과연 씨앗의 힘이 대단하다고 느꼈다. 그리고 그것이 바로 물의 힘이라고도 느꼈다. 이렇게 구석구석에서 접하는 소식들에서 오행의 참 모습이 무엇인가를 항상 생각하면서 살고 있다.

제6장
오행의 활용

　이렇게 오행에 대한 항목을 공부했는데, 이 오행이 학문적으로 이렇게 풍부한 내용을 가지고 있는 기본 자료라는 것을 익히 공감하였을 것으로 본다. 그러면 이것을 장차 어떻게 활용할 것인가를 생각해보자.
　우선 자기 자신이 기본적인 인생(人生)의 오행에서 어느 행(行)에 해당하는지 먼저 알아야 한다. 자신의 주제를 알아야 한다는 소크라테스의 말처럼 자신이 지금 어느 위치에 해당되는지 알지 못한다면 주체를 모르는 상태에서 객체만 알아보겠다고 억지를 쓰는 것이 될 수도 있겠기 때문이다. 자신을 먼저 알고 자연의 흐름에 순응해서 자연의 일부로 가장 인간답게 살아가는 방법을 생각하는 것만으로도 이미 상당히 안정된 마음을 가지게 될 것이다.
　만약에 자신이 경영자라서 많은 사람들을 다스리는 입장이라면 이 오행론을 더욱 확대하여 활용하게 될 것이다. 그러한 경우 기본적인 능력을 판단하기 이전에 나이에 어울리는 일자리를 맡기는 것이다.

　대략적으로 초급 사원이 木에 해당할 가능성이 많다고 본다. 그러한 사람들은 대단히 활발한 창조력과 추진력을 가지고 있다. 그리고 약간의 산만함도 재산이라면 재산이다. 사실 나이가 든 직원은 웬만하면 그냥 넘어가고 어서 집으로 돌아가서 편안하게 쉬고 싶어한다. 그렇지만 木의 기운이 왕성한 젊은 사원들은 밤을 새워가면서 자신의 분야에 흥미를 가지고 뭔가 성과를 찾아내려고 애쓴다. 그러므로 이러한 자원을 활용하는 것은 순전히 운영자의 안목에 따른 이익이라고 볼 수 있다.

그리고 火에 해당하는 나이에 속하는 사람들은 기획 단계에서는 어울리지 않는다. 木에 해당하는 사람들은 기획부에서 이리저리 활발한 궁리를 하는 데 제격이지만, 火에 해당하는 사람들은 뭔가 한 가지 일에 전념하는 것에 더욱 흥미를 가질 것이기 때문이나. 그러니까 기획을 마친 상태에서 일을 추진하는 단계로 접어든다면 이렇게 추진력이 산만하지 않은 연령의 사원을 이용하는 것이 유리할 것이다.

그리고 추진된 일이 어느 정도 정리되는 단계로 접어든다면 이곳에서는 교통 정리를 잘하는 직원이 제격이다. 즉 土의 특성을 살려서 정리정돈 잘하고, 상벌(賞罰)도 공정하게 처리하게 한다. 土에 해당하는 사람들은 아무도 불만이 없도록 허리의 역할을 충실하게 해낼 수 있을 것이다. 그리고 이 단계쯤 된다면 아마도 회사 내에서 어느 정도 영향력이 있는 사람들이 많을 것이다. 40대라면 나름대로 어떤 일에 대해서 일가견이 있을 나이라고 본다. 요즘 왕왕 일어나는 40대 돌연사도 그 이유를 나름대로 생각해보면, 土에 해당하는 사람들에게 木에 해당하는 일을 시키니까, 제풀에 木의 극을 받아서 죽는 것이라고 말할 수 있을 것이다. 40대는 참으로 어중간한 나이이다. 최첨단 교육을 받고 올라오는 신입사원들과 구닥다리 기술만 가지고 스스로 기술자라고 큰소리 빵빵 치는 간부들 사이에서 이러지도 못하고 저러지도 못하는 40대의 인생관은 갈피를 못 잡고 흔들리게 된다.

그 나이에 새로운 일의 설계를 맡긴다면 木의 일을 하는 셈이다. 그렇게 되니 젊은 사람이라면 신명이 나서 지칠 줄도 모르고 설칠 일이건만,

40대는 미리부터 주눅이 들어서 시작한다. 그러니 일이 활발하게 진행이 되겠는가? 이미 영어를 배우고 컴퓨터를 만지고 할 나이가 아닌지도 모른다. 물론 스스로 좋아서 한다면 예외겠지만, 상부에서는 아직도 궁리만 하고 있느냐고 호통을 칠 것이고, 이미 젊은 후배들은 계획서를 속속 갖다 올리니 정말 죽고 싶은 마음이 들지 않을 수가 있으랴…… 그러한 마음이 스스로 몸에 병을 만드는 것이다. 인과의 세계에서 즐겁지 않은 마음으로 일을 하면 틀림없이 몸의 어딘가에 그 찌꺼기가 남아서 독소가 되는 것은 너무나 당연하다.

그러니 土에 해당하는 나이를 먹은 사람에게는 그에 어울리는 일을 주었을 적에 가장 효율적으로 일을 하게 된다. 젊은 과장들이 요절을 한다는 것은 국가적으로나 가정적으로나 대단히 큰 손실이다. 더욱이 회사로서는 그 손실이 막대함은 물론이다. 한창 일을 할 나이에 죽어버린다는 것은 사업이라는 주제를 놓고 볼 때 엄청난 피해가 아닐 수 없다.

이러한 피해가 나타나는 데에는 그 사람 본인에게도 문제가 있겠지만 일단 운영 체계에도 문제가 있는 것이라고 본다. 그렇다면 사람의 나이는 土에 해당하지만 회사의 운영상 그 사람이 해야만 할 일이 木에 해당하는 일이라면 어떻게 하겠는가? 이것은 운명학적으로 답변을 해야 할 영역인 듯하다.

그럴 경우에는 그 사람이 태어난 날이 바로 木에 해당하는 사람들을 시키는 것이다. 비록 나이는 40대이지만 항상 새로운 일거리를 만들고 벌이는 사람이 있다. 이들은 기본적으로 木의 영향을 많이 받고 있는 갑을일(甲乙日)에 출생한 사람들이 많다. 그러니까 이렇게 1차적으로 선택해야 할 일이 있고, 또 2차적으로 고려해야 할 일이 있다.

특히 수백 명이나 수천 명의 대가족을 거느린 그룹의 인사 담당자는 당연히 이러한 이치를 알아야 한다. 이것이 결국 회사를 위하는 일이고,

개개인의 가정을 위하는 일이고, 나아가서는 이 사회가 보다 행복한 사회가 되는 데 대단히 중요한 역할을 하는 것이라고 본다. 전망이 좋은 일은 자신에게 잘 보이는 사람에게 맡기고, 출세에 별로 도움이 되지 않는 자리에는 미운털이 박힌 사람을 앉힌다면 필시 그 회사는 무너지고 말 것이다. 이렇게 오행의 이치대로 사원들을 적재적소에 두어 자신의 능력을 발휘하도록 하는 회사와 자신의 적성과는 상관없이 맡은 일에 스트레스를 받아가면서 일하게 하는 회사의 분위기는 분명히 다르게 마련이다.

그러고 보면 정작 인사 담당 부서에서는, 土에 해당하는 연령의 사람이거나 土의 날에 태어난 사람이 일을 보는 것이 좋을 듯하다. 이 사람들은 항상 사적인 감정보다는 미리 타고난 중용(中庸)의 정신을 발휘해서 공익을 먼저 생각하게 될 테니까 말이다. 중국에도 자신과는 원한 관계에 있는 사람의 아들이고, 자신의 아들과는 라이벌인 사람을 개인적인 감정에 연연하지 않고 그 사람의 능력에 따라서 일을 맡겼다는 고사가 있는데 이는 지금 보아도 너무도 아름답다는 생각이 든다.

다음으로 金의 나이에 해당하는 사람은 어떤 일의 결실에 해당하는 부분을 맡기는 것이 좋을 것이다. 대략 잡아서 50대가 되겠는데, 이런 사람에게 아이디어를 내어보라든지 컴퓨터 교육을 새로 받지 않으면 다음 승진에서 잘라버린다고 협박하는 일은 참으로 영양가 없는 운영법이라고 생각한다. 이러한 연령에 속하는 사람들에게는 나름대로 결실에 대한 안목이 있다. 이것을 높이 사지 않는다면 재능을 제대로 활용하는 사람이라고 볼 수 없다. 그래서 항상 최고의 결실을 책임지는 자리는 이러한 예비 사장들이 맡는 것이 좋다고 본다.

그리고 마지막으로 水에 해당하는 연령의 직원들은 원로급에 해당하는 자문 기구에 종사하면 어떨까 싶다. 60평생을 살아오면서 얻은 여러 인생 여정을 통해서 木火土金의 모든 과정을 거쳐왔으니 정말로 돈으로는 살 수 없는 멋진 앨범이 속에 들어 있는 것이다. 바로 이것을 현실적으로 잘 도입해야 뿌리가 깊은 운영이 될 것이다.

흔히 참모라고 말하는 직책도 여기에 해당한다. 그래서 항상 깊이 궁리하고 지혜를 발전시키는 사람들은 이렇게 원로원에서 운영 전반에 걸쳐 적절한 조언을 해줄 것이다.

중국인민당의 대회를 할 때 보면 나이가 지긋한 할아버지들이 단상에 주욱 앉아 있다. 이것은 아무리 할인을 해서 보더라도 저력이 있는 나라라는 생각이 드는 것을 감출 수가 없다.

이렇게 각자의 나이에 맞게 일을 처리하도록 운영하는 것이 곧 회사가 발전하는 지름길이라고 생각한다. 그리고 나이가 비슷할 경우 각기 타고난 오행의 기준에 따라서 재배치하는 것이 한수 멀리 내다보는 안목이라고 하겠다. 간단하다면 간단한 오행의 원리가 이렇게 응용하기에 따라서는 많은 차이가 날 수도 있다는 것을 상기하면서 이 장을 마무리한다.

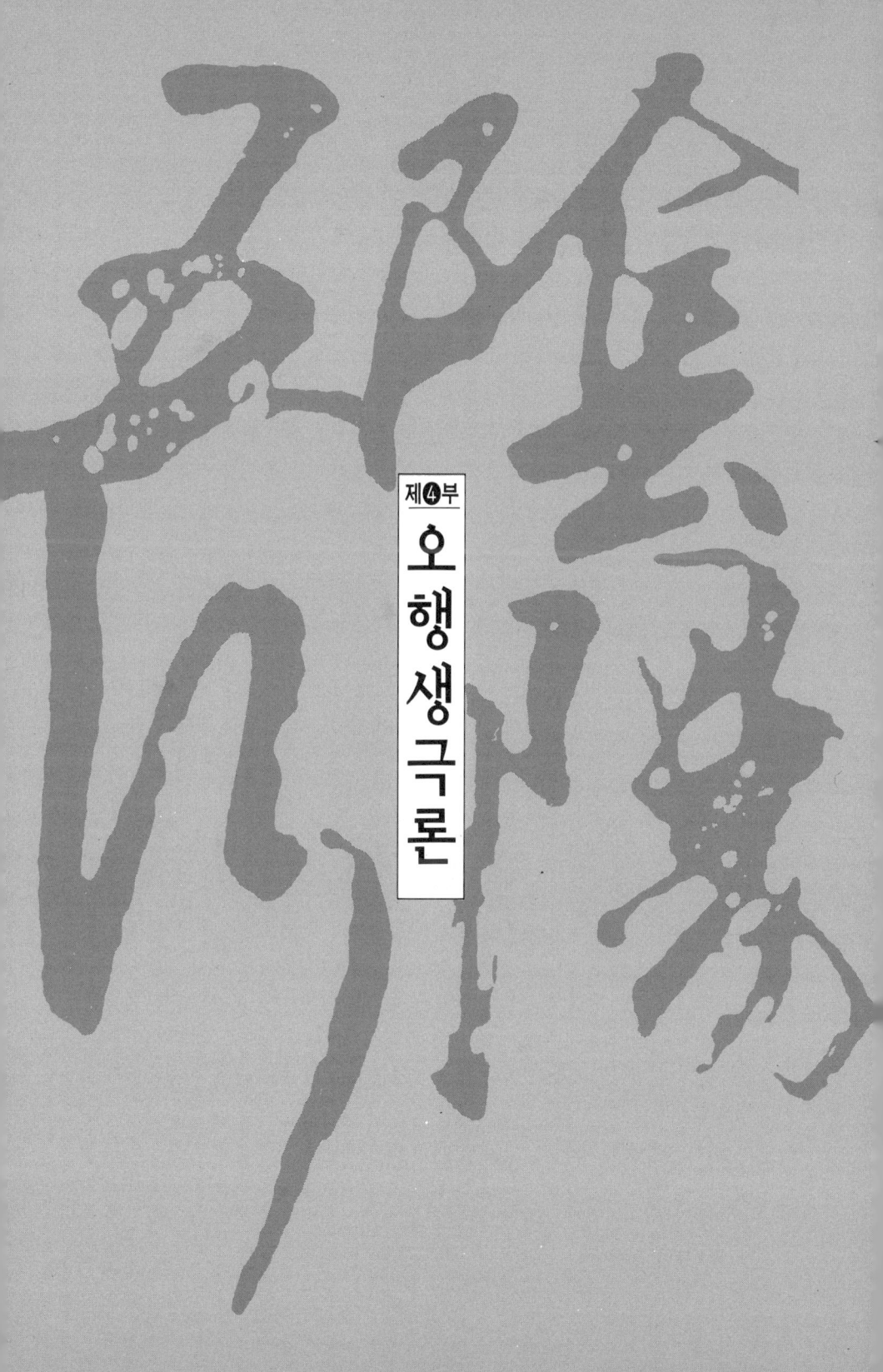

제4부
오행생극론

기본적인 오행이 독립된 상태에서는 그 형상을 추리하기가 오히려 간단하지만, 서로 만나서 일이 발생하는 과정에서는 대단히 복잡한 변화를 불러일으키게 된다. 서로 만나는 경우, 서로 좋아하는 관계가 있는가 하면, 혹은 서로 싫어하는 관계도 있다. 이름하여 오행생극(五行生克)이라고 한다. 이 生하고 剋하는 관계를 음미하면서 비로소, 개별적으로 행동하는 오행의 원리가 복합적으로 얽히고 설켜서 전혀 새로운 변화를 추구하기도 하고 기본적인 형상에서 다른 것으로 발전되기도 한다는 것을 알게 된다.
　이렇게 공부를 해가면서 오행의 참모습을 이해하게 될 것이다. 이는 언뜻 생각하기에는 간단한 듯싶지만 그렇지 않다. 실제로는 상상외로 놀랄 만큼 복잡다단하게 변화한다. 차근차근 분석을 해가면서 이해해보기 바란다.
　먼저 오행의 상생과 상극을 표로 한번 알아보자.

	木	火	土	金	水
相生	水가 생함 火를 생함 木生火	木이 생함 土를 생함 火生土	火가 생함 金을 생함 土生金	土가 생함 水를 생함 金生水	金이 생함 木을 생함 水生木
相剋	金이 극함 土를 극함 木剋土	水가 극함 金을 극함 火剋金	木이 극함 水를 극함 土剋水	火가 극함 木을 극함 金剋木	土가 극함 火를 극함 水剋火

상생(相生): 오행이 서로 도와주는 관계를 맺으므로 긍정적으로 보고 또 양적(陽的)이라고도 본다. 그 관계가 서로에게 가정적인 분위기를 가지는 부분이다. 서로 보호하고 생해주는 의미인데, 대개는 좋은 의미를 나타낸다. 좋은 것이 좋다는 의미인데, 경우에 따라서는 생이 오히려 병이 되는 수도 있으므로 한 가지 경우로 한정하는 것은 금물이다.

상극(相剋): 오행이 서로 공격하는 관계를 맺어 발생하는 음적(陰的)인 현상이다. 생의 반대 개념으로 극이 쓰이기 때문이다. 그렇지만 또 경우에 따라서는 극도 묘약이 될 수가 있다. 비상을 잘 써야 명의가 될 수 있듯이. 이 극은 비상과도 통하기 때문이다.

여기에서 다시 음양론을 볼 수 있다. 생극(生剋)은 바로 관계의 음양이기 때문이다. 생은 긍정적인 관계를 의미하고, 극은 부정적인 관계를 의미한다고 말할 수 있다. 그런데 이 생극은 필요불가결한 요소이므로 어느 한쪽은 좋다고 하고, 어느 한쪽은 싫다고 해서 될 문제가 아니라는 것도 알아둬야 하겠다. 내 자식만 예쁘다고 하는 어머니가 자식이 남들에게 두들겨맞거나, 시달림을 받는 것이 싫어서 일평생 동안 치맛속에다 넣어놓고 기른다면, 그 자식은 장차 스스로 밥도 떠넣지 못하는 불구자(?)가 될 가능성이 매우 높다.

이 사회에서 부딪쳐서 깨지기도 해보고, 또 당해보기도 하면서 그렇게 살아가야 어머니가 돌아가신 다음에도 능히 스스로의 문제를 스스로 해결하는 강인함이 생기는 것이다. 어리석은 사람은 그 마음 속에서 생만을 좋아하고 극을 싫어하기 쉬운데, 이런 사람은 틀림없이 위에서 말한 어머니와 동일한 마음을 가지고 있는 것이다. 어느 한쪽으로만 치우쳐진 사람이 살아가기에는 이 사회의 구조가 너무나 복잡하게 생겼다.

달콤한 행복만을 추구하는 것이 희망 사항이 될 수는 있겠지만, 현실적으로는 거의 불가능하다는 것을 대개는 알고 있다. 행복한 삶이 지속되기 위해서는 반드시 끊임없는 정진이 따라야 한다는 것이 너무나 당연하기 때문이다. 그러기 위해서는 우선 가정이 안정되어야 하는데, 그러려면 일터에서 쉼없이 일을 해야 한다. 물론 한꺼번에 돈을 왕창 벌어놓으면 된다는 꾀를 생각해낼 수도 있겠지만, 그렇게 떼돈을 벌기 위해서는 당연히 남들보다 더 많이 궁리해야 한다. 물론 그 방법의 선악(善惡)은 생각하지 않겠다. 어떻게 하든지 행복만을 추구한다는 것이 전제가 되기 때문이다.

그러니까 사기를 치든지, 강도를 하든지, 그 문제는 간섭하지 말자는 것이다. 다만 물질적인 풍요가 행복에 상당한 기준이 되는 것이 사실이므로 재물을 모으기 위해서는 그만한 노력이 필요하다는 것을 이야기하는 것이다. 어느 벗님은 명리학은 윤리감이 없다는 말을 하였는데, 사실이라고 생각된다. 도둑을 업으로 삼는 사람이 운이 좋다는 말은 그만큼 많은 물건을 훔칠 수가 있다는 의미이다. 그런데 훔치는 것을 좋다고 하므로 윤리감이 없다는 것이었는데, 윤리 분야는 도덕(道德)이 맡아야 할 것이다. 만약에 우리 명리학이 윤리에 대한 것마저 언급한다면 어디 학문이라고 하겠는가? 그야말로 전천후 종교가 될 것이 아닌가.

학문은 어디까지나 학문이다. 학문이 그 이상으로 월권을 한다면 자연히 혼란이 발생된다. 그 이상의 영역은 또 다른 분야에서 담당할 것이기 때문에 그들의 영역으로 남겨주자는 것이 낭월이의 생각이다. 그리고 이 학문에서는 길흉에 대해서만 논한다. 물론 깊이 들어가면 청탁이든 심리 문제든 모두 언급하겠지만, 크게 나눠서 본다면 길흉에 대해서 논한다고 해도 틀리지 않을 것이다.

따라서 도둑놈의 길함과, 사업가나 교육가의 길함이 서로 원천적으로는 다르지 않다고 보는 것이다. 도둑도 도둑 나름대로 최선이 있기 때문에 그것에 대해서 좋은가 나쁜가 하는 것에는 명리학적인 해석이 따르게 마련이다. 어떠한 경우든지, "도둑질은 나쁘므로 좋은 운이 와도 작용을 하지 않는다."는 등의 공자님 같은 말을 하는 것은 명리학의 영역이 아니다.

만약에 이렇게 공자님의 잣대를 가지고 조언을 한다면, 참다운 카운슬링이 이뤄지지 않을 것이다. 가정에서 부인이 남편 몰래 애인을 가지고 있어서 이 문제가 고민스러워 상담을 의뢰하는 경우가 허다하다. 그러한 경우에 공자님의 답변을 해준다면 그 사람은 명리가를 찾을 이유가 없는 것이다. 명리가에게 질문을 하는 것은 오로지 운명적으로 그 결과가 어떻게 될 것인가를 알고 싶은 것이다. 그러므로 그 사람의 사주에 따른 답을 들려주는 것이 올바른 상담이라고 생각한다. 그리고 윤리적인 문제는 인과응보(因果應報)의 차원에서 이야기하면 될 것이다.

이러한 것들이 사회에서 전개되는 음양이라고 본다. 음이 있고, 양이 있는 것이 사회의 현실이다. 그 모두를 다 인정하고 중립적인 마음으로 해석을 하는 것이 올바른 명리가의 안목이 아닐까 하는 생각으로 이러한 말씀을 첨가하는 것이다. 이 모두가 사회살이를 이끌어가는 데 하나같이 필요한 구조들이라고 생각하자는 것이다. 그들 자체의 선악은 생각할 것 없이……

제1장
오행의 상생

 오행은 각기 좋아하는 글자가 있는가 하면 싫어하는 글자도 있다. 어느 오행을 얼마나 싫어하고 또 얼마나 좋아하는지를 잘 이해하는 것이 앞에서 배운 오행의 이치를 좀더 깊이 궁리하는 실마리가 되리라고 본다. 그럼 먼저 상생(相生)이라는 것을 놓고서 한번 생각해보자. 상생이라는 것을 글자로 봐서는 서로 생한다는 뜻이다. 그렇지만 실제로는 서로라기보다는 일방적인 생이라는 말이 더 어울린다.
 그러나 크게 보면 결국 서로 생함이 되기는 한다. 그리고 더욱 깊어지면 이때에는 생이니 극이니 하는 구분조차 모호해진다. 서로가 복잡하게 얽히고 설켜서 극이 생이 되기도 하고, 생이 극으로 변하기도 한다. 이러한 과정으로 가기 전에 먼저 생과 극에 대한 기본적인 것에 대해서 정리를 해둬야 혼동되지 않을 것이다.

1. 木이 火를 生한다

 날이 추우면 사람은 불을 가장 먼저 생각한다. 그리고 불을 생각했다면 자연발생적으로 나무를 찾아서 기웃거린다. 진리라는 것이 크게 어려운 것이 아니라고 생각하고 항상 주변에서 찾는 습관만 길들인다면 언제 어디서나 진리의 노래를 듣게 될 것이다. 사람들은 나무 속에는 불이 숨어 있다는 것을 경험을 통해서 알고 있는 것이다. 바로 이것이 木生火가 되는 간단한 이치이다.

너무 단순하다고 불평하진 않겠지만, 또 다른 관점에서 木生火를 살펴보자. 가령 사람의 경우, 청소년 시절에 무럭무럭 자라나면 자연발생적으로 사랑을 하고 싶어지게 된다. 이렇게 사랑을 하고 싶어지는 것은 木의 기운이 이미 가득 찼다는 뜻도 된다. 그래서 다 자라고 나서는 사랑을 원하는 것이니 이 사랑을 바로 불이라고 본다. 사랑의 불길이라는 말을 너무도 자연스럽게 이해하는 것을 보면 아마도 이것이 타당하다고 생각된다.

그리고 자연에서 살펴본다면 숲이 무성한 산 속에서 가끔 산불이 발생하는 경우가 있다. 물론 등산객들의 실화로 불이 발생하는 것이 대부분이지만, 간혹은 자체에서 불이 발생한다고 한다. 원인은 마른 나뭇가지가 서로 부딪쳐 불이 발생한다고 하는데 옛적에 나뭇가지를 서로 비벼서 불을 얻어낸 것도 이러한 자연적인 원리를 보고서 응용한 것이라고 볼 때에 역시 木生火라는 이치가 있다고 본다. 이러한 몇 가지 사례를 통해 나무는 불을 만든다는 것을 알 수 있다. 그것으로 木은 火를 생한다는 이치를 설명하는 것으로 하자.

나무에서 꽃이 피니……

그리고 또 다른 한 가지의 불이 있다는 것을 말씀드린다. 그것은 열기를 가지고 있는 불이 아니라, 열의(熱意)를 가지고 있는 불이다. 소위 꽃이라는 것을 가리키는 말이다. 보통 불이라고 하면 뜨거운 것만을 생각하기 쉬운데, 이것도 우리 명리학을 연구하는 학자들은 좀 다르게 바라봐야 한다고 본다.

우리 선조들은 뜨거운 불과 화사한 꽃을 별도로 구별하지 않은 것처럼 생각된다. '불꽃'이라는 용어가 있기 때문이다. 불과 꽃이 서로 다른 것임에도 함께 묶어서 사용한 것을 보면 뭔가 암암리에 서로 통한다고 생각한 것은 아닌지 모르겠다. 나무가 불을 생한다는 이유 중에 가장 중요한 것은 바로 이 꽃을 피운다는 점이다. 어떤 나무든지 꽃이 없는 나무는 없다. 혹 기억력이 뛰어난 벗님은 무화과(無花果)가 있는 것을 낭월이는 모르는 모양이라고 하실는지도 모르겠다. 그러나 무화과도 꽃이 있다는 결론을 얻었다고 한다. 그러므로 살아 있는 나무가 생하는 것은 꽃이라고 해야 할 것이다.

사목생화요 생목생화라

"죽은 나무는 불을 만들고, 산 나무는 꽃을 만든다(死木生火 生木生花)."는 말을 만들어봤다. 생목은 꽃을 생하고, 사목은 불을 생한다는 것이다. 이렇게 같은 나무지만 그 형상이 살아 있는가 죽어 있는가에 따라서 나타나는 작용도 당연히 달라진다는 이야기이다.

생화(生花)의 반대는 조화(造花)인가? 귀신은 생화를 싫어한다는 말이 있다. 이것이 사실인지 아닌지는 모르지만, 자신의 조상 묘에는 생화를 갖다 바치면서 이렇게 말한다면 참으로 모순이라는 생각을 언뜻 해본다. 어쨌거나 조화를 신에게 바쳐야지 실수로 생화를 바치면 귀신이 크게 노한다는 이야기를 들은 기억이 난다. 그런데 이러한 이야기에 뭔가 의미가 있어 보인다는 것이 재미있다. 이번에는 또 무슨 이야기를 끌어다 넣으려고 그러는가 하겠지만, 어디를 가든지 농담삼아서 써먹기 좋은 이야기니까 잘 음미해보기 바란다.

귀신은 그 본성이 음습하다. 그래서 낮에는 활동을 못 하고 밤에만 활동을 한다. 낮에는 불이 강한 시간이고, 인간이 활동하는 시간이기 때문이다. 반면에 밤은 물이 강한 시간이고, 물은 음기운이 강한 성분이므로 음기운이 강한 영혼들은 밤에 활동을 하게 되는 것이다. 그래서 귀신에게 시달리는 사람도 주로 밤에 당하게 되며, 낮에는 귀신의 괴롭힘에서 해방되는 것도 그러한 맥락이라고 이해하면 되겠다.

그러니까 귀신은 음성(陰性)이라는 것을 이해하면 충분하다. 음의 성분인 귀신은 양의 성분인 불을 싫어한다. 불 중에서도 불의 핵심이라고 할 수 있는 담배의 진을 가장 무서워한다. 불을 얼마나 싫어하면 불의 색깔인 붉은 색조차 쳐다보기를 두려워하겠는가. 그렇지만 실제 생활에서는 귀신은 붉은 색을 좋아하는 것으로 생각했다. 무당들의 알록달록하고 울긋불긋한 차림새를 보면 붉은 색을 좋아한다고 이해된 것을 알 수 있다. 물론 귀신이 담뱃진을 싫어한다는 것도 어쩌면 낭설일 가능성이 많다.

실제로 많은 접신자(接神者)[22]를 보았지만 그들은 하나같이 엄청난 골초들이었기 때문이다. 만약에 참으로 귀신이 담배를 싫어한다면 과연 접신자들이 담배를 피우는 이유가 뭔가부터 설명해야 할 것이다. 그렇게 많은 담배를 피우는 접신자를 보면서 음습한 성분의 영혼이기 때문에 차가운 음기운을 몰아내려고 담배를 그렇게 피워대는 것은 아닐까 생각해봤다. 담배는 불의 성분이기 때문이다.

그건 그렇고, 지금 불을 싫어하는 음계(陰界)의 귀신들은 살아 있는 꽃인 생화도 두려워한다는 낭설을 만들려고 하는 것이다. 이미 서양의 괴기 영화나 만화를 통해서 이러한 이야기를 한두 가지쯤은 접해봤을 것이므로 생소하지 않을 것이다. 그래서 귀신들을 섬기는 제단에는 생화

---

[22] 사람의 몸에 귀신의 영혼이 들어가서 귀신으로부터 전달되는 내용을 질문자에게 답변해주는 사람이다. 보통은 무속인(巫俗人) 또는 무당(巫堂), 만신 등으로 불리며, 서양에서는 심령술사라고도 한다.

를 바치지 않고 조화를 올리는 것이다. 다만 정령(精靈)이라고 부르는 성신(聖神)23)들은 불에 대해서도 마음의 동요를 일으키지 않으므로 생화를 바쳐도 좋아한다고 한다. 왜냐면 정령들은 음계와 인간계를 모두 다스릴 수가 있기 때문이다. 이렇게 꽃과 불이 각기 온도는 다르더라도 본질적으로는 같은 맥락을 가지고 있다는 점에 착안해서 궁리해본 것이다. 이야기 중에는 혹세무민(?)에 해당하는 것도 있겠지만, 재미로 알아두면 해로울 것이 없다고 생각된다. 이렇게 유사한 것에서 생각할 거리를 찾으면 공부는 될 것이다. 이것이 바로 木生火의 또 다른 이치인 것이다.

2. 火가 土를 生한다

木의 원조(援助)로 불이 생겨났다고 본다면, 불은 또 자신의 영역을 확장하고 세력을 키운 후에는 다음 세대에게 자신의 모든 재산을 물려주려고 하는 것이 인지상정이다. 그래서 만들어진 것이 土라고 하는 성분이다. 이렇게 순환되어가는 과정이 톱니바퀴처럼 이어지게 된다. 자연스런 이치에 따라서 왕성한 불은 土를 만들어낸다. 그런데 火가 어떻게 土를 만들어낼까? 일단 가장 원시적인 방법을 생각해보자. 나무의 왕성한 기운에 의해서 불이 생겨났다고 한다면 그 불이 나무의 기운을 이어받아서 활활 타오르고 난 자리가 있을 것이다. 그 자리에는 어김없이 재라고 하는 성분이 남게 된다. 그 재는 결국 기름진 흙으로 변하여 나무를 기를 수 있게 되니 이로써 불에서 흙이 생겨난다는 간단한 이치를 설명할 수 있다.

---

23) 이미 선악의 사슬로부터 자유롭게 승화된 영혼들을 말하는데, 이들은 서원을 세워 인간들이 희망하는 사항을 이뤄주려고 노력하므로 일반적인 영혼과는 등급을 달리하는 것이다.

이런 이치를 사람에게 한번 대입시켜보자. 젊은 남녀가 다 자라면 가슴에 불이 붙어서 사랑을 찾는다고 이야기했다. 그렇게 해서 사랑을 만나서는 가정을 꾸미고 서로가 서로를 이해하면서 오순도순 행복한 합주곡을 연주한다. 이렇게 서로 남남인 두 남녀가 만나서 새로운 가족으로 화합을 이뤄가는 것은 참으로 기적이라면 기적이고 아름다운 일이라면 무엇과도 비길 수가 없는 아름다운 일이라고 생각이 된다. 즉 土라는 것이 음양의 균형이라고 말했는데 남녀가 둘이 만나서 음양의 화합인 중용을 이룬다고 하겠다. 음양이 서로 제각기 놀다가 이제 결합을 이루는 것이니 분명히 음양 화합이라고 할 수 있을 것이다. 이것은 土라고 하는 중용성을 알 수 있는 힌트가 되기도 한다.

나무에서 꽃이 핀 다음에는 무슨 일이 일어나는지 대개는 알고 있다. 꽃의 목적이 무엇이겠는가를 생각해보면 능히 알 수 있는 일이다. 꽃의 목적은 수정(受精)이었던 것이다. 그렇다면 왜 수정을 하는가? 그 목적은 열매를 키우는 일이다. 동글동글한 열매는 아무리 봐도 土의 성질처럼 모나지 않게 생겼다. 아무리 못생긴 모과라 하더라도 그 모습은 역시 둥글다. 약간 울퉁불퉁한 것은 있지만 말이다. 열매라고는 했지만, 실제로 나무의 목적은 씨앗일 것이다. 열매의 과육(果肉)은 씨앗을 멀리까지 운반해달라는 심부름값으로 지불될 것이고, 실제로는 자신의 유전 인자를 포함하고 있는 열매 속의 씨앗을 만드는 것이 목적이다. 그 작은 씨앗만을 만든다면 참으로 간단할 텐데, 수고스럽게도 과일의 육질 부분을 만드느라고 쓸데없는 에너지를 소모하는 것은 또 무슨 까닭인가?

심부름값이라고는 했지만 그냥 순수하게 그것만은 아니다. 가령 나무가 과일의 육질 부분을 모두 제거해버리고 씨앗 부분만을 키운다면 과연 잘 자랄 수 있을까 생각해보면 쉽게 알 일이다. 그리고 보면 씨앗은 또 육질 부분에서 영양분을 흡수하기도 하는 모양이다. 그러니까 열매가 크고 충실해야 씨앗도 결실이 잘되는가 보다. 이런저런 사정에 의해서 꽃이 지고 난 다음에는 열매가 자라는 것이라고 이해를 해본다. 그러니까 꽃이 진 후에 자라나는 것이므로 열매는 土라고 보고, 火生土의 원리를 대입시키는 것이다.

이렇게 생각해볼 때 살아 있는 나무에서는 어떤 일관성을 느끼게 된다. 그렇다면 죽은 나무는 과연 불로 화한 다음에 어떻게 될지 생각해보자. 불이 무엇을 만들어내는 것인지 선뜻 감이 잡히지 않는다. 그래서 이리저리 궁리를 해보지만 역시 만만한 부분이 아니다. 그냥 단순히 재를 만든다는 것은 어쩐지 싱겁기 때문이다. 재를 만든다고 한다면, "LPG는 어떤가?" 하고 물었을 적에 대답할 말이 여엉 궁하기 때문이다. 재는 고사하고 먼지도 남지 않으니 말이다. 이것에 대해서 무슨 말을 하기는 해야 할 텐데, 도무지 적절한 말이 떠오르지를 않으니 말이다. 그런데 궁리를 하다 보면 구태여 대답을 못 할 것도 없다. 이렇게 어떤 상황에 대해서 남에게 설명해주는 것을 일러서 통변이라고 하는데, 한자로 통변(通辯)이라고 해야 할는지, 아니면 통변(通變)이라고 해야 할는지 확신이 서지 않는다. 通辯이라면 변명을 잘하는 것이니까 역시 말 잘하는 것이 되는 셈이고, 通變이라면 변화에 통한 것이니 역시 말을 잘하게 될 것이다. 아무튼 그야말로 설명을 위한 설명이 되어버릴 가능성은 있지만, 그래도 말을 못 하고 머뭇거리고 있는 것은 더욱 나쁘다고 생각되어서 말해본다.

가스가 타버리고 남는 것은 재가 없다. 그렇다면 火는 어디로 갔는가 하고 묻게 되는데, 그 불은 허공중에 보이지 않는 土의 에너지로 화했다고 생각된다. 그리고 그 가스는 천연의 불이 아니다. 천연의 불이 아닌 것을 재료로 삼아서 천연의 진리를 궁리한다는 것은 모델 선정에 문제가 있다고 해야 합당하다. 그렇다면 천연의 가스에는 무엇이 있는가를 생각해보자. 원래 유전에서 가스가 나온다면 그 가스가 나온 다음에는 찌꺼기가 남는다. 천연가스의 입장에서는 원유덩어리가 土라고 해야 하겠다. 물론 土라고 하는 것도 모두 상대적인 면이 강하다. 그래서 가장 적절한 모델은 역시 나무가 불타고 남은 재로써 火生土를 이해하는 것이다. 그것이 가장 손쉬우면서도 합리적인 이해가 될 것으로 본다.

3. 土가 金을 生한다

火의 열기를 받지 않으면 土는 기운이 허약해서 아무 곳에도 쓸 수 없다. 왕성한 불의 기운을 받아서 견실해지면 土는 비로소 金을 생산할 에너지를 축적하게 된다. 土가 金을 생하는 이치는 이암(泥岩)이나 퇴적암(堆積岩)을 보면 실감이 난다. 흙이 쌓여서 오랜 세월이 경과하면 金으로 변한다는 이야기는 이 암석을 보면 이해할 수 있다. 이러한 암석들은 土가 변해서 金이 된다는 것을 직접적으로 보여준다.

그러나 용암(熔岩)이라는 것을 본다면 또한 다른 사이클이 있는 것도 같다. 용암은 火生金하고 金生土하는 순환의 굴레를 가지고 있는 듯해서 말이다. 그런데 다시 생각해보면 용암은 땅 속에서 강력한 불기운에 녹아버린 바위이다. 그러니까 바위가 녹아서 불기운에 끌려다니다가 인연이 맞아서 다시 불기운이 사라지고 본래의 金으로 돌아온 것이라고 하는 게 더욱 타당할 것으로 보인다. 용암은 불이 만들어낸 작품으로 보이지만 사실은 오래 전에 土가 만들어낸 바위를 火剋金의 이치로 극을 받았다가 다시 원래의 상태로 돌아온 것이라고 보고 싶은 것이다.

이렇게 본다면 역시 土生金의 이치가 틀림이 없다는 생각이 든다. 대장간에서 무쇠덩어리를 화구에 넣고 열을 가한 다음에 망치로 두드리고 잘라서 낫도 만들고 칼도 만든 것을 우리가 불 속에서 金이 나왔다고 하지 않는 것과 같다. 그냥 金이 잠시 열을 받았다가 다시 원래의 모습으로 돌아간 것이라고 이해하기 때문이다. 용암도 이와 같은 맥락에서 이해하면 될 것 같다.

사람으로 치면 결혼[土]을 함으로써 중화를 이룬 두 남녀는 결실을 보게 되어 있다. 자식이 생겨나는 것이 그것인데 만약에 가정을 이룬 후에 10년 세월이 흐르도록 자식이 없다면 아무래도 그 가정에서는 화목한 기운이 제대로 발생하기 어려울 것으로 생각된다. 그래서 가장 자연스러운 것은 자식이 생겨나는 것이라고 보는데, 이것을 식물로 본다면 열매라고 하겠다. 열매는 바로 金의 특성인 결실이기 때문이다. 그래서 인생살이에서도 혼자 사는 사람은 혼자 사는 대로 결실이 있게 마련이고, 결혼한 사람은 그대로 土가 만들어낸[土生金] 결실이 있게 마련이다.

요즘 여성들 중에는 자식을 생산하는 대신 자신의 재능을 살리는 경우도 있는데 이것도 어떤 의미에서는 土生金이라고 할 수 있다. 성장을 한 사람이 결혼만 하고서 자식은 짐이 되니까 낳지 않기로 하고 대신 활발한 창작 능력을 발휘하는 경우에 하는 말이다. 그러니까 우리가 취상(取象)을 하면서 항상 중요하게 여겨야 할 것은 본질에 흐르는 정신을 파악하는 것이다. 그냥 단순히 표면적인 것만 봐서는 모순이 되는 듯해도 그 속에 흐르는 정신을 읽게 되면 쉽게 이해가 되어 고개를 끄덕이게 되는 경우가 많기 때문이다.

4. 金이 水를 生한다

金이 水를 生하는 이유를 설명한다면 이렇게 말한다. 바위에서 생수가 나오는데 이것이 金生水의 이치라고 말이다. 바위 중에서도 물맛이 좋은 것은 화강암 지대의 암석이다. 화강암(花崗岩)이 바닥에 깔린 지역에서 나오는 물은 암석의 거친 입자가 찌꺼기를 걸러내고 남은 맑은 물만 나오기 때문이라고 한다. 우리 나라 어디에서 물을 먹어도 물맛이 좋은 이유는 한반도라는 지역이 화강암반이 주축을 이루고 있기 때문이 아닌가 생각된다.

한국 사람은 다른 나라에 가서도 아무 물이나 퍼먹는다고 하는데, 금수강산에서 살면서 물 걱정을 특별히 안 해봐서 그런 모양이다. 그렇지만 중국에서는 아무 물이나 먹다가는 큰일이 난다고 한다. 중국 사람들이 차를 그렇게 열심히 마시는 것도 알고 보면 물이 나빠서 그냥 먹기가 곤란하기 때문이라는 슬픈 이야기를 들어보면, 역시 한국의 물은 정말 복받은 물이라는 생각이 든다. 당연히 한국의 차도 맛이 좋을밖에 더 있겠느냐는 이치도 성립한다.

바위가 많은 나라에서 생성되는 물이 맛이 좋은 약수라는 것을 이렇게 한국의 물 좋은 것으로 설명해보면서 金生水의 이치를 대입시켜보았다. 그런데 한번은 금광에 놀러갔다가 그곳에 계신 어르신이 물에서 金이 만들어진다는 이야기를 하여 깜짝 놀란 적이 있었다. 물이 있는 곳에서 황금이 나온다는 이야기였다. 그래서 가만히 생각해보니까 물이 있어야 金이 나온다는 이야기이고, 그것은 바꿔 말하면 金이 있는 곳에는 물이 있다는 것과도 완전히 같은 의미였다. 그래서 다시 수정을 해서 선후를 설명해봤는데, 가만히 듣고 계시던 노인장은 그럴지도 모르겠다고 하셨다. 오행의 상생 원리에는 그렇게 되어 있다고 말씀드렸는데, 이렇게 간단한 이치에서도 남들과 더불어서 이야기할 거리가 생기는 모양이다.

이러한 金生水의 이치를 인생에는 어떻게 대입시켜 설명해볼 수 있을까? 인생이 결실을 맺고 나서는 물로 돌아가야 하는데, 어떠한 형상을 일러서 물로 돌아가는 것이라고 할 것인가를 생각해본다. 물은 지혜라고 했으니 나이가 들면 지혜가 차라야 한다. 지혜(智慧)와 지식(知識)은 다른데, 지식은 외부에서 흡수해서 많이 아는 것이고 지혜는 내부에서 다년 간의 경험과 연구 정진한 결과가 자연스럽게 우러나오는 것으로 자신만의 깨달음을 통해서 아는 것이다.

그래서 젊어서는 지식이 앞서고 늙어서는 지혜가 앞서는 것이라고 이해할 수 있다. 물이 지혜를 나타낸다고 했으니 당연한 이치라고 본다. 늙어서도 지식만 주워모은다면 정말로 나잇값을 못하는 것이라고 말할 수 있다. 항상 바깥으로만 달리던 마음이 나이를 먹으면 자신의 내면으로 돌아간다. 그래서 스스로 이번 생에서 무슨 일을 했는지도 생각해보고, 그 결산이 남는 장사였는지 아니면 적자였는지도 생각해보게 된다. 그리고 그러한 것들이 바탕이 되어서 독특한 지혜가 발생하는 것인가 보다.

그러니까 젊어서 열심히 살지 않은 사람은 늙어서도 생겨날 지혜가 없는 셈이다. 金이라는 것이 뭉치는 성분인데 열심히 살아보지 않은 사람은 뭔가 뭉칠 것이 없을 테니까 말이다. 이것은 농작물을 보아도 그대로 드러난다. 여름에 넉넉한 태양과 수분을 흡수하고 자란 벼의 알갱이는 굵고 견실하다. 그러나 가뭄과 장마, 그리고 병충해에 시달리면서 결실한 벼는 그 알갱이가 쭉정이로 거둬진다. 그래서 풍부한 수확을 거둔 인생은 서서히 결산을 하는 단계로 접어드는 것이다. 결산을 하고서는 죽음에 대한 준비도 한다. 水는 매듭이기 때문이다. 마치 자신의 모든 경험을 가지고 씨앗으로 돌아가듯이 그렇게 인생의 씨앗을 갈무리하는 것이 노년의 水에 해당하는 시기라고 생각된다.

5. 水가 木을 生한다

이제 水生木에 대해서 생각해보자. 물은 당연히 나무를 기른다. 나무는 물을 먹어야 살아나는 것이니, 水生木은 나무가 물을 먹고 자라나는 이치로 이해하는 것이 가장 빠르겠다. 더 이상 말할 필요가 없다. 그러면 인생으로는 水生木을 어떻게 볼 것인지도 생각해봐야겠다.

인생에서는 水生木의 이치가 참으로 만만치 않은 구석이 있다. 인간은 水의 차원에서 인생을 마무리하고 죽어버리면 끝이 나기 때문이다. 그런데 다시 물이 木을 생한다는 것은 무슨 의미일까?

그 문제에 대해서는 대략 두 가지 정도의 水生木을 생각해볼 수 있다. 그 하나는, 물은 자신이 죽음으로써 나무를 생산한다고 보는 것이다. 그래서 水生木의 이치로 자식을 생산하는 것이다. 자식은 자신이 기른 것이니까 누가 봐도 그럴싸한 이치라고 하겠다. 그렇지만 여기에는 이견이 있을 수 있다. 어째서 木生火에서는 자신이 죽으면서 불을 생하는데도 그렇게 말하지 않고 水生木에 와서만 그렇게 대입하느냐는 것이다. 사실 생각해보면 水生木보다는 木生火가 더욱 자신을 죽이고 불을 생한다는 이치에 합당할 듯하기 때문이다.

이렇게 이견이 있다면 다음 생각으로 넘어간다. 다음의 생각이란 자신의 다음생을 말하는 것이다. 여기서 윤회(輪廻)의 사상이 대입되는 것이다. 윤회는 오직 자신의 다음 순환 고리이다. 항상 주체가 자신이었다는 일관성을 계속 유지하게 되면서, 水生木의 새로운 변화에 대한 설명으로도 충분하다고 보인다. 인도의 윤회 사상이 명리학에서도 그대로 대입되는 실마리가 여기에 있다.

水生木의 이치에서 인간은 윤회를 읽어보게 된다. 이번 생의 경험을 그대로 水에서 저장한 다음에 다음생의 木으로 가지고 넘어간다. 이것이

다음생에 태어날 사주가 될지도 모른다. 만약에 사람으로 다시 태어난 다면 사주라고 하겠지만 사람으로 태어나지 못하고서 다른 동물이나, 천상계에 태어난다면 그것들은 사주로서 기준을 삼을 영역 바깥이기 때문에 하는 말이다. 마치 인간이 들을 수 있는 음파(音波)가 일정한 범위에 있는 파장이라고 하는 것과 같은 예일 것이다.

가청(可聽) 주파수(周波數)는 20헤르츠에서 2만 헤르츠(또는 사이클)라고 한다. 이렇게 소리에도 사람이 들을 수 있는 범위가 있듯이 사주학이 접근할 수 있는 것도 사람에 국한되는 것이다. 이러한 연유로 해서 水生木은 다음생으로 연결되는 고리라고 생각한다. 물론 개인적으로 윤회를 믿지 않으시는 분은 다음생이라는 것보다는 후손이라고 하는 것이 더욱 설득력이 있을 것이다. 하지만 낭월이는 분명히 다음생이 있다고 생각하고 水生木에 대한 의미를 여기에 비춰보았다.

이러한 방식으로 水生木의 이유를 설명해보았다. 하지만 이유야 어떤 것을 대입하든 상관이 없다. 중요한 것은 오행 상생을 기억해야 한다는 점이다. 자평명리학에서는 오행 상생의 원리가 매우 중요하게 쓰이기 때문이다. 이렇게 해서 오행이 서로 생해주는 관계에 대해서 설명을 드렸다. 이 이치는 장차 사주 공부를 해서 자신의 운명을 들여다보게 될 때 아주 중요한 역할을 하게 된다.

이러한 기본적인 이치를 소홀히 한다면 아무리 30년 간 공부를 한다고 해도 본질적인 것에 접근하기가 어려울 것이다. 그러니까 이런 것에 대해서는 확실히 이해하는 것이 상책이라는 말씀으로 오행 상생에 대한 이치를 맺는다.

제2장
육행은 무엇인가

지금까지 오행에 대해 설명해드렸는데 "이번에는 또 웬 육행(六行)?" 하고서 의아해하는 분도 계실 것이다. 그러나 좀더 열심히 진리를 찾아 다닌 분이라면 "아, 그거!" 하면서 고개를 끄덕일 것으로 생각된다.

낭월이가 한창 오행에 대한 이치에 몰두해 있을 즈음에 흥미로운 한 서적을 발견했다. 그것은 《진역경(眞易經)》이라고 하는 제목의 책이었다. 제목이 맘에 끌려서 얼른 펼쳐봤는데, 여기에서는 기존의 확고 불변의 법칙으로 여겨오는 이론인 오행을 전적으로 오류라고 하면서, 육행이라는 새로운 원리를 제정하고 있었다. 육행이 우주의 모양이라는 것이었다. 그래서 혹 오행을 공부하면서도 이 육행이라는 것에 관심을 가져본 벗님이라면 한번쯤 반문을 해봄직하다는 생각이 들어서 당시에 생각해본 것들에 대해서 몇 마디 의견을 말해보려고 한다. 물론 낭월이가 생각해본 것이 이치에 합당하지 않을 수도 있지만, 그냥 입을 다물고 있는 것보다는 이렇게 이야기를 함으로써 또 다른 새로운 이론을 이끌어내는 촉매 역할을 하게 된다면 충분하다는 생각에 마음을 내어본다.

1. 육행의 상생법

육행의 상생 규칙은 오행의 기준으로 볼 적에는 상당히 다른 면이 있다. 이것은 이진진(李眞進)이라는 분이 어떤 깨달음을 통해서 알게 되었다고 하는데, 이분의 이야기를 박경진이라는 분이 정리한 것으로 되어 있다. 지금부터 이 책에서 주장하고 있는 이론의 대체적인 내용을 설명 드려본다. 기존 이론으로 본다면 상당히 황당한 면도 있다고 생각되겠지만, 오히려 상당히 수긍할 수 있는 면도 있다. 그러므로 당연하다고 생각되는 오행의 상생설에 대해서 한번쯤 반문해보는 것도 유익할 것이라는 생각으로 말씀을 드린다.

水生木: 물에서 나무가 생한다(기존오행론과 일치).
木生土: 나무는 죽으면 흙이 된다(오행론과 대치).
土生火: 토에서 열이 발생한다(오행론과 대치).
火生金: 열을 받아야 금이 된다(오행론과 대치).
金生氣: 금에서는 기운이 나온다(오행론에 없음).
氣生水: 기에서 물이 생한다(오행론에 없음).

이렇게 상당히 다른 배치를 통해서 육행의 상황을 설명하고 있어 참으로 흥미가 동했다. 만약에 이러한 이치가 사실이라면 기존의 오행론을 모두 뒤집어엎어버리는 획기적인 내용이 될 것이기 때문이다. 그러면 그 내용에 대해서 간결하게나마 분석을 해보도록 하겠다.

2. 木生土이다

水生木에 대한 이치는 서로 동일하므로 구태여 다시 언급할 필요가 없다는 생각이 들어서 곧바로 木生土에 대해서 생각해보도록 한다. 이 우주에는 木生土와 같은 구조로 상생의 고리가 연결되어 있다고 한다. 그에 대한 설명은 대충 다음과 같다.

木生火는 잘못된 이론이다. 생나무에서 어떻게 불이 나오겠는가? 나무가 죽어서 썩어야 열이 발생하는 것이지, 나무가 불에 탄다는 이론은 합리적이지 못하다. 자연적으로 말라죽은 나무는 아무 불도 만들지 않고 그냥 땅에 넘어져서 썩게 된다. 나무가 썩는다는 것은 土가 된다는 것이다. 죽은 나무는 土라고 보는 것이다. 여기에서 土라고 한다 해서 부슬부슬한 土를 생각할 것만은 아니다. 생명이 끊어진 동물이나 나무는 모두 土라고 보는 것이다. 이것이 바로 木生土이다. 즉 木生火라고 하는 말은 관찰력이 부족한 안목이고 木生土가 가장 자연스러운 모습의 흐름이라고 봐야 하는 것이다.

여기에서 한 가지 집고넘어가야 할 것이 있다. 기존의 오행관으로 본다면 마른나무나 생나무나 모두 木으로 보는데, 여기서는 생명이 떨어진 나무는 土로 본다는 점을 혼동하지 말아야 하겠다. 오행관으로는 부슬부슬하거나 단단하거나 나무를 심을 수 있는 형태의 土를 土라고 하는 데 반해서 이 이론은 일단 나무가 생명력을 잃으면 土가 되기 때문에 기존의 土에 대한 시각으로는 상당히 혼란스러운 점이 있다고 보겠다.

■ 죽은 나무는 土인가

여기에서 잠시 이견을 제시해본다. 나무로 만든 가구(家具)가 있다고 한다면 그것을 목제(木製) 가구라고 하지 토제(土製) 가구라고는 하지 않을 것이다. 가장 일반적인 상식이 진리에 가깝다고 본다면 木生土의 설은 일단 모순을 갖고 있다고 생각된다. 그리고 동양이 아닌 서양의 시각으로 볼 적에도 죽은 나무라고 하는 성분을 흙의 구조로는 이해하지 않을 것이라고 생각된다. 흙과 죽은 나무와의 사이에는 상당히 많은 차이가 있어 보이기 때문이다.

그렇지만 일반적으로 당연하다고 생각하는 것이 어쩌면 틀린 것일 수도 있다는 생각을 해본다. 지동설(地動說)이 인정받기까지는 수백 년의 시간이 걸렸다는 것이 생각나서이다. 그처럼 육행의 이치가 사실은 참으로 자연의 모습일는지도 모른다. 그래서 어쭙잖은 낭월이가 여기에서 어떤 것이 옳고 틀리다고 이야기할 수는 없다. 다만 이러한 이론이 있으니 벗님들이 어떻게 생각하든 참고삼아 알아두시라는 의미가 더 크다. 물론 개인적인 생각이야 기존의 오행설을 더 지지하는 입장이지만, 그렇다고 해서 내가 알고 있는 것만 옳다고 하는 것도 학문을 연구하는 올바른 자세라고 볼 수 없기에 잠시 함께 생각해보는 것이다.

3. 土生火이다

다음으로 土가 생하는 것은 불이지 金이 아니라고 하는 것이다. 시체나 나무가 土로 화하면 그곳에서 열이 난다. 열이 나는 것도 자연 발생적인 상황을 이해해야 하는데, 나무에서 열이 난다는 이론보다는 土에서 열이 난다는 이론이 더욱 합리적이라고 보는 것이다. 그리고 이러한 이야기는 상당히 일리가 있다고 생각된다.

그러니까 나무가 죽으면 그 나무가 土가 되고, 그 土에서 열이 나는데, 그 열은 土生火가 된다는 순서를 설정하는 것이다.

▣ 오행론으로는 어떻게 土生火를 볼 것인가

오행의 관점에서는 자연 발생적인 木生火를 어떻게 설명할 수 있을는지 생각을 해본다. 우선 나무가 썩으면서 열이 난다는 가설을 세워본다.

나무가 썩으면 열이 나는 것이니 이것을 木生火라고 하고, 또 썩고 나면 土가 되는 것이니 火生土라고 할 수가 있다. 즉 이름은 달라도 결국 나무가 썩어서 土가 된다는 것은 같다. 그러면 과연 나무에서 열이 먼저 나와 土가 되는 것인지 아니면 土가 된 다음에 열이 나오는 것인지를 알아보는 것이 중요하다. 그런데 이미 앞에서 죽은 나무를 土라고 보기에는 약간 문제가 있다고 이야기한 바 있다. 그것과 연계해 여기에서도 죽은 나무를 土로 보고 土에서 열이 나온다고 하기보다는 나무에서 열이 나면서 서서히 土가 되어간다고 접근해보는 것이 더욱 자연스럽지 않을까 생각된다. 일례로서 퇴비를 생각해본다.

봄이나 초여름에 생풀을 베서 쌓아놓으면 이것이 발효가 되어서 거름을 만들게 되는데 이것이 퇴비이다. 그렇다면 이 풀들은 어떻게 土로 변화하는가를 살펴보자. 아마 길 가는 사람에게 이것을 물어본다면 아무래도 나무가 열이 나면서 썩어서 土가 된다는 쪽에 표를 던질 것이다. '민심이 천심'이라는 말이 전혀 의미가 없다고 하지 않는다면 이러한 방식도 참고가 될 것으로 본다. 그래서 가장 자연스러운 이치는 火生土라고 할 수 있다. 土生火라고 하는 것은 자연의 원리와 통하는 좀더 타당한 이치를 찾아내야 보편적인 이론으로 받아들여질 수 있으리라 생각된다. 따라서 우선은 火生土로 기억하도록 하자.

4. 火生金이다

사실은 낭월이가 육행설에 대해서 부시하려고 해도 그렇게 하지 못하는 것은 바로 이 火生金이라고 하는 이론을 반박하기가 어려워서이다. 火生金이라는 이론은 이미 오행설에 나와 있는 대목이기도 하기 때문이다. 여기에서 이런 이야기를 하는 것이 이야기의 진행상 조금 이른 감이 있지만, 아마도 대다수의 벗님들은 이미 다른 책들을 통해서 알고 계실 것이라는 생각으로 말씀을 드린다. 혹 이해가 되지 않는다면 그냥 넘어 갔다가 나중에 지지(地支)에 대한 공부를 하고 나서 다시 와서 읽어보면 모두 이해가 될 것이다.

巳火는 金의 생지(生地)이다. 물론 巳酉丑의 금국(金局)을 형성하는 데 맨 처음으로 있는 巳火는 金의 생지라는 말이므로 당연히 火生金이라고 이야기한다면 이것을 틀리다고 하기에는 꺼림칙하다. 그리고 火와 金과의 관계는 뭔가 서로 명확하게 해명이 되지 않은 어떤 것이 있는 것으로 보인다. 이러한 미묘한 관계가 있음으로 해서 火生金이라는 이론에 대해서는 많은 생각을 하게 한다. 함께 명리학 공부를 하고 있는 벗인 동해(東海) 선생은 계속 이 火生金을 문제삼아 궁리하고 있기도 하다. 동해 선생도 항상 火生土라기보다는 火生金이라는 말이 더 자연스러워 보일 때가 종종 있다고 말을 전해준다.

동해 선생이 그렇게 보는 이유를 다음과 같은 그림을 통해서 설명해 보도록 하겠다.

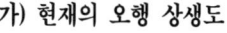

가) 현재의 오행 상생도   나) 火生金의 오행 상생도

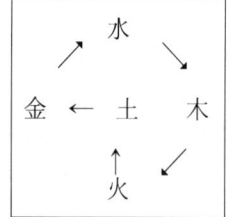 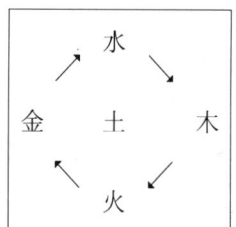

가)의 그림처럼 오행의 상생도를 현재의 구조로 연결지어보면 金에서

부터 水, 木을 거쳐서 火까지는 잘 연결되다가, 金과 연결되어야 할 자리에서 土로 일단 (동해 선생의 표현을 빌리자면) 일그러졌다가, 다시 金으로 진행하는 모습은 자연스럽지가 않은 형상이다.

나)의 그림에서는 자연스럽게 화살표가 원을 그리고 있다. 우선 보기에는 당연히 나)의 그림이 편안해 보이는 것이 사실이다. 그리고 이렇게 평소 의문을 가진 차에 《진역경》에서 火生金이 옳다고 하는 이야기를 읽고서는 매우 흥미를 보였던 것이다. 낭월이가 보기에도 일단 자연스럽다는 점에서는 나)의 도형을 취하고 싶지만, 한 가지 문제가 있다. 오행의 모형도로서 이러한 그림이 과연 타당하겠는가 하는 것이다. 이렇게 원을 그리고 있는 것이 자연스러운 것이라고 보장할 수 없다는 게 전적으로 수긍할 수 없는 이유이다. 일단 이 문제는 이 정도로 하고, 《진역경》에서 보는 火生金의 이유를 살펴보도록 하자.

지열(地熱)의 강력한 불기운은 화산으로 솟구치는데, 그 화산에서 바위가 형성된다. 이른바 용암이 그것이다. 땅속의 열은 土가 만들어낸 것이고, 그 열은 다시 金을 만들어낸다. 이렇게 오행이 흘러간다고 보는 것이다. 지구과학적으로 분석한 견해라고 생각되는데, 매우 타당성이 높다는 생각이다.

그리고 기존의 오행에서도 火生金의 이치가 존재하는 것으로 봐서 이 부분에 대해서는 좀더 깊은 연구가 필요하다고 생각된다. 격국용신의 항목에서도 나타나지만, 火와 金과의 관계는 생각하는 것보다 복잡한 무엇이 있다. 특히 법이라면 법이라고까지 할 만한 이론 중 하나인 "금수상관(金水傷官) 희견관(喜見官)"이라는 말이 명리학의 고서(古書)에 항상 자리를 차지하고 있다는 것만 봐도 참 묘한 관계라고 생각된다.

火生金과 오행 배치도의 연구

앞에서 그림을 보여드렸지만, 여기에서 다시 좀더 깊이 생각해보도록 하겠다. 왜냐하면 이 분야에 대해서는 뭔가 석연치 않은 점이 있어서이다. 그래서 가능한 한도 내에서 좀더 생각했던 점을 언급하고 넘어가야 각자 연구하시는 데 참고가 될 듯싶어서 부연 설명을 해보려고 한다.

다) 木火金水와 土의 관계

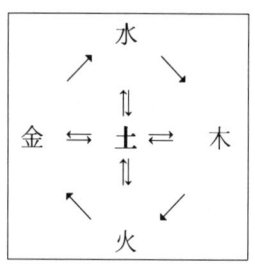

이 그림을 보자. 기본적으로 오행이 서로 자신의 위치에서 있으면서 중앙에 있는 土와 서로 연관을 맺고 있는 형상이다. 수학에서 양방향 화살표가 무엇을 의미하는지는 모르겠지만, 우선 느낌상 서로 연관을 맺고 있는 것으로 보여서 끌어다가 넣어봤다. 이 그림만으로 보면, 水生木, 木生火, 火生金, 金生水하는 방향은 일방향이다. 서로 연관이 있는 것이 아니라 그냥 일방적으로 생해주는 순환의 고리로 이해하면 되겠다. 그리고 土와 水, 土와 木, 土와 火, 土와 金의 관계는 상호 교류의 형태를 띤다. 이 모델도 앞서 말했던 동해 선생이 제기한 것인데, 음미해볼 가치가 있을 법해서 끌어들였다.

이러한 상황을 이해해보건대, 아마도 金과 火의 사이에는 단순히 극만 존재하는 것은 아닌 듯하다. 그렇지만 현재로서는 달리 火生金의 이론을 대입시켜볼 방법이 없는 것이 아쉽다. 만약 이러한 이론을 뒷받침할 만한 실험이 이뤄진다면 火生金의 이론은 별도로라도 한번 대입시켜보고 싶은 심정이다. 그러나 실제로 사주를 대입해보면, 火生金으로만 봐서는 사람의 길흉을 맞게 볼 수가 없다는 것을 늘상 확인하고 있다. 즉, 金으로 태어난 사람이 불이 많으면 그 사주는 허약하다는 것으로 말해야 실제 상황에 적용이 되기 때문이다. 이것은 이론과 실제 사이에서 학자의 고뇌로 남는다는 생각을 해보면서 이 정도로 마무리한다.

土生金은 어떻게 할 것인가

앞에서도 살펴보았지만 매우 어려운 부분이라고 생각이 된다. 火生金이라고 하려면 土의 위치가 애매해진다는 것이 제일 큰 문제이다. 도형상으로는 火生金이 옳다고 하더라도, 실제로 현재의 자평명리학에서는 土生金이라고 하는 규칙이 정해져 있고, 여기에 따라서 간지가 배열되어 있는 것도 난제 중의 난제이다. 간지 배열 중에서 천간에 해당하는 것은 甲乙木, 丙丁火, 戊己土, 庚辛金, 壬癸水로 되어 있는 십간(十干)을 말한다. 이 배열은 역학이라고 하는 학문이 정착되면서 매일매일을 적용시키던 것이다. 이렇게 오래 된 것을 갑을무기병정경신임계로 바꿔놓아야 하는 일이 필연적으로 발생할 것이고, 또 기라고 하는 성분을 집어넣어야 한다. 이러한 작업은 지존(至尊)한(?) 오행관을 완전히 무시하고서 전혀 새로운 형태의 법을 만들어야 하는 것이다. 따라서 현재의 기준으로는 土生金으로 사용하는 것이 최선이라는 결론을 내리고서 맘 편하게 소주라도 한잔 마시는 게 차라리 뱃속이나마 편할 것이라는 생각을 해본다.

만약에 火生金이라는 것으로 고치려고 한다면 기본적인 역학 체계도 모두 바꿔야 하고, 한의학까지도 모두 수정해야 할 것이므로 현실적으로 거의 불가능한 일이다. 그래서 土生金에 대한 이론을 수정할 방법이 없다는 것이 가장 어려운 일이라고 본다. 그러니까 반드시 이러한 육행의 이치에 의해서 삼라만상을 이해해보겠다고 생각한다면 전혀 오행의 체제에 구애받지 말고서 그대로 육행 이론만 배우면 될 것이다. 여기에서 만들어놓은 매년의 운세는 144년의 주기로 되어 있다. 현재의 60년 단위로 전개되는 것과는 상당히 다르다.

과연 火生金인가

실은 이 문제가 가장 중요할 것이다. 이론적으로는 그럴싸한 면이 있고 실제로 火生金이 확실하다면 만세력을 다시 쓰는 한이 있더라도 고치는 것이 이 시대에 태어난 우리가 할 일이라고 생각한다.

결국은 꿩을 잡는 것이 매다. 아무리 이론적으로 구구한 논쟁을 하더라도 실제로 그 이론이 활용되지 않는다면 전혀 쓸모가 없는 공염불에 불과할 뿐이기 때문이다. 그러한 공론(空論)은 유사 이래로 무수히 있어왔고, 또 앞으로도 생겨날 것이다. 특히 진소암(陳素庵) 선생의 "아버지를 편재로 본다는 상놈들······"24) 운운하는 이론이 칼날처럼 등장했었지만, 실제로는 어떤가? 진 선생도 현실적으로 적용하는 과정에서는 어쩔 수 없이 편재가 아버지라는 것에 대해서는 부정할 수가 없었으니 말이다.

'생아자부모(生我者父母)'라고 하는 고전에 의거해서 자식이 어떻게 아비를 극할 수 있느냐면서 잘못된 상놈의 이론이라는 강경한 말씀을 했지만, 실제로는 자식이 아비를 극하는 원리로써 접근해야만 사주 감정이 가능했던 것이다. 그래서 지금은 모두 진 선생의 '편재부정설(偏財否定說)' 이야기는 죽은 이론으로 보고 있다. 이렇게 현실은 냉정하다. 실제로 적용되지 않으면 아무리 멋진 이론도 몇 걸음 가지 못하고 죽어버리는 것이다.

그렇다면 지금 우리가 문제삼고 있는 이론인 火生金의 이론도 일견

---

24) 진소암 선생은 《명리약언(命理約言)》이라는 저서를 통해서 육친(六親)에 대한 설명을 새롭게 했다.

그럴싸하지만 이렇게 오랜 시간 연구하고 발전하면서도 크게 부각되지 않았던 이유가 있을 것이다. 물론 그 이유는 火生金으로 적용시키면 서로 연결이 되지 않는 점이 있었기 때문일 것이다. 물론 반론의 여지는 있다. 지금의 만세력 자체가 火生金의 원리를 적용하고 있지 않기 때문이다. 만약에 만세력이 정확하게 火生金 이론을 토대로 해서 짜여진다면 100퍼센트의 적중률을 나타내게 될지도 모른다. 그리고 현재의 명리학이 인간의 운명을 완벽하게 알아낼 수 있느냐고 반문한다면 과연 그렇다고 자신 있게 답변할 수 없다는 면도 포함된다. 실제로 100퍼센트라는 수치는 계산상으로만 가능한 것으로 낭월이도 생각하고 있다. 사주학 이론으로 인간의 운명을 그렇게 정확하게 맞출 수는 없을 것으로 생각하는데, 그 이유 중 하나가 火生金의 이론을 무시해서 그렇다고 한다면 더 이상할 말이 없을 듯하다.

그렇지만 현재의 이론으로도 매우 높은 적중률을 나타낸다. 90퍼센트 이상은 명리학의 원칙에 벗어나지 못한다고 생각한다. 명리학은 확률이라고 말할 수 있는 성질의 것과는 좀 다르다고 생각된다. 자연이기 때문이다. 그러면서도 사주팔자만이 사람의 운명을 완전하게 간섭한다면 아마도 100퍼센트 적중할 수 있을 것이라고 생각한다. 이 말은 사람의 운명을 결정하는 요소는 여러 가지가 있다는 이야기다.

우선 풍수학적인 의미에서 가족 단위의 액난은 개인적인 사주팔자를 능가하는 것으로 인식하고 있다. 또 어느 정도인지는 모르겠지만, 성명학이나 자신의 주거 공간도 영향을 미치고 있을 것이다. 또 가족 관계에서 오는 영향도 없다고는 못 할 것이다. 그리고 국가적인 영향인들 없다고 분명히 잘라서 말하겠는가? 당연히 유전 인자의 요소도 별개의 간섭 작용으로 인정해야 할 듯싶다.

이러한 여러 가지를 생각해본다면 현재의 사주학만으로 90퍼센트 이상의 적중률을 갖고 있다는 것은 그야말로 기적에 가까운 수치라고 생각해도 크게 잘못될 것이 없다. 그러니 사주학만으로 100퍼센트가 아니라고 비난하는 사람들에게는 더 이상 할 말이 없다. 따라서 土生金의 이론이 실제 임상하는 데는 전혀 하자(瑕疵)가 없다는 입장을 취하고 있는 낭월이다.

도표상의 문제

도표는 어디까지나 설명을 보충하는 차원에서 활용되는 것이고, 또 이해를 돕기 위한 도구이다. 평면적인 종이 위에 그려진 모습에서 뭔가 잘못된 듯한 점을 발견하고 기본 원리를 수정해야 한다고 하면, 이것은 "빈대 한 마리를 잡으려다가 초가삼간을 태우는 격이다."라고 해야 할 것이다. 그런데 이 火生金에 와서는 그렇게 몰아세울 수만도 없는 이유가 있다. 巳火는 분명히 金의 생지라고 못을 박아놓고 있기 때문이다. 그래서 이 문제를 분명하게 해두지 않으면 두고두고 골치를 썩일 것이다.

여름에서 가을

계절적인 문제를 놓고 보면 火生金이 타당하다. 여름 다음에 가을이 오는 것이지 무슨 별다른 것이 없다. 火生金 이론을 강조하는 부분이 바로 이렇게 자연과 관계가 있기 때문이다. 입추가 지나고 처서가 넘어가면서 날씨는 급변한다. 갑자기 쌀쌀하다는 느낌이 드는 것이다. 이것은 여름에서 가을이 바로 이어진다는 점이 아니고 무엇이냐는 것이다. 사실 여기에 와서는 달리 할 말이 없다.

물론 한의학에서는 장하(長夏)25)라는 계절이 하나 더 있다고 보기도

---

25) 여름에서 가을로 넘어가는 사이에 火의 기운을 이어서 金의 기운으로 전달해주는 과정이 있다고 생각하고, 그것을 제5의 계절로 받아들이는 것을 말한다. 음력 6월을 가리킨다.

하는 모양이다. 미월(未月)을 일러서 그렇게 말하는데, 문제는 아무도 미월을 하나의 계절로 인식하지 않고 있다는 점이다. 모두가 보편적으로 인식을 못하는 것이 과연 자연스럽다고 볼 수 있는지 의문이다. 그렇다면 火生金에 대한 이치를 그대로 받아들여야 한다는 말도 되는데, 여기에 대해서는 답변이 궁색하다. 여름에서 가을이 생긴다는 이 한 가지 말만 보면 설득력이 있다. 물론 예외라고 하는 말을 쓰기만 한다면 매우 편리할 텐데…… 그렇게 말하기에는 너무나 무책임한 감이 들어서 좀더 두고 연구해보자는 말로 얼버무리고 만다.

巳酉丑의 火生金

"과연 巳火가 金을 생할까?" 하는 문제로 많은 시간을 보내고 있는데, 그렇지 않다는 생각을 조심스럽게 해보고 있다. 어떻게 보면 다른 합이 모두 짝짓기를 하고 나서 남는 것들로 뭉쳐놓은 듯하다. 자칫 선현들이 심혈을 기울여놓은 것에 대해서 너무나 불경스러운 망언을 하는 듯해서 참으로 송구한 마음이 들면서도 그러한 생각이 드는 것이다.

巳火뿐 아니라, 申子辰도 그렇다. 과연 셋이 있으면 합해서 물이 된다고 하는데, 참으로 바위가 子水를 보면 물이 되어버릴까 하는 의문도 여엉 해결되지 않는 대목이다. 개인적인 생각으로는 물이 되지 않는다는 생각이 더 많이 드는 것이다. 물론 申金이 바위 그 자체가 아닌 것은 알지만, 金이라고 하는 성분이 子水를 봤다고 해서 물이 되어버리지는 않을 것이라고 생각한다. 亥水를 보면 그냥 金인데 子水를 보면 물이 된다??? 아무리 생각해봐도 오행의 상리(常理)에서는 뭔가 어울리지 않는 이론인 듯하다는 생각이다.

같은 맥락에서 巳酉의 합금도 무리가 있다는 것이다. 巳 중의 丙火가 酉 중의 辛金을 보고서 암합을 한다는 것은 일리가 있다. 그렇지만 金으로 화한다는 것에는 역시 의문이 많다고 본다. 丙辛이 합하면 水가 되는데, 巳酉가 합하면 왜 金이 되는가 하는 것도 서로 연관성이 떨어진다.

이러한 몇 가지의 의문을 정리해보면, 삼합의 이론은 다 믿을 것이 못 된다는 결론을 이끌어낼 수 있다. 그래서 삼합은 재고(再考)되어야 한다는 점을 강조해본다. 물론 나중에 삼합에 대한 이야기를 전개하면서 이 부분에 대해서는 다시 살펴보기로 하자.

만약 명리학에 완전한 초보의 입장에서 이 부분에 대한 글을 읽는다면 매우 혼란스러울 것으로 생각되어서 죄송하기도 하다. 그렇지만 오행 이야기를 하는 곳에서 이 부분을 언급하지 않으면 다음에는 기회가 마땅치 않을 것으로 생각되어서 이야기하는 것이니 양해를 구한다. 그러한 경우에는 그냥 넘어갔다가 나중에 다시 와서 읽으면 이해가 될 것으로 본다.

결론은 火剋金이다

이런저런 생각을 해봤는데, 火와 金에 대한 관계는 간단하게 짧은 시간에 결정내릴 수 없다는 생각이다. 그래서 우선은 달리 선택의 여지가 없으므로 火剋金으로 알고 공부하자는 것이다. 그렇지만 火生金의 가능성도 상당히 있다는 것을 잊어서는 안 되겠다. 특히 여름에서 가을로 가는 문제에 대해서는 좀더 명확한 연구가 있어야겠다.

앞으로 시간을 두고서 생각해보고 어떤 결론이 나온다면 그에 따르는 것이 공부하는 사람의 태도일 것이다. 무조건 결론을 내는 것에는 자칫 자연의 이치를 오도(誤導)할 가능성도 있기 때문에 매우 주의해야 한다. 비록 시간이 걸리더라도 좀더 연구한 다음에 결론을 내리는 것이 보다 성실한 연구 자세라고 생각해서 지금은 보류하는 것을 이해해주기 바란다. 그리고 이 문제는 혼자서 끙끙대고 연구한다고 해서 쉽사리 답이 나올 문제도 아닌 듯하므로 나중에 기본적인 이치를 알고 난 후에 함께 연구해보기를 부탁드리면서 火生金에 대한 주변의 이야기를 줄인다.

5. 金生氣이다

이 항목 때문에 오행이 아니라 육행이라고 주장하는 것이다. 金에서 바로 水가 나오는 것이 아니고, 일단 氣라고 하는 것을 거쳐서 水가 나오는 것이라는 이야기이다. 이 이야기는 다소 무리하게 이론을 전개하는 것이 아닌가 하는 맛이 있기도 한데, 어쩌면 氣에 대한 수련을 권장하기 위해서 氣를 강조한 것이 아닐까 하는 생각을 해보기도 한다. 이렇게 보는 이유는 다음과 같다.

氣라고 하는 것이 단지 金에서만 나오는 것이 아니라는 생각이 들기 때문인데, 사실 木氣, 火氣, 土氣, 金氣, 水氣라고 하는 것이 포함되는 것이 타당하다. 즉 사물은 기(氣)와 질(質)이 서로 어우러져 있는 것이지 별개로 존재한다고 볼 수 없기 때문이다. 이러한 생각으로 해서 이 부분에 대해서는 다소 의문이 남는다.

6. 氣生水이다

金生水가 아니라 氣生水라는 이론이다. 金에서 水가 직접 생해지는 것이 아니라 氣에서 물이 생해진다고 보는데, 이것은 전혀 아니라고는 할 수 없다. 즉, 모든 물질은 기운이 서려서 엉기면 되는 것이므로, 金의 성분이 水의 기운을 발생시키고 그것이 응고되면 물이 된다고 봐도 무리가 없기 때문이다.

《진역경》에서는 金에서 氣가 자연스럽게 나오는 것이라고 보는데, 그 중에는 진동과 입자, 빛과 소리, 차가움과 뜨거움 등이 있다고 한다. 그런데 그 중에서도 산소와 수소가 모여서 물이 되는 것이라고 한다. 이러한 연유로 해서 오행의 상생설은 근본적으로 비합리적인 것을 엉거주춤하게 부둥켜안고 있기 때문에 미신으로 떨어지고 있는 것이 안타깝다는 이야기도 추가되어 있다. 그리고 상극의 이치도 언급하였는데, 이 정도의 소개만으로도 충분하리라 생각되어서 더 이상은 줄이겠거니와, 개인적으로 관심이 있다면 직접 《진역경》을 구해서 읽어보기를 바란다.

제3장
처치 곤란한 납음오행

이번에는 육행과는 또 다른 이야기인 납음오행(納音五行)이라는 이론에 대해 살펴보기로 하자. 납음오행은 오행이라는 이름이 들어 있는 것으로도 알 수 있듯이 오래 전부터 사용해온 이론이다. 그렇기 때문에 이것을 어떻게 취급해야 할지 참으로 만만치 않은 상전이라고 생각된다.

납음오행은 두 개의 간지를 짝지어서 오행으로 묶어놓은 것이 특색이라면 특색이다. 이것이 어떤 연유로 서로 짝으로 묶이게 되었는지는 알 수 없다. 다만 이러한 방식으로 오랫동안 활용되어온 것이 사실인데, 이 것이 어찌어찌 하다가 명리학으로 묻어서 들어온 것이 문제라면 문제일 듯싶다. 이 부분에 대해 명리학적으로 세밀하게 설명해놓은 책이 있는데 종진첨(鍾進添) 선생의 《명리대감(命理大鑑)》이다. 마음을 모아서 읽어 봐도 도무지 감이 잡히지 않는 것은 어쩌면 이미 간지 오행의 원리에 익숙해버린 탓인지도 모르겠다. 아무리 그렇다고는 하지만, 역시 이 이론은 대입시키는 데 상당한 갈등을 일으킨다. 도대체 어떠한 연유로 甲子와 乙丑이 바다 가운데의 금(海中金)이 된 것인지 설명해볼 방법이 없다. 그런데 오늘날에도 이러한 방법을 그대로 사용하고 있어서 마음을 괴롭힌다. 즉 해마다 발행되는 대한민력(大韓民曆), 일명 책력에는 언제나 부록으로 이러한 방식을 가지고 남녀 궁합보는 것이 서술되어 있다. 물론 이것이 엉터리라고 해도 반박할 사람은 없겠지만, 일반적으로 오행의 원리를 깊이 이해하지 못하는 사람들이 이 책력의 이론을 바탕삼아서 궁합이 좋으니 나쁘니 길흉을 점친다는 것이 마음 아프다.

甲子 乙丑	丙寅 丁卯	戊辰 己巳	庚午 辛未	壬申 癸酉	甲戌 乙亥	丙子 丁丑	戊寅 己卯	庚辰 辛巳	壬午 癸未
海中金	爐中火	大林木	路傍土	劍鋒金	山頭火	澗下水	城頭土	白鑞金	楊柳木
甲申 乙酉	丙戌 丁亥	戊子 己丑	庚寅 辛卯	壬辰 癸巳	甲午 乙未	丙申 丁酉	戊戌 己亥	庚子 辛丑	壬寅 癸卯
泉中水	屋上土	霹靂火	松柏木	長流水	沙中金	山下火	平地木	壁上土	金箔金
甲辰 乙巳	丙午 丁未	戊申 己酉	庚戌 辛亥	壬子 癸丑	甲寅 乙卯	丙辰 丁巳	戊午 己未	庚申 辛酉	壬戌 癸亥
覆燈火	天河水	大驛土	釵釧金	桑柘木	大溪水	沙中土	天上火	石榴木	大海水

현재로서는 이 납음오행의 이론을 대입해야 할 필요를 느끼지 못하겠다. 납음오행의 원리는 건드리지 말고 그냥 두기를 권하고 싶다. 이것은

어쩌면 육행의 원리보다도 더 위험하다는 생각을 해본다. 나중에 어디에 선가 이 납음 원리가 나타나서 설명을 명쾌하게 해주기 전에는 도저히 활용되어서는 안 될 이론이라는 생각을 해본다.

이러한 것이 깊게 발전되어가는 명리학 이론에 먹칠(?)하는 것인지도 모른다. 설령 예전에 나름대로 하나의 기준이 되었다 해도 이제는 이러한 이론은 쓸어버려도 전혀 아쉽지 않을 정도로 명리학이 학문적 발전을 이뤘다고 생각된다. 그러니까 이제는 납음오행이라는 어정쩡한 이론은 명리학에 등장하지 말기를 바라는 마음이다. 종진첨 선생은 무슨 마음으로 이러한 원리를 연구하셨는지 모르겠다. 고법(古法)을 준수하려는 후학의 겸손이 느껴지는 장면도 없지는 않으나, 이것을 응용해서 얻을 것은 별로 없을 것 같다.

나름대로 오행이라는 이름을 가지고 있기에 조금이나마 언급해보는 것이지 그렇지 않다면 이러한 내용은 전혀 고려할 필요가 없다는 생각이다. 그래도 음양오행을 생각해보는 과정에서, 납음오행이라는 것이 있다는데 이것이 무엇인가 하는 의문을 가진 벗님에게 낭월이가 게을러서 설명을 하지 않았다는 핀잔을 들을까 봐 간단하게 언급해보았다. 거듭 당부하지만 납음의 원리를 들고 와서 궁합 운운은 하지 말기 바란다.

제1장
오행의 상극

　상생을 가정적인 관계라고 한다면 상극은 사회적인 관계라고 할 수 있다. 가정적인 관계에서는 손익 계산에 대해서 강하게 집착하지 않는다. 가정에서도 간혹 계약 관계로 결혼을 하는 경우가 있기도 하지만, 이는 극히 일부분이고 대개의 일반적인 가정에서는 서로 봉사하고 헌신하는 관계가 대부분이다. 이러한 이유로 해서 가정적인 관계를 '상생의 관계'라고 한다면 상극의 법으로 논하는 사회적인 관계는 전혀 그 성격을 달리한다.

　우선 사회적인 관계에서는 약육강식(弱肉强食)이라는 법칙이 기본으로 깔려 있는 것이 그 차이점이다. 가정에서는 이러한 약육강식이 없다고 본다. 그러나 사회에서는 힘 있는 자가 좋은 자리를 차지하는 법칙이 그대로 적나라하게 살아 있다. 이것이 바로 생존 경쟁이라고 하는 것이다. 사회가 그러하다면 사람의 운명을 따지는 명리학에선들 그 이치가 닿지 않을 수 있겠는가? 당연하겠지만 사회라는 것은 개개의 인간이 남들과 겨뤄서 어떻게든 생존하려고 발버둥치는 곳이다. 그리고 그곳은 극하는 이치가 그대로 적나라하게 드러나고 있는 현장이기도 하다. 내가 극하고 내가 극받고 하는 항상 주고받는 인과법의 이치대로 흘러가고 있다.

다시 말해 사회적인 이치는 상극(相剋)이라는 말로 대치시킬 수 있다. 사회라고 해서 서로 아끼고 보호하는 이치가 없겠는가만, 그래도 항상 기본적인 흐름은 상극의 구조로 짜여 있다는 것을 염두에 두고 궁리하게 된다. 복잡하다면 대단히 복잡한 사회의 천태만상을 나타낼 수가 있는 것이 이 상극의 이치이다.

극을 하는 데에도 음양이 있게 마련이다. 물론 음양이 모두 다 극을 하는 것은 분명하지만, 기왕에 극을 하더라도 정이 있게 극을 하는 경우가 있을 것이고 그냥 무정하게 극을 하는 경우가 있을 것이다.

가령 두 사람의 종업원이 있다고 해보자. 그 중 한 사람은 회사 발전을 위해서 항상 심혈을 기울이고 있다고 하자. 남보다 먼저 출근하고 남보다 늦게 퇴근하면서 자신의 맡은 일을 최선을 다해 열심히 하는 사원이다. 또 한 사람은 눈치나 보고 잠시라도 틈만 나면 잡담이나 나누려고 하고 퇴근 시간이 되기가 무섭게 총알처럼 빠져나간다. 이 두 사람 중에서 누가 더 좋아 보일는지 물을 필요도 없을 것이다.

만약에 이 두 사람이 어느 날 똑같은 실수를 했다면 그 중에서도 더 미운 사람이 있을 것이니 이것이 바로 음양이 다른 극(剋)이라고 하는 것이다. 그래서 극을 받더라도 음양이 같으면 더욱 심하게 당하고, 음양이 다르면 약간의 사정을 봐준다는 것이 다르다. 이러한 것을 알아야 극에 대해 올바로 공부했다고 할 수 있다.

그럼 나는 극하는 입장이 될 것인가 아니면 극을 받는 입장이 될 것인가? 이러한 것을 궁리하는 것이 상극법이다. 그리고 사회에서는 필연적으로 존재하는 법이기도 하다. 그래서 이렇게 상극에 대한 이치를 궁리하는 것이다.

1. 木이 土를 剋한다

우선 木부터 생각해보자. 나무와 흙은 어떤 관계인가? 나무는 위로 뻗어올라가야 하는 본능이 있는데, 그렇게 위로 올라가기 위해서는 흙에다가 뿌리를 내려야만 한다는 간단한 이치 정도는 누구든 알고 있을 것이다. 그렇다면 木이 土를 사랑해야 옳지 어떻게 무정하게 극을 한다고 하는가 하는 의문이 있을 법도 하다.

그런데 극이라는 말은 어느 한쪽이 일방적으로 당하고 있다는 것을 의미한다. 사실 土라고 하는 입장에서는 木의 뿌리가 별로 도움이 되지 않는다. 土로서는 나무뿌리가 파고들어오는 것이 즐거울 리가 없다. 이렇게 木의 입장으로는 土가 없으면 곤란하고, 土로서는 木이 없다고 해도 무슨 일이 생기지 않는 관계를 보면서 木이 土를 극하고 있다는 공식을 만들어내는 것이다.

木에게 극을 받는 土도 감정이 있다면 木을 극하고 싶을 것이다. 지배를 받는 노예들이, 주인이 밥을 먹여준다 생각하고 항상 감사하는 마음을 가지고 살아가는 것은 아니다. 자신의 노력에 비해서 주인의 대접은 어림도 없다고 생각하는 것이 당연할 것이다. 그래서 土生金이 되는 것은 아닐는지 모르겠다. 土가 木의 극을 받으면서 서러운 마음으로 金을 만드는 것이라고 생각해보는 것이다. 그러면 金은 어김없이 어머니인 土의 분하고 억울한 마음을 헤아리고서 木을 극해버리는 것이다. 사실 金剋木이 분명하게 있기 때문이다.

이러한 서로의 함수관계를 생각하면서 여성들이 그렇게도 아들을 원하는 것도 일리가 있다는 생각을 해본다. 남아 선호 사상이라는 것은 남자들이 원하기 때문에 여자들도 어쩔 수 없이 아들을 선호하는 것이라고 생각하는 사람도 많을 것이다. 그렇지만 실제로 딸만 둘을 둔 경우에,

아내는 항상 아들타령을 하면서 어떻게 하면 아들을 둘 수 있는지 성화를 하지만, 정작 남편은 느긋하게 두 딸의 재롱에 취해 있는 경우가 대부분이다.

시댁에서도 시아버지보다 시어머니가 더 손자에 대한 애착이 크다는 것을 늘상 실제로 상담하면서 많이 본다. 이러한 상황을 보면서, 세간에서 흔히 하는 이야기가 일부는 잘못된 것일 수도 있다는 생각을 해본다. 그러면 과연 어째서 여자가 더 아들을 원하는지도 생각해봐야 하겠는데, 이것이 바로 보호를 받으려고 하는 본능이 작동하는 것 아니겠느냐는 생각이다. 남편의 극으로부터 자신을 안전하게 보호하는 방법에는 애교를 부리는 것도 있겠고, 최상의 서비스를 해주는 것도 있을 것이다. 그리고 몸이 부서지도록 열심히 일하는 것도 한 방법이 된다면 될 것이다.

그렇지만 아무리 그렇게 노력을 해도 뭔가 석연치 않은 점이 있는 것을 느낀다. 아무래도 아들을 낳아야 자신이 완전하게 보호받으리라 생각하는 것이 어쩌면 지극히 당연한 흐름이다. 사실 여성이 아들을 원하는 것은 아들을 키워보고 싶은 욕구 때문이기도 하지만, 그 이면에는 아들이 없다는 것을 빙자해서 남편이 자신을 버리게 되면 어디 가서 하소연할 도리가 없다는 것을 알기 때문이 아닐까. 그리고 이러한 욕구는 남편의 박해가 심하면 심할수록 더욱 강력하게 작용할 것이다.

그리고 또 중요한 점은 아들만 있으면 아들은 자신의 보호벽으로 완벽하다고 믿는 것이다. 그래서 아들을 위해서 일생을 헌신하다시피하는 어머니들도 많다. 이러한 현상을 놓고서 '숭고한 모정(母情)'이라고 할 수도 있을 것이다(아마도 상당 부분은 모정 때문일 가능성이 많다). 그러면서도 극의 관계에서 어머니와 아들을 이해해보려고 하는 것은 이 항목이 극에 대해서 생각해보는 장이기 때문이다. 즉 아들만 있으면 남편과의 사회적인 의무를 완수했노라고 당당하게 말할 수 있기 때문에 아들에게 헌신적인 것이다. 실제로 남편이 극제를 하는 가정에서 벌어지는 부부싸움 장면을 보면 이것을 더욱 명백히 알 수 있다.

"내가 네집에 들어와서 못 해준 게 뭐 있노! 아들을 안 낳아줬나? 밥을 안 해줬나! 와 이라노~!!!"

이 정도이다. 일단 어떤 경우든지 자식을 낳아서 대를 이어줬다는 말이 반드시 들어가게 된다. 그것을 보면서 여성이 아들을 그렇게도 낳고 싶어하는 이유 중에는 아들을 또 다른 방어벽으로 이용하려고 하는 본능적인 의미도 포함되어 있으리라는 생각을 해본다.

음, 이야기가 약간 엉뚱한 곳으로 흘러갔나? 土가 열받는 마음으로 金을 생한다는 의미를 설명하다 보니 이렇게 되었지만, 사실 土生金하게 되고, 그 金은 金剋木으로 아버지를 극하는 상황으로 전개되는 것이 실제로 생극(生剋)의 이치임에는 분명하다.

기왕이면 좋은 쪽으로 생각하자. 木은 土가 없으면 곤란하다. 그래서 부하를 사랑하는 상사라고 하겠다. 그만큼 木에게 土는 필요 불가결한 존재인 것이다. 나무가 머리를 하늘로 향하고 자랄 수 있는 것은 土가 뿌리를 잡아주기 때문이라는 이치이다. 그래서 木은 부하가 반드시 필요하다. 그러기에 극을 하더라도 유정한 입장이다. 있으면 좋고 없으면 그만이라는 입장하고는 전혀 다르다. 고급 간부는 부하들이 열심히 뒷받침을 해줄 적에 그 가치를 인정받는다. 부하들이 데모라도 한다면 당장 상부 기관으로부터 힐책을 받을 것이다.

土는 木이 극하면 극을 받는다. 그리고 土가 풍부하다면 필연코 木의 다스림을 요구한다. 土는 木의 뿌리가 잡아주어야 보호가 되기도 하기 때문이다. 전후(戰後)의 한국 산은 모진 폭격으로 온통 벌거숭이가 되었다. 포화에 의해서 나무들이 모두 불타 없어졌기 때문이다. 그래서 전후에 가장 시급하게 한 일은 산에다 나무를 심자는 운동이었다. 노래까지 만들어서 불러가면서 산에 나무를 심었다. 그 결과 지금은 대부분의 산천이 녹음으로 덮여 있다. 참으로 다행한 일이다. 산에 나무가 없으면 산사태도 나고 가뭄이 들었을 경우에는 그 정도가 더욱 심하다고 한다. 그러니 나무는 산을 떠날 수가 없고 산은 나무를 미워할 수가 없는 것인가 보다. 벌거벗은 산은 보기에도 과히 아름답지 않다. 나무가 우거진 숲과는 비교가 되지 않는다. 이러한 연유로 해서 土도 木의 극을 미워하지 않는다. 이렇게 서로 필요에 의해서 형성되는 관계이기에 사회적이라고 보는 것이다.

2. 土가 水를 剋한다

土와 水는 또 어떠한가? 흙은 물을 극한다. 물은 항상 흘러가는 것인데 흙은 가만히 있는 것이다. 흙과 물은 그 성질이 상이한 연고로 서로 사이가 좋지 않다고 본다. 사이가 나쁘니까 극을 한다. 흙의 진중함과 물의 유동적인 변화는 구분이 된다. 그래서 土는 水의 유동성을 극한다. 흙이 볼 적에 물은 항상 종잡을 수 없기 때문일까?

원래 잘 움직이지 않는 사람은 움직임이 심한 사람을 싫어한다. 그래서 항상 큰소리로 말한다. "제발 얌전하게 좀 있거라!"라고. 이래서 아마도 土는 水를 극하는 이치가 있다고 본다. 만약에 土의 입장에서 나무도 이리저리 돌아다니는 물건이라면 굉장히 싫어했을지도 모른다.

그렇지만 土가 水를 극하는 이치를 설명하면서, 흙으로 둑을 만들어 물을 가둔다는 말은 역시 인위적인 작업이 개입된 것이어서 약간 찜찜한 느낌이 든다. 원래의 자연 모습 그대로 설명하는 것이 누가 들어도 믿을 만하다고 여길 테니 이해하는 방향을 바꾸도록 해야 할 것이다.

그렇지만 흙으로 둑을 만들어 물을 가둔다는 설명의 방향이 잘못됐다고는 못 한다. 사실 사회라는 것은 상당히 많은 부분에서 인위적인 냄새가 나는 것이다. 그러므로 土剋水에서 댐이나, 둑에 대한 비유를 들었다고 해서 크게 틀린 것은 아니다. 자연스럽게 발생한 가족에 비해 사회는 참으로 인위적으로 서로의 이익에 의해서 모인 집단인 것이다. 그래서 인위적인 작업을 통해서 물을 다스린다는 설명을 할 수 있겠다. 그러나 자연의 모습을 가지고 설명하는 것도 반드시 필요하다고 본다. 그렇다면 어떻게 설명하는 것이 가장 자연스럽겠는가?

이런 식으로 생각해보는 것은 어떨까 싶다. 가령 물이 웅고를 히려고 모이는데 흙이 방해물로 작용한다. 물은 어떠한 수를 쓰더라도 태산준령을 넘어갈 수는 없다. 그렇게 우뚝우뚝 솟아 있는 산, 즉 土라는 성분은 물이 흘러가는 것을 어렵게 하고 있는 것이다. 흙은 물을 흡수해버린다. 그래서 아예 흘러가지도 못하게 한다. 이렇게 갇히게 되는 물은 썩어버리게 되는 것이다. 물이 썩는다는 것은 죽는다는 말도 된다. 그래서 土는 水를 극한다고 보았는지도 모르겠다.

한편 생각해보면 인간 사회에서도 그렇지만 자연계에서도 서로 약점을 보완하는 요령이 필요하다. 만약 土에 水가 없다면 어떻게 나무를 키울 것인가도 문제다. 물기가 없는 土의 메마름은 생기를 가질 수 없다. 아라비아 사막을 생각해보라. 얼마나 삭막한가를. 그러기에 土는 물이 없이는 되지 않고, 그래서 물을 강제로 잡아두기 위해 극을 하게 되었다고 생각해보자. 물의 입장에서는 또한 土가 움직이지 않고 그 자리에 있기 때문에 오히려 마음놓고 동서남북으로 분주하게 떠돌아다닐 수 있는 건지도 모른다. 이러한 이유로 해서 둘은 서로 미워하면서도 미워할 수가 없는 상극 관계가 형성되는 것인지도 모르겠다.

또 어머니 이야기를 하자. 土의 극을 미워한 水가 자신의 자식을 만들었는데, 그것이 바로 木이다. 木은 당연히 土를 극하게 되는 것이고, 木의 극을 받은 土는 다시 金을 생산하고, 金은 木을 극한다. 이렇게 서로 대립하면서 앞으로 발전하는 것을 반복하는 가운데 뭔가를 만들어내는 것이다. 이 약육강식과 적자생존(適者生存)의 이치가 살벌한 현실 사회를 꾸려가는 것이다. 어차피 사회는 그런 것이다.

3. 水가 火를 剋한다

이번에는 水火의 관계를 생각해보자. 水는 火를 보면 못마땅해한다. 水는 아래로만 내려가는 성분인 데 반해서 火는 위로만 올려가려는 성분이다. 그러니 자신의 성격에 반하는 火를 예뻐하고 싶지가 않은 물이다. 그래서 火를 극하게 되는지도 모른다. 火는 워낙이 가볍다. 水는 土에게 눌리는 마음을 火에게 토한다. "종로에서 뺨 맞고 한강에서 화풀이 한다."는 속담은 이를 두고서 하는 말이라고도 할 수 있겠다.

火는 土를 생해준다. 때리는 시어미보다 말리는 시누이가 더 미운 것인지도 모른다. 그래서 水는 土를 생해주는 火가 밉다. 그러니 하는 것 하나하나가 곱게 보일 턱이 없다. 불은 아무리 기세가 등등하다가도 물이 달려들면 꼼짝 못 하고 수그러들게 된다. 물론 물의 세력에 따라서 잠시 고개를 숙이고 있다가 다시 쳐드는 수는 있지만, 일단 물이 달려들면 죽는 시늉이라도 하게 되는 것이 불과 물의 관계라고 생각된다.

주역의 괘상(卦象)으로 봐도 물(☵)과 불(☲)은 서로 반대로 생겼다. 이것부터가 아무래도 서로는 맘에 들지 않는 모양이다. 이래서 물은 불을 극하는 것으로 나오고 특별하게 불의 세력이 물보다 강한 것이 아니라면 일단 불은 물에게 지는 것으로 나온다. 불은 물을 만나기만 하면 죽어버리므로 항상 불안하다. 소방대원이 불이 난 곳으로 가장 빨리 신고 달려오는 것은 다름 아닌 물이라는 것만 봐도 알 만한 일이다. 기름불이든 장작불이든 일단 불에는 물이 약인 것이다. 이렇게 물에게 얻어터지기만 하고서는 살맛이 나질 않는 불은 土를 만들어서 물에게 대항하도록 암시한다. 그래서 이번에는 水가 土의 극을 받으서 木을 생조하고, 木은 土를 극하다가 土의 자식인 金에게 두들겨맞고, 그래서 다시 木은 金을 극해달라고 火를 만들게 되었는데, 이렇게 어린아이 싸움이 어른 싸움이 되고, 어른 싸움이 동네 싸움이 된다는 간단한 이치를 상극법에서 발견하게 되는 것이 참 재미있다. 극하는 이치가 사회성이라는 것이 이러한 서로의 관계 속에서 통하는 게 재미있게 느껴진다.

그럼 물은 불을 극하기만 하고 필요로 하지 않느냐 한다면 또한 그렇지 않다고 본다. 물은 자꾸 응고하려는 성분이 있다. 그래서 물이 아래로 내려가는 것이 아니라 응고하고 있는 것이라고 말한 적이 있다. 물이 아래로 흘러가는 것이 외면으로 보이는 형상이지만, 물의 마음을 다른 각도에서 살펴보면 응고를 하기 위해서 낮은 데로 모이는 것이라고 볼 수 있기 때문이다.

이렇게 물이 응고만 하면 생생(生生)의 묘가 없어진다. 즉 물이 나무를 길러야 하는데 나무는 불이 없으면 생존이 매우 곤란하다. 기본적으로 나무가 자라는 이치 중에는 광합성이라는 일이 필요하기 때문이다. 불이 없으면 전혀 광합성을 하지 못하기 때문에 미우나 고우나 불을 떠날 수가 없는 것이다. 이렇게 물의 필요에 의해서 불을 극하는 것이기에 水剋火라고 하는 것이다.

그리고 보면 물이 불을 극하는 것이 아니라 절대로 불의 작용이 필요하기 때문에 강제적으로 사용하는 것이라고 말할 수도 있겠다. 까마득한 예전에 이 공간에는 물이 있었다고 한다. 그 물이 스스로의 힘만으로는 아무것도 할 수 없다는 것을 인식하고는 불을 만들게 된 것은 아닐까?

그렇게 필요에 의해서 불을 만들었기 때문에 불을 극하는 것은 당연하다고 해야 할 것이다. 즉 자신이 만든 불이므로 자신의 마음대로 부려먹어도 누가 뭐라고 할 까닭이 없다는 것이다.

실제로 부부 관계에서도 남자의 물과 여자의 불이 결합되면 크게 가정 문제가 발생하지 않는다. 이것은 어쩌면 서로가 당연한 관계라는 것으로 받아들이기 때문일 것이다. 그런데 막상 여자가 물(특히 壬水)이고 남자가 불(특히 丙火)이 될 경우 90퍼센트 이상이 가정 파탄을 겪는다. 남자가 극하는 관계로는 크게 문제가 되지 않는데 여자가 남자를 극하는 관계로 형성되면 어째서 가정이 흔들리는 것일까? 자연적인 흐름에서 남극여(男剋女)는 별 문제가 없는 당연지사로 받아들여지기 때문일 것이다. 그래서 자연스러운 극은 문제가 없는데, 여극남(女剋男)은 문제가 발생할 소지가 있는 것이다.

실제로 이러한 경우가 종종 있었는데, 두 사람을 좋은 방향으로 코치해봐도 여간해서는 안정시키기가 어려웠던 경험이 있다. 그러므로 궁합이라는 것을 반드시 다 믿을 필요는 없다고 하더라도 최소한 남병여임(男丙女壬)만큼은 피했으면 하는 것이 낭월이의 생각이다. 특히 이 둘은 서로 양의 성분으로 짜여 있는 구조이기 때문에 아무래도 인내심이 부족하고, 이는 화목한 가정이 되는 데 상당히 장애가 된다는 생각이다. 남자는 아내에게 지기 싫고 壬水도 丙火에게 지기 싫은 이 숙명적인 불균형을 누가 치유할 수가 있으랴. 물론 그렇게 만나는 것도 두 사람의 사주에 나타나는 배우자 인연이 불량한 소치이기는 하겠지만.

4. 火가 金을 剋한다

火가 金을 극하는 이치는 무엇일까? 일단 기본적으로 金은 물을 생해주는 작용을 한다. 불로서는 물이 절대로 곱게 보이지 않을 법하니 그 물을 생조하는 金이 결코 곱지 않을 것은 어쩌면 당연할지도 모르겠다. 그러면 쇠는 나무를 극하기 때문에 불도 쇠를 극한다고 하면 또 어떨까? 이것도 다른 오행과 동일한 조건이기 때문에 특별히 火가 金을 극하는 이치로는 좀 엉성하다고 하겠다.

어떻게 보면 火는 金을 생하는 듯도 하다. 용암을 토해놓는 불을 봐도 그런 느낌이 들고, 암석이 용광로를 거쳐야 순도가 높은 금속으로 변해 비로소 진귀한 가치를 가질 수 있는 것을 봐도 그렇다. 이러한 일들은 아무래도 火가 金을 생한다는 느낌을 많이 들게 하다 그러면 과연 火와 金 사이에는 어떤 다리가 없을까? 비록 오행 상생법에는 일부 어긋나지만 옛 어른들께서 미처 생각하지 못했던 어떤 연결 고리가 있을 수도 있지 않겠느냐는 의문을 제기해본다.

어쨌거나 명리학에서는 火剋金이라고 사용한다. 그리고 이 기본적인 이론을 인정하지 않고서는 명리학을 연구하는 데 여간 곤란하지 않다. 그래서 일단 이러한 의문을 제기해놓은 채 火剋金에 대한 이치를 생각해보는 것이다.

불은 맹렬하게 타오르는 성분이다. 그리고 金을 결실이라고 본다면, 타오르고 있는 불의 입장에서는 金의 결실 제일주의가 어쩐지 못마땅하다. 과정을 무시하는 金의 마음을 불로서는 곱게 보이지 않을 법하다.

그리고 불이 金에게서 취할 것은 무엇이 있을까? 얼른 떠오르는 것이 없다. 하지만 불은 金이 있어야 보존되는 이치가 있다. 여름의 맹렬한 불기운도 그대로 두면 이내 사그라지고 만다. 그렇게 되면 불의 존재는 어디에도 흔적이 없으니 불로서는 미래가 불안할 수도 있겠다. 그래서 金이라고 하는 그릇에다가 불기운을 보존하려고 한다. 이 이론은 《우주변화의 원리(宇宙變化의 原理)》라는 한동석(韓東錫) 선생의 책에 소상히 밝혀져 있다. 금화교역(金火交易)이라는 좀 어려운 말도 여기에 포함되어 있는데, 불이 金의 그릇에다가 자신의 기운을 저장하려고 한다는 이야기이다. 현재로서는 엘피지(LPG)통이나 부탄가스통을 보면서 불을 보관하는 성분으로 金이 선택되었다고 생각이 된다.

원자력 발전소에서 엄청난 화력인 원자로를 감싸고 있는 것도 금속이라고 한다. 사실 물로써 불을 보존하기는 불가능하고, 土로써 보존하려니까 火生土가 되어 불기운이 스며들므로 불의 효율이 떨어지게 된다. 그래서 가장 좋은 것이 金이다. 이러한 이치로 불은 金을 필요로 하게 되는 것이다. 극을 한다는 말은 상대방은 원하거나 말거나 자신이 필요로 한다는 뜻으로 이해하면 될 것이다.

이러한 이치에 의해서 火는 金을 극하게 되는데, 金은 火에게 무엇을 대가로 받을까도 궁금하다. 불은 金을 제련함으로써 金의 가치를 높여주는 것으로 보상을 받는다. 불이 아니었더라면 그냥 땅속의 돌덩어리에 불과할 텐데 불이 있음으로써 금속은 빛이 나는 보옥이 되는 것이니 참으로 중요한 대가라고 하겠다. 그리고 불 덕분에 온갖 도구들을 만들 수 있다. 이 점은 다시 말하지 않더라도 모두 이해하고 계실 줄 안다.

또 사회적으로 본다면 한창 맹렬하게 목표를 달성하기 위해서 일을 추진하고 있는 불에 해당하는 사원들에게는 그저 놀고먹는 것으로만 보이는 고급 사원들이 항상 못마땅하게 여겨질 수도 있을 것이다. 특별히 하는 일도 없으면서 월급은 더 많이 받아가는 간부들이 참으로 못마땅하게 생각될 법도 하다. 그러나 사회 통념상 하극상하지는 못하고 마음으로만 극을 하니 이것이 사회적으로 보는 극이 아닐까 한다. 만약 중간에 土에 해당하는 직속 상관이 없다면 젊은 친구들은 한바탕 난동이라도 부릴는지도 모른다. 비록 못마땅하지만 서로 눈치를 보면서 잘도 참고 있는 것이리라.

그러다가 자칫 불의 세력이 강화되면 어김없이 하극상이 전개된다. 쿠데타라고 하던가? "잘되면 충신이요 못되면 역적"이 되는 것 말이다. 그래서 성공한 쿠데타는 죄가 아니라고 당시의 법원에서도 어영부영 판정 내렸던 모양이다.

그야 아무래도 좋다. 낭월이는 정치적인 면에는 감각이 둔해서 별로 흥미를 못 느끼고 있는 것이 사실이다. 다만 火剋金의 이치는 바로 하극상의 이치가 자연에도 있다는 것을 확실하게 말해준다. 그런데 火를 金의 아래에 두는 이유는 오행이 우선 木에서 출발하는 것으로 보기 때문이다. 이것은 물론 용(用)이 카인이고, 민익에 세(體)늘 생각한다면 水로 출발해서 金에서 끝이 나야 할 것이다. 여기에서 체용에 대한 자세한 이야기는 생략한다. 나중에 나오기 때문이다. 그리고 火를 金의 앞에다 두는 것은 인생을 기준으로 따져봐도 일리가 있다고 보아서이다.

만약 인간으로 견주어 시작을 따진다면, 뱃속부터 사람으로 볼 것인가 아니면 태어나서부터를 사람으로 볼 것인가 하는 관점에 따라 차이가 난다고 할 수 있겠다. 뱃속부터 사람으로 본다면 水가 가장 처음이라고 해야 옳을 것이다. 그리고 불교적인 관점에서는 이것이 타당하다. 뱃속의 태아도 사람이라고 보기 때문이다. 그것은 한국 고래의 윤리관에도 타당한 일이다. 우리 나이로는 태어나면서 한 살을 먹는데, 그것은 당연히 태아로 있는 10개월 간의 시간을 인정한다는 말이 되기 때문이다.

그러한 것이 서양의 사고 방식이 들어오면서 급속히 깨졌다. 서양에서는 정확히 태어나는 순간부터 따져서 365일이 되어야 한 살이라고 한다. 그래서 생일을 물으면 '몇 살 몇 개월'이라는 식으로 답변을 한다. 이렇게 태어나는 순간이 그 사람의 시작이라고 하는 면에서는 명리학의 기준과 완전히 일치한다. 그리고 보면 명리학은 동양적인 사상에서 출발했으면서도 실은 서양적인 사고 방식이 흐르고 있다는 점을 발견하게 된다.

사실 사주를 본다는 것은 언제 태어났는가에 대해서만 관심을 보이기 때문이다. 또 말이 길어졌는데, 결론은 그래서 金이 火보다 뒤에 있다는 이야기이다. 이 점만 이해하면 충분하지만, 이런 주변의 상황까지 덤으로 이해해도 손해볼 것 없다고 생각해서 아는 대로 이야기를 해드리는 것이다. 이만 火剋金에 대한 이야기를 줄인다.

5. 金이 木을 剋한다

金이 木을 극하는 이치는 물이 불을 극하는 이치만큼이나 명확해 보인다. 나무는 도끼를 감당하지 못하기 때문이다. 아무리 천년을 자라온 우람한 거목(巨木)도 도끼 한 자루면 쓰러지고 만다. 그러니 金剋木에 대한 이치는 더 이상 설명하지 않아도 충분히 이해하리라 생각된다. 그런데 실은 이렇게 지극히 상식적인 이야기처럼 보이는 것도 잠시 냉정하게 생각해보면 모순이 있다는 것을 과히 어렵지 않게 발견할 수 있다. 무슨 소린가 하면, 도끼가 가만 놔둬도 저절로 나무에게 달려들어서 찍어버리느냐는 것이다. 이렇게 묻는다면 일순간에 대답이 궁해지게 마련이다. 그러니 이렇게 타성에 젖어서 생각할 것이 아니라, 뭔가 생동감 있고, 이치에 합당한 사고 방식을 갖도록 해야 할 것이다.

그렇다면 사회적으로는 어떻게 설명할 것인지를 생각해보자.
金에 해당하는 사람들은 이미 초로(初老)의 인생이다. 그래서 많이 보고 듣고 생각하고 시달리고 해본 사람들이다. 그러니 어린 친구들이 천방지축으로 동분서주하고 좌충우돌하는 것을 보면서 항상 못마땅하게 생각하게 마련이다. 요즘 애들은 어떻다고 말하는 것은 아마도 金에 해당하는 연령층에서 가장 많을 것이다.

그래서 보기만 하면 잔소리다. 물론 "니네들 잘되라고 하는 소리"라는 말을 꼭꼭 집어넣는다. 그렇게 참견을 하니까 木에 해당하는 청소년들은 어른들의 잔소리가 귀에 거슬린다. 그래도 하늘 같은 어른들이니 감히 대들 수가 없다. 말인즉 틀린 것은 아니기 때문이다. 그래서 스스로 위로하기를 '세대 차이'라고 얼버무린다. 그렇지만 사실 살아보노라면 세대 차이랄 것도 없는 것이 인생살이다. 오래 전에 저술된 종교 서적에서도 "지금 사람들은 성실하지 못하다."고 푸념을 한다. 예전에는 그러치 않았다는 말도 반드시 첨가하는데, 그 말이 몇십 세기가 지난 지금에 와서도 그대로 재연되는 것을 보면서 세대 차이란 없다는 느낌이 든다. 그리고 오백 년 전에도 마찬가지이고 요즈음에 나온 책들도 같은 소리를 하고 있다. 이러한 이치는 결국 항상 서로가 그렇게 느끼고 있다는 것으로 이해가 된다. 만약에 몇십 세기 동안 버릇없음이 계속 이어졌다면 지금쯤은 도덕적이라는 말은 이미 사전에서조차 없어졌어야 옳을 것이다. 그렇지만 여전히 도덕적인 사람과 부도덕하다고 보는 사람들이 함께 어울려서 살아가고 있다. 이것이 인간살이의 모습이다.

그렇거나 아니거나 이렇게 金의 잔소리를 들어가면서 자란 청소년은 그래도 훨씬 단단하게 성장한다. 전혀 잔소리를 듣지 못하고 자란 온실의 화초와는 다르다. 어디에 내놔도 자신의 삶을 책임지는 우수한 나무가 되는 것이다. 이것이 서로 나누는 金剋木의 관계가 아닐까 생각된다.

상극의 이치를 가지고 이와 같이 설명해보았다. 여기서도 중요한 것은 그렇게 극을 하게 된 이유보다는 극을 하는 원칙을 이해하는 것이다. 그것을 돕기 위해서 길게 설명한 것일 뿐이다. 항상 기본적인 원리를 이해하는 것이 학문을 이루는 지름길이 될 것으로 믿기 때문이다.

6. 剋도 결국은 生으로 통한다

지금까지 가능하면 좀더 자세하게 상극의 이치에 대해서 생각해보려고 했다. 총론과 결론을 삼아서 다시 간단하게 정리를 해보겠다. 각각의 극하는 관계를 기본적으로 이해하는 것이 당연하겠지만, 실은 서로 복잡하기 그지없는 거미줄과도 같은 사연이 포함되어 있다는 점을 함께 인식하면서 이해한다면 더욱 의미 있는 상극 공부가 될 것이다. 앞에서도 잠시 언급했지만, 서로서로의 이해 관계가 첨예(尖銳)하게 얽혀 있다고 보는 것이 상극의 관계이다.

그리고 이러한 관계는 극만이 아니라 생도 마찬가지일 거라는 생각이다. 어머니가 자식의 필요성을 생각하는 것과 같은 이유이다. 보통 하기 쉬운 말로 사랑은 내리사랑이라고 하지만, 그러한 내리사랑이 발생하는 데는 이유가 반드시 있다. 뭐든지 우연인 것은 없다는 전제하에 이 공부를 진행해야 한다. 우연이라는 것을 인정해버리면 아무것도 연구할 수 없게 되어버린다.

가령 부부가 서로 만나는 것도 우연이라고 한다면 궁합의 이야기를 끼워넣을 공간이 없어진다. 따라서 당연히도 우연은 없다고 본다. 자연은 모든 것이 '우연처럼 보이는 필연'의 이치에 의해서 진행되고 있는 것이다. 이러한 사상은 불교에도 흐르고 있는 것으로 생각된다. 그래서 '우연'이라고 하는 낱말은 조작된 것이라고 보기도 하는 것이다.

처음에 명리학을 공부할 적에는 상생은 매우 좋은 것이고, 상극은 매우 불량한 것이라고 자연스럽게 인식하였다. 이것은 낭월이의 무지함 때문만은 아니라고 생각된다. 대개의 명리 서적들에서는 극을 나쁜 것으로 인식하게끔 적어놓고 있다는 것이 어쩌면 정답일 것이다. 그러한 자료에 의지해서 공부하다가 보니까 극에 대해서는 은연중에 어떤 저항감을 느끼게 되는데, 이러한 생각은 참으로 한동안 없어지지 않는다.

그런데 오행의 순환법칙(循環法則)에 어느 정도 눈을 뜨게 되면 이러한 '호생염극(好生厭剋)'하는 마음이 없어진다. 문자를 하나 만들어서 무슨 말인가 하실지 모르겠지만, 생을 좋아하고 극은 싫어한다는 말이다. 그러나 이제는 생이나 극이나 모두 지극히 당연한 필요에 의해서 발생한 자연의 흐름이라는 생각이 든다.

그래서 생의 작용이 좋다고 하더라도 그에 못지 않게 반작용이 있다는 것을 느끼게 되고, 또 극의 작용도 나쁜 면만 있는 것이 아니고 좋은 역할이 있다는 것을 알게 된다. 요즘에 와서 생극의 문제를 생각해보면, 좋은 면과 나쁜 면이 '50 대 50'으로 작용한다고 느껴진다. 그만큼 극의 작용도 없어서는 안 되는 것이다. 고인(古人)들도 이 극의 작용을 생의 작용 못지않게 중요하게 다뤘다는 것을 보면서 역시 어르신들의 탁월한 통찰력에 새삼 옷깃을 여미게 되는 경우가 한두 번이 아니다.

극에 관한 구체적인 이야기는 뒤에서 다시 할 기회가 있을 것이다. 우선은 이 정도로 생각을 정리해두고 넘어가는 것으로 충분하리라 생각한다. 명칭은 달라지더라도 항상 생극의 이치가 모든 이면에 깔려 있다는 것을 느끼게 될 것이다. 그리고 사회라고 하는 구조도 또한 그렇게 생과 극을 반복하면서 얽혀가는 것이라고 생각하게 될 것이다.

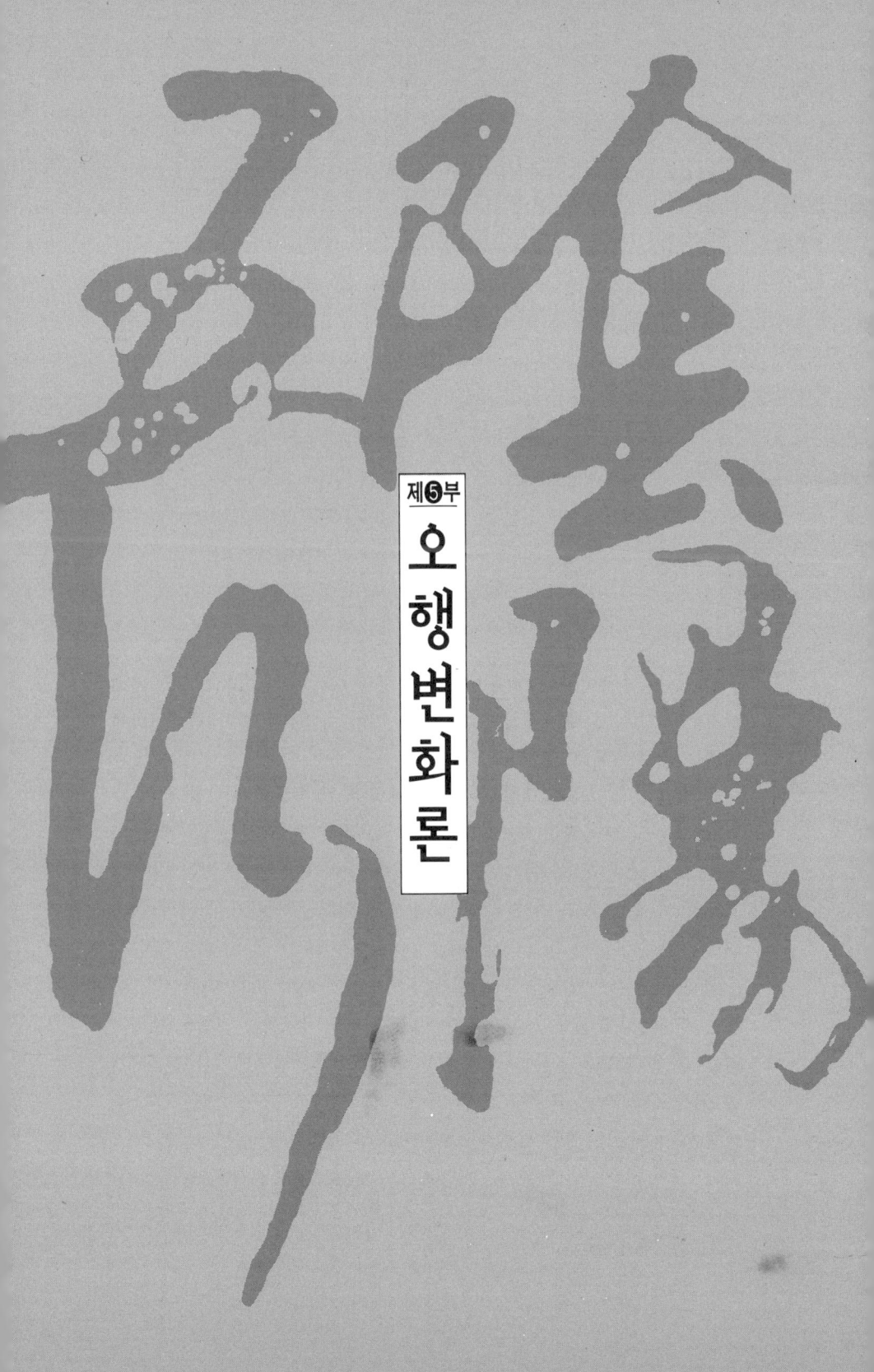

제5부
오행변화론

지금까지 오행이 서로에게 미치는 영향에 대해서 생극의 관계를 통해 살펴보았다. 이제 그 생극을 바탕에 깔고서 주변에서 일어나는 변화에 대해서 좀더 자세히 관찰해보도록 하자.

어찌 보면 생극에 대해서 다시 확대해서 부연 설명한다고 볼 수도 있겠다. 따라서 중복되는 부분이 없잖아 있으리라 보이는데, 그렇지만 이렇게 좀더 구체적으로 살펴보는 것이 좀더 깊이 이해할 수 있는 길이며, 오행의 본질에 보다 가까이 접근해가는 길이라는 생각이 들어서 다시 설명을 해보려고 한다.

언제나 기본이 있으면 그 이후에는 반드시 변화가 있게 마련이다. 이것은 세상만사에 모두 통하는 이치이다. 오행을 궁구하는 것에도 예외가 있을 수 없다고 본다. 기본적인 것을 이해하고 나서는 반드시 변화까지를 읽을 수 있어야 비로소 오행 공부를 다 했다고 할 수 있을 것이다. 그럼 다시 새로운 마음으로 차근차근 변화에 대해서 살펴보도록 하자.

제1장
木의 주변 상황

    이번에는 생극의 관계를 복합적으로 연결지어서 살펴보자. 이미 이 정도의 이야기는 진작에 졸업을 하셨을 수도 있겠으나, 기왕이면 좀더 다양하게 오행의 관계를 생각해보도록 자료를 만들어보려고 마련해봤다. 기초적인 자료가 많을수록 이해하는 데 도움이 될 것이므로 이렇게 나열해보는 것이 아마도 유익하리라 생각한다. 여기서는 木을 주변의 오행들과 연결시켜 그 관계에 초점을 맞추며 구조를 생각해보았다.

1. 木이 木을 보면 라이벌이다

    같은 木은 아무래도 동질성은 있지만 서로 끌어당기는 맛은 없을 것이다. 木끼리는 서로 경쟁 상대가 될 공산이 크다. 형제간에도 항상 경쟁심을 가지게 마련이다. 언제나 시험을 봐도 비교가 된다. "넌 몇 점이냐? 동생은 몇 점이냐?"로 시작해서 "넌 우째 그리 못 크냐? 언니는 머릿결도 고운데……" 등등 정말 이루 다 헤아릴 수 없이 많은 부분에서 경쟁 상대가 된다. 그러니 웬만한 무신경이 아니고서는 형제가 예쁘려야

예쁠 수가 없는 것이다. 부모야 선의의 경쟁력을 만들어보려고 하는 의도일 수도 있겠지만 당하는 입장에서는 참으로 고역이 아닐 수 없다.

　이러한 한 가지만 봐도 맘에 들지 않는 것이 동기간인 모양이다. 그래서 같은 오행은 서로 밀치는 성분이 있다고 본다. 그러면서도 서로 음양이 다르다면 약간의 변수가 있다. 누나가 남동생을 돌보는 것이라든지 오빠가 여동생을 돌보는 것처럼 성(性)이 다른 형제간에는 서로 친밀한 감정이 발생한다. 같은 木이면서도 이렇게 음양이 달라지면 취하는 행동도 달라지는 것이 참으로 재미있다. 이러한 오행 사이의 기본 구조는 나중에 사주 공부를 많이 해서 실제로 감정할 때에도 그대로 활용되는 이야기이다.

　또 한 가지 재미있는 것은 같은 형제들끼리는 서로 라이벌이 되어서 항상 경쟁 관계에 있지만 이것은 등 따습고 배부를 때의 이야기이다. 만약에 춥고 배고프면 어제의 적들은 오늘의 동지가 되어서 똘똘 뭉쳐서 강하게 대항한다. 이때에는 언제 우리가 싸웠냐는 식이다. 사실 어려서 형이 친구와 싸워 얻어맞기라도 하면 동생이 열을 받아서 함께 달려드는 경우를 왕왕 본다. 이러한 장면도 이제 '한 자녀 두기' 운동에 힘입어서 앞으로는 그나마 보기 힘들겠지만, 일단 외적이 침입하게 되면 단결이 잘되는 것이 또한 같은 오행이라는 점이다.

　이러한 상황은 나무들 간에도 전개된다. 그래서 나무를 심을 적에는 한 그루만 심는 것보다는 여러 그루를 함께 심는 것이 유리하다고 한다. 서로간에 경쟁력이 생겨서 홀로 있을 적보다 더 잘 자란다는 보고가 있다.

木生木이 되는 경우

　기왕에 木에 대해서 모든 것을 분석해보려고 나선 마당에 木이 木을 생해주는 원리에 대해서도 생각을 해보도록 하자. 우선 木이 너무 약하게 되면 서로 보호해주려고 하게 되는데 이것은 木生木의 이치와 통한다. 단순히 木生火라고만 이해할 것이 아니라 木生木이라는 이치도 있다는 것을 알면 오행관이 훨씬 폭넓어질 것이라고 생각된다. 그럼 어떤 경우를 木生木이라고 하는지 알아보자.

우선 가장 먼저 생각해볼 수 있는 것은 허약한 나무의 경우이다. 나무가 허약하다는 것은 그 원인이 여러 가지겠지만, 金이 대단히 강할 경우나 土가 대단히 많을 경우 나무가 허약하다고 하겠다. 가령 메마른 고원에서 자라는 나무라면 가지를 많이 뻗고 잎을 풍성하게 펴기가 그리 호락호락하지 않을 것이다. 이러한 처지에 놓인 나무라면 홀로 외롭게 서서 모진 바람을 견뎌야 하기 때문에 매우 힘이 들 것이다. 그런데 만약 주변에 다른 나무들이 함께 서 있어서 바람막이가 되어주고, 메마른 땅이 기름지게 된다면 아마도 견디기가 훨씬 수월할 것이다. 이러한 경우에 나무가 나무를 도와준다는 의미가 될 것이고, 따라서 木生木이 되는 것이다.

그리고 또 가령 물이 너무 많은 곳에 있는 나무의 경우도 있을 것이다. 물이 질펀한 환경에 처한 나무에게 주변에 나무들이 서로 뿌리를 내려서 얼기설기 엉켜준다면 지반이 약하다 하더라도 능히 뿌리를 의지하고 서 있을 수 있을 것이다. 흔히 홍수림이라고 하는 정글에서 많이 볼 수 있는 환경이다. 이러한 곳에서는 나무가 홀로 외롭게 서 있어서는 도저히 살아남을 수 없을 것이다. 서로 의지함으로써 함께 살아갈 길이 나오는 것이므로 이런 경우에도 木生木이라고 하는 말을 사용할 수 있을 것이다. 대체로 각박한 상황에서 서로 의지가 되는 나무는 좋은 의미의 나무가 될 것이다.

木剋木이 되는 경우

그럼 이번에는 이와 반대되는 상황을 한번 생각해보자. 우선 가장 심각한 것은 내가 차지할 것이 적어지는 경우라고 하겠다. 여기에서는 땅이 되겠는데, 나무가 자신의 뿌리를 내릴 땅이 부족하면 다른 뿌리가 있더라도 그냥 밀고 들어간다. 바위가 많은 지역에서는 나무의 뿌리가 일정한 방향으로 모여 있기가 쉽다. 자신의 몸을 지탱하기 위해서는 반드시 좋은 토양에 뿌리를 내려야 하는데, 토양이 무한정으로 있을 적에는 서로 싸울 필요가 없지만 흙이 부족한 사태가 발생하면 나무의 뿌리는 비상이 걸릴 수밖에 없을 것이다. 그래서 서로 자신의 뿌리를 내리기 위해 땅 쟁탈전을 벌일 것이고, 이런 경우라면 아마도 다른 나무가 없기를 바랄 것이다. 이때 뿌리를 내리지 못한다면 삶의 대열에서 탈락되어버리는 비극을 맞게 될 것이다. 이러한 경우를 일러서 木剋木이라고 할 수 있다. 동물의 세계를 다룬 텔레비전 프로그램을 보면, 먹을 것이 없을 적에는 먹이를 차지하기 위해서 동료와도 서로 피를 흘리면서 싸운다. 냉정한 현실 앞에서 다른 생각은 할 수도 없을 것이다.

이것은 약육강식과도 서로 통하는데, 어제의 동지가 오늘은 적으로 변할 수 있는 것이 사주팔자의 이치이고, 또한 나아가서 이 사회의 법칙이기도 하다. 나무도 예외가 될 수는 없을 것이다. 먹을 것이 부족한 상황이라면 아마도 서로를 미워할 것 같다. 여기서 먹을 것이라고 하는 것은 인성26)이 아니라 재성27)이라는 것을 생각해야 하겠다. 약할 적에는 서로 도와가면서 살기 때문이다. 자신이 차지할 재물이 부족하면 비로소 형제를 줄이는 만큼 자신의 몫이 늘어난다는 간단한 셈을 대입시켜야 하겠다. 인간들이 부친의 유산을 놓고서 서로 아웅다웅 싸우고 있는 것

---

26) 인성(印星)은 나를 생해주는 것으로서 약하면 매우 중요한 보약이 된다.
27) 재성(財星)은 내가 다스리는 것이고 내가 소유하는 것이기도 하다. 몫이 적어지면 차지하려고 싸우게 된다. 마치 한 여자를 놓고서 형제간에 다투는 것과도 흡사하다고 볼 수 있다.

도 역시 자연의 법칙인 모양이다.

2. 木이 火를 보면 주고 싶은 마음이다

　옛말에 예쁜 도둑이라는 것이 있다. 예쁜 도둑이란 물론 딸자식을 일컫는 말이다. 이 딸자식은 친정에 오면 뭐든지 못 가져가서 안달이다. 친정에서도 딸자식이 좋아하는 것이라면 모조리 주고 싶어하니 이것도 어쩔 수 없는 인지상정인가 보다. 木이 火를 보았을 적에도 바로 이러한 감정이 발생한다. 그래서 나무도 불을 보면 주고 싶은 마음이 절로 발생한다.

　실제로 나무가 많은 사주에서 불이 있으면 불은 능력을 굉장히 발휘하게 되는 경우가 왕왕 있다. 그리고 나무가 많은데도 불이 없으면 그 사주에는 희망이 없어 보이는 느낌이 묘하게도 든다. 이러한 것은 주고 싶어도 받을 자식이 없는 늙은 재벌의 마음과도 통할 듯하다. 자신이 평생 동안 일해서 번 돈을 이제 늙어서 자식에게 물려주고 싶은데 그 재산을 받을 자식이 없다면 얼마나 쓸쓸하겠는가.
　그래서 木에게 火는 희망이라고 말한다. 살아 있는 나무에게는 그것이 꽃이 된다. 나무에게 꽃은 희망이다. 꽃이 없다면 자신의 자식을 번식시키기 위해 포기나누기를 하는 방법밖에 없다. 그래서 고목에 꽃이 피면 내 일처럼 기뻐한다. 포기나누기는 자식이 아니다. 그러니 씨앗으로 나누는 것과 비교해서 얼마나 비능률적이겠는가. 그러니 나무에게 꽃의 의미는 참으로 중요하다. 식물은 종자의 개수가 많을수록 고등식물이라고 한다. 특히 난초의 경우에는 하나의 씨주머니에 약 30만 개 정도의 씨앗이 있다고 한다. 아마도 식물 중에서는 가장 많은 씨앗을 가지고 있는 것 같다. 그래서 난초가 그렇게 비싼 것일까? 어떤 난초는 한 포기에 수천만 원을 호가한다고 한다. 이러한 여러 가지와 함께 식물에 꽃이 없다면 그 대우가 또 달라질 거라는 생각도 해보았다. 그래서 木도 火를 그렇게 좋아하는 것인지도 모른다.

  그럼 이렇게 좋은 면만 있겠는가 하고 반문해보는 것이 바로 학문하는 자세라고 본다. 당연하겠지만 항상 긍정적인 면의 뒤에는 부정적인 면이 공존한다. 태양이 밝으면 밝을수록 그 그림자는 어두워지는 것과도 같다.
  이 木과 火의 관계에서 부정적인 면은 꽃을 너무 많이 피워서 가지가 찢어진 나무를 생각하면 되겠다. 적당한 꽃송이는 보기에도 편안하지만 너무 지나치게 꽃이 많은 나무는 성장에 지장을 받는다. 그래서 꽃이 너무 많은 나무는 더 이상 자라지 못하고 시들게 된다. 그러니 이때는 가지를 좀 솎아주는 것이 좋다. 즉 물로써 불을 약하게 해야 하는데, 그 물이 없는 경우라면 정말로 죽을 지경일 것이다.
  이러한 경우에는 예쁜 도둑이 아니라 정말로 힘겨운 자식들일 뿐이다. 자식을 보기만 해도 공포심이 엄습한다. 이렇게 되어서는 이미 자식이 아닌 것이다. 가지 많은 나무에는 바람이 잘 날이 없다는 속담이 이러한 상황을 설명한다. 그러니까 생하는 중에도 극하는 이치가 있다는 것을 알 수가 있다.
  물은 나무를 생해주지만 불을 극하는 이치가 있으므로, 꽃이 너무 많이 피어서 나무가 힘들어하면 물이 늦서리가 되어서 한바탕 뿌려주면 꽃들이 상당 부분 시들어버릴 것이다. 그러면 나무는 나머지 꽃들을 키우면서 가볍게 1년을 보낼 수도 있을 것이다. 농부의 마음이야 아프거나 말거나 나무로서는 알 바가 아니고 가벼운 마음으로 사는 게 더 좋을는지도 모른다. 사실 과실이 많이 달리는 나무는 그해의 성장이 떨어진다.

그리고 만약에 서리가 내려서 꽃을 솎아주지 않는다면 나무는 스스로 낙과(落果)라는 방법을 사용한다. 나무는 열매를 많이 생산하는 것이 목적인 듯하지만, 실제로는 언제라도 자신의 생을 위해서 자식인 꽃이나 열매를 솎아낼 준비를 하고 있다는 생각이 든다. 여름이 넘어가는 계절에 밤나무에서 미처 자라지도 않은 밤송이가 자꾸 떨어지고 있는 것을 보면 특히 이런 생각이 든다. 초가을이 되어 알이 굵어지기 전에 일단 정리를 하는 것 같은 생각이 들었기 때문이다. 이러한 것을 보면서 일개의 미물인 식물도 스스로 생각을 하면서 살고 있다는 느낌이 든다. 그리고 자연은 모두 그렇게 어떤 필연성에 의해서 제각기 자신의 일을 하고 있구나 하는 생각을 하게 된다. 생이라고 해서 다 생이 아니라는 것은 당연한 이치인가 보다. 이러한 것이 바로 생도 나쁜 경우가 있다는 것을 읽게 해주는 자료라고 본다.

3. 木이 土를 보면 아끼는 부하이다

木에게 있어서 土는 반드시 있어야 할 물질이다. 土는 나무의 뿌리를 잡아주는 특별한 역할을 해주기 때문이다. 나무는 자신의 뜻대로 土가 움직여주기를 원한다. 딱딱하지 않고 부슬부슬해서 뿌리 내리기에 좋아야 하고, 또 반면에 뿌리가 흔들리지 않게 적당히 단단하기도 해야 한다. 그리고 수분을 적당하게 머금고 있을 것까지 요구한다. 그래서 이렇게 입맛에 맞는 흙에 뿌리를 내린 나무는 천년을 두고 곧게 자란다.

그러나 그렇지 못한 나무, 즉 수분도 없이 메마른 데다가 자갈이 잔뜩 박히고 단단하기마저 한 흙에 뿌리를 내린 나무라면 제대로 생명을 이어가기가 만만치 않을 것이다. 그래서 木은 土가 자신의 맘대로 움직여주기를 항상 원하는 것인가 보다. 그런 의미에서 인간 생활에서는 木이

보기에 土는 종업원에 해당하기도 한다. 예전으로 치면 머슴에 해당될 것이다. 머슴은 언제나 주인의 요구에 따를 뿐이다. 그 자리에서 이러쿵저러쿵하고 이유를 대면 좋지 못하다고 낙인을 찍어버린다. 그러면 대우가 형편없어지는 것은 당연하다.

그러나 나무의 상황이 모두 같을 수는 없다. 자갈밭에 있는 나무는 자라다가 말라 죽어버리고, 기름진 토양에 있는 나무는 다른 것보다 더 높이 자라난다. 그러니 나무는 환경을 중시할 수밖에 없다는 것도 능히 이해가 된다. 사업가도 그와 같아서 종업원들이 잘 협조하는 환경에서는 흑자를 내고 기업이 커가지만, 종업원들이 목소리만 높이고 일은 하지 않는다면 고생만 하고 회사도 도산되고 마는 것이다.

나무가 土를 극한다는 이야기는 앞의 木剋土의 항목에서 이미 설명 드렸으니 다시 길게 이야기할 필요가 없을 것이라고 생각된다. 木의 입장에서만 생각해본다면 참으로 소중한 土이기에 언제나 옆에 있기를 원하는 마음이 있겠다. 내가 극을 하면서도 각기 오행의 주체에 따라서 서로는 이렇게 다른 입장을 가진다. 앞으로 공부하면서, 네 가지의 오행이 극하는 입장은 같지만 그 속의 사정은 약간씩 다를 수가 있다는 것을 관찰하기 바란다.

4. 木이 金을 만나면 단단해진다

木은 아무리 잘났다고 하더라도 金의 견제를 피할 수가 없다. 金은 木에게 있어서 가장 두려운 존재이다. 심리적으로 봐서 자유분방하게 동서남북으로 뻗어나가려는 성분을 갖는 木을 金이 그러지 못하도록 톡톡 잘라버린다면 木은 정말 살아갈 의욕이 나지 않을 것이다. 가능하면 金의 성질을 건드리지 않고 잘 피해가는 것이 상책일 것이다. 이러한 이유로 해서 木은 金을 보기를 두려워한다고 이야기한다. 각자 오행에 관계된 인연으로 서로 돌아가는 것이다.

그렇다면 木과 金이 서로 좋은 관계를 성립하기가 전혀 불가능하다는 것인가? 그렇지 않다. 木이 일반적으로는 金의 간섭을 싫어하는 것이 사실이지만 木이 워낙이 많아서 자기네들끼리 서로 치고 받는 상황이라면 이때는 金의 통제를 필요로 한다. 어쩌면 金은 이러한 경우에 자신의 기능을 가장 잘 발휘하게 될 것이다.

위용이 웅장한 나무를 보면 흔히 '대들봇감'이라는 말을 한다. 그런데 이렇게 나무가 웅장하게 다 자랐을 적에는 더 이상 물로 키워줄 필요가 없다. 이때는 도끼로 잘라서 들보로 만드는 것이 더 적절하다. 이것은 木의 세력이 이미 성장을 마치고 노년기로 접어들었을 경우에 해당하는 말이다. 더 이상 자랄 수 없을 정도로 성장한 나무는 金의 도움을 받아 목재로 만들어지면 앞으로 천년은 더 살게 되는 것이다. 대들보가 되어서 고래등 같은 기와집을 받들고 있으면 역시 천년 동안 보존이 가능하기 때문이다.

이 경우에는 오히려 물을 만나는 것을 대단히 꺼린다. 마른나무는 물을 만나면 썩어버리기 때문이다. 이렇게 상황에 따라서 좋아하는 것이 바뀌기도 한다는 것을 오행의 작용을 살필 때 반드시 고려해야 한다. 이와 같이 오행은 각기 서로를 위해서 유용한 존재가 되기도 하고 쓸모없는 존재가 되기도 한다.

그런데 이렇게 설명을 전개해나가는 데에는 문제가 하나 있다. 金이 나무에게 하는 좋은 작용이라는 게 도끼로 잘라서 다듬는 것이라는 이야기는, 인위적인 노력이 가해지는 상황으로 金과 木의 관계를 설명한 것이지 자연 본래 모습은 아니라는 것이다. 물론 "모로 가도 서울만 가면 된다."고 했으니까 결과만 통하면 그만이지만, 누가 이러한 이론에 대해서 반격이라도 한다면 대답이 궁색해지게 될 것이다. 그러한 염려를 해서 가능하면 자연적인 상황을 가지고 원리를 설명함으로써 누가 생각해봐도 타당하다는 마음이 들도록 하는 것이 좋겠다. 이것이 앞에서 이끌어가는 입장이라고 생각해본다.

자연계에서는 나무에게 金의 작용은 가을이라는 계절로 다가온다. 나무가 성장을 멈추지 않으면 안 되는 시기인 것이다. 늦가을철의 냉기운은 나무가 성장하는 데 대단히 불리한 조건이다. 그래서 푸르렀던 잎도 누렇게 또는 붉게 색이 변해서는 떨어지고 마는, 그야말로 가사(假死)의 상태에 처하게 되는 것이다. 바로 이러한 이유로 해서 金은 木을 극한다는 말을 하게 된다.

인도네시아에 있는 한국의 벌목회사가 나무를 베는 장면을 본 적이 있었다. 한창 인기를 끌고 있는 〈체험 삶의 현장〉이라는 텔레비전 프로그램을 통해서였는데, 나무 하나의 규모가 참으로 대단했다. 한국에서 그 정도 크기로 나무가 자라려면 적어도 500년에서 1000년이 걸려야 가능할 것이다. 아니 어쩌면 그보다도 더 오랜 시간이 필요할지도 모른다.

그런데 그곳에서는 불과 몇 년만 지나면 다시 그 정도 크기로 나무가 자란다고 한다. 그 이야기를 들으면서 한반도에서 육림 사업은 애초에 수지타산이 맞지 않는다는 것을 알게 되었다. 그러면서 金剋木이 생각나는 것이다. "그렇지, 金의 기운이 없는 곳에서 나무 사업을 해야 金의 극을 받지 않고 나무들이 하늘 높은 줄 모르고 마구 자라게 되는 것이지, 한국에서처럼 자랄 만하면 金의 극을 받고 있는 동네에서는 될 리가 없어."라는 생각을 하게 되었다. 그래서 金剋木은 나무를 못 자라게 하는 작용을 한다는 것이 또 한 번 확인되는 셈이었다. 이렇게 모든 사물을 보면서 그 생극의 원리를 관찰하는 것이 명리학을 숙성시키는 과정이라고 생각한다.

그러면 金剋木이 좋은 역할을 하는 경우는 어떻게 설명할 것인가? 한국의 나무는 극을 받으면 성장을 중지한다. 그러면서도 완전히 중지하는 것은 아니다. 나이테를 보면 가을에 자란 부분을 보게 된다. 즉 진한 색으로 나타나는 부분이다. 이것이 있다는 것만으로도 나무는 가을에도 자라기는 한다는 것을 알 수가 있다. 물론 여름에 자란 것과는 상당히 차이가 있다.

그런데 이것을 보면서 가을이 있음으로 해서 나무가 단단하게 된다는 사실을 알 수 있다는 것이다. 나이테가 한 살을 의미한다고 하는데, 그 나이테는 단단하다. 단단한 나무는 오래간다. 즉 열대림의 나무가 과연 500년이나 1000년을 살 수 있을지 모르겠다. 생각건대 아마도 불가능할 것이다. 그렇게 자라다가는 속이 다 썩어서 결국 죽어버리게 될 것이다. 그렇지만 한반도의 나무들은 여건만 좋다면 500년은 거뜬하다. 그 이유는 가을에 金이 나무를 단단하게 해주기 때문이다. 이렇게 오래도록 장수할 수가 있는 것은 필히 金의 도움을 받아서이다. 오래도록 살 수가 있다는 것은 나무의 입장에서는 매우 고마운 일이다. 사람들이야 얼른 자라지 않는다고 성화를 해대거나 말거나 말이다. 흔히 농담삼아 '굵고 짧게'라는 말을 하는데 열대림이 바로 굵고 짧게 사는 것이고, 한국의 나무는 가늘고 길게 사는 꼴이다. 그러나 그 장단은 함부로 말할 것이 아니라고 생각한다.

5. 木이 水를 만나면 생기가 솟는다

나무가 아무리 많은 일을 하고 싶어도 물이 뒷받침해주지 않는다면 그런 소망은 한낱 물거품에 불과하다. 나무는 잠시라도 물을 떠나서는 생존이 불가능하다. 물에 절대적으로 의지한다. 사주의 오행에서도 나무가 물이 없다면 정말 치명적이라 할 수 있다. 신속하게 물을 찾지 않으면 어떠한 계획도 쓸모가 없게 되어버린다. 그래서 언제나 물을 만나면 반가워한다.

애초에 나무는 물에서 나왔다고 한다. 처음에는 이끼의 형태였다던가? 그렇게 시작된 생명이 수억만 년이 흐르면서 고등동물로 진화했다고 진화론(進化論)에서는 말하는 것으로 알고 있다. 그러고 보면 "水生木이 있음으로 해서 지구에 생명이 시작되었노라." 하고 말해볼 수도 있겠다.

나무의 생존에 물이라는 것은 결여되어서는 절대로 안 되는 것이 분명하다. 모든 생물은 자신의 종족을 번식시키는 데 필요한 에너지를 무엇보다 우선적으로 확보한다. 그런데 나무가 활동하기 위해서는 물이 잠시라도 없어서는 안 되기 때문에 나무의 입장에서 물은 무슨 말을 하더라도 반드시 있어야만 한다.

다만 여기에서도 예외 없이 부작용이 따른다. 물이 너무 많으면 나무가 썩어버리는 것이다. 물론 아예 물 속에서 생활을 하는 미역이라든지 다시마 등의 해조류라면 문제는 다르겠지만 일단 지상에서 살아가는 나무를 기준해서 볼 때에는 물이 지나치게 많다는 것이 참으로 큰 문제가 아닐 수 없다. 그래서 언제나 모든 것은 균형을 이루고 있어야 한다는 것이 자연의 법칙이다. 그 균형이 무너지게 되면 나무는 물에 잠겨서 죽어버리게 된다. 생이라고 해서 다 좋아할 것도 아니라는 것을 배우게 되는 장면이다.

인생살이에서도 이러한 경우를 얼마든지 만날 수 있다. 요즘같이 자식을 많이 두지 않는 시대에는 어머니의 지나친 사랑이 큰 사회 문제가 될 소지가 있다. '마마보이'라는 말을 만들어내는 것도 바로 이러한 수의 과잉 공급이 빚어낸 비극이다. 지나친 어머니의 사랑(정확히는 간섭)이 자식을 스스로 자립하게 하는 데 걸림돌이 된다. 자칫 자식의 앞길을 막고서 결국은 죽이는 결과를 가져오는 것이니, 이것이 木의 입장에서 보는 물의 부작용이 되는 것이다.

예전에 자식이 많을 적에는 일일이 살펴볼 겨를도 없었기 때문에 과잉 공급에 대해서는 전혀 염려할 필요가 없었는데, 핵가족 시대가 되면서 어머니의 에너지가 남아도는 상황이 되다 보니까 아이가 학교를 가고 오는 데에도 자가용으로 싣고 다닌다고 한다. 자식을 온실 속의 화초로 기르면 자력으로는 아무것도 할 수 없는 정신적 불구자가 될 것이다.

사회학자들은 이러한 현상을 또 다른 말로 표현하겠지만, 우리 명리학자는 이러한 것이야말로 정확히 '水의 과잉 공급 현상'이라고 본다. 그리고 사주팔자 중에는 이런 형태도 존재하는데, 이러한 사람에게 '어머니에 대한 불만'을 물어보면 실제로 어머니에 대해서 불만이 많다고 하는 답변을 듣는다. 그리고 水를 과잉 공급하는 어머니가 운명 감정을 하러 와서 자식의 앞날에 대해서 궁금한 마음으로 질문을 하면 "그냥 내버려 두는 것이 도와주는 것"이라고 말하는 경우도 있다. 이렇게 말하면 우선 듣기에는 서운하겠지만, 조언이 필요한 상황이고 또 이러한 말을 해줄 수 있는 사람이 명리가를 제외하고 그리 많지 않다고 생각되기도 해서 그렇게 말해준다. 이럴 때에는 사회적인 문제를 해결하는 듯한 착각(?)으로 스스로 보람이 있는 일을 하고 있다는 자위를 하기도 한다.

제2장
火의 주변 상황

이렇게 木을 중심으로 해서 주변의 여러 가지를 생각해봤다. 오행의 나머지는 벗님 스스로 木의 상황에 미뤄서 짐작해보시라고 하고 다음으로 넘어갈 참이었다. 그런데 완전히 초보자의 입장이라면 이렇게 미뤄서 다른 상황까지도 궁리해본다는 것이 무리일 것 같았다. 그래서 다소 번잡하기는 하지만 일일이 상황을 설명해드림으로써 장차 더 깊이 연구해 들어가는 데 밑거름으로 삼는 것이 좋겠다는 생각이 들어서 전체적으로 설명하기로 하겠다. 그럼 이번에는 火를 기준으로 삼아서 다른 오행과의 상황을 가능한 한 현실적으로 이해가 되도록 설명해보겠다.

1. 火가 火를 만나면 동지가 된다

"불과 불이 서로 만나면 어떤 일이 생길까? 나무와 나무가 서로 만나면 라이벌이라는 생각을 갖는다고 했는데 불도 같을 것인가?" 이렇게 궁리를 하는 것이 오행학자요, 명리학자라고 할 것이다. 불의 형상을 살피건대 불끼리는 융화가 잘 된다고 할 수 있다. 무슨 종류의 불이든지 서로 만나기만 하면 하나로 어우러진다. 그리고 얼마든지 많이 모여도 좋다고 생각한다. 원래 불은 당(黨)을 만들어서 서로 힘겨루기를 하는 것에 매력을 느끼는 성분이기도 하다. 그렇게 힘을 겨뤄서 우두머리가 된다면 더없이 보람을 느낄 것이다.

나무는 자신의 경계, 즉 크기라든지 굵기라든지 세력 등이 뚜렷하게 나타나지만 불은 그렇지 않다. 항상 변화를 하고 있는 것이다. 쉼없이 움직인다. 이렇게 활발한 성분 때문에 언제나 어느 곳을 가리지 않고서 나서기를 잘한다. 형상적으로 볼 때, 다섯 가지 오행 중에서 가장 변화 무쌍한 모습을 한다. 혼자 있으면 밝고, 둘이 있으면 뜨겁고, 셋이 모이면 태워버린다. 이것이 불의 성분이다. 그래서 불이 불을 만나면 서로 융화를 한다고 보는 것이다.

火生火가 되는 경우

불이 불을 만났을 경우에도 구체적인 상황에 따라서는 길흉의 차이가 뚜렷하게 마련이다. 우선 좋은 관계를 유지하는 상황에 대해서 살펴보도록 하겠다.

무엇보다도 불은 세력이 약해서는 얼음 한 조각도 녹일 수가 없다. 이렇게 약한 불은 남들이 눈여겨봐주지도 않는다. 그래서 불은 어느 정도 세력을 지닐 필요를 느끼는 것이다. 그래서 약한 불이라고 한다면 같은 불이 서로 도와주는 것을 매우 반긴다. 그리고 특히 중요하게 알아둬야 할 것은 오행에서 金기운이 너무 많으면 불이 혼자서 감당하지 못한다는 것이다. 불에게 金은 재물이라고 하는데, 아무리 재물이 좋다고 하더라도 불의 힘이 약해서야 어디 金을 녹여서 자신의 보물로 만들 수 있겠는가. 그래서 부득이 자신의 힘이 성장할 때까지는 다른 불의 도움을 받는 것이 최선이다. 바로 이런 경우에 불은 능히 불을 살려주는 작용을 하는 것이다.

또한 만약에 물이 넘실대는 상황이라면 불로써 도와주는 것보다는 나무가 있어서 물을 흡수하는 것이 불을 살려주는 길이다. 그런데 어디를 둘러봐도 나무가 없다면 이때는 부득이 그냥 불이라도 좋으니까 서로 의지를 하고서 물과 대항하는 것이 최선이다. 이런 경우 불은 하나의 반딧불이라도 반겨서 의지를 해야 할 형편이다. 이럴 때는 같은 불이 참으로 도움이 되는 입장에 서는 것이다.

火훼火가 되는 경우

이번에는 불이 전혀 도움이 안 될 뿐만 아니라 급기야는 열받게 하는 상황에 대해서 생각해보자. 우선 불의 세력이 확장되어서 대단히 강력할 경우가 이에 해당한다. 불이 강력하면 金이 있어도 모조리 녹여버리고, 물이 와도 증발시켜버리는 막강한 파워를 자랑한다. 물론 이렇게 힘이 강하면 남들이야 모두 괴력이라고 하면서 존경할지도 모르지만 실제로 불의 입장에서는 여간 고역이 아니다. 우선 오행이 서로 조화를 이뤄야 안정되고 품격을 논할 가치가 있다고 보는데, 이렇게 불의 세력이 온 천하를 장악하고 있으면 전혀 불에 대해서 존경의 마음을 먹지 않을 것이 분명하다.

더운 여름날에 따끈따끈한 화로를 소중하게 간직할 사람은 아무도 없을 것이다. 망령든 노인네는 제외일는지 모르지만 맑은 정신을 가지고 사는 사람이라면 그런 일은 하지 않을 것이다. 이렇게 불이 천대를 받게 되면 불의 입장에서는 불만 보면 지겹다. 스스로 무엇인가 능력을 발휘해보고 싶은데도 따라다니는 불들이 하도 강력하다 보니 남들이 외면해버리게 된다. 이렇게 푸대접을 받고 보니 참으로 억울하다. 그래서 불을 극하게 된다. 따라다니지 말라는 것이다. 그렇지만 그 불인들 어디 자신이 그러코자 해서 그러는 일인가, 어쩔 수 없는 상황에 처했을 뿐인데 말이다.

어쨌거나 이러한 상황이 발생한다면 불은 불이라는 말만 들어도 온몸에서 두드러기가 날 것이 뻔하다. 제발 꿈에서라도 좋으니 장대 같은 소나기 같은 것이 내려서 저녀석을 쓸어가버렸으면 좋겠다고 생각할 것이다. 이런 생각이 들었다는 것은 일단 불의 작용이 흉하게 나타난다는 암시일 게 뻔하다. 이러한 일이 발생할 때 火剋火라고 하는 상황을 대입시키게 되는 것이다.

2. 火가 土를 만나면 자비심이 생긴다

火가 土를 만나면 객기(客氣)가 자비(慈悲)의 마음으로 변한다. 셋만 모이면 세상이 시끄럽게 소란을 피우는 불도 일단 土를 만나면 그 본성이 나긋나긋해진다. 그래서 《적천수》[28]에서도 "불이 土를 만나면 자비심이 생겨난다(土衆生慈)."고 했던 것이다. 어느 누군들 자신의 자식을 보면서 무작정 성질낼 사람이 있겠는가만 특별히 불이라는 성분은 자식에 대해서 애착이 많다. 자칫 일생을 자식만을 위해서 살아갈 수도 있다. 그러니 물론 어머니의 입장이라고 말해야 하겠다.

불에 속하는 어머니가 자식을 위해서 일생을 살아간다면 불의 아버지는 뭘 위해서 일생을 살아갈 것인가 하고 의문을 가질 수도 있겠다. 나중에 나오겠지만, 일단 남자의 입장에서 土에 해당하는 것은 능력이라고 본다. 능력을 대단히 중히 여기는 남자는 火의 성분이 土를 만나게 된 사람이라고 할 수가 있다. 조금만 깊은 관찰력을 가지고 주변을 살펴보면 그런 사람이 있다. 별것도 아닌 재주를 가지고 대단한 능력인 양 소란스럽게 광고하는 사람들 말이다. 이러한 사람은 아마도 불에 속할 가

---

28) 유백온(劉伯溫) 저, 임철초(任鐵樵) 주, 명리학의 정상에 우뚝한 원리를 담고 있는 경전이라고 할 만한 교과서이다.

능성이 높다. 또 반대로 능력이 있으면서도 자꾸 감추고 스스로 부끄러운 잔재주라고 생각하는 사람은 불이 아니다. 그럼 무엇일까? 이렇게 궁리하다 보면 어느덧 자신이 깊은 곳까지 관찰하고 있음을 발견하게 된다.

그리고 불이 土를 만나면 인정이 많다. 뭐든지 주고 싶어하고 심지어는 간과 쓸개까지도 빼주려고 하는 사람이다. 여기에서 자비심이 생겨난다는 말을 하게 되는 모양이다. 그러면 이러한 현상을 자연계의 이치로는 어떻게 설명할 수 있을 것인가 살펴보자.

우선 불은 흙 속에 잘 빨려들어간다. 여름날에 땅을 만져보면 알 수가 있다. 발을 대지 못할 정도로 뜨끈뜨끈하다. 흙이 뜨거운 것은 불의 기운을 잘 흡수해서 그런 것이다. 흙은 열기를 잘 빨아들여서 이듬해의 봄까지 그 열기를 보관한다고 하면 너무 지나친 난센스일까? 여름에 土가 열기를 흡수하고서 잘 보관하기 때문에 겨울에 땅속에서 잠을 자보면 훈훈함을 느끼는 것이다. 밖이 춥기 때문이라고 생각하기도 했었는데, 실제로 온도계로 측정해봐도 겨울의 지하는 여름보다 온도가 높다는 것을 확인할 수가 있다.

그 한 예가 밀양의 얼음굴이다. 봄이나 가을에는 그렇지 않았던 얼음굴이 30도를 오르내리는 한여름의 복중에는 서늘한 냉기운을 발산시켜 얼음이 마구 얼어붙는다. 허준 선생의 사부님께서 자신의 몸을 그 얼음굴에다가 보관하고서 해부 실습을 하도록 했다는 이야기가 전해지는데 사실인지 아닌지는 모를 일이지만 그럴싸하다는 생각은 든다.

3. 火가 金을 만나면 엿장수 마음이다

이번에는 불이 쇠를 만났다. 火는 金을 어떻게 여길 것인가에 대해서 생각해보는 항목이다. 불이 쇠를 만나면 통제하려고 할 것이다. 강력하게 자신의 의도대로 金이 움직여주기를 바라는 것이다. 즉 이러한 현상을 읽을 수 있는 것은, 모든 금속은 불의 제련을 받고서야 비로소 자신의 형체를 갖게 되기 때문이다.

불은 金을 보면 무조건 통제하고 싶어하고 자신의 마음대로 주무르려고 한다. 그래야 속이 시원하다. 시키는 대로 듣지 않으면 손이 올라가는 것이다. 아무래도 좀 거친 상관(上官)인 듯하다. 원래 불은 인내심이 부족하다. 인내심이 없는 사람은 남이 자신의 말에 순순히 따르지 않으면 속에서 불이 일어난다. 더구나 그 남이 내가 마음대로 할 수 있는 사람이라면 전혀 참으려고 하지 않는 것이다. 그래서 강제로 억압을 하는 형태가 성립한다. 火는 金에 대해서 그렇게 군림하는 것이다.

또 이러한 원리가 자연계에 대입된다면 어떻게 설명될 것인가? 金을 서리라고 가정하자. 서리는 가을에 金기운이 강화되는 시기에 발생하는 것이므로 전혀 엉터리가 아니다. 가을에 아직 결실을 다 거두지 않았는데 서리가 내리면 농부들은 큰일이다. 그래서 서리가 내린다는 주의보를 들으면 즉시 농장으로 달려가서 밭고랑에 불을 피운다. 이때의 불은 틀림없이 나무를 살리는 것이다. 이를 명리학에서는 '아능구모(兒能救母)'라고 이른다. 자식이 능히 어머니를 구한다는 의미이다. 여기에서도 金(서리)은 불의 힘 앞에서는 별수없이 물러가는 수밖에 없다는 결론을 내려본다.

이런 대목이 실감나는 영화가 있었는데《구름 속의 산책》였던 것으로 기억된다. 그 영화에서는 서리가 온다는 말에 포도농장에 모두 불을 피우는 장면이 참으로 볼 만했었다. 거기까지는 좋았는데, 급기야 그 불이 과해서 농장을 모두 불태워버려서 명리학의 말로 하면 '화다목분(火多木焚)'이 되고 말아 딱하게 되었지만…… 그 바람에 주인공들이 사랑을 느끼고서 행복해진다는 이야기니까, 결과가 좋으면 그만한 가치가 있다고 생각되기도 한다. 이렇게 낭월이는 항상 어느 곳에서든지 오행의 냄새만 나면 코를 벌름거리면서 오행의 흐름을 느끼려고 온갖 몸부림을 하는 것이다. 그래서 많은 것을 찾아내기도 하는데, 그렇다고 해서 영화의 흐름도 무시한 채 오행 궁리만을 하는 것은 아니다. 영화는 영화대로 보면서 그 이면에 흐르는 이치는 덤으로 얻는 셈이다. 그래서 웬만하면 본전 생각은 나지 않는다고 할 수 있다.

4. 火가 水를 만나면 못마땅하다

물과 불의 관계를 여기서는 불의 입장에서 생각해보겠다. 불은 그 본성이 위로만 향해서 올라가는 성분이고, 물은 그 본성이 아래로만 향해서 내려가는 것이다. 따라서 불의 입장에서 물을 볼 적에는 참으로 맘에 들지 않는 구석이 엄청 많다. 물에게는 불의 특성 중에서도 가장 두드러진 점이라고 할 만한 "가자 앞으로!"가 도무지 먹혀들지 않는 것이 우선 가장 맘에 들지 않는 구석이다. 이 물이라는 녀석은 자꾸 뒤로만 빠진다. 그래서 쥐어박으려고 해도 이게 또 만만치가 않은 것이다. 물에게 주먹이 다가가는 순간, 이미 불은 불이 아니다. 죽어버리는 것이다. 水剋火한다는 이야기를 설명하고 있는데, 실은 水火는 서로 겨룰 만하다고 생각된다. 다만 火는 공격적이고 水는 방어적이기 때문에 언제나 제풀에 지친 불이 항복을 하게 돼서 결국은 水剋火라고 말하게 된다. 하지만 우선 노는 모양을 보면 물은 불에게 있어서 대단히 마음에 들지 않는 친구임에는 분명하다.

그래서 불은 물을 보기만 하면 싸우려고 덤빈다. 물론 싸움은 될 턱이 없다. 물이 항상 꽁무니를 빼기 때문이다. 수화상쟁(水火相爭)을 하게 되면 싸움을 말리는 도리밖에 없는데 이때 말리는 적격자로는 木이 최고이다. 그런데 가재는 게편이라고 木은 불의 편을 들어준다. 원래가 木火는 같이 노는 구조로 생겨먹었기 때문이다. 그래서인지 불은 물을 보고서도 겁을 내지 않는다. 참 고약한 친구이다. 상사를 공경해야 하는데 이 친구에게는 상사라고 하는 존재가 별 의미가 없다.

남보다 뛰어난 능력이 있어야지 밥그릇 수만 가지고는 아무 도움이 되지 않는다는 사고 방식을 가지고 있기 때문이다. 항상 지금 이 순간의 최선이 중요할 뿐이라고 생각하는 것이다. 그래서 상관이든 임금이든 시원치 않으면 갈아치워야 한다고 항상 술자리에서 큰소리 친다. 그래서 소극적인 사람은 이 사람 옆에 가기를 꺼린다. 이런 사람 옆에 있다가 충동질을 받으면 빠져나갈 수도 없고, 그랬다가 잘되면 또 모르지만 자칫 자신의 목줄이 떨어질는지도 모른다는 불안감이 들기 때문이다. 그래서 역적질도 장단이 맞아야 하는 모양이다. 이러한 사고 방식이 불이 물을 보는 관점이라고 생각한다.

5. 火가 木을 만나면 정성을 다한다

불이 나무를 만나는 것은 또 어떤 의미가 있을까? 사실은 불이 기세 좋게 떠드는 것도 알고 보면 뒤에서 木이 받쳐주기 때문이다. 木이 힘을 주지 않으면 불이 무슨 힘으로 나서서 큰소리 칠 수 있겠는가 말이다. 그래서 불에게 나무라는 것은 절대로 빠져서는 안 되는 성분이다. 그러니 불은 어머니 격에 해당하는 나무에게 효도를 하는 것이다. 오죽하면 불의 별명이 '예의(禮儀)'이겠는가를 생각해보면 능히 짐작이 가고도 남을 일이다. 이렇게 온갖 정성을 다해서 봉양하는 것도 사실은 어머니가 자신이 앞으로 나아가는 데 없어서는 안 될 성분이기 때문이다.

혹자는 낭월이가 이렇게 설명을 드리면 "너무 이해타산적으로 생각하시는 거 아뇨? 그냥 천성이 순박하고 착해서 그런다고 봐줘도 될 것을 그렇게 후벼파야 하겠소?"라고 말하기도 한다. 그래서 웃고 마는데, 그렇게 꼬치꼬치 따지는 것은 세상에 공짜는 없다는 냉정한 현실을 이 명리학을 통해서 인식하고 있기 때문이다. 그래서 하다 못 해 효도를 하는 것에도 그만한 돌아옴이 있어야 가능하다는 생각을 하는 것이다. 그리고 이것은 불교의 '인과응보(因果應報)'에도 부합되기 때문에 당당하게 주장을 밀고 나가는 것이다.

특히 맹렬한 성분인 불이 효도를 한다는 것이 아무리 생각해봐도 어울리지 않는다는 의문이 들어서 이 문제에 대해서 좀 생각해봤던 기억이 난다. 그 결과 "불에게는 아무것도 두려움이 없는데, 오직 한 가지 있다면 나무가 없어져서 바닥이 나는 것이다. 그래서 나뭇가지에 대해서만은 무엇보다도 정성을 기울이는 것이다. 그 성분이 결국은 효도라고 하는 것으로 나타날 뿐이다."라는 생각을 하게 된 것이다.

이렇게 정성을 기울이는데 주변에 金이 있어서 木을 극이라도 한다면 어떻게 대항할 것인지를 보지 않아도 선명하게 알 수 있을 것 같다. 단번에 노발대발하면서 부숴버리려고 날뛸 것이 뻔하기 때문이다. 이 정도로 火는 木을 필요로 한다.

제5장
土의 주변 상황

 원래가 개성이 없다는 것을 개성으로 삼을 정도로 애매하다고 말할 수 있는 성분이 土이다. 그러거나 말거나 여기에서는 土가 다른 오행을 어떻게 바라다볼 것인지를 음미해보도록 하자. 어쩌면 개성이 없기 때문에 오히려 헛소리(?)하기 수월할 것도 같은데, 무책임한 말은 못 하는 것이 또 낭월이의 천성이라 土에 대해서 궁리를 할 적에는 항상 조심스럽다.

1. 土가 土를 만나면 무덤덤하다

 앞에서 보았듯이 木이 木을 보았을 경우와, 火가 火를 보았을 경우가 약간은 다르다. 그렇다면 土가 土를 보았을 경우에도 당연히 뭔가 또 다를 것이라고 생각하고 그 차이점이 무엇일지를 생각해보도록 하자.
 우선 土가 土를 만나면 그저 그럴 거라는 생각을 해보게 된다. 산에다가 산을 하나 더 보태봐야 결국 산이기밖에 더하겠는가 하는 생각도 든다. 원래가 土라고 하는 성분이 산뜻하게 표현하는 데 서툰 구조를 가지고 있다. 그러한 구조가 별다른 생극의 관계도 없는 土를 만나면 그냥 덤덤하게 보고만 있을 것 같은 느낌이 든다.

이렇게 생긴 대로 살게 두면 서로는 아무 문제도 없이 편안하게 지낼 것이다. 그런데 문제는 남들이 간섭을 하는 것이다. 土라고 하는 성분은 간섭받는 것을 가장 싫어한다. 어느 누군들 간섭하는데 좋다고 노래를 부를 사람이야 있으랴만, 土가 남들에게 간섭하지 않는 것도 실은 남들이 자신에게 간섭하는 것이 싫기 때문이다. 그런데 속을 모르는 사람들은 土가 조용하게 있는 것을 보면 뭔가 집적거려보고 싶어서 근질근질한 모양이다. 그래서 이래라저래라 하고 말도 많다. 이렇게 되면 꾹꾹 눌러 참지만 내심 무척이나 못마땅하다.

형제간에는 우애가 있어야 한다느니, 친구간에 그렇게 무관심할 수가 있냐느니 하고 각자 자기의 생각대로 마구 지껄인다. 사실 土의 구조상 형제나 친구를 관리하는 요령이 서투를 수밖에 없다. 이렇게 되면 土는 피곤해진다. 그래서 참고 있다가는 한마디한다.

"아, 그냥 냅둬~! 나도 생긴 대로 살다 죽을껴~!"

土生土가 되는 경우

토질(土質)이 나쁘면 농부는 기름진 흙을 퍼다가 채워넣는다. 土의 기운이 허약하면 다시 양질의 土를 보충함으로써 지력(地力)을 높인다는 간단한 이치를 깨닫고 있기 때문이다. 그렇다면 이 농부는 누구에게서 오행의 이치를 배워서 알게 된 것일까? 물론 전혀 배운 바 없다는 말을 할 참이다. 오행의 이치라는 것은 반드시 배워서 아는 것만은 아니라는 생각이 든다. 누구나 조금만 자연 현상에 관심을 가지고 주시하다 보면 능히 그 움직임을 깨닫게 되는 것이다.

사람에게는 이러한 자연을 읽을 수 있는 능력이 있는 것으로 봐야 할 것 같다. 농부의 안목에서도 능히 土生土의 이치를 헤아리게 된다. 이보다 더 좋은 공부거리는 없을 정도이다. 그래서 간단하지만 土生土의 원리는 충분히 이해하게 된다.

그런데 어떤 벗님들은 농부가 깨달은 법이라고 말하면 얕잡아보고 무시하려 드는 경우도 있다. 무슨무슨 대학교의 철학 박사가 한 말이 아니라면 도저히 믿고 싶지 않은 마음이 있는 모양이다. 이것은 '메이커병'이라는 말로 대신할 수 있을 것이다. 어린아이들조차도 이 병에 걸려서는 어디에선가 광고를 푸짐하게 한 물건이 아니라면 신발이든 옷이든 전혀 알아주지를 않는다. 그리고 장사꾼은 또 이 점을 노려서 막대한 광고비를 투자한다고 하니 이것은 참으로 이익이 없는 유행인 모양이다.

그러나 오행의 원리는 이러한 것에는 전혀 개의치 않는다. 길가의 거렁뱅이든, 세 살 먹은 어린아이든 가리지 않는다. 오로지 그가 깨달은 것이 오행의 참소식인가만 궁금하다. 그리고 이것이 분명하다면 즉시로 그 이론은 활용되어서 인간의 삶에 응용될 것이다. 당연히 학자는 이렇게 핵심적인 이치를 바로 알아가는 것에만 관심을 갖는 게 정상일 것이라고 생각된다.

土剋土가 되는 경우

土가 土를 극하는 현상은 지진(地震)에서 찾아보고 싶다. 지진은 땅이 서로 충돌하면서 진동하는 것이다. 이렇게 진동을 하는 것은 땅끼리 서로 부딪치는 것이므로 스스로 극하는 것이라고 하겠다. 일본은 항상 지진의 위험에서 벗어나지 못하고 있는 대표적인 나라라고 보겠는데, 이렇게 지진이 일어나면 삽시간에 아수라장을 방불케 된다고 한다.

그런데 요즘은 우리 한반도에서도 심심찮게 지진의 조짐이 보이고 있어서 결코 안심할 수 없다는 기분이 든다. 특히 최근에 정선 지역에서 발생한 지진은 강도가 높아서 거의 전국적으로 느낄 수가 있었다. 낭월이가 사는 이 계룡산 자락에서도 너무나 분명하게 땅이 땅을 극하는 진동을 알 수가 있었던 것이다. 어쨌거나 우리는 土가 土를 극하는 의미에서 지진을 생각해보면서 서로 얼마나 대단한 기세로 충돌하는 것인가 느껴보면 될 것으로 생각한다.

2. 土가 金을 만나면 재주넘는 곰이다

무덤덤하던 土가 이번에는 金을 만났다. 그러면 서서히 다가앉는다. 뭔가 흥미가 동하는 모양이다. 그렇다고 해서 갑자기 와락 달려들지는 않는다. 土는 구조상 급속한 행동이 어울리지 않는다. 은근하게 마음이 쓰이는 존재가 土生金이다. 실제로 土에서 金이 되는 데 얼마나 많은 시간이 걸리는지 생각해본다면 이러한 추리는 당연함을 알게 될 것이다. 수십만 년 혹은 수백만 년의 세월이 경과해서야 비로소 土에서 金이 되는 것이라고 할 수 있다. 이렇게 시간이 걸리는 것도 자연이라면, 土가 金을 보자마자 정을 주는 데 서툴다는 것도 자연이다. 이러한 것을 서로 연관해서 이해하는 게 좋겠다.

"점차로 마음을 쓴다."고 표현하거나, 은근히 꾸준하게 마음을 쓴다고 하면 적절할 것이다. '은근한 관심'이라는 말도 가능하겠다. 그래서 얼른 봐서는 잘 모르겠는데, 실은 土가 은근하게 마음을 두고서 金에게 정성을 기울인다는 형태로 이해할 수 있다. 火가 土를 보고서 갑자기 자비심이 생긴다고 할 정도로 마음을 쓰는 것과는 상당한 차이가 있다고 하겠다.

이렇게 土의 사랑은 은근하고 꾸준하다. 성질이 급한 사람은 그냥 관심이 없는 것으로 이해하고 넘어갈 수도 있겠지만, 土가 金에게 기울이는 정성은 참으로 대단한 것이다. 土가 뭔가 만들어낸 작품을 꼽아본다면 바위밖에 더 있겠는가 말이다. 곡식을 만드는 것은 土의 영역이 아니다. 그냥 木의 뿌리를 잡아준 것이 전부이다. 아니 공간을 제공해줬다고 보는 것이 더 근사할 듯싶다.

그러나 굼벵이도 구르는 재주가 있다고 하는 말대로, 土로서도 엄청난 시간이 걸리기는 하지만 뭔가를 만들어내는 것이다. 물론 시간은 그렇게 걸리지만 일단 만들어놓기만 하면 그 생산품은 천년 만년을 가는 바위이다. 역시 오랫동안 궁리하고 연구한 자료는 하루아침에 사라져버리지 않는다는 것을 알게 해주는 자연 현상이다.

3. 土가 水를 만나면 이용한다

제목을 적어놓고도 土가 水를 어떻게 이용할지 얼른 납득이 가지 않는다. 인간의 입장에서야 당연히 곡식을 길러야 하기 때문에 土에게 물을 주어야 하겠지만, 土의 입장에서는 과연 물을 필요로 할지 곰곰이 생각해봐도 잘 모르겠다. 그렇지만 반드시 뭔가 서로 피치 못할 연관성이 있을 것이다. 이렇게 나름대로의 확신을 가지고 도전을 해본다. 이렇게 궁리를 하다 보면 참으로 기발한 생각도 떠오른다. 가령 이런 궁리는 어떨까?

土는 그 힘을 강화시키기 위해서 불을 필요로 한다. 그런데 불이라는 성분은 이미 아시는 대로 자꾸 위로만 올라가려는 성분이니, 土로서는 얼른 땅속으로 그 기운을 입력시키기가 여간 고역이 아닐 것이다. 생각해보라. 가벼운 불을 어떻게 땅속에 가둘 수 있을까? 그래서 궁리를 한 끝에 물을 끌어다 넣을 생각을 하는 것이다. 물은 아래로만 흘러가는 성분이고 상당히 무거운 구조이면서 불을 꼼짝 못 하게 하는 능력이 있다. 이러한 성분을 이용해서 불의 기운을 땅속에다 가두면 되겠다는 土다운(?) 생각이다.

그래서 언제든지 약간의 불 기운이 땅을 데우면 즉시 물의 기운을 부른다. 물이 원하거나 말거나 土로서는 그렇게 할 수밖에 없다. 그래야 비로소 불의 기운을 땅속에 저장할 수 있기 때문이다. 이러한 말씀을 드리면 '공론(空論)'이라고 할 수도 있을 것이다. 단순히 이론을 위한 이론이라는 이야기이다. 그렇지만 그러면 또 어떤가? 결국 土剋水한다는 이치만 이해하면 되는 것이다. 낭월이는 이렇게 생각하고 항상 접근해나간다.

그런데 이러한 공상이 전혀 엉터리라고 할 수만은 없다. 가령 배터리를 보면 속에 물이 들어 있다. 그 물은 분명히 전기를 가두는 데 이용되는 것이다. 물이 적으면 충전이 잘 되지 않는다고 한다. 물론 그 물은 증류수, 불순물이 섞이지 않은 순수한 물이라는 이야기이다. 이러한 구조를 보면서 불을 저장하는 데에는 반드시 물의 협조가 있어야 한다는 생각을 해본다. 즉, 일단 속으로 끌려들어온 열은 물이 무서워서 도망가지 못하는 것이다.

그리고 사실 土 중에서도 습기가 없는 열토보다는 축축한 습토가 열기를 더 잘 끌어들인다. 이것만 봐도 역시 土는 습기를 포함하고 있어야 열기를 더 잘 흡수하고 저장하게 된다는 결론을 얻을 수 있다. 비록 엉성하기는 하지만 이러한 가설을 세워놓으면, 언젠가는 특출한 인걸이 나타나 이러한 자료들을 모두 활성화시키게 될 것이라고 기대해본다. 그래서 우리 명리학이 발전하는 데 일익을 담당하게 된다면 한참 끙끙대면서 궁리했던 것에 보람이 있을 것 같기도 하다.

결론적으로 土는 반드시 물이 있어야만 불의 기운을 끌어당길 수 있으므로 무조건 水를 극하는 것이다. 이것은 실험을 할 적에 촉매제(觸媒制)라고 하는 성분이 있어야만 실험이 가능한 경우가 많은 것을 보면서 일리가 있다는 생각을 하게 된다. 그러니까 土는 물을 촉매제로 사용한다는 것이다. 그리고 보면 水는 단순히 이익도 없이 이용만되므로 土의 극을 일방적으로 받는다고 말할 수 있겠다. 이것이 바로 土剋水의 이치인 것이다.

4. 土가 木을 만나면 고이 따르오리다

土는 木을 키우는 것을 기본적인 사명으로 가지고 있는 것처럼 보인다. 그렇게 木과 土는 떼려야 뗄 수 없을 정도로 밀접하게 엉켜 있다고 봐야 하겠다. 어떻게 보면 나무는 위대하다. 이 지구라는 별을 土라는 오행으로 보는데, 그것은 지구에서 土가 차지하는 비율이 가장 크기 때문이라고 한다. 정확한 것은 어렵겠지만, 크게 물과 비교해본 자료를 본 적이 있는데, 물이 땅의 73분의 1이라는 설명이었던 것으로 기억이 된다. 지구를 감싸고 있는 물이 그 정도밖에 되지 않는다는 이야기이니 얼른 볼 적에는 실감이 나지를 않는다. 망망대해를 보면 지구 전체가 그냥 물 위에 떠 있는 것처럼 생각되기도 하는데 말이다.

그러나 실제로는 물이 땅 위에 고여 있는 것이라는 설명이 가능하겠다. 그래서 土剋水하는 것일까? 서양의 정확한 과학자들이 그렇게 발표했다고 하니까 '그런갑다' 하기는 하면서도 과연 물이 그렇게 적은 양일까 하는 생각은 떨쳐버릴 수가 없다. 물론 이것은 인간적인 느낌일 뿐이지만 적어도 7분의 1은 될 것이라는 생각을 해본다. 나머지 오행들도 각기 7분의 1씩은 차지해야 할 것 같고, 土는 3분의 1 정도가 돼야 하지 않을까 하는 생각을 해본다. 어쨌든 결론은 지구에는 土가 가장 많은 오행이라는 것이다.

그런데 木은 그 강력한 土를 지배하고 다스리는 것이기 때문에 대단하다 할 것이다. 또 土의 입장에서는 木이 있음으로써 나머지 삼라만상들이 각기 생명을 얻게 되는 먹이 사슬을 생성하게 되고, 그래서 土가 지향하는 중화의 세계가 전개될 수 있으므로 土는 木을 괄시하려야 할 수가 없는 것이다. 그런 이유로 土는 木의 지배를 달게 받고 있는 것이라고 생각을 해본다. 木에게 충성하기 위해서 木에게 절대로 중요한 물을 흘러가지 못하도록 가둬둔다. 사실 土가 물을 머금고 있는 이유 중에는 나무의 뿌리를 적셔주기 위함이 포함되어 있을 것이다. 물론 불의 기운을 흡수하기 위해서이기도 하지만.

사실 木에 해당하는 어린아이들은 흙을 그렇게도 좋아한다. 항상 흙을 가지고 놀기 좋아하고 지칠 줄을 모른다. 어린 시절을 흙과 더불어 자란 사람들은 정서적으로 매우 안정이 되어 있다는 보고를 본 적이 있다. 그와 반대로 도회지의 빌딩 숲 속에서 회색의 콘크리트만 밟고 자란 사람들은 정서적으로 불안한 면이 많이 발견된다고 한다.

이러한 보고서는 무엇을 의미하는가? 木剋土를 해보지 못한 어린아이들은 패배감에 젖을 수 있다는 억지를 한번 써볼까 한다. 어린아이가 생각하기에도 土는 자신이 원하는 대로 뭐든지 되어준다. 자동차, 집, 그리고 인형 등등 뭐든지 가능하다. 이렇게 자신의 마음대로 지배할 수 있는 물질이 있다는 것은 그런 것을 경험해보지 못한 경우와 비교해서 상당한 차이가 있을 것이다. 그래서 자신감이 생기는 것은 아닐까? 반대로 도회지에서 사는 아이들은 뭐든지 장난감이 생긴 대로 그냥 가지고 노는 수밖에 없다. 그래서 항상 수동적인 마음을 가지게 되는 것이다. 그래서 나중에 세상을 살다가 하는 일이 뜻대로 되지 않으면, 시골에서 자란 아이들은 뭔가 방법이 있을 것이라고 생각하고 궁리를 해보는 반면에 도시에서 자란 아이들은 그냥 내팽개쳐버리고 말 가능성이 높다고 하겠다.

흙을 밟고 사는 사람은 건강하다는 말을 우리는 자주 접할 수 있다. 그러나 어째서 그렇게 되는가는 별로 생각해보지 않았을 것이다. 혹 생각을 했다고 해도, 맑은 공기를 마시고 발바닥에 흙의 기운을 받아서 건강한 게 아니냐는 정도가 아닐까 싶다. 그렇지만 오행가로서 생각해본다면 土를 극함으로써 용기를 얻는다고 볼 수는 없겠는가 하는 것이다. 소위 말하는 '氣 살리기'인 것이다. 일찍이 土를 극해보면서 자신감이 배게 되어 사회에서 만나는 어떠한 역경도 부딪쳐갈 마음이 난다는 것이다. 다소 억지의 소리일까?

5. 土가 火를 만나면 기운이 솟는다

火生土라고 했으니 흙이 불을 만나면 무조건 기운을 받게 되는 것이라고 보면 되겠다. 그리고 土의 성분에 습기가 많으면 많을수록 더욱더 火의 기운을 많이 흡수한다고 이미 설명했다. 土는 火의 도움을 원하기도 하고, 원하지 않기도 한다. 물론 다른 오행도 상황에 따라서 동일한 입장이지만, 특히 土는 그렇다고 보는 것이다.

주지하다시피 土의 본성이 다른 네 가지 성분을 감싸주는 것이라고 했을 때 다른 사행(四行)들이 모두 土의 균형잡힌 사고 방식을 믿고서 자신의 일을 하고 있다는 가설을 세워볼 수가 있겠다. 그래서 土는 중앙을 차지하고 있는 것이 분명하다. 즉, 土가 불로부터 열기를 흡수하면서 또한 열기를 보관해주는 역할을 하고 있기도 하다는 것이다. 이것은 마치 인체에서 관상동맥(冠狀動脈)이 하는 역할과도 같다고 하겠다.

초창기의 해부학자들은 관상동맥의 역할에 대해서 매우 궁금해했다고 한다. 참고로 관상동맥이란 심장의 주변을 모자 쓴 것처럼 생겨서 한 바퀴 돌고 있는 동맥혈관을 말한다. 학자들은 과연 이 혈관이 무슨 일을 하려고 밖으로 나가지도 않고 심장을 모자 쓴 모양으로 한 바퀴 돌고 있는 것인가 하는 의문을 가지고 궁리를 해보았다. 그러다가 심장이 자신이 활동하기 위한 에너지 공급선으로 그것을 이용한다는 것을 알게 되었다. 관상동맥이 차단되면 심장은 즉시 영양 실조에 빠지게 된다. 산소를 공급받지 못하게 되니 심근경색(心筋梗塞)이 일어나고, 완전히 관상동맥이 막혀버리면 심장마비가 되는 것이다. 이렇게 중요한 역할을 하는 것이 바로 관상동맥이라고 한다.

관상동맥은 그래서 심장이 쉬지 않고 혈액을 운반하도록 에너지를 공급해주는 역할을 하는 것이다. 이것은 우리가 흔히 생각하는 火生土의 작용이라고 볼 수 있다. 土는 자기 혼자 먹고 살기 위해서 火의 기운을 흡수하는 것이 아니다. 자신의 본성을 유지할 정도의 불기운만을 흡수하고 나머지는 모든 오행이 원활한 흐름을 유지할 수 있도록 중앙에서 제어하고 유통시켜주는 역할을 하기 위해서 사용하는 것이다.

그러니까 자기가 최소한 사용하고 남은 '火의 에너지'는 그대로 보관하고 있다가 木金水가 서로 필요하다고 할 때 적절하게 공급해주는 역할을 하는 것이다. 인체로 치면 火는 심장 에너지이다. 불교에서는 이를 움직이는 기운이라고 한다. '움직이는 기운'과 '火'와 '심장'은 서로 통한다. 인체에서 일생을 두고 잠시도 쉬지 않고 움직이는 것은 심장이기 때문이다. 그런데 이렇게 움직이는 운동은 과해서도 안 되고 부족해서도 안 되도록 되어 있다. 火의 성분은 자칫 열받기 쉽게 생겼다. 그래서 세상을 살다가 열을 받으면 심장이 대번에 싫어하게 된다. 그러면 土가 그 열을 흡수해줘야 하는 것이다. 그냥 열을 받게 두면 심장은 폭발할지도 모르고 그렇게 되면 다른 흐름도 모두 정지되어버린다. 실로 심장이 멈추면 다른 기관도 움직일 재간이 없는 것이다.

이런 예를 통해 볼 때 土의 작용이 얼마나 중요한가를 알 수 있다. 심장이 열을 받으면 과열을 흡수해서 저장해두는 작용을 하고, 또 심장이 열을 빼앗겨서 힘이 떨어지면 이번에는 저장해둔 열을 다시 심장으로 보내줘서 기운을 돋워주는 일을 하는 것이다. 이게 무슨 뜻인지 잘 이해할 수 없는 벗님은 추운 겨울날 내복을 벗고서 마당에 한 30분만 서 있어보기 바란다. 그러면 土가 어떻게 약해진 열을 보충하는지 알게 될 것이다. 즉 '달달달' 떨리는 작용이 바로 열기를 돋우는 작업이라는 것이다.

  떠는 것과 열을 돌려주는 것과 무슨 연관이 있느냐고 생각된다면, 떠는 것이 무엇인지 확인해보면 간단하다. 바로 근육이 떨고 있는 것이다. 이것은 평소 근육에 저장해두었던 열을 창고를 열고서 움직이는 '火의 에너지'로 변화시키는 작업이기 때문이다. 물론 생리적으로는 지방을 태워서 열을 얻고 있는 것인지도 모른다. 어쨌든 우리는 오행학자의 안목으로 이해만 하면 되는 것이므로 더 복잡한 이야기는 생략해도 충분하리라고 본다.

  이렇게 복잡한 일을 하고 있는 土이기에 火의 기운을 어느 정도는 얻어야 한다. 최소한 火生土한 모든 에너지를 土가 먹어버린다고 보면 곤란하다는 것만 안다면 이 항목의 설명은 충분히 영양가가 있을 것으로 생각된다.

제4장
金의 주변 상황

金이 세상을 본다면 아무래도 딱딱하게 볼 가능성이 높다. 모든 사물은 자신의 시각에 따라서 비치기 때문이다. 실제로 똑같은 장소에서 똑같은 강사에게 이야기를 들었는데도, 각기 이해하는 것이 다르다는 것을 보면서 과연 자신의 안목만큼만 받아들인다는 진리(?)를 발견하게 된다. 여기에서는 金이라고 하는 성분이 다른 오행들과 어떤 관계가 있는지에 대해서 생각나는 대로 적어볼 요량이다.

1. 金이 金을 만나면 의기 투합이다

金은 성품이 단백해 보인다. 색깔이 희다는 점만 봐도 짐작이 가는 일이다. 그리고 金은 오행 중에서 가장 단단한 구조로 만들어져 있다. 그래서 두려움이 없다는 이미지를 만들어본다. 원래가 단단한 것은 두려움이 없다. 사람도 몸이 단단하면 용기가 백배해서 자신이 생각한 대로 밀고 나가려고 한다. 반대로 허약한 사람은 무슨 일이든지 초지일관하지 못하고, 항상 망설이고 또 생각한다.

몸이 허약한 사람을 언급하다 보니 '쇼팽'이 떠오른다. 사진을 통해 보면 일평생 동안 한 번도 건강하다는 말을 못 들어보고 살았을 것같이 하얀 피부에 창백한 모습을 하고 있다. 그렇게 생긴 것이 허약한 金의 모습이라고 느껴진다. 하얀 피부도 그렇거니와, 항상 피아노의 하얀 건반을 두드리고 있는 모습을 상상하면 그런 느낌이 드는 것이다. 이것은 金의 활발한 모습이 아니고, 뭔가 병이 들어 있는 모습이다. 그런데 여기에서 왜 이런 이야기를 하느냐 하면, 金이 金을 만나면 생기와 활기를 느끼기 때문에 반대적인 느낌을 한번 찾아보려고 그랬던 것이다.

사실 金은 金을 만나면 서로 배짱이 잘 맞는다. 나무는 너무 외곬인 것 같고(앞만 내다보고 달리므로), 불은 너무 설치고, 土는 색깔이 없고, 물은 너무 사색적이라 매력이 없다. 보통 관찰력이 있는 사람이라면 실제로 이와 같은 느낌을 갖게 되는데, 유독 金에게는 이러한 면이 더욱 잘 보이는 모양이다. 그래서 金은 자신의 비위에는 역시 같은 金이 가장 잘 맞는다고 생각을 한다. 이것을 일러서 유유상종(類類相從)이라고 하는가 보다.

바위가 많이 있는 풍경을 보면 뭔가 느낌이 온다. 홀로 우뚝하게 서 있는 제주도의 외돌괴는 뭔가 고독하고 쓸쓸해 보이는 느낌을 지울 수가 없다. 그렇지만 육각바위(중문단지 부근에 있음)가 있는 쪽으로 가보면 서로 옹기종기 모여서 무슨 이야기들을 그리도 재미있게 나누고 있는지 재재거리는 소리가 그칠 줄을 모르는 느낌이다.

몇 년 전에 처제들 내외와 함께 5쌍이서 제주도 나들이를 갔었다. 모두 제주도 나들이는 처음이었는데, 그래도 길눈이 밝은 축에 드는 낭월이가 가이드를 하게 되었다. 그래서 제주도에 대한 안내 책자를 살펴보면서 면밀하게 계획을 세웠다. 그러다가 간단한 소개와 함께 조그마하게 사진이 실린 어떤 것을 발견하게 되었다. 그것은 금방 낭월이의 마음을 사로잡았다. 바로 '육각바위'에 대한 것이었다. 육각으로 생긴 바위들이 즐비하게 늘어서 있는 모습은 상상만으로도 그냥 지나칠 수가 없는 매력이 있었다. 육각은 바로 생명의 기운을 방출하는 특별한 도형이기 때문이다. 흔히 히란야29)라고 말하는데, 이미 육각수의 위력을 경험했던지라 개눈에는 똥만 보인다고, 육각으로 된 바위가 있다는 글을 읽고는 당연히 코스로 넣었던 것이다. 제주도 사람들은 이 지점을 '기사께 해안'이라고 부르는 모양이다. 중문단지를 둘러보고서는 그 육각바위의 위치를 짐작해서 운전을 담당한 동서에게 방향을 잡도록 했다.

다행인지 불행인지 육각바위들이 있는 곳은 길도 포장되어 있지 않는 등 개발이 되지 않은 상태였다. 특별한 나그네(?)에게만 자태를 보여주는 그곳에 낭월이는 그냥 주저앉아서 주변의 육각으로 생긴 바위의 모습에 마음을 빼앗기고 있었다. 일행들이 신기하다고 하면서 사진을 찍는 동안에도 내내 그렇게 앉아서, 金들이 서로 어울려 수억만 년 세월을 살아온 이야기를 재미있게 나누는 모습을 보고 들으며 한없이 취해 있었다. 혹 제주도에 여행을 가실 일이 있다면 한번 들러보시기를 권한다.

金이 金을 보면 어떻게 생각할 것인가에 대해서 생각하다가 문득 그 장면이 떠올라서 몇 마디 말씀을 늘어놓았다. 그렇게 서로 비슷하면서도 다른 모습으로 어우러져 있는 것은 金과 金이 아니고서는 불가능한 장관이었다. 마치 죽림칠현(竹林七賢)이 바닷가에 옹기종기 모여서 시담을 나누고 있는 듯하기도 한 육각바위를 보면서 金이 金을 만났을 경우에 대한 느낌을 얻었던 것이다. 오로지 바위만으로 모여서 작품을 만들어내는 것이다. 과연 다른 오행들도 이런 것이 가능할까 하는 질문에서는 전혀 아니라고는 못하겠지만, 그 다양한 표정에는 단연 金이 모인 것이 최고라고 하겠다.

木도 木만으로는 별다른 작품이 나오기 어렵다. 뭔가 다른 것과 어울려야 작품이 되는 것이 일반적인 木의 모양이다. 하다 못 해 분재를 해

---

29) 육각의 형태를 하고 있는 것이 기본 구조인데, 각기 수행 단체에 따라서 약간씩 다른 형태를 가지고 있다. 이것은 이스라엘 국기에도 나타나 있는 것인데, 이 도형은 강력한 기운을 발생시키는 힘이 있는 것으로 생각되고 있다. 물론 실제로 이러한 도형을 이용해서 담배의 맛을 좋게 한다든지 물을 육각수로 만든다든지 하는 실험들도 하고 있다.

도 화분이 있어야 하고, 수천만 원을 하는 난초조차도 화분이나 돌이 있어야 작품이 완성된다. 그리고 불은 스스로 무슨 작품을 만들 수 있을는지 참으로 의문스럽다. 土는 또 어떤가? 土만 모아서 커다란 산을 만들었다고 한다면 아마 아무도 그곳에 가지 않을 것이다. 적어도 물이라든지, 기암괴석이나 하다 못 해 안면도에 늘어선 적송(赤松)이라도 늘어서 있어야 뭔가 사람을 불러들일 수 있을 것이다. 물도 마찬가지로 물만 많이 모여서는 별다른 예술품이 나올 것 같지가 않다. 적어도 물 속에다가 고기라도 몇 마리 넣어둬야 사람들이 찾을 것이다. 그러나 바위들은 전혀 다르다.

단순히 '金 + 金 = 金'에 불과한데도, 작품이라고 하는 찬사를 받을 수가 있는 성분인 것이다. 그래서 金이 金을 만나면 서로는 배짱이 맞아서 뭔가 일을 꾸밀 수가 있고, 그 결과는 예술품이 될 가능성도 있다고 보는 것이다. 낭월이는 이렇게 언제나 자연에서 깨어 있는 설법(說法)을 들으려고 노력하는 편이다. 이것이 인위적으로 꾸민 해석보다는 더 진리에 가까우리라는 것을 믿으면서 말이다.

金生金이 되는 경우

전에 유람을 할 적에 강릉에서 직행버스를 타고 홍천 쪽으로 흘러가 본 적이 있었다. 도중에 평창강을 끼고서 한참을 가는 국도변으로 기억되는데, 강가에서 멀지 않은 곳에 눈에 띄는 집이 있었다. 가게는 아니었던 것 같은데, 그 집의 주인이 산천경계를 좋아해서인지 마당을 마치 금강산처럼 꾸며놓았다. 차 안에서 그 집 뜰을 보니까 노력을 매우 많이 기울인 흔적이 역력했다. 이렇게 서로 모여서 작품이 된 것이 바로 金生金이라고 생각된다. 홀로 있는 경우에는 특별히 빼어나게 멋지다면 또 모르지만, 그렇지 않으면 별로 눈길을 끌지 못한다. 그러나 일단 몽돌(못생긴 돌-수석가들이 부르는 호칭)이라도 잘만 모아서 진열해두면 나름대로 표현력이 되살아난다. 이렇게 공들여 연출해놓은 모습을 보면 가끔은 참으로 아름답다는 생각이 든다. 솜씨가 좋은 사람이 했겠지만, 무엇보다도 金이라고 하는 성분이기에 가능할 것이다.

또 한 가지 예로 숫돌을 들 수 있다. 숫돌은 무엇을 위한 것인가 하면 당연히 칼을 갈기 위한 것이다. 이미 날이 뭉그러진 칼은 칼로서의 사명을 다하기가 어렵다. 그러면 칼은 당장에 숫돌을 찾아간다. 그래서 한참을 문지르면 다시 산뜻한 날이 생기게 되고, 이렇게 되면 또 사랑을 받게 된다. 이러한 경우의 연장들은 모두 金을 살려주는 도구임이 분명하다. 그러니까 톱날을 살려주는 줄칼도 여기에 포함되겠다. 그리고 또 석재 공장에서 돌을 켜는 수레바퀴만한 톱날도 역시 바위를 잘라서 쓰임새 있게 해주니 역시 金生金이라고 할 만하다. 물론 원석보다 칼날이 더욱 단단해야 한다는 전제가 따르지만, 이러한 의미로 사용되는 모든 경우는 金生金의 이치에 합당하다고 보면 충분하리라고 생각된다.

金剋金이 되는 경우

이번에는 서로 대립을 하는 경우를 생각해보자. 우선 무기를 생각해볼 수가 있겠다. 양쪽 진영에서 대치를 하면서 무기를 가지고 싸운다면 이 무기는 서로를 극할 것이다. 특히 옛날 기사들이 들고 싸우던 창이나, 무사들이 사용하는 칼과 같은 경우에는 완전히 金剋金의 분위기가 철철 넘친다고 생각된다. 가장 먼저 떠오르는 것이 '챙! 챙!' 하는 칼 부딪치는 소리이다. 그리고 칼이 부러진다. 물론 부러지지 않은 쪽이 승리하는 것이겠지만, 이렇게 서로 대립하는 도구로 사용될 때는 金剋金이 된다고 할 수 있다.

그리고 농부가 자갈밭을 갈게 되면 트랙터의 날과 충돌하면서 부서져 버리는 돌도 역시 金剋金이다. 그래서 농부는 자갈밭을 싫어한다. 처음에 감로사의 밭에 농사를 지으려고 트랙터를 부리는 동네분에게 로터리를 쳐달라고 부탁했더니 우선 꺼리는 것이었다. 이유는 워낙 돌이 많기 때문에 기계를 다 버린다는 것이다. 이것 역시 金剋金의 한 현상이라고 하겠다.

결국 포크레인을 불러서 이틀에 걸쳐 밭에 있는 돌들을 모두 캐내버렸다. 이런 경우 굴착기도 역시 金剋金을 한 셈이다. 가만히 한자리에 있는 것을 캐내어서 밭둑으로 이동시켰으니 말이다. 어떤 경우든지 그 내막에서 서로 金끼리 부딪치면 金剋金이라고 생각하면 되겠다.

2. 金이 水를 만나면 철학자이다

생각이 깊고 깊은 철학자가 드디어 자신이 깨달은 것에 대해서 장광설(長廣舌)[30]을 토하기 시작하면, 그의 이야기는 어디에도 막힘이 없다. 막힘이 없다는 것은 그만큼 깊은 사유와 명상을 했다는 이야기이다. 그러한 결과를 남들에게 내놓는 것이기 때문에, 천년을 두고서도 아무도 범접하지 못할 깊은 내면의 세계가 전개되는 것이다. 이것이 金이 물을 만났을 경우라고 생각해본다.

공자님의 깊은 사유를 생각해본다. 생각하고 또 생각하는 것이다. 그리고 잘못되었다는 생각이 들면 또 고치고, 그렇게 수정을 해가면서 세월이 지나면서 익어간다. 천성이 압축을 시키는 성분이므로 다지고 또 다진다. 그렇게 다지다 보면 그 속에서 정(精)이 나온다. 원래 누르고 다지면 뭔가 나오게 되어 있는 것이다.

혁명은 그렇게 억압을 받는 가운데에서 일어나는 것이다. 억압을 떨치고 일어났을 때에는 아무도 막지 못한다. 이와 같이 압축이 될 대로 된 金에서 나온 물은 아무도 막을 수가 없다. 바위에서 나오는 물을 한번

---

30) 길고 넓은 혀라는 의미로 어디에나 막힘이 없이 두루두루 잘 알고 있는 것을 가리키는 말이다.

막아보라. 그 방법은 많이 있겠지만, 참으로 물길을 막는다는 것이 얼마나 어려운지 이내 알게 될 것이다.

　공자님의 말씀은 그렇게 인생이 살아가면서 알아야 하는 구구절절 피가 되고 살이 되는 것으로 집약되어 있다. 그래서 어느 누구도 감히 거역할 수가 없다. 어느 것 하나도 이치에 어긋남이 없기 때문이다. 이치에 맞는데도 반대를 하는 사람은 진리를 탐구하는 수행자가 아니다. 그는 오로지 불타는 공명심만이 가득한 허황한 사람일 뿐이다. 참으로 진리를 찾아다니는 수행자는 어린아이가 말을 하더라도 그 내용에서 진리가 번득이면 귀를 기울인다.

　이러한 사람은 인연이 닿는 셈이다. 실제로 金은 자신의 지혜를 나눠줄 때라도 받아들이는 사람이 원치 않으면 입을 열지 않는다. 불에 속하는 사람들이 "남들이 듣지 않으면 귀를 잡아당겨서 입을 대고 더 큰 소리로 떠드는 것"과는 비교가 된다. 이렇게 강제로 주입시키려고 하는 것은 불의 성분이다. 불의 그러한 성분은 金에게는 참으로 못마땅하게 보이는 대목이기도 하다. 가슴 속으로 분명히 알고 있는지 어떤지 몰라도 우선 입으로 하늘이 어떻고, 신이 어떻고 하는 이야기를 마구 떠들어대는 게 전혀 가슴에 와서 진동을 일으키지 않는다.

　불교의 형태를 보면서 金을 닮았다는 생각을 해본다. "오는 사람 막지 않고, 가는 사람 잡지 않네."라는 말에서 특히 그러한 맛이 느껴진다. 다른 종교에서 말하는 것처럼 "오지 않으면 찾아다녀라."와는 전혀 다른 분위기이다. 이렇게 수동적인 자세는 金에서 나온다. 金이 물을 나눠준다. 와서 먹으라고 소리를 질러댈 필요가 없다는 것을 잘 알고 있다. 왜냐하면 목이 마르지 않은 사람은 아무리 물이 맛있다고 해봐야 소용이 없다는 것을 너무나 잘 알고 있기 때문이다. 목이 마른 사람은 말하지 않아도 스스로 물을 찾게 되어 있다. 그리고 조용히 마시고는 또 떠나간다. 그래도 막지 않는 것이 金의 마음이다.

진리도 마찬가지이다. 스스로 목이 말라서 찾아오면 나눠주고, 거기서 목마름을 달랜 사람은 또 떠나간다. 그러고서는 아무 일도 없다. 이것이 자연의 모습이다. 따라서 金이 물을 만나면 철학자가 자신이 깨달은 세계를 조용하게 이야기하고 있는 모습이 떠오른다. 도란도란 이야기를 나누면서 서로는 그렇게 행복해한다. 남들이 보기에는 너무나 조용해서 무슨 일이 일어났는지도 전혀 모른다. 사실 진정으로 커다란 일은 조용히 내면으로부터 일어나는 것이다. 겉으로 빽적지근하게 야단을 피우는 것은 실속이 없는 껍질들의 합창일 뿐이다. 그런 면에서 낭월이가 이렇게 소란을 피우면서 이야기하고 있는 것도 껍질일 가능성이 높기 때문일까? 실은 껍질 보고 시끄럽게 한다고 말하면서도 정작 스스로는 껍질을 면하고 있지 못한 것은 아닌지…… 늘상 스스로를 되돌아보고 있는 편이다.

3. 金이 木을 만나면 못 미더워한다

"무엇무엇을 하면 안 된다."는 것이 金이 木을 만났을 경우에 생기는 현상이다. "가면 안 된다." "먹으면 안 된다." "자면 안 된다." "보면 안 된다." 무엇이든지 하면 안 된다고 하는 것이 金이 木에게 하는 이야기이다. 그도 그럴 수밖에 없는 것이 金의 입장에서 木은 항상 어설프기가 물가의 어린아이와 같기 때문이다.

실제로 우리 부모님들은 자식들에게 늘상 그렇게 말해왔다. 이것도 하면 안 되고 저것도 하면 안 되는 것이었다. 해서 되는 것은 별로 없고, 항상 하면 안 되는 것만 나열하게 되는 부모님들이 아마도 거의 대부분이었을 것이다.

金이 볼 때 木은 그렇게 위태로울 수가 없다. 위태위태한 것이 잠시도 눈을 뗄 수가 없는 것이다. 우리 속담에 "풀을 돌멩이로 눌러놓는다."는 말이 있다. 물론 "눈 가리고 아웅한다."는 말과도 완전히 통하는 말이다. 임시로 얼렁뚱땅 넘어가려고 하는 행동에 대해서 나무라는 말이다. 결국 이 말은 金의 성분을 가지신 조상님이 만들어놓은 것이다. 원래 살아가는 데 약이 되는 것은 金이 남긴 말이다. 그래서 오죽하면 '금언(金言)'이라고 하겠는가 말이다.

그런데 애석하게도 木은 金의 말을 싫어한다. 벗님들도 느껴보았겠지만, 어르신들이 하시는 말씀들은 모두 그렇게 고리타분하고 뭔가를 잘 모르는 겁쟁이의 말인 것 같다. 해보지도 않고서 그렇게 하면 안 된다고 하는 말부터 하는 것이 정상인 것으로 생각한다. 그래서 木은 또 金에게 야단을 맞는다. 그래서 金剋木이다.

사실 木은 앞으로 나아가는 것밖에 모른다. 그저 기회가 올 때마다 앞으로만 나가는 것이다. 그러니 金이 앞으로 가지 말라고 말을 하면 "또 그 소리 지겹지도 않나." 하고 귀를 짐짓 막아버린다. 물론 정면으로 대항을 하고 싶지만 그래봐야 깨지는 것은 자기 자신뿐이므로 머리 회전이 잘되는 木은 그렇게 무모한 일은 벌이지 않는다. 다만 "조금만 더 있어봐라, 내가 멋지게 뭔가를 해보일 것이다." 하는 마음만 잔뜩 품고 있는 것이다. 그도 그럴 것이 木의 시기를 넘기면 火의 시기가 기다리고 있고, 이때에는 자립할 힘이 생기므로 金이 잔소리를 하면 집을 나가서 독립하면 되기 때문이다.

어쨌거나 金이 볼 적에 木은 천방지축이라서 항상 마음이 놓이지 않는 것이다. 그래서 언제나 木을 억압한다. 억압이라는 말을 하면 金은 좀 억울할 것이다. 그렇지만 이 정도면 그래도 중립적인 입장에서 말하는 편이다. 木의 입장에서라면 폭력이라고 해야 속이 시원할 테니 말이다. 물론 金이야 사랑의 충고라고 하겠지만.

4. 金이 火를 만나면 인내심으로 버틴다

　당연한 인과응보라고 하면 金은 억울할 것이다. 그렇지만 木을 두들겨 팬 만큼의 응보를 불에게서 받아야 한다. 우선 움직이기 싫어하는 金이지만 불을 만나면 움직여야 한다. 그리고 불이 도끼가 되라고 하면 도끼가 되어야 하고, 쇠사슬이 되라고 하면 또 쇠사슬이 되어야 한다. 물론 재수 좋은 어떤 金은 불이 불상(佛像)이 되어라 해서 불상이 된다. 그러면 일평생 맛있는 음식을 공양받으면서 법당에서 대우받는 행운이 있기는 하겠지만, 이렇게 될 확률이 과연 얼마나 되겠느냐는 것이다.
　金은 불의 간섭을 받지 않으면 다른 것으로 변신하기가 매우 어렵다. 이렇게 설명하다 보니까 또 인위적인 방향으로 가고 있는 모양이다. 역시 우리 주변에 있는 익숙한 모습에서 느끼려고 하다 보니 그렇게 되는 것 같다. 그래도 자연의 흐름을 이용할 뿐이지 전혀 다른 것을 마음대로 만들지는 못할 것이므로 크게 거부하기만 할 것은 없다고 본다. 가령 물로 호미를 만들 수는 없는 일이고, 불로 망치를 만들 수도 없기 때문이다. 오로지 쇠가 아니고서는 되지를 않는다.
　쇠라고 하는 것이 불을 싫어만 하지는 않는다는 것이 자연의 법칙이라면 법칙이기도 하다. 그래서 金이 불을 보면 인내심으로 버틴다. 버티고 버티다 보면 불의 단금질이 끝이 날 때가 있을 것임을 믿고 있는 것인지도 모른다. 사실 자연계에서 모진 풍상을 홀로 버티면서 꿋꿋하게 서 있는 것은 바위이다. 꿈쩍도 하지 않고 천년 이상을 버티는 것이다. 이러한 성분을 가지고 있는 金이기에 불에 잠시 단련을 받는 것은 얼마든지 견딜 수가 있다. 원래가 金은 인내심이 가장 강한 성분이다. 참고 견디는 것으로는 둘째가라면 서러워서 못 산다. 참는 데는 金을 능가할 것이 없기 때문이다.
　이러한 여러 가지 정황으로 봐서 金이 불을 보면 인내심으로 견딘다는 것을 알 수가 있고, 어느 상황에서 남이 억압을 해도 잘 견디고 참아 낸다고 말할 수도 있겠다. 물론 그렇게 참는 사람이 결국 크게 될 가능성도 높다. 사실 木은 그렇게 인내심을 발휘하려고 해야 할 수가 없는 것이다. 오로지 金만이 가능한 영역인 것이다.

5. 金이 土를 만나면 답답하다

원래 金은 웬만해서는 남의 도움을 원하지 않는 성분이다. 그만큼 자력갱생(自力更生)의 파워가 있는 성분이라고 하겠다. 그런데 土가 金을 덮어준다면 金으로서는 귀찮아질 가능성이 많아진다. 자꾸 남에게 드러나서 인정을 받아야 하는데 흙은 그러한 金의 마음도 헤아리지 못한 채 자꾸 추울까 봐 덮어주기만 한다. 멋쟁이 딸의 다리가 겨울날에 추위로 시퍼렇게 얼어 있으면 어머니의 마음이 안쓰러워서 자꾸 긴 옷을 입으라고 채근하는 것과도 서로 통한다고 하겠다. 어린 딸은 긴 옷으로 날씬한 각선미를 덮어버리는 일은 도저히 있을 수 없다고 할 텐데 말이다. 그러나 결국은 도리 없이 어머니의 말을 들어야 한다. 土生金의 이치는 어쩔 수가 없기 때문이다.

그래서 金은 土를 별로 반가워하지 않는다. 없어도 되는 성분이 괜히 옆에서 이러쿵저러쿵 간섭을 한다고 귀찮아하는 것이 보통이다. 그러거나 말거나 土는 또 자신의 몫을 다하려고 절대로 양보하지 않는다. 사실 지지(地支)를 살펴보면 어디를 가든지 土의 냄새가 난다. 다른 것은 지장간까지 다 훑어봐도 5개 정도의 지지에만 포함되어 있는데, 유독 土의 경우에는 8개나 되는 지지에 골고루 배합되어 있는 것이다. 아니 亥 중의 戊土까지도 생각한다면 9개이다. 참으로 대단한 土이다. 따라서 土가 하나도 없는 지지는 子卯酉 단 3개뿐이다. 실은 그렇게 土가 많기 때문에 金이라는 성분이 강한 구조로 되어 있어도 우선 입에 쓴 것만 생각하고서 거부하는 마음을 먹는 것이다.

지장간에는 金에게 도움을 주는 土가 많다는 것에 주목해볼 필요가 있다. 土가 많다는 것은 또 그만큼 중요한 몫을 하기 때문이다. 土는 실로 金을 보호하기 위해서 존재한다고 볼 수도 있다. 우리 속담에 "입술이 없으니 이가 시리다."는 말이 있는데, 여기에도 오행의 소식이 배어 있다. 어느 집단이 있다고 가정하자. 그 중에서 잘난 사람이 있는데 그 사람 혼자 튀는 것이 영 못마땅하게 생각될 경우가 있다. 그렇다고 직접적으로 그를 어떻게 할 수는 없을 때 그를 돕고 있는 수하들을 제거해 나가게 되는 것이다.

오행에서는 입술이 土가 되고 이는 金이 된다. 그러므로 입술은 이를 보호하는 구조로 되어 있는 것이다. 그런데 입술이 없으면 이는 금세 바람을 타고 시달리게 되는 것이다. 한 나라에서도 마찬가지이다. 바른 말만 하는 교수가 미우면 정부에서는 그 교수를 따르는 제자들을 무슨 구실을 달아서라도 내쫓아버린다. 그러면 그 교수는 어린 제자들이 자신으로 인해서 수모를 당하는 것이 죄스러워서 스스로 물러나게 된다. 물론 위정자들도 이 점을 노리고 그러한 일을 하는 것이다. 앞에서 金과 水의 관계에서도 말했지만, 金은 선생님의 모습으로 많이 나타난다. 그러니 자식들과도 같은 학생들이 이유 없이 시련을 당하는데 명색이 스승이라는 자가 모른 체하고 있을 수가 없는 것이다.

그러나 金과 土의 관계에서는 이와 반대로 土가 金의 입을 자꾸 틀어막는 작용을 하는 것이다. 그래서 결국 金은 갑갑해지고 자신의 사상을 제대로 표현하는 데 상당히 지장을 받게 된다. 이런 이유로 金은 土가 생해준다는 명분을 거부하고 싶은 것이다. 다른 말로 한다면 金의 입은 물인데, 土가 물을 극하는 작용을 함으로써 金으로 하여금 답답한 마음이 들도록 간접적으로 작용한다.

사실 사주에서 강력한 金이 土를 보게 된다면 일순간 그 사주는 혼탁해지는 느낌이 든다. 물론 허약한 金이라면 土가 포근한 이불처럼 느껴지겠지만, 강력한 불이 제련해주기만 기다리고 있는 金이라면 土의 간섭은 참으로 난감할 것이다. 불로부터 극을 받아야 무슨 물건이든지 될 텐데, 土가 있으면 오히려 불이 金을 극하는 것이 아니라 土를 생조해주는 역효과를 발생하기 때문이다. 불도 자신의 일을 하는 데 土가 짐이 되고, 물도 金의 기운을 빼내는 데 土가 방해물로 작용하기 때문이다. 이러한 역작용에 대해서는 나중에 오행의 변화를 다루는 항목에서 다시 언급할 것이다.

제5장
水의 주변 상황

　물이 세상을 본다면 남들은 모두 나름대로 자신의 일을 활발하게 하고 있는 것 같아 스스로는 위축되는 느낌을 가질 듯싶다. 그래서 자기도 활발하게 행동했으면 하는 심리가 있을 법하다. 만회 심리라고나 할까. 즉 스스로 폐쇄적으로 행동한 만큼 더 열심히 뛰어야겠다고 생각하는 것이다. 그러나 마음은 활발하게 움직이려고 하지만 실제로는 물의 본성대로 응결되어버린다. 결국은 생각하는 것과 행동하는 것 간에는 상당한 차이가 있을 수 있다는 결론을 내려보기로 한다.

1. 水가 水를 만나면 찰떡궁합이다

　같은 오행끼리 만나서 가장 융화가 잘 되는 것이 물이다. 물은 어느 강을 타고 내려왔든지 간에, 일단 합류가 되면 서로 한덩어리가 되어서 섞여버린다. 그리고 나면 분류하기가 매우 어려운 것을 보면 물끼리는 서로 잘 통한다고 할 수 있겠다.
　물이 분리되어 세력이 약해지면 물로서 작용하기가 어렵다. 그래서 물은 세력이 어느 정도 강하기를 원한다. 흘러갈 정도는 돼야지 그렇지 못하다면 멀지 않아 썩어버리게 되기 때문이다. 물은 썩어버리면 아무 곳에도 못 쓰는 물질이 되어버린다. 그런데 썩은 물도 바다로 흘러들어가면 많은 깨끗한 물들과 만나서 정화(淨化)되어 다시 살아나게 된다. 그래서 물들은 서로 만나기를 좋아한다는 결론을 내려본다.

물방울 두 개를 유리판에 놓고서 가까이 대면 서로 재빠르게 결합한다. 이러한 것을 보면서 물은 정말 결합이 잘 되는 것이구나 하고 이해할 수 있다. 물이 물을 보면 이와 같이 서로 당기는 좋은 사이가 된다고 보면 적절하겠다.

水生水가 되는 경우

물로써 물을 생하는 이치는 물이 정화되는 과정으로 충분히 설명될 것이다. 적은 양의 물로는 혼탁한 찌꺼기를 정화시키기가 어렵다. 그래서 가뭄이 계속되면 수원지(水源地)의 오염이 심각해지는 것이다. 이렇게 물의 양이 부족할 경우에는 한바탕 내리는 큰비가 구제하는 보약이 되는 것이다. 비가 내려서 온 강바닥의 찌꺼기를 쓸어내리면 물은 다시 새로운 맑은 기운을 머금고 흘러가게 된다. 이러한 경우를 일러서 水生水라고 하면 될 것 같다.

또 다른 경우를 생각해본다면, 한여름에 열기가 너무 많아서 물이 증발될 지경이면 물은 더 채워지기를 간절히 원할 것이다. 그러다 다른 물이 들어와 섞이면 비로소 느긋하게 여유를 찾을 것이다. 역시 물은 모여야 서로 생동감이 넘치는 파워를 자랑하게 되는 것이다. 이러한 형상에서 물이 물을 생해주는 것을 이해해본다.

水剋水가 되는 경우

이번에는 반대로 물이 물을 극하게 되는 상황을 생각해보자. 가령 날씨가 매섭게 차가운 엄동설한이라면 불기운이 없어 온 천지의 물은 꽝꽝 얼어붙는다. 이렇게 되면 물도 자신의 기능을 전혀 발휘할 수가 없게 되어버린다. 그래서 물은 자신이 무슨 일이든 하려면 불이 필요하겠다는 것을 알게 되고, 불을 찾아나선다. 그런데 내가 필요한 불은 다른 물도 마찬가지로 필요하다. 불이 넘칠 적에는 아무 상관 없이 서로 나눠가지고 언 몸을 녹여서 산천초목을 길러주면 되지만, 일단 불이 약하면 서로 차지하려고 쟁탈전을 벌이게 된다. 날씨가 매운 날 모닥불이라도 한번 피워보면 즉시 이러한 상황을 알 수가 있다.

불이 활활 타오르는 주변은 그래도 따뜻하지만 조금만 떨어져 있어도 썰렁한 기운을 느낄 수 있다. 그래서 불을 쬐던 사람들은 불 가까이로 자꾸 모여들게 마련이다. 열기를 겨울의 물(水氣)에게 빼앗기기 때문에 가까이 다가가지 않으면 불이 있으나 마나 한 물건이 되어버리기 때문이다. 이렇게 물은 불이 부족해지면 서로 차지하려고 마구 덤벼든다. 이 상황을 관점을 달리해서 물이 물을 극하는 상황으로 이해해보자. 이러한 이치는 나중에 형제들이 싸우는 꼴을 보게 되면 비로소 완전히 이해하게 될 것이다. 여기서는 그 중에서도 물의 형제들에 대해서 생각해보는 것이 약간 다를 뿐이다. 이제 또 물은 나머지의 성분들과 어떻게 어울리는지 생각해보도록 하자.

2. 水가 木을 만나면 살맛난다

앞에서 물은 아래로만 가는 성분이 있다고 했지만 예외도 있다. 바로 나무를 만났을 때이다. 이때는 물도 위로 올라가는 것이다. 이렇게 특수한 경우를 제외하면 물은 아래로만 흐르니까 안목이 좁다. 항상 앞을 내다볼 수가 없는 것이다. 생각이 많은 것도 실은 알고 보면 이렇게 앞을 예측할 수 없기 때문일 것이다. 사람이 앞을 훤하게 내다볼 수 있다면 예측이고 공상이고 간에 할 필요가 없다. 그냥 보이는 자료를 바탕삼아서 일을 추진하면 되는 것이다.

그런데 물은 아래로만 내려가다 보니 앞이 잘 보이지 않는다. 조그만 돌이나 언덕만 만나도 그 너머는 보이지 않는 것이다. 히말라야의 깊은 골짜기에 있는 한 바위의 구멍에서 시작하여 기나긴 여행 끝에 바다에 도달한 물에게, 여기까지 오면서 무엇을 보았는지 물어본다면 뭐라고 말을 할까?

"내가 본 것은 물 속을 제외한다면 기껏 양쪽의 상 언덕이 전부라네, 그 너머에서는 무슨 일이 일어나는지, 무엇이 있는지, 전혀 보이질 않으니 알 수가 없었네."

이렇게 말을 할 것 같다. 참으로 물로서는 높은 곳에 올라갈 방법이 없기 때문에 안목이 넓지 못하다. 그래서 궁리만 많은 것이다. 그런데 이러한 물이 일단 나무를 만나면 문제가 달라진다. 순식간에 나무의 맨 꼭대기로 올라가서 넓고도 광활한 세상을 내려다볼 수가 있는 것이다. 그래서 물은 나무 만나기를 지옥에서 부처님 만난 만큼이나 반가워한다. 사실 물이 나무를 보면 그렇게 열심히 스며든다. 그래서 살아 있는 나무는 잘 자랄 것이고, 죽은 나무는 썩어버릴 것이다. 물은 미련하게도 나무가 살았는지 죽었는지를 구분하지 못한다.

나무 꼭대기까지 올라간 재수 좋은 물은 넓은 세상을 보며 안목을 넓힌다. 그리고 그것을 자신의 지혜를 크게 확대하는 계기로 삼는다. 그러나 그렇게 세상 구경을 하고서는 도로 내려와야 한다. 그냥 그 자리에 머물러 있을 수만은 없다. 다음 물에게 밀려서 스스로는 내려와야 하는 것이다. 그리고 그렇게 한번 구경한 세상에 대해서 두고두고 간직을 한다. 물론 다음에 다시 한 번 나무에 올라가서 넓은 세상을 봐야겠다는 미련을 간직한 채이다. 그래서 물로 태어난 사주에서 나무를 만나면 좋아서 어쩔 줄 모르게 되는 모양이다.

이러한 현상을 가리켜서 음극즉양생(陰極卽陽生)이라는 말로 나타낼 수도 있을 것이다. 물이 음의 극에 달한 성분이기 때문에 회광반조(回光反照) 현상으로 양의 기운인 木을 반기고 좋아하는 것이라고 생각된다. 음이 극에 달하면 양을 좋아한다는 말이 참으로 의미심장하다. 멀리 찾을 것도 없다. 가장 가까이에 있는 주변에서도 얼마든지 그런 의미가 포함된 자료들을 발견할 수 있다.

우선 노인들을 보자. 세상을 환갑(還甲)이 넘게 살아온 노인은 어린아이들을 특별히 좋아한다. 그래서 자식 내외와 불화를 일으키게 되기도 한다. 자식들의 이유인즉 "어린애를 버릇 없게 만든다."는 것이다. 노인들이 어린아이를 좋아하는 이유도 바로 회광반조의 일종이라고 생각해 보는 것이다. 어린아이들에게 할머니나 할아버지가 있으면 참으로 운이 좋은 것이다. 무슨 부탁을 하든지 간에 막강한 실세의 위에 있는 '할'자가 들어간 어른들이 척척 해결해주기 때문이다.

이것만 봐도 노인(水)들이 어린아이(木)들을 특별하게 좋아하는 자연의 섭리가 있는 것이다. 혹자는 노인은 앞을 생각해보면 죽음밖에 없기 때문에 탄생의 기억을 되살리는 어린애들을 거의 본능적으로 좋아한다고도 하지만, 어쨌든 중요한 것은 노인은 어린아이를 좋아한다는 것이다. 이유야 어떻든 간에 이러한 현상을 낭월이는 "물은 자신의 지혜를 나눠주고 오래도록 남아 있게 할 목적으로 어린아이들을 좋아하는 것이다."라고 보고 싶은 것이다.

3. 水가 火를 만나면 발산한다

물이 불을 만나면 아무래도 그냥 조용하게 넘어가기 어려울 것이라는 예감이 든다. 이렇게 서로 이질적인 것이 만나면 뭔가 일이 생기게 마련인 것이다. 그럼 물이 불을 만나면 무슨 변화가 생길 것인가를 생각해보자.

우선 물은 불의 협조를 절대적으로 필요로 한다. 응고되는 성분인 물이 자유롭게 하늘을 떠다니기 위해서는 반드시 불의 도움을 받아야만 하기 때문이다. 계속 응고되기만 해서는 결국 싸늘한 얼음덩어리로 존재하는 수밖엔 딴 도리가 없는 것이다. 이러한 처지니까 물로서는 불의 힘에 절대적으로 의지해야 하는 입장이다.

그리고 음양의 도리에서도 둘은 간절하게 필요로 할 수밖에 없는 것이기도 하다. 물에게는 항상 불이 있어야 만물 창조의 일을 전개시킬 수 있기 때문이다. 알고 있다시피 불이 없으면 언제나 얼음덩어리에 불과한 입장이기 때문이다. 그런데 또한 불이 너무 많아버리면 자신의 의도대로 일을 꾸미는 데 막대한 지장을 받는다. 그래서 물은 불을 손아귀에 넣고 통제하려고 한다. 그 결과 水剋火가 되는 모양이다.

《주역》에서 물이 불을 만나면 기제(旣濟)31)의 공을 이룬다고 했다. 이 말은 극음(極陰)이 극양(極陽)을 만나서 서로 조화를 이룬다는 의미이다. 이러한 이치는 생물에서도 찾아볼 수 있다. 보통 여성은 음이라고 보고, 또한 물이라고도 본다. 물론 남성은 양이라고 보고, 불이라고도 본다. 그래서 물을 여성으로 보고, 불을 남성으로 보는 것이 가능하다. 그러면 남성이 여성을 보는 것보다는 여성이 남성을 보는 것이 더욱 절실하게 되는 것이다. 남성은 자신의 씨앗을 뿌린다는 목적이 있기는 하지만, 여성은 자식을 낳아서 길러야 하는, 자연 법칙에서의 암컷 역할을 해야 한다는 숙명이 포함되어 있는 것이다.

사실 여성은 자식에 대해서 거의 절대적으로 보호 본능을 가지고 있

---

31) 수화기제(水火旣濟)는 4대 길괘 중의 하나로 모든 일은 순조롭게 이뤄진다고 보는 것이다. 위의 물이 아래로 내려오고, 아래의 불은 위로 올라가는 과정에서 변화가 발생하기 때문이라고 본다.

다고 하겠다. 이것은 어떻게 보면 인간보다도 동물들에게 더욱 강하게 나타난다. 그리고 수컷은 씨를 뿌리는 일 외에는 달리 더 할 일이 없는 경우도 흔하다. 특히 벌의 사회에서는 이것이 더욱 심하다. 여왕벌은 자식을 낳아야 하기 때문에 수벌을 기른다. 그렇지만 일단 수정을 하고 나면 그 조직에서 수벌의 역할은 끝난 것이나 다름없다. 실제로 수벌들은 빈둥거리며 때를 기다리다가 일단 여왕벌과 수정만 하고 나면 대부분 쫓겨난다고 한다. 양식도 아깝다는 투이다.

이런 모습을 보면서 水의 입장에서 火를 필요로 하는 것이 火의 입장에서 水를 필요로 하는 것보다 더욱 강하다고 생각하였다. 만약 물이 불을 만나지 못한다면 영원히 물로서만 존재할 수밖에 없으므로 창조의 능력을 발휘할 수가 없는 것이다. 물론 그렇게 좋아하는 나무도 길러줄 수가 없다고 하겠다. 나무가 불이 없으면 물을 필요로 하지 않기 때문이리라고 생각된다.

4. 水가 土를 만나면 따분해진다

土는 아무리 생각해봐도 흘러가고 싶은 물에게는 방해물이다. 土가 없다면 한순간에 바다까지 갈 수도 있을 텐데, 土가 길을 막고 있으므로 이리저리 구불구불 흘러가는 도리밖에 없다는 점이 못내 따분할 것이다. 그나마 구불구불하게라도 흘러가기만 하면 다행이라고 해야 할 것이다. 만약에 흙이 높이 가로막고 있다면 흘러가기도 쉽지 않기 때문이다. 물은 그렇게 土를 보면 맘대로 할 수 없는 난관에 봉착하게 되는 면이 있다.

그러니 물의 입장에서 보면 土를 생전에 한번도 만나지 못하더라도 별로 아쉽다는 생각이 들지 않을지도 모른다. 그러나 세상의 이치가 모두 나에게 좋을 대로만 짜여 있는 것은 아니다. 도리 없이 따라야 하는 일도 얼마든지 있다. 어디든 자유롭게 돌아다닐 수 있는 물 같지만, 실은 土가 길을 내주는 대로 흘러가는 것일 뿐이다. 그래서 土가 강하게 길을 막고 나서면 가만히 모여 힘을 길렀다가는 한꺼번에 '와아~!' 하고 달려나간다. 그래서 둑이 터지기도 한다. 어쩌다 그렇게라도 할 수는 있겠지만, 기본적으로는 그냥 쉬임없이 흘러가는 것만 못하다.

그러면 반대로 좋은 면은 없는지 생각해보도록 하자. 뭐든지 일방적으로 나쁘기만 한 것은 없다. 그렇다면 土가 있어서 물이 얻을 수 있는 이득은 무엇일까?

아무리 생각해봐도 물이 직접적으로 이득을 보는 것은 별로 없는 것 같다. 다만 나무를 타고 올라가야 하니 나무가 흙에다가 뿌리를 내리고 있어야 한다는 점이 있을까? 이렇게 본다면 물은 간접적으로만 土를 필요로 할 뿐이라고 생각할 수 있다. 이 문제는 아마도 좀더 궁리를 해봐야 할 것 같다. 틀림없이 뭔가 더 자연스러운 이유가 있을 텐데 그것이 보이지 않는 것은 아무래도 아직 연구가 부족한 때문이라 할 것이다.

5. 水가 金을 만나면 눈물나게 반갑다

물은 金의 생조(生助) 없이는 아무것도 할 수 없으므로 당연히 필요하게 된다. 물의 힘이 상당히 강하다고 하더라도 金이 없다면 왠지 연약해 보인다. 그 이유는 물이 실제적으로 약한 것이 아니라 상대적으로 약해 보인다는 점이다. 그 상대적이라고 하는 것은 土가 상대적으로 강하다는 뜻이다. 土가 강하니까 물은 약해진다. 자연계에서 볼 적에 물은 土에 비해서 상당히 약한데, 그 형상은 12지지를 보면 알 수가 있다. 즉 지지(地支)에는 각각의 오행이 음양으로 나뉘어 2개씩이 있다. 그러면 오행이 음양으로 나뉘니까 모두 합해서 열 가지 상황이 생겨야 마땅한데, 어째서 10개가 아니고 12개냐 하면 군더더기처럼 土가 두 개 더 붙어 있기 때문이다. 그래서 土는 유난히 지지에서 네 개가 된다. 물론 이렇게 생긴 데에는 그만한 이유가 있겠지만, 가장 큰 이유는 아마도 이 지구라는 별이 오행 중에서 土의 특성이 가장 많으므로 그것을 나타내는 게 아닌가 싶다.

우리가 사는 이 별의 이름이 무엇인가? 바로 '지구(地球)'이다. 지구라는 것을 우리말로 한다면 간단하게 '땅덩어리'라고 할 수가 있겠다. 그렇다면 이 별은 당연히 땅이라는 말이 된다. 그러면 土가 지배하는 별에 속해 있는 물은 다른 어떤 오행보다도 허약하다고 할 수밖에 없다. 왜냐면 다른 오행에 비해 水는 土에게 직접적으로 극을 받고 있는 까닭이다.

이러한 이유로 해서 물은 약할 수밖에 없는 숙명을 가지고 있다. 따라서 당연히 물은 金을 찾아 도움을 받는 도리밖에 없는 것이다. 나무를 기르려고 해도 물은 그 근원인 金을 생각하게 되고, 더운 기운을 식히려고 해도, 물은 金을 찾아봐야 한다. 또 메마른 土를 적셔주려고 해도 당연히 金이 있어야 하는 것이다. 그러므로 金을 제외한 다른 오행들은 물을 약하게 해주는 작용을 한다고 볼 수 있다. 그래서 물을 사용하려면 어느 정도나 강한지 살펴봐야 하는데. 물줄기인 金이 건재하기만 하다면 이 물은 영원히 마르지 않는 강물이 되므로 참으로 자신의 의도대로 뭐든지 할 수 있는 강력한 저력을 발휘하게 된다.

그리고 金과 水는 특별히 궁합이 잘 맞는다. 원래 크게 오행을 분류하게 되면 金水를 같이 보고, 木火도 같이 본다. 서로는 닮았다는 이유인데, 실로 木火가 양(陽)에 속하듯이 金水는 음(陰)에 속하니까 서로 배짱이 통할 수밖에 없다. 그래서 이 둘을 같은 부류로 묶어놓기도 한다. 사주에 金과 水가 함께 어울려 있으면 자연스러워 보인다. 金이 있고 水가 없으면 너무 강해 보이고, 水만 있고 金이 없으면 힘이 없어 보인다. 이러한 점은 자연계에서도 마찬가지일 것이다.

　산의 골짜기에 물이 흘러간다고 생각해보자. 그리고 그 주변에는 암반이 깔려 있어서 투명한 물이 영롱하기까지 하다면 누구든지 손을 넣어 한 모금 마시고 싶을 것이다. 이러한 장면으로 물과 바위가 얼마나 궁합이 잘 맞는지 느낄 수 있겠다.
　반면에 골짜기에 물이 흘러가는데, 주변에 바위라고는 전혀 없고 그냥 흙만 있다면 이때의 물은 과연 어떨지 생각해보자. 아무래도 맑은 느낌은 들지 않을 것이 분명하다. 대개는 흙탕물이 될지도 모른다. 바위가 정화시켜주지 않으면 물은 이렇게 분위기가 달라져버린다. 흙바닥을 흐르는 물과 암반(岩盤) 위를 흐르는 물은 그 품격(?)이 상당히 다르다. 이러한 자연의 모습을 통해서도 바위와 물의 궁합이 얼마나 좋은 것인지 알 수 있을 것이다.

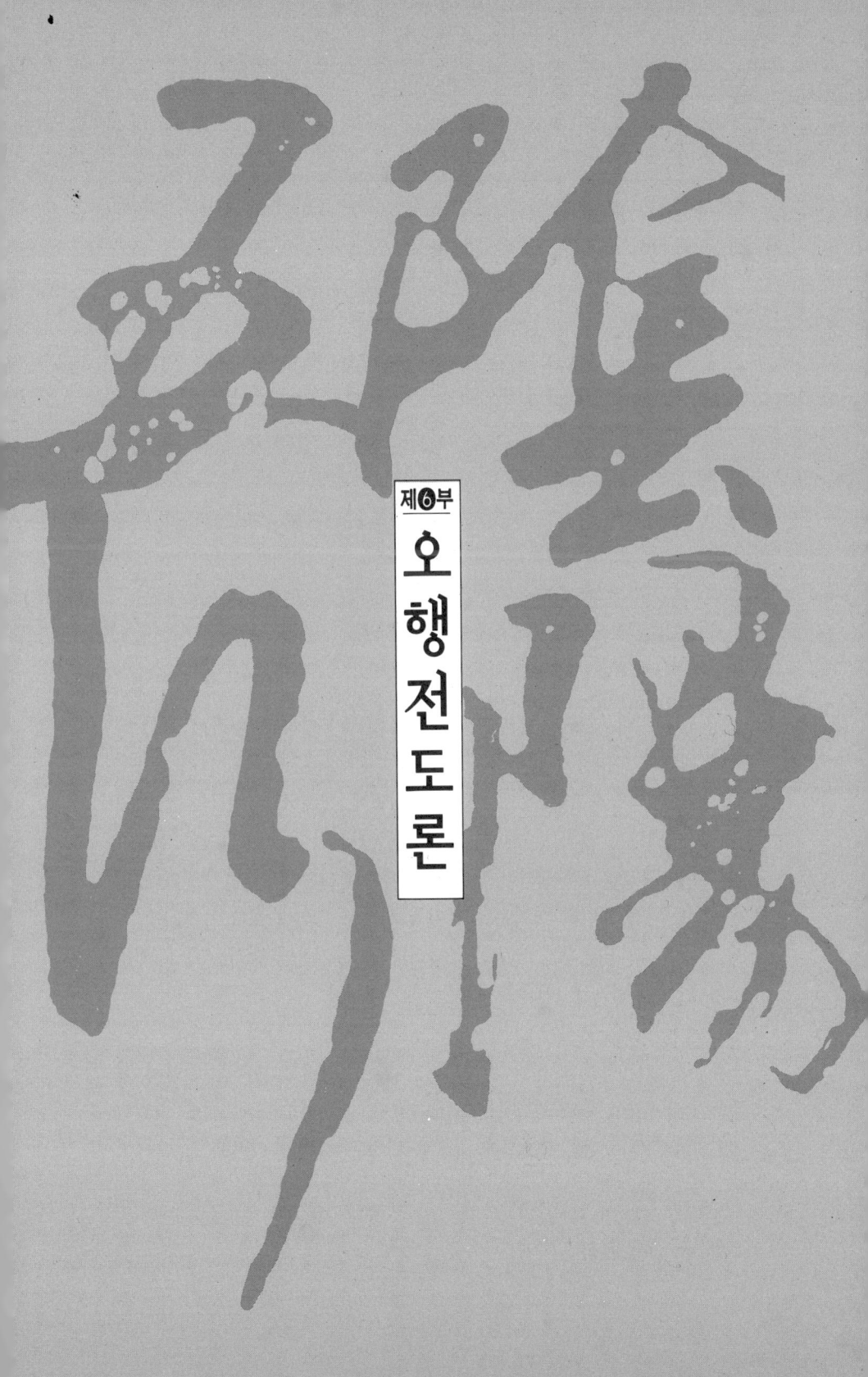

제6부
오행전도론

생극(生剋)이 오행의 기본적인 이치인 것은 분명하다. 따라서 우선 생극에 대해서 분명하게 이해하는 것이 무엇보다도 중요하다. 그리고 생극의 원리를 파악한 다음에는 다시 그 이면에 전개되는 '생극의 변화(變化)'를 이해하는 것이 순서이다. 이 말은 생극이 기본은 되지만 전부가 아니므로 생극에서 파생되는 변화를 읽어야 한다는 것이다. 변화라는 말을 듣고, 뭔가 대단히 어려운 이야기를 하려고 그러나 보다고 생각할 수도 있다. 그러나 변화가 아무리 복잡하다 해도 기본에 뿌리를 두고 있는 것이다. 전혀 별개로 나타난 새로운 것은 아니다.

뭐든지 기본적인 원리만 이해하면 되는데, 어째서 변화를 알아야 할 필요가 있을까? 하고 생각할지도 모르겠다. 기본이 중요한 것은 사실이지만, 실제로 그것만 가지고는 참으로 다양한 세상의 이치를 모두 설명하기에는 역부족이다. 세상의 이치 또한 그렇게 기본을 바탕으로 복잡다양한 모습으로 변화되어가는 것인 까닭이다. 그리고 말은 변화라고 하지만 대개 일정한 법칙을 가지고 있다. 그 법칙을 이해함으로써 서로의 관계를 좀더 잘 살피고 헤아리는 안목을 기르게 되는 것이다. 가령 木은 기본적으로 물을 좋아하지만, 물이 너무 많으면 오히려 둥둥 뜨게 된다. 그래서 물을 좋아하는 나무의 입장에서도 물이 너무 많으면 물을 미워하게 되는 이치가 있다. 이러한 상황을 살피는 것이 진정으로 오행의 변화에 밝은 것이라고 할 수 있다. 그리고 이 정도의 변화에 대해서는 이미 앞에서 상당 부분 공부하였다. 그러므로 여기에서는 오행의 변화 중에서도 특히 전도(顚倒)에 대해서 생각해볼 것이다. 전도라는 말은 거꾸러지고 뒤바뀐 상황을 의미한다.

 기본적으로는 생이 좋다고 하지만 경우에 따라서 얼마든지 생이 오히려 극이 되는 수도 있고, 극이 바뀌어서 생이 되는 이치도 있다. 이러한 것에서 음양오행의 절묘한 이치를 느낄 수 있다. 이에 관해서는 송나라 때의 명리학자인 서대승 선생이 이론화해서 문자로 남긴 소중한 자료들이 있다. 일명 '서대승론'이라고도 하는 이 이론은, 기본적인 오행이 상생이나 상극되는 경우와 이것을 또 다른 관점에서 바라보는 방법을 설명하고 있다.

 항상 일방적으로 표면적인 형상만을 말하는 것은 그 원리를 제대로 이해하지 못했기 때문이다. 서대승 선생은 상황의 변화에 따라서 생하는 것도 해가 될 수 있다는 것과 극하는 것도 도움이 되는 경우가 있다는 이론을 전개했다. 그런데 이렇게 다섯 가지 오행이 서로 어떠한 영향을 미치는지 간단한 글로 설명한 것은 참으로 오행의 이치에 깊게 통달하지 않고서는 어려운 일이라고 본다. 당시로서는 참으로 학자다운 안목을 지닌 분이었다고 생각된다. 이러한 원리를 《적천수징의》에서는 오행이 전도되었다는 말로 설명하였다.

여기에서 다루는 내용을 살펴보면 무엇이든지 지나치면 곤란하다는 의미가 항상 흐르고 있다는 점을 느끼게 될 것이다. 그리고 넘치면 넘치는 대로 다스리는 법칙이 있다는 의미도 알게 될 것이다. 이는 세상을 살면서 항시 느낄 수 있는 일이기도 하다. 공자님의 말씀인 '과유불급(過猶不及)'이 생각난다. "지나침은 모자람만 못하다."는 말인 것 정도는 모두 알고 있겠지만, 실제로 사람의 욕망이라는 것은 이 명언을 잊도록 만든다. 물론 노력해서 중화(中和)에 가까워지도록 하는 것이 수행의 목표가 되겠지만, 이미 사주팔자에서 그렇게 균형이 일그러진 형상을 만났다면 도리 없이 그것이 나타내는 의미에 대해서 생각해봐야만 한다. 그러므로 이렇게 변화에 대한 안목을 기르는 것이 필요하다.

공자님의 말씀을 생각하다 보니 문득 생각나는 한 인물이 있다. 이 친구는 《장자》의 "도척편(盜跖編)"32)에 나오는 인물이다. 장자의 사상을 유가의 이치보다 한 단계 높이고 싶어하는 사람이 만들어서 《장자》의 "잡편"에 집어넣었다는 말이 함께 전하는데, 참으로 왕성한 기운과 패기가 넘쳐흐르는 내용이어서 처음 읽었을 적부터 기억에 남는 이야기였다. 오행의 전도를 생각하기 전에 잠시 입가심 정도로 이 이야기를 해도 좋을 것 같다. 그래서 그 내용을 일부 각색해서 여기에 옮겨보겠다. 역시 오행전도와 무슨 연관이 있을 법하다.

공자는 유하계의 벗이었다. 유하계의 동생은 이름이 도척이었다. 도척은 9000명의 졸개를 거느리고 천하를 내땅으로 여기고 돌아다니는 당대의 대도(大盜)였으니 나라에서도 이 사람을 마음대로 할 수 없을 정도였다. 이를 보다 못한 공자가 어느 날 유하계에게 말했다.

"여보게 친구, 아비된 자는 자식의 그릇된 점을 고쳐줘야 하고, 형된

---

32) 순전히 공자의 무리를 비웃기 위해서 만들어진 우화라고 하는 설이 유력한 듯하다. 등장 인물들은 실존 인물들이지만 살아온 연대가 일정하지 않으므로 실화는 아니다. 역사 시뮬레이션 정도로 생각하고 읽으면 좋겠다.

자는 동생의 허물을 고쳐줘야 하네. 한데 자네의 동생은 천하의 대악당이고 자네는 대학자이니 이것이 될 법한 일인가? 가문의 망신이라고 생각되는데도 그대는 그냥 두고 보고만 있으니 참으로 답답하이. 내가 서툰 말재간이지만 가서 그를 바로잡아 올바른 사람으로 교화시켜보도록 해보겠네."

"그러게…… 말씀인즉 그래야 하는 줄은 알고 있는데, 자식이 아비의 말을 듣지 않으면 어떻게 고칠 것이며, 동생이 형의 말을 듣지 않는다면 또한 난들 어쩌는 수가 없다네. 자네도 아비의 잘못을 세 번 이야기해보고 그래도 듣지 않으면 내버려두는 것이 효도라고 말하지 않았던가. 그래서 나도 그 친구는 포기한 지 오래라네. 그리고 자네가 갔다가 오히려 그 불 같은 성질 때문에 화라도 입으면 참으로 큰일이니 아예 갈 생각을 하지 말게."

"그렇게 겁을 내고서야 어떻게 천하의 인(仁)이 이뤄지겠는가? 내 비록 재주는 없으나 한번 찾아가서 타일러보겠네. 노력은 해봐야 하지 않겠는가. 그러니 말리지 말게."

"그럼 몸조심하시게."

공자는 제자인 안연과 자공33)을 데리고 도척을 찾아갔다. 마침 도척은 대산의 남쪽에서 졸개들을 쉬게 하고 자신은 사람의 간을 회 쳐놓고 술을 들고 있었다. 공자가 멀리서 이 광경을 보고서는 수레에서 내려 응접을 하는 자에게 말했다.

"노나라 공구(孔丘)34)가 장군의 명성을 듣고 이렇게 찾아와서 뵙기를 청한다고 전해주시기 바랍니다."

그 사람이 도척에게 가서 그렇게 전하자 도척은 대로(大怒)했는데, 얼마나 성질이 났든지 머리카락은 하늘로 치솟고 눈은 화등잔처럼 빛나고

---

33) 공문십철(孔門十哲)로서 뛰어난 제자들이다. 특히 안연은 수제자인데 요절했다. 공자가 매우 애통해했다고 한다.
34) 공자의 본래 이름이다.

소리는 장마철에 천둥이 치는 듯 우렁찼다.

"저놈이 그럼 노나라에서 거짓말 잘하기로 소문난 공구란 말이냐? 저놈에게 가서 '너는 적당한 말을 만들어서 문왕이나 무왕을 함부로 칭찬하고, 머리에는 이것저것 요란한 장식을 쓰고서는 농사도 짓지 않고 입으로만 요란한 소리를 지껄이면서 제멋대로 혀를 내둘러 천하를 시끄럽게 하고, 옷감도 짜지 않으면서 옷을 입고 산다. 효(孝)를 말하는 것도 결국 네놈이 천하의 인심을 얻어서 벼슬 한자리해보려고 하는 속셈인 줄 다 안다. 당장 꺼져버려라. 그렇지 않으면 오늘 점심으로 네놈의 간을 먹을 참이다.'라고 전해라. 꼴도 보기 싫다."

그 말을 옮겨들은 공자는 다시 말을 전했다.

"저는 장군의 형님인 유하계와 친히 지내고 있습니다. 부디 장군의 몸이라도 한번 뵙게 해주시면 고맙겠습니다."

응접을 하는 자가 이렇게 전하니까 도척은 데려오라고 말했다. 공자는 총총걸음으로 도척에게 다가가서 크게 두 번 절했다. 그것을 보고 있던 도척은 더욱 화가 솟구쳤다. 그래서 칼자루에 손을 대고서는 고래고래 소리를 질렀다.

"구야, 앞으로 나오너라. 네가 하는 말이 내 뜻에 맞으면 살려두겠다. 그렇지만 만에 하나라도 거슬리면 당장에 요절을 내버릴 것이니 그리 알아라."

이 말을 듣고서는 공자가 조용하게 말했다.

"제가 듣기에 천하에는 세 가지 덕이 있답니다. 태어나면서부터 키가 크고 체격이 훌륭하며 용모가 아름다워 모두 반기는 것을 상덕(上德)이라고 부르지요. 또 지혜가 사물을 뒤덮고 모든 도리를 헤아리는 것을 중덕(中德)이라고 합니다. 용기가 있고 결단력이 있으며 많은 부하를 통솔하는 것을 하덕(下德)이라고 부르지요. 대개 어떤 사람이건 이 중 한 가지 덕이라도 갖추고 있다면 왕후(王侯)가 되기에 충분하다고 합니다. 그런데 지금 장군은 이 세 가지 덕을 모두 갖추고 계십니다. 키는 여덟 자 두 치나 되고, 얼굴에는 광택이 있으며 입술은 눈부시게 붉고 이는 조개 껍질처럼 가지런하며 목소리는 음률의 가락에도 맞습니다. 그런데도 도척이라고 불리니 저는 남 몰래 장군을 위해 부끄럽게 여기며 애석해하고 있습니다. 장군께서 제 말을 들어주실 의향이 있으시다면 저는 남쪽으로는 오나라와 월나라, 북쪽으로는 제나라와 노나라, 동쪽으로는 송나라와 위나라, 서쪽으로는 진나라와 초나라로 사자가 되어 찾아가 장군을 위해 수백 리 사방의 큰 성을 쌓게 하고, 수십만 호의 봉읍을 만들며, 장군을 제후의 한 사람으로 존경받게 하겠습니다. 그리하여 천하와 더불어 이 난세를 개혁하고 싸움을 그치게 하여 군인들을 쉬게 만들고 흩어진 형제들을 모아 보양하며 모두가 조상을 공양하고 제사 지내게 한다면 이야말로 성인의 행위이며 천하가 바라는 바입니다."

이 말을 들은 도척은 더욱 노기가 충천해서 고래고래 소리를 질렀다.

"구야, 이리 나와서 내 말을 들어라. 이득을 바라고서 이리저리 남의 말에 끌려서 행동하는 것은 모두 세상의 멍청이들이나 하는 짓이다. 내가 모양이 잘난 것은 내 탓이 아니라 내 부모의 탓이니 너 따위가 칭찬의 말을 하지 않더라도 이미 나도 알고 있는 일이다. 그리고 내가 듣기에 그 사람 앞에서 칭찬하는 사람은 또 돌아서면 욕을 하는 사람이 된다고 하더군. 지금 내가 보는 앞에서 네가 하는 칭찬은 모두 그 말로 나를 꾀어서 나를 평범한 사람으로 만들려는 수작이 틀림없구나. 그렇게 만들어진 명예가 과연 얼마나 오래가겠느냐? 내가 알기로는 천하보다 더 넓은 성(城)이 없다고 본다. 요임금이나 순임금은 천하를 다 차지했지만, (세상의 이목이 두려워서 자식들에게 땅 한 평도 물려주지 않음으로써 남들은 성군이라고 칭송하지만) 정작 자손은 송곳 하나도 꽂을 곳이 없었다. 탕왕이나 무왕은 천자가 되었지만, 그 자손은 모두 끊어지고 말았다. 이는 그 이득이 너무 커서 그랬다.

그런데 옛날에는 모두가 자연과 더불어서 나무 위에 집을 지어 낮에는 새들로부터, 밤에는 짐승들로부터 안전하게 피해가면서 살아왔고, 추운 겨울에는 나무를 구해서 불 때고 살았다. 그 어머니는 알아도 아버지는 몰랐으며 사슴들과도 함께 살고, 옷감을 짜서 옷을 해입으면서 서로 해치지 않는 마음을 가지고 살았으니 이것이야말로 참으로 덕이 높은 세상이었다.

그런데 어떠냐? 황제의 시대가 되어서는 덕을 완전하게 실행할 수도 없었으며, 치우(蚩尤)35)와 전쟁을 해서 천하는 피로 물들게 되었다. 그리고 요순(堯舜)은 천자가 되자 많은 신하를 내세웠고, 탕왕은 그 주구인 걸왕을 추방했으며 무왕은 주왕을 죽였다. 그 후로는 강한 자가 약한 자를 짓밟고 다수가 소수를 학대하는 세상이 되었다. 탕왕과 무왕 이후로는 모두 세상을 어지럽히는 무리일 뿐이다. 지금 네가 문왕과 무왕의 도를 닦고 있다고 하며, 후세의 사람을 가르친답시고 헛된 소리나 거짓된 행동으로 천하의 주군들을 미혹시키면서 부귀를 탐하고 있으니 도둑이라면 너보다 더한 도둑이 없다.

천하는 어째서 너를 도구(盜丘)라고 하지 않고 나를 도척이라고 부르는지 모르겠구나! 너는 달콤한 소리로 자로(子路)를 유혹하여 그의 관과 칼을 풀게 했는데, 천하의 사람들은 공구가 난폭한 자를 진압하여 비행을 없앴다고 한다. 그러나 이윽고 자로는 위군을 죽이려다 실패했고, 그 몸은 위나라의 동문에 걸려서 소금에 절인 채로 토막이 나 있으니 이는 네 가르침이 엉망이라는 말이 아니고 무엇이냐?

너는 네 스스로를 성인이라고 생각한다지? 그렇지만 노나라에서는 두 번이나 쫓겨났고, 위나라에서는 발자국까지 깎이는 수모를 당했으며, 제나라에서는 궁지에 몰렸고, 진나라와 채나라의 중간에서는 또 포위되어

---

35) 석문(釋文)에서는 신농(神農) 시절의 사람으로 처음 군대를 만들었다고 한다. 적어도 황제시대에 천하를 차지하려고 쟁탈전을 벌인 듯하다

서 천하에 그 더러운 몸 하나도 둘 곳이 없었다. 또 자로에게는 토막나서 소금에 절여지는 수모를 당하게 했으니 그 빌어먹을 도가 도대체 무슨 소용이 있단 말이냐? 천하에 덕이 높다던 황제마저도 탁록벌판을 피로 물들였고, 요임금은 천하를 자기 자식에게 물려주지 않아서 자식들을 굶주리게 한 비정한 인간이고, 순임금은 아버지의 미움을 산 불효자이다. 우임금은 물을 다스린답시고 나서다가 반신불수의 병신이 되었다. 탕임금은 그가 섬기던 주인을 배신했고, 문왕은 또 주왕에 패해서 유폐까지 되었다. 세상에서는 이러한 왕들을 현군이라고 하지만 이들이 한 일들을 곰곰이 생각해보면 모두 자신의 명예를 탐해서 저지른 매우 부끄러운 행동이었다는 것을 알 수 있다.

또 있다. 세상에서 현인이라고 한다면 백이와 숙제만한 사람이 없지만, 이들은 수양산에서 굶어죽었고, 그 유해는 매장하는 자도 없었다. 그 밖에도 자신의 명예를 위해서 몸을 망친 자가 어디 한둘이겠느냐? 그 중에서 개자추는 타향을 유랑하면서 쫓겨다닐 적에 충성심이 지극해서 자기의 넓적다리 살을 베어 왕에게 먹였지만 자기 나라로 돌아온 후에 왕이 자신을 배반하자 조국을 떠나서 나무를 껴안은 채로 불에 타죽었다. 이들은 제사에 쓰려고 찢겨진 개나 돼지와 다를 바가 없고, 바가지를 든 거지와도 완전히 흡사하다. 모두 명목에만 달라붙어서는 죽음을 가벼이 여기고 본성으로 돌아가서 수양하려고 하지는 않았던 것이다. 세상에 충신이라고 한다면 오자서와 비간을 꼽지 않을 수 없지만, 오자서의 시신은 결국 양자강에 가라앉았고, 비간은 가슴이 도려내진 채로 죽었다. 이 두 사람이 천하의 충신이라고 하지만 결국 천하의 웃음거리가 되고 말았지 않느냐?

이렇게 위로부터 아래까지 죽 살펴봐도 모두 하등의 존경을 표할 만한 인물이 못 된다. 그런데 네가 나를 귀신 이야기라면 또 모르지만, 인간 세상의 이야기로써 설득하려고 한다면 내가 이야기한 것으로도 충분하다. 더 이상 설득할 생각은 아예 말거라.

 그러면 이제 내가 너에게 사람의 마음에 대해서 이야기해주겠다. 눈은 아름다운 빛을 보려고 하고, 귀는 좋은 소리를 듣고자 한다. 입은 좋은 맛을 보려고 하고 기분은 만족을 바라는 것이다. 사람의 수명이 기껏해야 백 살 남짓, 중간 정도면 팔십이다. 그것도 병들거나 문상 가서 슬퍼하거나 걱정거리로 괴로워하는 것을 제외한다면 아마도 일생 동안 마음으로 웃으면서 즐길 수 있는 시간은 한 달 중에서 불과 사오 일 정도에 불과할 것이다. 천지는 무궁하지만 사람은 이렇게 유한한 것인데 이것을 천지와 비교한다면 문틈으로 천리마가 휙 지나가는 것을 보는 것과 같다. 그러니 딴 생각할 필요도 없이 네가 하는 말들은 모두 내가 씹어먹고 버린 찌꺼기들이다. 당장 돌아가거라. 너란 놈은 본시 모두 위선덩어리로 만들어진 물건이다. 꼴도 보기 싫은데 내 앞에까지 나타났구나. 네 몸뚱이나 잘 유지하는 게 좋을 것이다. 넌 참으로 불쌍한 인간이다."

 도척의 말을 들은 공자는 두 번 절하고서 바른 걸음으로 수레에 올랐지만 고삐를 잡으려다가 세 번이나 놓쳤고, 눈은 멍하니 아무것도 보이지 않았으며 얼굴은 불 꺼진 재와도 같았다. 수레에 기댄 채로 고개를 떨구고서 숨도 내쉬지 못하다가 노나라의 동문 밖에 이르러 마침 유하계와 만나게 되었다. 유하계가 말했다.

 "요즘 며칠 통 뵐 수가 없더니 거마의 행색으로 봐서 어딜 다녀오시나 보구려. 혹 도척이를 만나고 오는 길은 아닌가?"

 "그렇다네."

 "도척은 아마도 내가 전에 말했던 것처럼 자네의 말을 거역했을 테지?"

 "그러하네. 나는 말하자면 아프지도 않은데 스스로 뜸을 뜬 꼴이 되어 버렸네, 부산하게 달려가서 호랑이의 머리를 건드리고 수염을 만지다가 자칫하면 호랑이에게 먹힐 뻔했구면!"

이상이 "도척편"에 있는 이야기의 대강이다. 문장이 거칠고 사상도 천박한 면이 있다고는 하지만 그래도 사고의 방향을 전환시키는 데는 도움이 될 것 같다. 그리고 주해한 설명을 보면 《열자(列子)》의 "양주편"에 나오는 자산이 주색에 빠진 형제를 꾸짖는 우화와 비슷한 점이 많다고 한다. 지금까지 안동림 선생이 역주하신 《장자》를 인용해서 꾸며봤다.

이 내용에서 볼 수 있듯이 세상의 이치라는 것은 보는 자의 관점에 따라서 얼마든지 다르게 평가되는 것이다. 요즘 원균이나 신돈 등의 인물에 대해서도 재해석을 시도하려는 움직임이 있다는 말이 들린다. 이는 얼마든지 가능할 것으로 본다. 이것은 뭐든지 사람의 주관에 따라 생각이 다를 수 있다는 점을 의미하는 것이다. 따라서 명리학도는 사주를 해석할 때 그 사주의 주인공이 어떠한 주관을 가지고 살아갈지 헤아리는 것이 무엇보다 중요하다. 세상은 어떤 눈으로 바라다보느냐에 따라 다를 수 있는데, 그 눈이 어떻게 생겼는지 보지 않고 장사를 하라든지 학문을 하라고 한다면 참으로 의미 없는 조언이 될 것이다. 그런 의미에서 도척에게 벼슬을 하라고 권유할 일이 아니었던 것이다.

실제 상황에 처해서 각기 오행의 관계를 바르게 해석하는 것이 중요하다는 것을 이해하면서, 오행이 전도되었을 적에는 어떻게 해야 하는지 배우는 것이 여기서 할 일이다. 그리고 그 전도된 상황에서 다른 오행들은 어떤 행동을 취하고 있는지도 더불어서 생각해본다면 더욱 의미 깊은 공부가 될 것이다. 그럼 본론으로 들어가보자.

제1장
많이 먹으면 배탈난다

　우선 나를 생해주는 것에 대해서 한번 생각해보자. 무엇보다도 생을 받아야만 생명을 이어갈 수 있으므로, 생이라고 하는 것은 무조건 필요하다는 것에 대해서 전혀 이론이 있을 수 없을 것이다. 그래서 생은 좋아하고 생의 반대적인 의미가 있는 극은 싫어하게 되는 것이다. 이것이 기본적인 사고 방식이다. 그런데 여기에서 배울 것은 이것이 고정 관념으로 굳어져서는 곤란하다는 점이다. 그럼 이것이 어떻게 변화될 수 있는지, 서대승 선생이 그 이치를 간단하게 나타낸 글귀가 있으니 살펴보기로 하자.

　　金賴土生　土多金埋(금뢰토생　토다금매)
　　土賴火生　火多土焦(토뢰화생　화다토초)
　　火賴木生　木多火熾(화뢰목생　목다화치)
　　木賴水生　水多木漂(목뢰수생　수다목표)
　　水賴金生　金多水濁(수뢰금생　금다수탁)

　이것을 직역(直譯)하면 다음과 같다.

金은 土의 생을 바라지만, 土가 많으면 金이 묻히고
土는 火의 생에 의지하나, 火가 많으면 土가 갈라지며
火는 木의 생을 원하지만, 木이 많으면 火가 치열하고
木은 水의 생을 기다리나, 水가 많으면 木이 둥둥 뜨며
水는 金의 생을 원하지만, 金이 많으면 水가 탁해진다.

이것의 의미를 간략하게 생각해보자. 여기서 하는 이야기는 모두 나를 생해주는 성분이 지나치게 많은 경우에 대한 것들이다. 金은 土의 생을 받고 土는 金을 생해주는 관계지만, 土가 너무 지나치게 많으면 金이 흙 속에 묻히게 된다는 것과 같다는 뜻이다. 보통 철없는 어머니들은 자식들에게 그저 잘해주기만 하는 것이 어머니 노릇을 잘하는 거라고 착각한다. 그래서 자신의 모든 것을 기울여 자식에게 쏟아붓는다. 물질적으로 정신적으로 모든 것을 자식에게 주는 것이다.

그래서 자식을 위해서라면 이사도 하고 자식을 위해서라면 남편에게 직업도 바꾸라고 한다. 남편의 직업이 자식의 출세에 좋지 않은 영향을 미친다는 것이다. 그런데 이렇게 자신의 모든 것을 자식에게 투자하는 어머니의 자식이 과연 행복할 것인가 하는 의문을 가져볼 때에 바로 이 이야기는 참으로 영양가 있는 설법이 된다. 그 아들은 절대로 행복하지 않다는 결론을 내리게 될 것이기 때문이다.

이렇게 자식에게 지극한 어머니들은 결국 엄마만 의존하게 되는 아기를 하나 배출하게 된다. 이 아기는 스스로 할 수 있는 일이 아무것도 없다. 어린 시절을 온실 속에서 보내다 보니 역경에 대한 적응력이 전혀 없다. 그래서 조금만 환경이 변하면 죽는다고 비명을 지른다. 그러면 어머니는 또 자신이 돌봐주지 않으면 자식이 살 수 없다는 만족감인지 사명감인지 모를 마음으로 이 아기에게 최선을 다한다.

이 항목에서 경계하는 가르침이 바로 이것이라고 본다. 생이 지나치면

극으로 변한다는 이야기이다. 그러므로 아무리 귀여운 자식이라도 찬바람이 불 적에는 찬바람을 맞혀가면서 키워야 한다는 것이다. 하다 못 해 사자도 자식이 어느 정도 자라면 언덕 아래로 굴려버린 다음에 스스로 올라올 수 있도록 가르친다고 한다. 그런데 어떻게 사람의 자식을 사자 새끼보다도 못하게 교육시킨단 말인가? 참으로 어리석음의 극을 달리는 단면이 현재 우리 주변에 비일비재하다.

자신이 못 이룬 모든 것을 자식에게 걸고서 어떠한 어려움이 있더라도 총력을 기울이는 것이다. 물론 이것에 긍정적인 면이 없는 것도 아니겠지만, 항상 지나친 보호는 자립하는 의지를 꺾어버리게 된다. 이렇게 철저한 보호 속에서 자라난 아이는 스스로 할 수 있는 일이 하나도 없다. 그러니 결국 이 보호는 자신의 만족을 위해서는 어떨지 몰라도 자식을 위해서는 전혀 도움이 되지 않는 것이다. 아니 도움이 안 되는 것은 고사하고 자식이 거친 세상에서 살아나갈 수 있는 능력마저 막아버리는 우를 범하는 것이기도 하다.

이러한 것이 지금 우리의 현실이고 아마 앞으로도 더하면 더했지 덜하리라 생각되지 않는다. 이것은 결국 어머니의 정이 자식을 죽이게 되는 꼴이니, 전혀 원하지 않았던 방향으로 흘러가버리는 기가 막힌 상황이라고 하겠다. 사주에 자신을 생해주는 것이 지나치게 많은 오행을 가진 사람들이 바로 여기에 속할 것이라고 생각해본다. 그러면 이러한 지나친 어머니의 사랑이 어떤 결과를 가져올 것인가에 대해서 오행별로 각각 정리해보자.

1. 水生木에서 水가 과다하다

우선 나무의 입장에서 생각해보자. 나무는 이미 알고 있듯이 물이 없이는 하루도 살아가기가 만만하지 않은 존재이다. 그래서 어떤 경우가 되었든지 간에 물이 결여되어서는 안 된다는 것이 불문율(不文律)이다. 이렇게 소중한 물이 이번에는 지나치게 많다면 어떻게 되겠는가를 생각해보자. 너무나 당연히도 나무는 물에 잠겨서 죽어버릴 것이다. 과연 그렇게 된다면 水生木이라는 말은 창피해서 얼굴을 가리고 쥐구멍으로 도망가버릴 것이다.

실제로 자연에서도 나무는 물에 잠기면 죽어버리게 된다. 여름에 논에서 열심히 자라고 있는 벼를 예로 들어보자. 벼포기가 물에 잠겨 있는 동안에는 쑥쑥 잘도 자란다. 그러다가 물이 부족해져서 바닥이 거북이 등처럼 갈라지면 벼들도 빨갛게 타들어간다. 이러한 때에는 농부의 마음도 타들어가는 것이 물론이다. 그래서 비가 내리라고 기우제도 지내고 급하면 남의 논에 있는 물을 도둑질이라도 해서 내 논에 집어넣을 정도로 안타까워한다.

그렇게 해서 '지성이면 감천'이었는지 하여튼 비가 내리기 시작하면 농부의 얼굴에는 미소가 솟아오른다. 이제 고민은 끝났다는 듯이 말이다. 그러나 자연은 그렇게 미소만 머금고 있도록 두지를 않는다. 왜냐하면 오랜만에 내린 빗줄기가 멈출 줄 모르고 장대처럼 퍼부어대기 때문이다. 이른바 장마인 것이다. 아니 장마라는 말로는 오히려 실감이 나지 않는다. 홍수라고 해야 더 어울릴 것이다.

도랑을 흐르던 물은 점차 불어나면서 논으로 차오른다. 시간이 지나면서 논두렁의 경계도 별다른 의미가 없어진다. 오로지 넓고 넓은 물의 벌판만이 있을 뿐이다. 이때는 오히려 호수라고 하는 게 더 적절한 표현일 듯싶다. 그렇게 넓은 논도 불과 3, 4일 내에 물 속으로 잠기고 만다. 이렇게 되면 잠시 미소를 머금었던 농부의 얼굴이 다시 수심으로 가득 차게 된다. 가뭄일 경우에는 종구락으로라도 물을 퍼다 부어볼 수 있지만, 이렇게 온 들판이 황토물로 넘칠 때에는 어떻게 해볼 방법도 없다. 그냥 삽자루를 들고서 망연하게 바라다보고만 있을 뿐이다.
　이러한 장면을 보면서 철없는 아이들은 이렇게 말할 수도 있을 것이다.
　"벼들이 물을 실컷 먹으니 잘 자라겠네."
　그러나 농부들은 그 말이 얼마나 가당치도 않은 말인지 안다. 곧바로 물이 빠지지 않는다면 멀지 않아서 벼들이 모두 죽어버린다는 것에 걱정이 되어서 밤에 잠도 오지 않을 것이다. 이러한 장면을 고려해서 서대승 선생께서 마련해둔 말이 바로 지금 설명하고 있는 항목에 있는 '수다목표(水多木漂)'인 것이다. 물이 지나치게 많아서 나무가 표류하듯이 떠다니는 경우라는 의미이다.

　이렇게 심란한 경우가 되면 물을 빼기 위해서 온갖 노력을 총동원한다. 그럼 오행의 원리로 따져서 土剋水하니까 土를 가지고 물을 빼내면 될까? 과연 물이 범람을 했는데, 土를 퍼부으면 물이 줄어들까? 아마도 이렇게 멍청한 일을 할 사람은 없을 것이다. 오행의 원리라고 해서 이렇게 적용시키다가는 그나마 조금 남아 있는 희망까지도 송두리째 빼앗아 갈 것이 분명하다.
　그러나 이러한 경우를 해결하는 방법도 서대승 선생은 마련해두었다. 물이 지나치게 강할 적에는 수문을 확장시켜야 한다는 것이다. 土剋水라고 하는 것은 밀가루 반죽이 질어졌을 때 밀가루를 더 넣어주는 경우에 해당하는 말이다. 그렇지만 밀가루 반죽에서도 물기가 약간 많을 적에나 밀가루를 뿌리는 것이지 물을 왕창 부었다면 밀가루만으로 해결하기가 어렵다. 밀가루를 마냥 넣었다가는 누가 그 많은 칼국수를 먹겠느냐는 것이다. 밀가루만으로 해결하기에 늦었다면 그릇을 기울여 물을 따라내는 것이 상책이다. 이것이 바로 너무 강한 물은 수문을 만들어서 흘려보내는 것이 처방이라는 이야기이다.

이렇게 했는데도 반죽이 질다면 도리 없이 수제비를 만들 연구를 해야 한다. 반드시 칼국수를 만들어야 한다고 고집을 부리는 것은 안목이 부족한 요리사이다. 수제비는 반죽이 약간 질척해야 맛이 있다. 메뉴는 변경되었지만, 적절하게 응급 처치를 한 셈이다. 그런데 수제비로 만들기에도 그 정도가 지나쳤다면 어떻게 할 것인가 하고 묻는다면 어쩔 수 없이 풀이나 끓여서 겨울이 오기 전에 문을 바르는 데 쓰라고 하겠다. 이렇게 풀로 만드는 것도 오행의 이치에 '수다토류(水多土流)'라는 명언으로 분명하게 설명되어 있다.

이렇게 변화무쌍한 것이 오행의 이치이다. 그냥 단순하게 土剋水요, 水生木이 아닌 것이다. 오행의 이치를 약간 배웠다고 아무 곳에나 적용시키면 참으로 철없는 학자일 뿐이다. 그러면 또 "물에 잠기면 모든 나무는 반드시 죽어버린다."고 철석같이 고집을 부리면 되는가 하고 묻는다면 뭐라고 대답할 것인지 다시 생각해보자.

水生木에서 水가 과다해도 사는 경우가 있다

水生木이 지나치면 木이 죽어버린다고 말을 했으나 그 말만 믿고 이제 그 이야기는 틀림이 없을 것이라고 마음을 굳혀버린 벗님이 계신다면 또 한수 느린 사고 방식이라고 말해줘야 할 것 같다. 그러니 참으로 복잡하기 짝이 없는 것이 오행의 변화인가 보다.

벼나 보리처럼 애초에 물이 적절하게 필요한 초목은 물이 넘치면 곤란하다. 이것을 명리학에서는 '오행의 상리(常理)'라고 부른다. 좀 어렵게 얘기해서 '정격(正格)'이라고 한다. 그리고 이렇게 정격 이론을 적용시켜야 하는 경우가 모든 사주 중에 약 90퍼센트가 넘는다. 따라서 일부 학자는 정격만 주장하면서 다른 상황은 무시해도 된다고 한다. 그러한 학자들도 나름대로 안목이 있기는 하겠지만, 물 속에서도 살아가는 식물이 있다는 것에 대해서는 어떻게 생각할는지 궁금하다. 미역이나 다시마 등은 물 속에서만 살아가는데 여기에 대해서는 어떠한 오행의 이치로 설명할 것인가를 묻고 싶은 것이다.

이러한 상황에 대해서는 반드시 '외격(外格)'이라는 사주 용어를 대입해서 설명할 때 합리적인 이치가 된다. 이것은 '오행의 편리(偏理)'36)에 속한다고도 말할 수 있겠다. 이렇게 물이 너무나 지나치게 많은 사주에 속하는 사람도 있다. 그러한 경우 정격대로만 한다면 물을 거부하고 다른 방법으로 중화(中和)를 이루려고 해도 묘안이 없으므로 죽어버려야 한다는 결론을 내리게 된다. 그렇지만 자연의 묘리는 언제나 그 나름대로의 정법(定法)이 있게 마련이다.

이렇게 아예 물 속에 들어앉아 있는 식물에 대해서는 물 속에서 나오면 오히려 죽어버린다고 답을 내야 한다. 물로만 이뤄진 사주는 땅을 보면 죽어버리게 되어 있다. 이렇게 정해져 있는 것이 자평명리학의 탁월한 안목이다. 이러한 이치에 두루 통하지 않고서는 감히 사람의 운명을 감정한다고 나서서는 안 됨을 명심해야 할 것이다. 그러면 물 속에 들어 있는 식물인지, 땅 위의 식물인지는 어떻게 구분할 것인가 물을 것이다. 그것은 조금만 기다리면 나중에 배우게 될 것이다. 여기서는 다만 이러한 것도 반드시 알아야 하는 이치라는 점만 분명하게 이해하면 되는 것이다.

2. 木生火에서 木이 과다하다

나무가 불을 생해주는 경우에 해당하는 말이다. 여기서는 나무가 과다하게 많아서 불을 생해주는 정도가 지나치다는 것인데, 과연 나무가 지

---

36) 일상적인 이치와는 다르지만 나름대로의 일정한 이치를 가지고 있는 경우에 붙여보는 말이다.

나치게 많으면 불이 살아나지 못하는 것일까 하는 문제로 의문을 가져본 적이 있었는지 모르겠다. 이러한 상황을 설명하려면 아궁이의 예를 들지 않을 수가 없다. 아궁이란 나무를 이용해서 난방을 하는 재래식 기구인데, 아마 이 책을 읽으시는 벗님들 중에서는 한 번도 구경하지 못한 분이 계실 것이라고 생각되어 간단하게 설명해보겠다. 그렇지만 대다수의 벗님은 시골에서 아궁이를 보았을 것이다. 다만 지금은 시골이라고 해도 대부분 보일러를 사용하기 때문에 아궁이를 반드시 볼 수 있다고 말씀드리기 어려울 듯하다.

어렸을 때 일이다. 텔레비전 연속극을 봐야 하는데, 어머니께서 저녁밥 짓게 불 좀 때라고 하시면 어른이 시키는 일이라 싫다고 할 수는 없고 부엌으로 가서 투덜투덜대며 아궁이에 불을 지피곤 했다. 그런 때면 마음이 앞서서 아궁이가 미어터져라 하고 나무를 우겨넣는다. 그놈의 밥솥이 얼른 끓어야 방에 들어가서 보다만 연속극을 마저 볼 수가 있겠기 때문이다.

어린 생각에도 나무가 많이 들어가야 불이 활활 타서 빨리 끓게 될 것이라는 계산이 있었던 것이다. 그런데 실제로는 그와 반대이다. 불이 점점 줄어드는 것이다. 그러면 아궁이에 대고 화풀이를 한다.

"이놈의 아궁이는 왜 불이 꺼지는 거야!"

그러면 어머니는 빙그레 웃으시면서 "어디 보자."며 들이밀던 나무를 끌어내고는 속에 있는 나무들을 호비작호비작 들썩거리면서 뒤적인다. 그러면 불이 다시 슬슬 살아나서 타오르게 되니 아궁이를 보고 욕하던 마음이 민망해지는 것이다. 아마도 어려서 시골 생활을 하신 벗님이라면 이러한 경험을 한두 번쯤 해보셨으리라 생각된다.

이것이 바로 오행 중에서 木生火이지만 木이 지나치면 불이 꺼진다는 구절인 '목다화식(木多火熄)'에 속하는 것이다. 어머니는 오행을 공부하시지 않았지만, 삶의 공부를 통해서 목다화식의 이치를 알고 계셨던가 보다. 그래서 삶의 경험은 무엇보다도 중요하다고 말하는 것이 아닐까 하는 생각을 해본다. 이러한 이유로 해서 木의 생이 지나치게 많으면 불이 꺼진다는 말은 크게 틀리지 않는 이야기라고 생각된다. 그런데 비유가 너무 인위적이라고 생각할 수도 있을 법하다. 자연 상태로 그러한 상황을 설명할 수 있다면 더욱 좋겠는데 그러한 모델이 있을지 찾아봐도 냉큼 쉽지가 않다. 자연적인 상황에서 불이라고 하는 구조를 접할 수 있는 것은 기껏해야 산불 정도인데, 산불에서는 목다화식이라는 말이 해당되지 않기 때문이다.

그러면 목다화식의 또 다른 경우를 생각해보자.

영화 〈타워링〉을 보셨는지 모르겠다. 이 영화를 보면서 목다화식을 생각해볼 구석이 있다는 것은 역시 명리가의 안목이기에 가능하다고 본다. 불길이 마구 솟구치는 빌딩의 모습은 설명하지 않아도 될 것이다. 다만 구조 작업을 하는 과정이 중요하다. 돌아다니던 소방관들이 어느 방문 앞에 섰다. 경험이 없는 소방관이 얼른 방문을 잡아당겼다. 속에서 사람들의 아우성이 들려왔기 때문이다. 빨리 사람들을 구조해야 한다는 일념으로 앞뒤를 생각할 겨를이 없는 것이다.

그런데 불에 단 문을 잡아당기는 순간 속에서 불길이 화악 내풍겨서 소방관의 얼굴을 덮친다. 자신의 얼굴에 불이 붙어버린 것이다. 이러한 상황에서 남을 구한다는 것은 둘째 문제이다. 자신의 문제가 더욱 화급하니 말이다. 그러나 경험이 많은 소방관은 다르다. 문을 만져봐서 문이 뜨거우면 이미 불길이 '목다화식(木多火熄)'의 상태에 돌입했다고 보는 것이다. 즉 속에서 불들이 죽어가고 있는 상황인 것이다. 아궁이에서 죽어가듯이 말이다. 상황은 달라도 이치는 똑같은 것이라고 생각된다.

"전원 엎드려!"

이 한마디 속에서 지혜를 읽을 수가 있다. 문을 여는 것은 숨이 죽어가는 불들에게 다시 에너지를 공급하는 상황임을 알고 있는 것이다. 그렇기 때문에 문을 열면서 모두 엎드리거나 잠시 밖으로 피한다. 그러면 화악 나오던 불길이 잠시 후에는 다시 제자리로 돌아간다. 바로 그때에야 모두는 실내로 들어간다.

당연하겠지만, 내부에서는 불길이 타는 도중에 산소 공급이 차단되어 불들이 질식하고 있는 상태이다. 그 마당에 다시 문을 열어 새로운 산소를 공급해준다면 틀림없이 불들이 되살아나는 것이다. 아궁이의 사정과 완전히 일치하는 경우이다. 바로 이러한 상황을 생각하면서 목다화식, 즉 木이 지나치게 많으면 불이 꺼진다는 말을 이해해보는 것이다.

3. 火生土에서 火가 과다하다

이번에는 불이 土를 생해주는 것에 대해서인데, 土가 불의 도움이 없이는 곤란하겠지만, 그 정도가 지나치다면 어떻게 될 것인가를 생각해보도록 하자. 우선 火가 지나치다면 당장 생각나는 것이 가뭄이다. 가물어서 土가 거북이 등처럼 갈라지는 상황을 떠올려보자.

이러한 모습은 많이 보아왔기에 그다지 낯설지 않을 것이다. 특히 몇 년 간의 가뭄으로 굶어죽게 된 아프리카 일부 지역에 구호금을 보내자는 캠페인을 보면서 火生土의 정도가 과다하면 이렇게 생명이 죽음에 봉착하게 되는구나 하는 생각을 해보게 된다.

그러나 또 한편으로는 비록 土 위에 살고 있는 생명은 죽어갈망정 土 자체는 딱딱해지는 것이니 대단히 土가 강하게 되는 것은 아닐까에 대해서도 생각해본다. 그렇지만 실제로 土의 구조상 딱딱하게 굳어버리면 중용의 본성을 유지할 방법이 없으므로 土 역시 지나친 열기를 받아서는 안 되겠다는 결론을 내리게 된다. 열을 지나치게 많이 받아버리면 土는 자기의 본성을 버리고 金으로 변하게 된다. 그 대표적인 본보기가 도자기이다. 재료는 土인데 그 모습은 아무리 봐도 金이다. 소리도 쇳소리가 나는 것이 영락없는 金이다. 천년을 묻어둬도 생명력이 생길 수가 없는 죽은 흙이 되어버리는 것이다. 이러한 것을 생각해보면서 土는 적절한 열을 받아야지 지나친 열을 받아서는 곤란하다는 것을 알 수 있다.

이렇게 말씀을 드리면 또 다른 관점에서는 火가 지나쳐서 土를 생해주는 것이 넘치니까 土가 金을 생하는 것이라고 말할 수도 있겠다. 그러나 여기서 중요한 것은 土가 어디까지나 주체가 되어야 한다는 점이다. 또 다른 관점으로 전환하면 그 상황으로 방향을 바꿔서 궁리해야 하는 것이다. 그러나 여기서는 火生土에 대해서만 국한시켜서 생각해보는 장이기 때문이다.

4. 土生金에서 土가 과다하다

흙이 金을 생조한다는 것에 대한 이야기인데, 土가 지나치게 많다면 어떻게 될 것인가에 대해서도 생각해보자. 우선 가장 쉽게 접할 수 있는 예가 보석이 흙에 묻힌다는 이야기이다. '토다매금(土多埋金)'이라는 말은 보석이 흙에 묻히는 상황을 생각해서 만들어진 단어이다. 보석은 진열장에 있을 적에 가장 진가를 발휘한다. 휘황찬란한 조명을 받으면 더욱 우아하게 돋보인다. 그런데 이 보석을 땅에다가 묻어버렸다면 아마도 모두는 그 위를 그냥 밟고 다닐 것이다. 당연히 화려한 모습은 빛이 나지 않는 것이다. 그래서 보석은 땅에 묻히면 안 된다는 말을 한다. 물론 여기서 말하는 보석은 제대로 된 것을 가리키는 것이다.

만약에 아직 양생이 다 이뤄지지 않아서 덜 익은(?) 보석은 아직도 땅

속에서 土의 생을 더 받아야 완전한 보석이 될 것이다. 적어도 몇십만 년 정도는 생을 받아야만이 비로소 완전한 보석이 되는 것이다. 이렇게 덜 익은 보석은 土生金의 이론이 가능하다고 보는데, 완전하게 익어버린 보석은 土에게 의지할 필요가 전혀 없는 것이다. 스스로 자신의 모습을 나타낼 수가 있기 때문이다. 이것을 사주 용어로는 '강금(强金)'이라고 한다. 강한 金은 土를 만나는 것을 매우 싫어한다. 스스로 능히 빛을 낼 수가 있기 때문에 土보다는 오히려 불을 좋아하는 것이니, 그래서 강한 金은 불을 만나야 하는 것이다.

그런데 불은 없거나 약하고, 土만 좌우에 쌓여 있다면 이 사람은 갑갑하기가 이루 말할 수 없을 것이다. 물론 이러한 현상은 실제로 사주 구조에 따라서 나타나게 되는 현상이다. 단순히 이론적인 것만이 아니라는 것이다. 이러한 현상을 통해서 土生金이 과다하면 생기는 부정적인 면에 대해서 이해하면 충분하리라고 본다.

5. 金生水에서 金이 과다하다

앞에서 水가 金을 만나는 항목을 다루면서 水가 金을 만나면 눈물나게 반갑다고 했다. 그런데 과연 金이 지나치게 많아버리면 어떻게 될까? 눈물나게 반가운 것이 그래도 어느 정도 유지가 될 것인지 생각해보자. 당연히 水도 金을 많이 만나면 지겨울 것이다. 金이 너무 많다고 해도 水의 세력에는 나쁜 영향을 미칠 이유가 없다고 본다. 그렇지만 물이 흘러갈 방향을 찾을 수 없다는 것이 큰 문제이다. 사방이 바위 암벽이라면 물은 어디로 흘러갈 것인가.

이렇게 되면 나무를 기르고자 하는 물의 희망은 이루어지지 못하고 그 나무도 무참히도 깨지고 말 것이다. 金剋木에 의해서이다. 물이 흘러갈 희망이 없다면 이미 죽은 물이라고 해도 될 것이다. 죽은 물은 아무 것도 할 수가 없으므로 물이 金이 지나친 것을 얼마나 싫어할지 능히 짐작이 가고도 남는다. 이러한 이치에서 물은 金의 과다한 생조(生助)를 싫어한다는 이야기를 해본다. '금다수탁(金多水濁)'이라는 말도 이러한 의미이다. 탁해진다는 말의 의미는 아마도 썩어버린다는 의미로 해석해야 더욱 의미가 잘 통할 것 같다.

이상과 같이 생해주는 것이 과다하면 어떠한 현상이 나타나는지에 대해서 생각을 해봤다. 내 입장에서 어머니가 지나치게 간섭을 한다면 자신의 주체성이 울게 될 것이다. 세상만사는 적절한 조절이 필요한 것인데, 끝도 없이 어머니가 잔소리를 늘어놓는 상황이 된다면 나는 아무것도 할 수 없게 되어버리고 말 것이다. 이러한 이치까지 알고 나면 비로소 생해주는 이치의 참뜻을 헤아리게 된다고 보겠다.

제2장
설사하면 힘 빠진다

 이번에는 앞의 이야기와는 입장이 바뀐 상태의 상황을 생각해보는 것이다. 그러니까 앞에서는 자식의 입장이었다고 한다면, 이번에는 어머니의 입장이 되어서 생각해보는 것이다. 자식의 입장에서 어머니의 생이 지나친 것도 큰일이지만, 어머니의 입장에서도 자식에게 생해주는 것이 지나치면 역시 뭔가 문제가 발생할 수밖에 없다. 이러한 면은 내가 생함이 병이 되는 경우가 되는 것이다. 이러한 상황을 사주 용어로는 '설기과다(洩氣過多)'라는 말로 표현할 수 있는데, 각각의 상황에 대해 이해해 보도록 하자.

 金能生水 水多金沈(금능생수 수다금침)
 水能生木 木多水縮(수능생목 목다수축)
 木能生火 火多木焚(목능생화 화다목분)
 火能生土 土多火晦(화능생토 토다화회)
 土能生金 金多土弱(토능생금 금다토약)

이것을 직역하면 다음과 같다.

金은 능히 水를 생하지만, 水가 많으면 金이 잠기고,
水는 능히 木을 생하지만, 木이 많으면 水가 위축되고,
木은 능히 火를 생하지만, 火가 많으면 木이 불타고,
火는 능히 土를 생하지만, 土가 많으면 火가 어두워지며,
土는 능히 金을 생하지만, 金이 많으면 土가 약해진다.

 인생을 살아감에 있어서 자식은 반드시 필요한 존재이지만 지나치게 많으면 자식들의 시달림에 견디지 못하게 된다는 이야기이다. 요즈음 젊은 부부들은 참으로 현명해서 절대로 자식을 많이 두지 않는다. 가지 많은 나무에 바람이 잘 날이 없다는 말을 절대적으로 신봉하고서 범하지 않겠다는 결심들이 대단하다.
 그래서 예부터 자식들이 많아서 행복했던 배달민족들이 이제 자식 없어 쓸쓸한 생을 보내게 될 시기도 과히 멀지 않은 일이라고 본다. 그도 그럴 것이 아이 하나를 성인으로 만들어서 결혼시키고 살림을 내줄 때까지 드는 비용이 막대하다는 것이다. 수억에서 수십억까지 들어야 한다는 현실에서 스스로 고생을 덜하고 살아남는 방법은 아이를 적게 두는 것이 최선이라는 간단한 공식이 성립한다.
 그러다 보니 산부인과는 항상 문전성시를 이룬다. 이미 실수로 생긴 아기를 부부간의 합의하에서 죽이는 일들을 벌이기 때문이다. 물론 책임을 지지 못할 자식을 출산하는 것보다는 계획적인 출산이 중요하다. 다만 자식을 하나만 키우면 그 자식이 얼마나 외로워하고 심심해하는지에 대해서도 깊이 생각해봐야 할 것이다.
 요즈음은 대부분 자식을 하나만 낳아서 애완동물처럼 기르는 것이 많이 낳아서 부모도 고생하고 자식들에게도 좋은 환경을 만들어주지 못하는 것보다는 낫다고 생각할 것이다. 또 고생고생하며 키워봐야 모두 스스로 잘난 줄이나 알지 부모의 희생은 알아줄 것도 아닌 바에야 쓸데없

이 고생할 필요가 없다고 생각하리라.

　이렇게 현명한 오늘의 부모들은 어린아이가 함께 노닐 동무가 없어서 애어른이 돼가거나 말거나, 대인 관계를 잘 못 해서 영원한 외톨이가 되거나 말거나 오로지 자신의 요량대로 일을 하니 참으로 영악하다고 할 수도 있겠다. 그런데 불행하게도 뜻하지 않은 사고로 하나뿐인 자식이 죽어버리게 되면 부랴부랴 피임 복원 수술을 해달라고 애원하게 되는 것도 현실로서 종종 나타나는 일이다.

　그래서 이 항목은 자식이 8, 9명이 되어서 일평생 자식 키우느라고 자신은 전혀 돌볼 겨를도 없이 숨가쁘게 살아왔던 우리의 어머니들의 마음을 헤아리는 장으로 이해했으면 한다. 어쩌면 앞으로는 이 항목은 없어질는지도 모르겠다. 세상 사람들이 모두 자식을 하나나 둘만 낳는다면 자식이 많아서 고민스러워하지 않을 것이고 실제의 현실이 그렇다면 자식이 많아서 고민하는 사주도 없을 것이니, 이 항목은 세월의 변화에 따라서 삭제가 될지도 모르겠다.

1. 木生火에서 火가 과다하다

　보통 木은 불을 좋아한다. 산 나무는 꽃을 피우고 싶어하므로 불을 좋아한다. 죽은 나무는 감정이 없다고 봐서 좋아하는지 아닌지 뭐라고 말할 수가 없다고 하겠다. 다만 오행의 순리로 봐서는 나무는 불을 좋아한다. 특히 추운 계절에 태어난 나무라면 따뜻한 불기운을 매우 좋아하게 되는 것이다. 그러나 여기에서 다루는 이야기는 순리로 흐르는 것에 대한 것이 아니라, 과다하게 흐르는 것에 대한 것이다. 사실 자식이 너무 많았던 예전의 어머니들은 하루도 편히 쉴 날이 없었다. 눈을 뜨면서 잠이 들 때까지 항상 자식 걱정이 이어졌기 때문이다. 그래서 자식을 '애물단지'라고 하지 않던가.

　자식이 어리면 어린 대로, 자라면 자란 대로 항상 걱정거리가 끊이지 않았던 것이 우리네 어머니들의 마음이었다. 그러한 상황에서는 자식이 좀 적었더라면 좋았을 거라는 생각을 해보는 것이 당연하다. 오죽 어머니들이 자식들에게 휩싸여 자신의 삶을 살지 못했으면, 요즘의 딸들은 아예 자식을 낳지 않을 궁리까지도 하고 있다. 이러한 것들이 우연에서 나온 것이 아니라 이렇게 필연적인 흐름이 있었던 것이다.

　아직도 우리의 주변에서는 자식 때문에 속을 끓이는 어머니의 모델을 많이 볼 수 있다. 그런데 이러한 상황이 다른 모든 오행의 경우에도 같은 입장이다. 그러면 과연 나무에게 있어서는 어떠한 특징이 나타나는지 생각해보자.

　나무가 자식이 너무 많다는 것은 꽃이 많은 것으로 바꾸어 이야기할 수 있다. 이미 죽은 나무는 감정이 없으므로 여기에서 다루기에는 어울리지 않으니 제외하고 하는 말이다. 봄철에 만개한 벚나무를 생각해보자. 온 산천이 불을 밝힌 듯이 밝은 연분홍색으로 치장되는 것은 비록 길지 않은 시간 동안이지만 참으로 장관이다. 해마다 진해에서는 군항제가 열리고 지리산에서는 십리벚꽃이라는 축제가 열리는데, 지금은 이것이 번져서 전국 어느 동네든지 꽃잔치를 하게 되었다. 이런 꽃잔치는 아무리 많아도 좋겠다는 생각이 든다. 사람의 마음을 즐겁게 해주는 일이기 때문이다. 그런데 문제는 이렇게 꽃을 피우느라고 진기를 소모한 나무는 열매를 크게 키울 기운이 없어진 모양이다. 실제로 늦여름에 등장하는 버찌는 콩알 정도밖에는 크지 않다.

　가령 사과나무나 복숭아나무의 열매가 크게 달리는 것과 비교해본다면 상당히 차이가 난다고 할 수 있겠다. 그러면 만약에 벚꽃이 필 적에 90퍼센트 정도 꽃을 솎아버리면 어떻게 될 것인가를 생각해보자. 실제로 그 많은 꽃을 따내기는 어렵겠지만, 아마도 상당히 커다란 버찌를 수확하게 될 가능성이 높다. 그러한 이유 때문에 야생의 벚나무에서 달리는 버찌보다 과수원에서 수확하는 버찌가 훨씬 더 크다. 역시 상품이 되도록 가꾸기 위해서는 나무의 본성을 억제하지 않고서는 되지 않는 모양이다. 이렇게 생각할 수 있는 것은 과수원 농부의 경우 꽃이 지자마자 지나치게 많이 달린 것은 신속하게 솎아내는 작업을 연례 행사로 하기 때문이다. 해마다 이렇게 한다는 것은 대단히 번거롭지만 생략할 수가 없는 중요한 일이다. 과수원을 하는 사람에게 이 시기는 1년 농사의 성패를 좌우한다고 해도 과언이 아닐 정도로 중요한 때이다. 나무에 매달려서 많은 시간을 할애하고 있는 농부를 보면서 어머니가 많은 자식을 키우려면 기운이 탈진하겠다는 것도 알 듯하다.

그래서 이렇게 자식이 많아서 문제가 발생하게 생긴 오행의 형상에서는 그 자식들을 냉정하게 잘라내는 것을 정법으로 삼고 있다. 실제로 과수(果樹)가 지나치게 많은 열매를 달고 난 다음해에는 힘이 없어서 열매가 신통치 않다고 한다. 이것을 '해걸이'라는 말로 배운 기억이 나는데, 과수원에서는 이 해걸이를 없애기 위해서 과일의 개수를 조정하는 것이다. 명리학에서는 이것을 지나치게 기운이 빠져나가는 것에 대한 처방으로 대입시킨다. 사주에서 나무로 태어난 사람이 불이 지나치게 많으면 물을 용신(用神)으로 삼게 되는 것이 그러한 이유이다. 서대승 선생은 이것을 일러서 '화다목분(火多木焚)'이라고 이름하였다.

2. 火生土에서 土가 과다하다

불의 열기는 土를 만나면 잘 스며들게 되고, 그 중에서도 습토를 만난다면 매우 신속하게 흡수가 된다. 그래서 火가 土를 만나면 사랑이 생기는 것이라고 한다. 그런데 약한 불이 지나치게 많은 습토를 만나면 어떻게 될 것인가를 생각해보자.

원래 오행의 상리(常理)는 상호 공존의 원칙을 누리고 있는 것이 자연이다. 어느 한 가지만 특별나게 강하거나 또 반대로 어느 한 가지 기운이 매우 약하게 되면 오행의 균형이 지켜지지 않게 되고 이것은 자연의 중화된 도리가 아닌 것이다. 이번의 예에서처럼 불이 약하고 土가 강한 상황이 발생한다면 이 땅은 어두워지게 된다. 어둡다는 것은 활기가 없다는 말이다. 불의 기운이 허약한 사람은 항상 침체되어 있기 때문에 미래 지향적인 활발한 마음이 부족하다.

불이 자꾸 아래로만 흡수되어버리면 어떻게 위로 상승하겠는가? 원래 불의 본성은 위로 상승하는 것인데, 土가 너무 많아서 흡수당해버리면 위로 올라가지 못하게 된다. 그러면 하늘이 냉각되어버릴 것이고, 하늘의 열기를 받지 못하게 되는 땅은 차갑게 식어버린다. 이러한 상황이 발생하는 것을 일러서 '토다화회(土多火晦)'의 형태라고 한다.

이 세상은 밝아야 한다. 인간은 양의 기운이 매우 강한 성분이기에 더욱더 불의 기운이 필요한지도 모르겠다. 실제로 인체의 경우에도 심장이 멈추면 모든 것이 끝이다. 근육이나 신장이 아무리 튼튼하고 강하다고 해도 한 순간에 심장이 멎어버린다면 이보다 더욱 급한 상황은 없는 것이다. 그래서 의료계에서 사람이 죽었다는 판정의 기준을 놓고서 아직도 시비를 하고 있는 것이다. '뇌사(腦死)냐 심장사(心臟死)냐'를 놓고서 아직도 말이 많은 모양이다.

뇌가 먼저 죽고 나서 심장이 죽을 경우에 문제가 발생한다. 심장이 먼저 멎어버리면 더 이상 시비할 필요가 없는 것이다. 뇌가 활동을 중지했는데, 심장은 아직 뛰고 있다면 이것을 사망으로 봐야 하는가 말아야 하는가 판단하기 어려운 문제다. 실제로 뇌가 완전히 활동을 중지했다면 더 이상 살아날 가망이 없다고 볼 수도 있다.

뇌사를 사망으로 인정하려고 하는 이유 중에는 아직도 뛰고 있는 심장을 활용해보고자 하는 소망이 포함되어 있다. 이러한 상황에서는 장기(臟器)를 다른 사람에게 이식해서 생명을 불어넣을 수 있는 기회가 생기는 것이다. 뇌사의 경우 장기는 모두 살아 있기 때문에 신장, 안구, 간 등을 다른 사람에게 이식해주면 그 사람을 살릴 수 있는 가능성이 매우 높다. 그래서 의학계에서는 어차피 살아날 가능성이 희박한 뇌사를 사망으로 보고 다른 사람을 더 살리고 싶은 것이다.

그러나 심장사만을 죽은 것으로 봐야 한다는 주장 역시 만만치 않다. 아직 신체의 어느 부위가 살아서 움직이고 있다면 이것은 죽은 것이 아니라는 것이다.

그런데 이러한 희망도 심장이 멎어버리면 소용이 없다. 모든 기관에 혈액 공급이 중단되어버리고, 그러면 급속하게 부패하기 때문이다. 이러한 상황을 보면서 인체에는 火의 기운이 가장 중요한 것이라는 생각을 해본다. 火가 없으면 완전한 사망이기 때문이다. 그렇게 중요한 것이 심장이다. 따라서 심장이 약하면 일생을 활발하게 살아가기 어렵다는 것은 누구나 알고 있을 것이다. 심장이 약한 사람은 격심한 운동도 못 하고, 분노도 마음대로 표현할 자유가 없다. 심장이 결정적인 사태를 맞이하면 이미 생명도 끝나는 것이기 때문이다.

그래서 약한 심장을 보호해주려면 木의 기운을 강화해야 하는데, 木은 신경계가 된다. 원래 심장이 약한 사람은 신경도 예민하기 쉽다. 하긴, 木의 기운이 허하지 않다면 심장도 애초에 약하지 않았을 것이다. 어쨌든 이렇게 土가 많아서 火가 약하게 되면 매우 곤란한 문제가 발생되므로 土를 제거해주어야 하는데, 이러한 경우에 木을 약으로 사용하게 되는 것이다. 당연히 木剋土하기 때문이다.

그리고 불을 예의(禮儀)라고 말하는데, 土에 해당하는 신용(信用)이 지나치게 많아버리면 어떻게 될 것인가를 생각해보자. 믿음이 지나치면 예의가 빠지게 된다. 믿음이 강하다 보면 편한 마음이 지나쳐서 예의를 크게 중요시하지 않는다. 서로를 너무나 잘 알기 때문에 예의가 오히려 어색하다고도 느낀다. 그래서 가장 가깝다는 부부간에 문제가 발생하기도 한다. 가장 가까운 사이가 부부인데, 서로 믿거라 하고서는 기본적인 예의를 지키지 않다 보니까, 좋을 적에는 아무 상관이 없지만 조그만 오해라도 발생하게 되면 그 동안에 지키지 않았던 예의까지 섭섭해지는 것이 사람의 마음이다. 역시 土가 지나치면 火가 약해진다는 이야기이다.

3. 土生金에서 金이 과다하다

土를 일러서 신용(信用)이라고 칭한다. 그만큼 중용의 형태를 보관하고 있는 성분인데, 이러한 신용도 의리를 중시하다 보면 유지하기가 어렵게 된다. 신용을 깨게 되는 경우 중 대부분이 바로 의리(義理)를 들먹이게 되는 것이다. 관공서는 신용이 가장 중요한 기관이다. 은행도 마찬가지다. 그러나 이런 신용 기관에 지난날의 의리 운운하며 압력을 가하게 되면 신용은 지켜지기 어렵다.

"아니, 의리 없이 정말 이럴 거요?"

이 한마디는 참으로 많은 갈등을 일으키게 만든다. 뭐든지 공식적으로 오행의 상리를 따르기만 하면 아무 문제가 없다. 그런데 이렇게 비공식적으로 문제를 들고 와서는 의리를 내세우며 편법을 동원해주기를 강요한다. 물론 이러한 사람을 진정한 벗이라고 볼 수는 없다. 과거의 빚을 들먹거리면서 자신의 요구대로 해주기를 바라는 사람은 칼만 들지 않았을 뿐, 강도나 다름이 없다. 아니 어쩌면 강도보다도 더한 사람이다. 강도는 사정이나 해보지만, 이렇게 과거에 진 신세에 대한 의무감을 강요하고 있는 상황이라면 문제는 그리 간단하지가 않은 것이다.

그런데 실은 土가 약하면 중용에 대한 관념도 떨어진다는 것이 문제이다. 그러나 土가 튼튼하게 제자리를 잡고 있다면 바늘도 들어가지 않을 것이고, 그렇게 되면 몇 번 강요를 해보다가 스스로 포기하고 말 것이다. 물론 "융통성이 없는 사람이네."라는 한마디는 하겠지만, 실제로 공무원은 융통성이 없어야 제격이다. 융통성이 가장 많은 사람은 장사꾼이다. 공무원을 관물 먹는 사람이라고 대우하는 것도 어찌 보면 융통성이 없는 것을 높이 사기 때문일 것이다.

이렇게 土기운이 부족한 사람은 외압에 못 이겨서 자신의 일을 제대로 수행하지 못하게 된다. 따라서 土가 약하면 土를 보해야 하는 것이다. 이러한 상황은 '금다토약(金多土弱)'이라는 말을 사용하게 된다. 여기서 약해진다는 말이 의미심장하다. 불은 어두워지고 土는 약해진다. 약하다는 것은 마음이 약하다는 것과도 연관이 있을 것이다. 강력한 자기 중심이 있어야만 중립을 지키게 되는데 마음이 약하면 의리에 끌려서 자기 주관대로 일을 처리하기가 어렵게 될 가능성이 많기 때문이다.

4. 金生水에서 水가 과다하다

물이 지나치게 많아버리면 金이 허해진다는 의미이다. 서대승 선생은 이러한 상황을 '수다금침(水多金沈)'이라는 말로 표현했다. 물이 많으면 金이 잠긴다는 말이니 물에 金이 가라앉는다는 의미로 해석된다. 실제로 이러한 형상을 어디에서 읽을 수 있는지 살펴보자. 얼른 보면 물이 많은 것과 바위가 약해진다는 것과는 전혀 관계가 없을 것 같다. 이러한 상황을 찾으려면 어쩔 수 없이 바닷가를 찾아가야 할 모양이다. 물이 많은 곳은 바닷가이기 때문이다.

그곳은 수천 년을 두고 바위와 물이 관계하고 있는 현장이다. 그런데 그 주변을 세심하게 관찰해보자. 그러면 힘들이지 않고서 찾아낼 수 있을 것이다. 바로 물로 인해서 해변의 바위가 깎였다는 것을 찾기만 하면 이 항목의 설명은 충분하리라 생각된다. 수다금침이라는 상황은 이렇게 해변의 암석들이 물의 침식을 받아서 깎여들어가는 모양에서 읽어내볼 수 있다.

강가에서도 물에 깎여가는 돌들을 얼마든지 발견할 수 있다. 그래서 이러한 모습을 보고서 金에게 물이 지나치게 많으면 깎여나간다는 말을 했다고 이해해본다. 그리고 우리 속담 중에 "낙숫물이 바위를 뚫는다."는 이러한 의미가 포함되어 있는 말이다. 그리고 귀금속을 가공하는 데 없어서 안 되는 것이 물이라고 한다. 보통은 불로써 단련한다지만 실제로 다이아몬드는 물로써 세공을 한다. 이러한 모습에서 약한 金이 강한 물을 만나면 깎여나간다는 것을 헤아려본다.

5. 水生木에서 木이 과다하다

이번의 항목은 그래도 이해하기가 쉽다. 물이 적고 나무가 지나치게 많으면 나무들이 물을 흡수해버리고 저수지의 바닥이 드러나도록 말라버리는 것이다. 그래서 '목다수축(木多水縮)'이라는 말로 표현한 것도 능히 이해가 되는 것이다. 물이 위축된다는 것은 줄어든다는 이야기이고 이것은 눈으로 보이는 현상이기에 반론의 여지가 없다고 생각된다.

다만 약간 다른 각도에서 바라본다면 물이 나무 속으로 스며들어버린다고 해도 물 자체가 없어지는 것은 아니라는 것이다. 물은 나무 속으로 흡수되어서도 역시 물인 것이다. 그 중 일부는 나무로 화하기도 할 것이다. 그러나 그 나머지는 다시 순환 작용을 거쳐서 대지로 돌아갈 것이기 때문이다. 물이 나무로 화하는 것이 다른 오행과 달리 재미있어 보인다.

물론 土가 金으로 화하는 것도 같은 의미가 되겠지만, 그 신속함에는 비교가 되지 않는다. 水生木이 되어버린다면 물은 나무 속으로 스며들게 된다. 그런데 물은 사실 이렇게 되고 싶을 것이라는 생각이 든다.

실제로 사주를 연구하다 보면 물은 나무가 있으면 자신의 강약을 떠나서 무척 좋아한다는 느낌이 든다. 그리고 물이라는 성분 자체는 기본적으로 어디든지 틈바구니만 있으면 스며들어가려 한다. 그래서 나무를 보면 즉시 스며들어간다. 그런데 언제나 생각하고 궁리하는 성분인 물은 지혜를 상징한다고 했다. 그런데 오행의 배열에서 물이 木을 보면 궁리한다고 하는데, 이것을 사주의 십성(十星)으로는 식상(食傷)이라는 말로 사용한다. 다른 오행도 당연히 자신이 생해주면 식상이라고 하는데, 이 물에게 있어서는 무조건적인 식상의 형태로 나타나는 맛이 있는 것이다.

물 자체가 궁리를 하는 성분인데다가 더욱더 궁리를 하게 하는 식상인 木을 지나치게 보았으니까 당연히 그 방면으로 몰두하게 되는 것이다. 실제로 사주를 감정할 적에도 물이 적고 나무가 많으면 오히려 편안한데, 여기에다가 물을 도와준답시고 金이 나타나게 되면 참으로 사주가 탁해 보인다는 느낌이 드는 것이다. 용신을 정할 때에 약하면 자신을 도와주는 오행으로 중심을 잡게 되는 것인데, 유독 물의 입장에서 木이 많아 약할 경우만은 그대로 두고 싶은 마음이 든다. 이렇게 그대로 두는 방식을 외격(外格)이라고 부르고, 특히 '수목종아격(水木從兒格)'이라고 해서 특별히 학자의 사주로 본다. 여기에 물을 도와준다고 金이 나타나면 金剋木의 살벌한 기운이 감돌아 오히려 탁한 형세가 되어버렸다고 하게 되는 것이다.

제3장
때리기도 힘들구나

　내가 극하는 무리들이라고 하더라도 그들이 왕성한 세력을 믿고 설친다면 그들이 요구하는 것을 들어주는 것이 가장 현명한 일이다. 힘도 없는 사장이 아무리 버티고 호령해봐야 이미 이빨 빠진 호랑이에 불과하다면 전혀 먹혀들지 않을 것이다. 그럴 바에는 차라리 종업원들에게 넘겨버리는 것이 좋다. 그들이 알아서 사업을 활성시키고 해당하는 지분도 넘겨줄 것이다. 그 돈이나 챙겨서 물러나버리는 게 가장 속 편할 것이라고 생각된다.
　이러한 상황에서 주제 파악 못 하고서 떼를 쓰다가는 머슴이 안방을 차지하는 하극상을 당하게 될지도 모른다. 항상 자신이 현재에 처한 위치가 어디인가를 잘 살피는 것이 현명하다. 물러날 때인지 나아갈 때인지를 항상 알고 있어야 한다는 말이다. 그러나 실제로 이것을 알기는 참으로 어려운 이야기이다. 사람의 마음이란 묘하게 되어 있어서 그렇게 물러나야 할 것을 인식하면서도 미련이라는 고약한 것 때문에 선뜻 털어버리지를 못하고 결국 추태를 보이는 경우가 허다하기 때문이다. 그러면 이러한 장면들을 좀더 구체적으로 생각해보도록 하자.

金能剋木 木堅金缺(금능극목 목견금결)
木能剋土 土重木折(목능극토 토중목절)
土能剋水 水多土流(토능극수 수다토류)
水能剋火 火炎水灼(수능극화 화염수작)
火能剋金 金多火熄(화능극금 금다화식)

이것을 직역하면 다음과 같다.
金이 능히 木을 극하지만, 木이 단단하면 金은 부서지고
木이 능히 土를 극하지만, 土가 많으면 木이 꺾이고
土가 능히 水를 극하지만, 水가 많으면 土는 떠내려가고
水가 능히 火를 극하지만, 火가 강하면 水는 증발되고
火가 능히 金을 극하지만, 金이 많으면 火가 꺼진다.

金이 木을 극하지만 金이 약하고 木이 강하다면 金은 木을 극하지 못하고 도리어 스스로 문드러진다는 이야기이다. 이 이야기는 사회적으로 하극상(下剋上)에 대한 이야기로 통한다. 기본적으로는 상극하(上剋下)지만 여기에서는 하극상에 대한 이야기를 하고 있는 것이다. 金이 木을 극한다고 해서 언제나 극이 된다고 보지 말라는 경고이다. 민초가 아무리 연약해도 눌리고 눌리다 보면 어느 시기에 가서는 도리어 폭발하게 될 수도 있다는 경고가 될 것이다.

극을 하되 극을 받는 세력들이 지나치게 강해지기 전에 다스려야지 그냥 마음놓고 있다가 어느 날 반발할 적에 갑자기 다스리려고 하다가는 그러기는 고사하고 어쩌면 자신의 안전도 책임지지 못하게 될 상황에 처할지도 모른다. 사주에서도 이러한 상황이 발생하게 된다. 물론 여기서 다루는 모든 이야기는 나중에 사주를 볼 때 그대로 대입시킬 수 있는 이론들이다. 사실은 사주를 볼 적에 쓰라고 만들어놓은 이론인데

실제의 사회에 대입해 설명해보는 것이다.

명리학은 사회적으로 발생하는 어떠한 경우의 일에 대해서도 설명을 할 수가 있다. 또 그래야만이 참으로 명리학이라고 할 수 있는 것이라고 생각한다. 실제로 인간사에서 발생하는 모든 일들은 사주의 원리로서 설명할 수 있는 경우가 대부분이다.

1. 木剋土가 무력하다

어려서 부모님을 도와드린다고 감자밭에 나가서 감자알이 굵어지라고 흙을 긁어서 감자 포기를 덮어주던 기억이 난다. 그때 아버님께서는 감자에게 북을 줘야 한다고 하셨던 것 같은데, 그것은 알이 굵어지라고 흙을 덮어주는 것이라고 했다. 지금 생각해보면 그때의 작업은 木을 보호하는 차원에서 木剋土였던가 보다. 土가 지나치게 많은 경우라는 것에는 해당이 되지 않는 것이라고 생각된다.

이렇게 한 가지를 배운 나는 마당가에 있는 감나무에 감이 많이 달리게 하려고 동생이랑 열심히 흙을 퍼다가 감나무에다 덮었다가 그날 저녁에는 야단을 맞았다. 감나무가 죽어버리라고 그렇게 흙을 퍼다 부었느냐는 것이다. 이렇게 일관성이 없는 어른의 꾸지람을 듣고서 황당했던 기억이 나는데, 이것에 바로 오행의 이치가 있었다. 당시로서는 매우 못마땅했는데, 덕분에 나무에게 흙을 덮어씌우면 나무가 죽어버린다는 것을 알게 되었다. 이른바 '토다목절(土多木折)'이었던 것이다. 이 토다목절에 대한 항목을 생각하면 항시 그 당시의 기억이 떠오른다.

또 다른 관점에서 토다목절을 바라다보자. 이번에는 인생에 비추어서 생각해보려고 한다. 木은 어린 성장기라고 이미 앞에서 이야기를 드렸다. 그리고 土는 중년을 끝에다 두고 있는 장년(壯年)의 시기라고 본다고 했다. 그리고 중용의 이치를 어느 정도 이해하고 있는 상황에 처한 연령이 기도 하다. 그렇다면 성장기에 있는 어린이에게든 청소년에게든 간에 중년의 어른들이 너무 간섭한다면 과연 어떻게 될 것인가를 생각해보자. 이 어린이는 자신의 의도대로 자랄 수 없을 것이다. 어른의 틀에 박힌 잔소리는 자유로운 순발력을 지니고 있는 소년들에게는 참으로 독약과 같은 것일는지도 모른다.

왕성한 호기심으로 아침저녁으로 되고 싶은 것이 달라지는 시기에, 노숙하게 중용을 이야기한다면 그러한 말이 귀에 들어갈 리가 없다. 어려서 만화책을 읽느라고 호롱불의 심지를 돋우다가 기름 많이 든다고 아버님께 야단을 맞았던 기억이 난다. 얼른 불 끄고 잠자라는 것이다. 그렇지만 그 말에 공감할 턱이 없어서, 이불로 문을 가려서 빛이 나가지 않게 한 후 날이 샐 때까지 만화책을 읽었던 것이다. 이렇게 왕성한 호기심은 밤이 되어도 잠들 줄을 모른다. 이것을 어른(土)의 말에 별로 귀를 기울이지 않는 木剋土의 본성이 나타나는 것이라고 생각해본다.

실제로 어른의 말을 듣는 것도 공감을 해서 따르는 것은 아니다. 그냥 어른의 말이니까 옳을 것이라 생각하고, 학교에서 배운 대로 다분히 습관적으로 따르는 경우가 더 많을 것이다. 그런데 土에 속하는 중년의 어른들은 아이들이 하고자 하는 것들이 모두 실속 없는 헛일이라는 것을 알고 있을 것이다. 그렇다고 해서 실속이 없다는 이유만으로 중단시키려고 한다면 이 어린 나무는 차차 노인화(?)가 되어갈 것이라는 생각을 해본다. 어린애는 어린애다워야 하는데, 어린애가 어른처럼 생각한다면 이것도 문제이다. 역시 자연이 아닌 것이다. 이와 같은 예를 토다목절에다 연결시킬 수 있을 것이다.

그러나 어린애의 창작성을 꺾는 사람이 의외로 많다고 한다. 특히 요즘같이 아이가 적어 어른이 간섭하기 쉬운 시대에는 반드시 한번쯤 깊이 생각해봐야 하는 오행의 '역리(逆理) 현상'일 것이다. 애어른이 의외로 많다는 것은 어쩌면 토다목절의 현상인지도 모르기 때문이다. 요즘 애들은 애들답지 않다고 한다. 항상 이래라저래라 하는 말씀이 난무하기 때문이다. 그리고 그 정도가 심해지면, "반드시 이래야 한다."가 된다. 어른들이 공부를 하지 못했던 한풀이를 어린아이에게 하는 경우도 있다. 그래서 공부를 못 하는 사주팔자를 타고난 어린아이는 어른들의 기대를 충족시킬 수 없다는 것을 비관하고 고층 아파트에서 몸을 던져서 인생을 하직하는 경우가 종종 발생한다. 이것도 토다목절인 것이다. 그 학생들은 죽어야 할 아무런 이유가 없는데도 오로지 어른들이 주는 공부에 대한 부담감 때문에 스스로 목숨을 끊어 그 짐을 덜어보려고 한 것이다.

이러한 상황을 보면서 참으로 토다목절의 상황이란 바로 이런 것을 두고 말하는구나 하고 생각해본다. 만약에 어른이라고 해서 다 그런 것은 아니라고 말씀한다면, "원래가 토다목절은 오행의 일상적인 이치가 아니라 간혹 있는 것이랍니다." 하는 답변을 드리겠다. 물론 어른이라고 해서 모두 이와 같지는 않다는 이야기이다. 이 대목에 해당되는 경우는 흔치는 않다고 해도 반드시 있는 경우이기 때문에 설명한다는 점도 참고하기 바란다.

2. 火剋金이 무력하다

金이 강하면 불이 제련해주기를 열렬히 바란다. 광산에서 광석을 채취했으면 이번에는 용광로에서 녹여내는 것이 다음 단계인 것도 분명하다. 이러한 이치로써 火剋金을 설명했는데, 이렇게 중요한 역할을 담당하는 불이 매우 약하게 된다면 어떤 일이 생길 것인가를 한번 살펴보자는 것이다. 여기에서 "불이 약하다."는 말은 "불이 강해야 하는데도……"라는 말이 생략된 것이다. 이 이야기는 다른 오행들에도 통하는 이야기라는 것을 헤아려주기 바란다.

　불이 강력하게 金을 녹여준다면 이 金들은 대단한 진가를 발휘하는 보배가 될 것이 분명한데, 불이 약하게 되면 그 金은 자칫 쓸모 없는 돌덩이로 남게 될 가능성이 많다. 불이 약하다는 것은 金의 입장에서도 매우 중요한 문제인 것이다. 金은 왕성한 불길로 자신을 달궈주기를 바라지만, 불길이 약해서 그렇게 해주지 못하는 경우도 허다하다. 이러한 현상을 일러서 '금다화식(金多火熄)'이라고 이름을 한 것이다. 金이 너무 많으면 불이 꺼져버린다는 것이다.

　극을 해줘야 할 입장에 있는 불이 꺼져버린다면 이것은 참으로 보통 심각한 일이 아니다. 金들의 희망이 무참하게 사라져버리게 될 것이고, 희망이 없는 金들은 무슨 일을 저지를지도 모른다는 불안감이 발생하게 된다. 이것을 인생에 대입해보자. 어떻게 설명할 것인가?

　金에 속하는 연령을 대략 50대로 잡아본다고 하면, 불에 속하는 연령은 20대가 될 것이다. 50대 되는 사람들은 자신의 자식들이 군대에 가고 취직을 하고, 뭔가 사회에서 일을 시작하는 것이 희망이 된다. 그동안 길러놓은 보람이 이제 서서히 결실을 거두는 것이다. 그래서 첫 월급을 타서 부모님께 선물이라고 사오는 것이 그렇게 즐겁고 고마울 수가 없다. 더욱 활발하고 기운차게 일해주기를 바라는 것이 50대의 후반에 있는 부모님의 마음일 것이다. 부모뿐 아니라 모든 어른들이 그렇게 활기찬 젊은이들을 보면서 흥겨워하게 되는 것이다.

　그런데 이러한 젊은이가 힘이 빠져서 비실비실한다면 어떻게 되겠는지 생각해보자. 어른들이 근심하는 모습이 당장에 떠오른다. 이러한 상황에 처한다면 어른들은 이 나라의 장래를 걱정할 것이고, 자신의 가정에 대한 걱정도 하게 될 것이다. 그러니 얼마나 불안하겠는가 말이다. 이렇게도 오행의 역리는 많은 부작용을 만들어내는 모양이다. 인생의 이러한 현상을 금다화식 현상으로 설명해본 것이다. 실제로 자식들은 힘이 펄펄 넘쳐서 아버지랑 씨름을 해서도 이겨야 한다. 그러면 그 아버지는 지면서도 대견한 마음이 들 텐데, 그렇지 못하고 비실거리면 아버지의 마음이 씁쓰레할 것임을 쉽게 짐작할 수 있다. 그래서 자꾸 걱정하게 되고, 이것이 염려가 되고, 염려가 다시 역정(逆情)이 되어서 결국 자식의 불기운을 꺾어버리게 되는 현상이 발생되는 듯하다. 항상 부모님의 꾸지람을 듣는 얼뜨기 자식은 늘상 그 모양이다. 활기를 불어넣어준다고 하는 것이 이렇게 더욱 힘을 빼는 결과가 되기도 하는 것이다.

3. 土剋水가 무력하다

水가 土의 극제를 받지만 水가 넘치면 土는 허물어진다. 이것을 이르는 말이 바로 이번 항목에서 다룰 '수다토류(水多土流)'의 현상이다. 물이 많으면 土가 허물어지는 현상은 주변에서 쉽게 찾아볼 수 있다. 특히 장마중에 일어나는 산사태는 전형적인 수다토류의 현상이라고 하겠다. "군중이 밀물처럼 밀고 들어온다."고 말한다면 군경(軍警)의 힘으로는 이미 제압하기 버거운 상황임을 인식하게 된다. 자칫하면 발포라도 하게 되는데, 근래 역사에서 쓰라린 부분인 '광주항쟁'이 그러한 일면일 것이라고 생각해본다.

밀물이라는 말을 군중이 水가 되고 통치자는 土가 된다는 의미로 해석해보려고 한다. 우리 오행학자는 그렇게 보고 설명을 해도 전혀 문제가 없다고 본다. 국가에 전쟁이 발생하면 오히려 나라를 구하자는 구호를 외치면서 의병대가 만들어지는 것도 같은 의미이다. 그렇지만 이것은 오행의 순류(順流)에 속한다. 그런데 수다토류라는 말은 오행이 역류(逆流)하는 모습에서 느끼는 것이 더 타당할지도 모른다. 그래서 정부를 상대로 대항하는 모습이나, 사업주를 상대로 대항하는 종업원들의 상황이 더욱 적절할 듯하다.

요즘은 '쓰레기 매립장'이나 '오염 발생 공단' 등을 설립하는 데 지역 주민들과 마찰이 많은 모양이다. 또 얼마 전에는 안면도에 핵폐기물 매립장을 만들려고 하다가 주민들의 반대에 부딪쳐 성사되지 못한 일도 있었다. 이러한 현상들은 정치적으로 말한다면 민주화가 되어서 민중의 의견이 존중되는 때문이라고 말해야 하겠지만, 오행의 입장으로 볼 때에는 木剋土가 제대로 이뤄지지 않아서라고 말할 수 있을 것이다.

실제로 사주를 접하다 보면 이러한 상황이 발생하는 경우가 흔히 있다. 이것을 사주 용어로는 재다신약(財多身弱)[37]이라고 하는데, 자신이 극을 해야 하는데 극하는 힘이 부족하면 슬그머니 고개를 들고서 반발할 기회를 노리는 것이다. 그러므로 이것을 다스릴 적에는 강력하게 다스려야 한다. 물론 여기에서 설명하는 주체는 당연히 극을 가하는 입장이기 때문에 이렇게 강경하게 해야 한다고 말하는 것이다. 항상 주체가 중요하다. 그런데 이렇게 극하는 입장이 무력하게 되면 주객(主客)이 전도되는 현상이 생길 수밖에 없다. 따라서 오행의 역류하는 현상이라고 보는 것이며, 역시 이것도 자연의 일부라는 것을 인식하면 되겠다.

4. 金剋木이 무력하다

金이 木을 극하는 것은 결실을 유도하기 위함이다. 木은 金의 기운을 받아서 단단하게 내실을 기하게 되는 것이다. 그러므로 金의 기운이 무력하게 되면 木은 마구 자라서 결국 속이 썩어버리게 될지도 모른다. 그

---

[37] 내가 극하는 세력이지만 너무 강하면 극이 잘 이뤄지지 않는 현상을 이르는 말이다. 이렇게 되면 나와 같은 오행을 얻어서 가세해야 한다.

런데 지금은 木을 걱정해줄 처지가 아닌 것이 문제이다. 金이 당장에 木을 극하지 못하는 상황이 발생하였으니까, 이 문제가 더욱 시급하다고 보는 것이다.

金이 木을 극하는 힘이 무력하다면 木들은 金을 얕잡아볼 것이고, 그렇게 된다면 명령 체계가 엉망이 되어버리는 것이다. 즉 가뜩이나 진취적이고 발전적인 木의 웃자람을 못 막아주니 木들은 金을 우습게 볼 것이다. 이러한 결과로서 예상되는 것이 바로 '목다금결(木多金缺)'이다. 木이 강하니까 상대적으로 金은 이지러진다는 이야기이다. 이것은 흔히 "면도날로 아름드리 나무를 자르려 한다면 날만 뭉그러지고 잘라지지 않는다."는 비유를 들어서 표현한다. 이러한 비유가 약간은 자연스럽지 않다고 해도 내용은 충분히 전달되므로 그렇게 이해하기로 해보자. 다만 좀더 오행의 원리에 입각해서 생각해볼 수는 없는지 모르겠다.

그래서 木과 金의 대립에 관계되는 현상을 군대라는 집단을 통해서 읽어보려고 한다. 군대라는 곳은 철저한 명령 체계 집단이다. 그 집단에서는 강력한 지휘자가 있기를 원한다. 그렇게 강력한 지휘자는 사병들을 통솔하는 데 추호도 흔들림이 없다. 요지부동이다. 이것은 강력한 억제력을 나타내는 金의 특징이라고 보는 것에 대해서 이견이 없을 것이다.

그런데 여기서는 그렇게 강력해야 할 지휘부가 흔들흔들할 경우에 대해서 생각해보겠다. 쿠데타라고 하는 것도 강력한 지휘부가 흔들릴 적에 발생한다. 통제 기능이 부실해지면 그 틈을 타고 아래에서 들고 일어나는 것이다. 왜냐하면 평소에 불만이 가득하기 때문이다. 불만이 없을 수는 없다. 어떤 집단이든지 간에 불만은 있게 마련인데, 그 불만을 다스리지 못하고 자꾸 키우면 결국 통제권을 잃어버리게 되는 것이다.

이렇게 되면 체제가 뒤집히고 만다. 오래도록 견디지 못하는 것이 인간의 인내심이다. 호시탐탐 기회만 노리는 부하에게는 언젠가 그 틈이 보이기만 하면 일이 벌어지게 된다. 이러한 현상이 바로 목다금결인 것이다.

　모쪼록 金은 단단해야 아름다운 법이다. 강가의 수석(壽石)을 한번 보자. 전에 단양의 일부가 물에 잠긴다고 해서 수석바람이 엄청 불었던 적이 있었다. 수석을 고를 때 가장 먼저 확인해야 할 것이 "얼마나 단단한 돌인가."이다. 모양이 다소 그럴싸하게 생겼다고 하더라도 푸석푸석한 돌이어서는 그 가치를 인정받을 수 없다. 돌이 사랑을 받는 것은 그 단단함이다. 그러고 나서 모양을 보는 것이다. 수석의 모양이 사랑을 받는 것도 "그렇게 단단한 돌이 어찌 이리도 묘하게 생겼을까?" 하는 마음에서 비롯된다고 생각한다. 어쨌든 여기에 있는 金은 물렁한 金을 이야기한다.

5. 水剋火가 무력하다

　이번 항목에 대해서는 뭔가 느낌이 있으실 것으로 생각된다. 화재가 발생했을 경우를 생각해보자. 불이 마구 치솟고 있더라도 소방수가 강한 물줄기를 쏟아부으면 금방 약해진다. 그런데 급한 마음에 수도꼭지를 틀고서 세숫대야로 물을 퍼다가 붓는다면 과연 불이 꺼질 것인가를 생각해본다면 답이 나올 것이다. 천만의 말씀이라는 이야기이다. 불이 꺼지기는 고사하고 오히려 더욱 기세를 떨치면서 타오른다. 水剋火가 무력하다는 것은 이러한 현상을 말하는 것이며, '화염수작(火炎水灼)'이라고 한다.

　불이 강해서 이글거리니까 물을 살라버린다는 말이다. 요즘 같으면, "한 잔의 물로 불꽃을 제하려 한다."는 말로 대신할 수도 있겠다. 문자로 만든다면 '맹화수작(猛火水酌)'이라고 할 수 있겠다. 결론은 같은 이야기이다. 물이 말라버리는 것을 사른다고 말하는 것 같다.

水가 火를 제해줘야 하는 것이 자연의 질서인데, 실제로 사주에 따라서는 水의 기운이 워낙 무력해서 불을 제하지 못한다. 그러면 불이 水를 깔보게 된다. 수하의 사람이 깔보는 것을 느껴본 경험이 있는가? 얼마나 기분이 상할지 상상이 된다. 기분이 나쁘니까 더욱 무리수를 놓게 되고, 그것을 보고 부하는 더욱 비웃게 된다. 이른바 '악순환(惡循環)'인 것이다. 이런 때에는 아예 마음을 비우고 산책이라도 나가는 게 스스로에게 이로울 것이다.

세상을 산다는 것은 이렇게도 오행의 다양한 모습에서 벗어나지 못하는 모양이다. 가장이 되어서 가족을 다스리지 못하면 역시 엉망이 되어 버린다. 그냥 단순히 물은 불을 극하는 것이니까 물만 보이면 불은 죽은 체하고 있을 거라는 마음으로는 도저히 이렇게 다양한 오행의 변화하는 소식을 헤아릴 방법이 없을 것이다.

지금까지 극하는 힘이 무력하면 발생할 수 있는 상황에 대해서 다각적으로 생각해봤다. 그럼 다음으로 넘어가도록 하자.

제1장
설상가상이면 죽어야지

나중에 실제로 사주를 접하다 보면 이러한 상황에 처한 사주를 가끔 만나게 될 것이다. 그러한 때에는 이 이야기를 읽어두었던 것이 영양가가 있었다고 생각될 것이다. 이러한 경우에는 내가 약한데 너무나 약하니까 아예 강한 세력을 따르라는 가르침으로 받아들이면 된다. 언뜻 알 것 같기도 한 이야기지만 다시 한 번 간략하게 설명해서 이해를 돕도록 하겠다.

金衰遇火 必見銷鎔(금쇠우화 필견소용)
火弱逢水 必爲熄滅(화약봉수 필위식멸)
水弱逢土 必爲淤塞(수약봉토 필위어색)
土衰逢木 必遭傾陷(토쇠봉목 필조경함)
木弱逢金 必爲斫折(목약봉금 필위작절)

이것을 직역하면 다음과 같다.
약한 金이 火을 만나면, 반드시 녹아버리고
약한 火가 水를 만나면, 반드시 꺼져버리고

약한 水가 土를 만나면, 반드시 스며들게 되고
약한 土가 木을 만나면, 반드시 허물어지게 되고
약한 木이 金을 만나면, 반드시 꺾이게 된다.

하나의 예를 들어서 생각해보면, 쇠(衰)한 金이 불을 만나면 피곤한 것은 당연하다. 火剋金의 법칙이 있기 때문이다. 하지만 보통은 약한 金이 불을 만나면 金을 도와주어야 한다는 법칙도 있다. 그런데 이 항목에서는 약해도 한참을 약한 경우에는 어떻게 하는가 하는 이야기를 하고 싶은 것이다.

약한 金이 불을 만나게 되면 녹아버리게 된다는 말은, 어설프게 흙으로 덮어주려고 해도 이미 불기운이 강해서 金이 녹아버렸는데 덮어줘봐야 말짱 헛일이라는 이야기이다. 그러니 차라리 그대로 불에게 처리를 맡기라는 이야기다. 이것을 이야기하려고 하나마나 한 이야기를 하고 있는 것이다. 좀더 상세하게 생각해보도록 하자.

1. 土剋水가 극심하면 스며든다

물은 아주 미약하고 반대로 흙은 매우 왕성하다면, 이렇게 약한 물은 보나마나 흙 속으로 스며들어서 없어져버리고 말 것이다. 이미 흙 속으로 스며들어버린 물은 물이 아니고 습기(濕氣)에 불과할 뿐이다. 그대로 토화(土化)해버린 것이라고 하겠다. 여기에서 말하려는 이야기도 바로 이 부분이다. 이미 흙 속으로 스며들어서 흔적도 없이 사라져버린 상태를 그냥 물이라고 고집 피우지 말라는 이야기로 이해하면 되겠다.

실제로 사주를 볼 경우에 이러한 형태가 나타난다. 물론 흔한 경우는 아니다. 어쩌다가 이러한 상황에 부합되는 경우는 0.1퍼센트 정도 미만

일 것이다. 이렇게 적은 경우에 불과하지만 또한 몰라서는 곤란한 것이다. 연구하는 사람의 입장에서야 적은 경우라고 하더라도, 실제로 상담을 의뢰하는 본인의 입장에서는 보통 중요한 문제가 아니다. 그런데 이러한 경우를 몰라서 포기하거나 놓쳐버린다면 이것은 학자로서의 직무유기라고 생각된다. 서대승 선생의 마음도 아마 그러셨을 것이다. 그러니까 이러한 항목을 만들어서 공부하는 후학들로 하여금 놓치지 않고 일일이 점검할 수 있도록 분류해서 설명하신 것 같다.

다시 한 번 머릿속에 새겨보자. "물이 너무나 미약한 상황에서 土가 지나치게 극을 해버리면 흙 속으로 스며들어서 흔적도 없이 사라진다." 는 것을……

2. 金剋木이 극심하면 꺾어진다

이백 살은 먹었음직한 거목이 포크레인에 파여 뽑히는 장면을 본 적이 있다. 그렇게 땅속에 깊이 뿌리를 박고 있었는데도 불구하고, 문명의 이기인 도구에 의해서 순식간에 생명을 잃고서 죽어버리는 장면은 오행학자의 가슴을 아프게 하였다. 자연 파괴는 이렇게 순식간에 이뤄진다. 200년의 세월을 없애는 데 200년이 걸리는 것이 아니라는 이야기이다. 그러면 이러한 거목도 힘을 쓰지 못하게 하는 것이 金이라는 것을 생각하면서 만약에 金이 대단히 많고, 나무는 약하다면 사태가 어떻게 되겠는지에 대해서 생각을 해보자는 것이다.

결과는 보나마나겠지만, 그래도 이미 죽어버려 장작개비도 못 되는 부스러기일망정 흔적은 남아 있을 것이다. 어쨌든 木이 너무나 약한 상황이라면 아마도 도끼질을 하는 옆에 있는 나무 부스러기 정도가 될 것이라는 생각을 해본다. 이렇게 金이 강력하게 木을 극하고 있으면 성장해야 하는 나무의 입장에서는 도저히 살아날 방법이 없다. 그래서 차라리 죽어버리는 것이 더 나을 것이라는 결론을 내는 것이다. 물론 나무는 당연히 죽어버린다.

3. 水剋火가 극심하면 꺼진다

약한 불이라고 한다면 아마도 호롱불을 연상할 수가 있겠다. 호롱불을 보지 못하신 벗님도 계시겠지만, 40대쯤의 연령이시라면 실제로 보셨을 것으로 생각되는데, 이게 참으로 약하다. 문만 열고 사람이 들어와도 꺼지고, 옷만 벗어도 그 바람결에 꺼져버린다. 촛불은 그래도 여간 바람에도 견디는데 호롱불은 이렇게 약하다. 여기에서 말하는 火가 극을 받으면 꺼진다는 것을 생각하다가 문득 호롱불이 떠올라서 말씀드려봤다.

또 생각나는 것이 하나 있는데 바로 잠수병(潛水病)이라는 것이다. 물 속으로 깊이 들어가면 생길 가능성이 많은 것이 잠수병이다. 일반인들은 20여 미터 이상 들어가기가 어렵고 전문가들도 깊은 물에서 오래도록 일을 하면 잠수병에 걸리게 될 위험이 있다고 하는 말을 들었다. 그 잠수병이라는 것도 오행의 관점에서 보면 水剋火의 일종이 아닐까 하는 생각을 해본다. 우선 물의 압력이 높아진다는 것은 그만큼 상대적으로 심장(火)에 부담을 느끼게 한다는 것이 당연하다. 그렇다면 심장인 火가 바닷물인 水의 극을 과다하게 받아버리면 잠수병에 걸리는 것이라고 생각을 해보자. 일반적으로는 물 속에서도 산소만 있으면 되는 것으로 알기 쉽다. 그렇지만 수압으로 인해 몸 밖과 몸 속의 압력에 차이가 나서 잠수병이 생긴다. 따라서 심장의 火기운이 매우 중요하게 작용하는 인간에게 깊은 물 속은 아무래도 부담이 될 것이다. 그래서 역시 과다한 물의 극을 받으면 火가 꺼진다는 생각을 하게 되는 것이다.

실제로 불은 물을 만나면 흔적도 없이 사라진다. 나무는 金의 극을 받아도 부스러기나마 남게 마련이지만, 불은 자취를 찾을 도리가 없이 완전하게 소멸되어버리는 것이다. 이것이 오행간의 특징이라면 특징일 것이다. 그런데 그것이 정도를 지나쳐서 보통 극을 받는 정도가 아니라 물이 넘치는 지경이라면 더 이상 생각할 것도 없다.
　그러면 이렇게 너무나 당연한 이야기를 뭐하러 구구하게 늘어놓는가 하는 의문이 생길 것이다. 낭월이도 이 대목을 공부하면서 정말 쓸데없는 잔소리를 하신다고 투덜거렸던 기억이 난다. 그런데 이렇게 강의랍시고 글을 적다 보니까 역시 별수없이 지껄이게 되는 것을 보면서 이것도 업이라고 생각해본다.
　이러한 이야기를 하고 있는 것은, 구색을 맞추기 위해서라는 생각을 해본다. 앞에서의 상황을 주욱 읽어보셔서 알겠지만, 여러 가지 상황을 구체적으로 설명하고 있는데, 구색을 보니까 이러한 항목도 하나 있어야겠다고 생각하셨을 것이다. 그리고 서대승 선생께서 생각하실 적에, 자칫 처음 공부하는 학인들이 약한 오행은 무조건 도와줘야 한다는 공식에 매여 있을지도 모른다는 노파심(老婆心)이 들었을 법하다. 그렇다면 이미 꺼진 불도 다시 나무만 있으면 되살아날 수가 있다고 생각해서 나무를 갖다가 쌓아놓는다면 과연 불이 붙을 것인가를 설명하고 싶으셨을 것이다.
　이런 연유로 해서 다소 번거롭다 싶으면서도 그냥 넘어가지 않고서 이러한 대목을 끼워놓으신 자비심에 감사한다. 요즈음에 와서야 그러한 생각을 하게 되었다. 전에는 내 운명을 읽어보기에만 급급해서 얼른 용신을 찾아놓고 직접적으로 연관이 없을 이야기들은 훌쩍훌쩍 넘기면서 영양가가 있을 것 같은 이야기들만 열심히 읽었다. 그런데 이즈음에 와서는 이러한 이야기가 오히려 다양하게 상상하고 추리하는 데 도움을 주는 자료가 되지 않았을까 하는 생각을 하게 된다. 참으로 고마운 일이 아닐 수 없다.

4. 木剋土가 극심하면 허물어진다

이번에는 土에 대해서 생각해보자. 土는 건드리면 부스러지는 성분이 있다. 그런데 부스러진다고 해도 역시 土이다. 아니 오히려 土가 단단해지면 쓸모가 없을 가능성도 있다. 그래서 농사를 지으려면 쟁기로 갈고 로터리로 덩어리를 부순다. 이렇게 해서 사용을 하는 것이 土인데 무슨 의미로 土가 부서진다는 이야기를 하는지 모르겠다. 그래서 곰곰 생각을 해보는데, 글자로 봐서는 허물어지고 꺼진다는 이야기이다. 마치 함정처럼 움푹 파이는 그런 모습인 듯하다.

이러한 분위기는 요즘 사업을 하는 사람들의 모습에서 읽어볼 수 있다. 과다한 사세 확장으로 인해서 도산하는 기업이 많다고 한다. 사세를 확장시키는 것은 얼른 재벌이 되고 싶은 마음에서일 것이다. 이러한 마음은 앞으로 나가는 마음이니까 아무래도 木의 마음이라고 생각이 된다. 그리고 그 세력을 무리하게 넓혀간다는 의미는 木의 기운이 과다하기 때문이라고 봐서 무리가 없을 것이다. 그렇다면 필수적으로 뭔가 부작용이 나타나야 정상이다. 즉, 부작용이 무리한 사세 확장에서 오는 금전적인 어려움으로 나타날 수밖에 없다. 만약에 금전적으로 문제가 없는 한도 내에서 확장을 한다면 아무도 무리하다는 말을 하지 않을 것이기 때문이다.

그렇다면 돈이 부서지게 되고, 그 돈은 신용과도 직결된다는 점을 어렵지 않게 생각할 수 있을 것이다. 아무래도 돈이 떨어지면 신용으로 끌어다가 사용하는 방법밖에 없을 텐데 돈이 채워지지 않으니 신용이 떨어질 수밖에 없고, 신용이 부서진다는 말은 역시 오행에서 土의 상징인

신(信)이 부서진다는 것과 완전하게 일치하는 것이다. 즉 뉴스에서 흔히 듣는 '기업의 부도'인 것이다. 이미 부도가 나버렸다는 의미가 이번 항목의 성격상 가장 잘 어울릴 것으로 보인다.

거대한 기업들이 하루아침에 무너져버린다. 부도가 나는 가장 큰 이유 중 하나는 무리한 사세 확장이 원인이라고 한다. 이렇게 사람의 마음에 도사리고 있는 물욕(物慾)은 자신이 수십 년을 공들여서 가꿔놓은 기반마저도 물거품이 되게 하는 무서운 결과를 가져온다. 여기에서 말하는 경우를 생각해보면서 이러한 욕망을 다스리지 못한 과보가 어떻게 나타나는가를 생각해보면 좋겠다.

5. 火魁金이 극심하면 녹는다

원래가 金은 녹아야 한다. 녹여서 다른 물건을 만드는 것이 金인 까닭이다. 이렇게 당연한 이야기를 하고 있는 것은 또 무슨 의미가 있어서일까? 金이 녹을 정도가 되면 실제로 그것은 金으로서 존재 의미가 없다고 보는 것이다. 다만 일시적으로 녹았다가 다시 金으로 환원되는 것은 예외로 한다.

여기에서 말하는 것은 사시사철 그렇게 녹아 있는 경우를 말하는 것이다. 잠시 어떤 목적에 의해서 열을 받았다가는 원래 상태로 되돌아가는 것을 의미하는 게 아니다. 불이 너무나 강력한 상태로 열을 발산하고 있다면 미약한 金은 보나마나 녹아버리고 말 것이다. 그렇게 항상 녹아 있는 金은 누가 봐도 불덩어리이지 金이 아니다. 이러한 불덩어리를 그냥 金이라고 고집을 부리고 있을까 봐 서대승 선생이 이런 항목을 써놓으셨다고 생각된다. 용광로에서 녹아 있는 쇳물은 그 자체로 불덩어리일 뿐이라는 말에 공감이 간다. 다만 이것을 어떤 틀에다가 부어서 그릇이 되는 것은 다른 문제이고, 여기서는 항상 쇳물 상태로 존재하는 것을 말한다고 알아두면 충분하리라고 본다.

　이렇게 지나치게 극을 받으면 그 본래의 형체가 변한다는 의미를 생각해봤다. 이것을 일러서 극이 과다한 경우에 발생하는 오행의 변화라고 이해하면 된다. 모든 것은 적절한 것이 가장 좋다. 지나친 것도 반갑지 않고, 부족한 것은 아쉬움을 남긴다. 그런데 적절해서 넘치지도 부족하지도 않은 경우는 누구나 원하고 또 가장 보기 좋은 것이기도 하지만 세상을 살아가노라면 이러한 상황을 만나기가 참으로 어렵다.

　대다수는 필경 어느 한쪽으로 치우쳐서 살아가게 마련이고, 실제로 이렇게 살아가는 현상이 있으니까, 인간의 사주에서도 또한 그러한 모습을 읽을 수가 있는 것이다. 비록 사주는 치우치거나 말거나 스스로 마음을 다스려서 중용의 도를 취할 수만 있다면 도인이겠는데, 실제로는 자신의 욕망에 휩싸여서 극에서 극을 달리는 삶을 사는 것이 대부분이다. 이번의 경우처럼 특별한 상황에 해당하는 것은 그리 흔하지 않다. 그렇다고는 해도 분명히 만날 수 있는 상황이기 때문에 우리는 반드시 이해하고 넘어가야 할 대목인 것이다. 이것이 서대승 선생의 마음이기도 하다.

제5장
격류는 막지 않는다

 이번 항목은 바로 앞의 이야기와는 정반대의 상황을 설명하는 것이다. 앞의 예는 너무 지나치게 약한 오행을 이야기한 것인데 이번에는 또 지나치게 강한 오행의 처리법을 설명하고 있다. 한 가지 예를 들어 설명하면 강한 金은 불로써 다스리기가 벅차다는 의미가 포함되어 있다. 金이 지나치게 강하다는 이야기는 불이 매우 약하다는 말도 되기 때문에, 약한 불로 워낙이 강한 金을 녹이려고 해봐야 뜻대로 되지 않으니 불로 다스릴 마음을 먹지 말고 차라리 물로써 金의 기운을 金生水하는 것이 좋겠다는 가르침이다.

　　強金得水　方挫其鋒(강금득수 방좌기봉)
　　強水得木　方緩其勢(강수득목 방완기세)
　　強木得火　方洩其英(강목득화 방설기영)
　　強火得土　方斂其燄(강화득토 방렴기염)
　　強土得金　方化其頑(강토득금 방화기완)

이것을 직역하면 다음과 같다.
강한 金이 水를 만나면, 바야흐로 예리함을 꺾게 되고

강한 水가 木을 만나면, 바야흐로 세력을 부드럽게 하고
강한 木이 火를 만나면, 바야흐로 빼어남을 드러내며
강한 火가 土를 만나면, 바야흐로 불꽃을 감추게 되고
강한 土가 金을 만나면, 바야흐로 완고함을 화하게 된다.

이렇게 어떤 오행이 강하다면 어느 정도로 강한가 하는 것도 반드시 참고해야 한다. 강한 것에도 정도가 있기 때문이다. 물론 약할 경우도 어느 정도로 약한지 분별해야 하는 것은 당연하다. 이렇게 분별을 해서 이번의 경우처럼 지나치게 강하다는 판단이 나왔다면 어설프게 극하는 것으로 균형을 잡아보려고 해봐야 결국 부작용만 나타나게 될 가능성이 크다. 그러니 차라리 그대로 흐름에 맡겨버리는 것이 좋다는 이야기이다.

홍수가 나서 대단한 세력으로 물이 흐를 적에는 막아볼 도리가 없다. 그런 경우에는 그대로 물이 흘러가도록 도랑이나 잘 치워주는 것이 차라리 현명하다는 결론이다. 그렇게 세차게 흐르는데 그 물을 막아보겠다고 가마니때기나 가래를 들고 설쳤다가는 자칫 급류에 떠내려가게 될지도 모른다. 이러한 상황을 생각하면서 이 항목을 지었으리라 추측된다.

1. 強木은 꽃을 피우는 게 좋다

이제 다시 또 지나치게 강한 경우에 어떻게 처리하는 것이 지혜로운지 생각해보자. 간단하게 설명된 것을 보고서도 능히 이해할 일이지만, 다시 부연 설명을 해본다. 보통 나무의 기운이 강하면 金으로 극하도록 되어 있다. 이렇게 극을 하는 이유는 木의 기운이 강하면 자칫 우쭐거릴 수 있기 때문이다. 그래서 金으로 한방 먹이면 잠잠해지기 때문에 이렇게 극의 방법을 쓰는 것이다. 그런데 이것도 어느 정도 강할 때의 이야

기이다. 이번 항목에서 말하듯이 木이 지나치게 강하여 金은 보잘 것이 없다고 한다면, 金이 나무를 극할 방법이 없는 것이다. 자칫 잘못하다가는 쿠데타라는 비극이 일어날지도 모른다. 그래서 다시 묘안을 짜내는 것이다.

결국 지나치게 왕성한 나무는 그대로 둬서 순리로 흐르도록 하는 게 자연스러운 것이라고 이해하면 된다. 그 순리로 흐르는 것은 木生火의 이치가 무조건 필요하다는 것을 의미한다. 이와 같이 상황에 따라서 반드시 이렇게 하지 않으면 안 되는 형태가 존재한다. 여기에서 말하는 木이 지나치면 불을 찾아야만 한다는 것도 바로 이러한 의미를 일깨우는 가르침이다.

2. 强火는 흙으로 덮는다

불이 강하면 물로 극하여 조절하면 된다고 했는데, 이번에는 불이 너무 강해서 약한 물로는 다스리기가 어려운 형편이 되었을 때는 어떻게 하겠는가. 이렇게 이미 강한 상황으로 기울어져버린 경우에는 물을 가지고는 해결할 수 없다. 오히려 불길만 강하게 자극하기 때문이다. 이러한 때에는 자극 요법이 적용되지 않는다는 것을 이해하라는 말씀이다. 자극을 해봐야 오히려 반발하게 되므로 그냥 두고서 불기운이 자연스럽게 土의 방향으로 흐르게 놔두는 것이다. 모든 오행은 필시 흘러가는 방향이 있게 마련이다. 지나치게 강한 불은 그 방향을 土에게로 두는 것이다.

원래가 土는 강한 불기운을 흡수하는 데 선천적으로 탁월한 재능을 갖고 있기 때문이다. 물론 土가 좀더 습기를 많이 포함하고 있다면 더욱 반갑다. 다만 중요한 것은 다른 오행으로는 지나치게 강렬한 불기운을 다스릴 방법이 없다는 것만 분명하게 이해하면 충분하다. 저울질을 해봐서 너무나 불이 강해버리면 바로 이번 항목의 상황처럼 거의 무조건이라고 할 만큼 土의 작용에 모든 것을 맡기게 되는 것이다.

3. 强土는 바위가 된다

이번에는 지나치게 강한 土에 대해서 생각해보자. 土는 그 본성이 중립을 표시하는 성분이다. 그런데 이 중립이 지나치게 강하면 부작용이 발생하게 된다. 그 결과, 다른 그 무엇으로도 土를 다스릴 수가 없게 된다. 나무로 土를 극해야 하는데, 이미 土가 나무의 뿌리가 들어올 수 없을 정도로 견고해진 것이다. 이러한 상황에서는 필히 土가 金으로 화하는 것이 가장 반갑다고 하겠다. 이렇게 변해주어야 土는 비로소 그 강력하고 고집스러운 모습을 바꾸게 되는 것이다.

그런데 실제로는 土가 金으로 화한다는 것이 여간해서 이해가 잘 되지 않는다. 土가 단단해지면 바위가 된다는 정도로 헤아리고 그만두는 것이 오히려 편안할 듯싶다. 土는 유난히도 고집이 세다. 은근하게 자기 주장이 옳다고 밀어붙일 적에는 영락없는 황소 고집인 것이다. 이렇게 강력한 土가 되면 중립적인 입장을 지켜야 하는 것임에도 불구하고 오히려 중립을 지키지 못하게 될 가능성도 있다. 뭐든지 지나치게 강한 것은 치우칠 가능성이 농후하기 때문이다.

이러한 상황에서는 오직 土가 생해주는 작용만을 하게 된다. 자신의 자식에게만 사랑을 베푸는 고집스러움 때문이라고 해도 말이 될는지 모르겠지만, 원래가 고집스러운 어른을 구슬리기 위해서는 사랑하는 자식을 앞장 세우는 경우도 있다.

결국은 토가 지나치게 강할 때에는 다른 것으로는 다스릴 수가 없고 오로지 金을 사용해서 土生金으로 기운을 흘려보내는 것이 가장 현명한 방법이라는 요령을 이해하면 되겠다.

4. 强金은 물을 만든다

金이 지나치게 강하다는 것도 또한 불로써는 다스릴 단계가 이미 아니라는 것을 의미한다. 그렇다면 이렇게 강한 金은 물로 기운을 돌리는 게 역시 가장 아름다운 것이라고 본다. 가령 땅속의 암반은 불로써 다스려봐야 별 영향이 없을 것이 뻔하다. 이러한 암반은 극을 해서는 도저히 먹혀들지 않으므로 필히 암반을 뚫어서 생수를 뽑아내는 것이 가장 현명한 방법이라고 이해해보도록 하자.

지하 150미터 아래에서 뽑아올린 물로 만든 맥주는 맛이 더 좋다고 한다. 실제로 그러한지는 모르겠지만 생각건대 맛이 좋을 것도 같다. 왜냐면 대단히 강한 암반 아래에서 나오는 물은 아무래도 여러 가지 좋은 광물질을 포함하고 있을 것이라는 생각이 들어서이다. 그리고 오행으로 볼 때도 강력한 金은 물을 만드는 것밖에 다른 묘안이 없기 때문이다. 물론 어느 정도 강한 바위라면 불로 다스리게 될 것이다.

이렇게 강한 金에 대해서는 원문에 보이는 대로 '강금득수 방좌기봉(强金得水 方挫其鋒)'이라는 말처럼 처방이 된다. "강력한 金이 물을 만나면 비로소 그 날카로운 칼 끝을 꺾는다."는 말로 풀이할 수 있는 이 한마디가 온갖 말로 설명하는 것보다도 더욱 분명하다고 하겠다.

5. 强水는 나무로 흐른다

역시 이미 절제의 단계를 넘어선 물에 대해서 설명을 하는 것이다. 거세게 밀려드는 파도가 생각나기도 한다. 이러한 상황에서는 土剋水라는 말이 전혀 효력을 발휘하지 못한다. 土剋水는 고사하고 水剋土나 되지 않으면 다행일 것이다. 그래서 도리 없이 나무나 기르도록 명령을 하게 된다.

그런데 이번의 항목을 이해하면서 모순을 느끼게 될 법도 하다. 이미 앞에서 다룬 "水生木이지만, 水가 많으면 木이 뜬다(水多木浮)."라고 한 말이 마음에 걸려서이다. 여기에서도 물이 많으므로 나무가 떠버릴 것이 확실한데도 다른 방법이 없다는 이유로 나무를 길러주는 것이 가장 좋은 방법이라고 하고 있으니 말이다. 이러한 상황은 다른 오행에서도 마찬가지의 의미를 가진다. 이러한 상황의 설명을 읽으면서 모순을 느낄 수 있어야 생각이 있는 학자라고 하겠다. 그냥 일러주는 대로 "그저 그런갑다……" 하고 넘어가는 사람은 아무래도 좀더 깊이 있고, 살아 있는 오행의 원리로 다가가는 데 애로가 많을 것이다.

잘 생각해보면 분명한 차이가 있다는 것을 알게 된다. 상황은 같지만, 주체가 다르다는 것이다. 앞에서는 나무가 주체이고, 여기에서는 물이 주체가 된다. 그러니까 나무의 입장에서는 떠버리거나 말거나 물의 입장에서는 너무나 강하므로 나무로 기운을 돌리는 것이 최선이라는 이야기이다. 이러한 설명을 들으면서 "상당히 이기적이네." 하는 말도 할 수 있을 것이고, 아니면 '이현령비현령(耳縣鈴鼻縣鈴)'이라고 말할 수도 있을 것이다. 귀에 걸면 귀걸이가 되고, 코에 걸면 코걸이가 된다는 의미이다. 물론 비웃는 의미로 이렇게 말할 가능성이 높다고 하겠다. 그러나 실제로 가만히 생각해보면 비웃을 일이 아니다.

실제로 진리는 이현령비현령인 듯하다. 생각할 나름이라고 말할 수 있겠는데, 세상의 모든 이치는 자신의 입장에서 상대를 바라보는 것이 정상인 것이다. 그렇기 때문에 보는 각도에 따라서 모두 다르게 보이는 것이다. 장님이 코끼리를 만진다는 말이 있지만, 이것은 비단 장님만이 아니라 우리 보통의 사람들 모두가 갖고 있는 안목일 것이다. 어쩌면 그럴 수밖에 없다고도 하겠다. 전체를 깨닫지 못한 보통의 안목으로는 부분적인 것만 보여야 정상일 것이다.

이렇게 오행이 서로 같은 상황이 연출된다고 하더라도 실제로 느끼는 상태는 자신의 입장에 따라서 다르게 마련이다. 물과 나무의 입장에서 볼 적에도 마찬가지이다. 나무는 물이 너무 많아서 싫은데, 물은 또 나무로밖에 흐를 수가 없으므로 나무를 애지중지한다. 이러한 과정이 바로 동상이몽이다. 남이 보기에는 같은 조건이지만 실제로 본인들이 생각하기에는 상당한 차이가 있다는 이야기이다.

아마도 오행을 이해한다는 것은 이러한 모든 여건에 대해서 두루 생각해봐야 하는 일이다. 그렇지 않고서는 자칫 허깨비만 보고서 오행을 안다고 할 가능성이 높다고 생각되어서이다. 거듭 말씀드리지만, 이러한 점을 간과하고 넘어가는 것이 걱정이 되신 서대승 선생께서 구구절절이 머리로 이해하고 가슴으로 느낄 내용들을 기록해놓으셨을 것이다. 이제는 보다 넓은 견해를 가지게 되는 밑바탕이 마련되었으리라고 믿고서 이 항목을 줄인다.

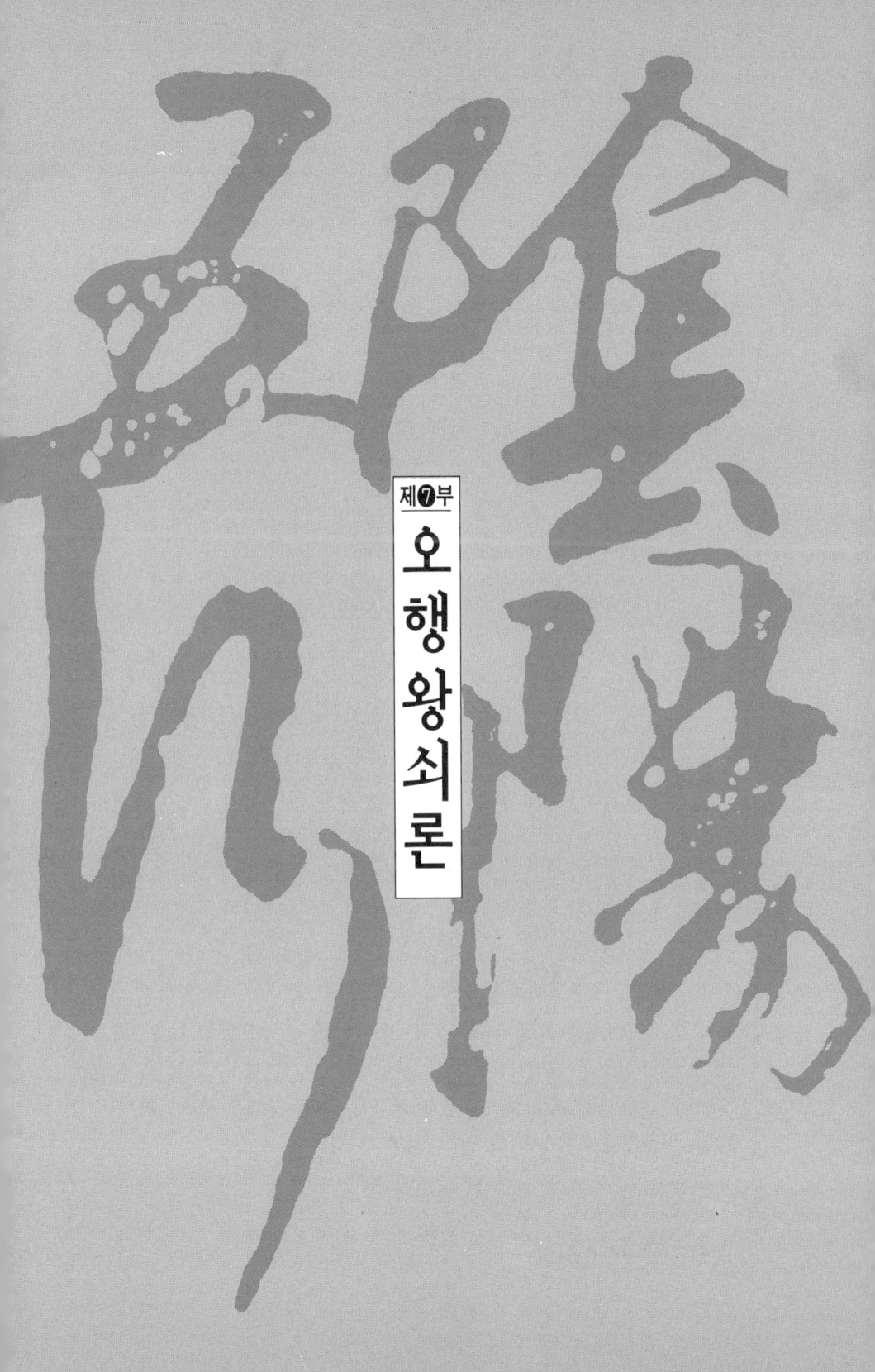

제7부
오행 왕쇠론

오행이 강하고 약하게 되는 경우에 어떻다는 형태를 이해해봤다. 그런데 과연 어떠한 경우에 강하고, 또 어떤 경우에 약하다고 하는 것인지를 분명히 알고 있는지 궁금하다. 이번 항목에서는 그러한 구체적인 강약(强弱)을 저울질하는 요령에 대해서 이해하도록 해보자. 이것을 다른 말로 한다면 '왕상휴수사(旺相休囚死)'라고 하기도 한다. 한마디로 줄여서는 '왕쇠(旺衰)'이다.

이렇게 왕하고 쇠한 상황을 어떻게 분별하고 판단해야 하는지 이해하지 않고서는 도저히 올바르게 오행을 이해했다고 할 수 없다. 이미 개개(個個)의 상황에 대해서는 이해했지만 이러한 것이 서로 얽히고 설키면 어떻게 판단해야 할 것인가를 알아야겠다.

우선은 오행으로 서로 대비해서 이해하게 된다. 그리고 확대 해석은 계절을 기준해서 판단하면 빠르게 이해할 수 있다.

계절을 오행으로 분류해 설명하면 약간 혼동스러운 부분이 있다. 바로 土의 계절인 환절기가 그것이다. 환절기를 土의 계절이라고 보는데, 실제로는 그 형세가 모두 각각이다. 여름의 환절기와 겨울의 환절기가 정반대 현상일 것은 상식으로도 짐작이 되는데, 여기서는 이러한 상황을 고려하지 않고 설명하는 것이 좋겠다. 그냥 土는 무조건 환절기로 보자는 것으로 통일을 시켜야겠다. 그리고 실제적으로 미세한 지지(地支)에 대한 것은 다음에 다시 세밀하게 배울 것이다. 여기서는 단순히 오행으로만 나누도록 한다. 이 점만 혼동하지 않는다면 이해하는 데 아무런 장애가 없을 것이다. 그럼 이제 이러한 원리에 대해서 천천히 설명해보도록 하자.

그런데 여기에서는 계절이라는 개념이 등장하는데, 사주의 상황으로는 계절을 나타내는 글자가 사주의 여덟 개 중 어디에 해당하는 것인지 알아야 하겠다. 흔히 생년월일시라는 말을 하는데, 그것을 순서대로 표로 정리해서 이해를 돕도록 하겠다. 이러한 것에서 혼동이 이는 것은 가르치는 사람의 성의가 부족해서라는 비난을 받게 될 것 같아서 말이다. 낭월이는 당연히 알고 계실 것으로 생각해서 생략했던 것이 나중에 보면 한참 혼동이 됐다는 이야기도 나오는 것을 보면서 비로소 눈 높이 공부가 필요한 이유를 알 것 같았다.

출생 시(時)	출생 일(日)	출생 월(月)	출생 년(年)	구분 / 지간
시간(時干)	일간(日干)	월간(月干)	연간(年干)	**천간(天干)**
시지(時支)	일지(日支)	월지(月支)	연지(年支)	**지지(地支)**

이렇게 해당 위치를 부르는 명칭에 대해서 우선 이해하시기 바란다.

예를 들어서 "월지가 미토(未土)이니 소서(小署)의 계절에 태어났다."고 한다면 그 월지는 계절을 나타내면서 출생한 달의 지지(地支)에 해당하는 부분을 일컫는 말이라는 것을 알면 충분하겠다. 이들의 서로간의 관계에 대해서는 다음에 나오는 '천간지지편'에서 상세히 설명을 드릴 예정이다.

제1장
나와 같으면 왕(旺)이다

왕(旺)은 왕(王)과도 통한다고 이해하면 되겠다. 대단한 힘을 가지고 있다는 이야기인데, 점수로 계산한다면 아마도 80점은 될 것이다. 그리고 주변의 상황에 따라서 그 점수는 가감이 될 수도 있다. 실제로 오행의 강약을 저울질하는 경우에 같은 오행이 많으면 많을수록 그에 해당하는 오행은 강하다고 말한다. 이러한 것을 도표로 나타낸다면 간단하게 이해할 수 있을 것이다.

왕의 형상

주 오행 상황	木	火	土	金	水
만나는 오행	木	火	土	金	水
만나는 계절	春	夏	四季	秋	冬

어느 오행이든지 자신과 동일한 오행을 만나면 왕이 되는 것인데, 여기서는 오행뿐만이 아니라 계절에 대해서도 고려를 하게 된다는 점을

잘 알아야 하겠다. 그래서 오행에 대해서 왕쇠한 형상을 생각할 적에 가장 먼저 고려되어야 할 것이 계절이다. 어느 계절에 태어났느냐는 것이 무엇보다도 우선 고려의 대상이 된다는 점이다. 이제 일일이 상세하게 설명드리도록 하겠다.

1. 木이 木을 본다

木이 木을 보거나 木이 봄에 태어나면 이것을 왕이라고 한다. 여기에서 봄이라고 하는 것은 우리가 일상적인 삶에서 생각하는 시기와는 다소 차이가 있다는 점을 우선 고려해야 한다. 사주를 보는 경우에 월지(月支)에 해당하는 글자가 木의 성분일 경우에 한해서 봄이라는 말을 하게 되는 것이다. 그러므로 그 나머지의 오행이 월지에 있을 경우에는 아무리 꽃이 피고 새가 울어도 봄이라는 말을 하지 않는다.

이렇게 되는 이유를 생각해보건대, 입춘(立春)이라고 하는 절기를 놓고 보면 "봄이 반듯하게 섰다."는 의미가 된다. 그러나 실제로 입춘의 시기는 우리가 느끼기에는 아직도 바람이 매서운 겨울이라는 생각만 드는 것이다. 어째서 아직도 추운 겨울을 놓고서 봄이 시작된다고 했을까를 생각해본다면, 명리는 오행의 형상을 보는 것이 아니라 형상이 이뤄지기 이전의 기운(氣運)을 느끼는 것이기 때문이다.

즉, 아직 꽃도 피지 않아서 봄이라는 기분이 전혀 들지 않는 상황이지만, 오행의 기운은 이미 봄의 분위기로 흐르고 있다는 이야기이다. 운명의 시계는 이렇게 기운이 움직이는 것을 간과하지 않고 포착한다. 그리고 이렇게 미리 살피는 관찰력은 앞으로 다가올 개인적인 운명의 흐름을 파악하는 힘이 된다. 형상을 보고서야 결론을 내린다면 항상 뒤지게 되는 것이다. 언제나 기운이 먼저 발생하고 나서 비로소 형상이 생기는 까닭이다. 우선 木의 기운이 무르익고 나서야 비로소 잎도 피고, 꽃도 피는 본격적인 봄이 되는 것이라고 보고서, 현상적으로는 아직 겨울이라고 느껴지지만 자연의 기운은 이미 봄으로 흐르고 있다는 것을 이해하는 것이다.

봄이 어째서 木이냐고 하는 의문을 가질지도 모르겠다. 낭월이는 너무나도 당연하다고 생각되는 것이지만, 혹 공부를 처음 하는 벗님은 어째서 봄이 木인지에 대해서 이해가 되지 않을 수도 있다. 그렇다면 앞에서 배운 오행의 분류에 대한 표를 살펴보시기 바란다. 그 표를 보면 木에 해당하는 성분들이 엄청나게 많다는 것을 알 수 있다. 그 중에서 봄도 木의 일부라는 것을 헤아리게 된다. 그렇다면 봄이라고 하는 계절에서 뭔가 木에 해당하는 성분을 읽을 수 있기 때문이라고 이해하는 것이 어렵지 않겠다.

봄은 희망이다. 그래서 항상 새로운 계획은 봄에 하게 된다. 또한 봄에는 모든 자연의 초목들이 크게 성장한다. 이것도 木의 뻗어나가는 본성과 매우 일치하는 시기임을 짐작하게 한다. 이렇게 다른 계절과 비교를 해서 木의 기운이 많이 있다는 결론을 내림으로써 봄철을 木이 왕성한 계절로 못 박아둔 것이다. 우리는 그냥 단순하게 기억하고만 있으면 되는 것이, 실은 선현들이 수없이 많은 임상과 연구를 통해서 확고하게 다져놓은 것임을 한번쯤은 생각해보고 감사하는 것도 후학의 도리일 것이다.

2. 火가 火를 본다

火가 火를 보면 왕성한 것이라는 것은 앞의 木의 경우에서 미루어보아 감을 잡을 수 있겠으므로 생략하기로 하고, 다만 여름과 불과의 관계에 대해서 대강 살펴보도록 하자. 여름이 불과 연관되었을 것이라는 점에 대해서는 아무도 이견이 없을 것이다. 다만 여기서도 봄과 마찬가지로 아직 본격적으로 여름의 땡볕이 내려쬐는 시기가 아니라 여름의 불기운이 왕성하다고 느끼게 된다는 점을 이해하면 된다.

그러니까 월지의 오행이 불이라면 일단 불의 기운이 왕성한 것으로 이해하면 된다는 이야기이다. 그리고 사주의 어디에 있든지 간에 오행이 불에 해당할 경우에는 그 글자가 많고 적음에 따라서 세력의 정도를 판단하면 된다.

3. 土가 土를 본다

오행에서 土가 土를 보면 왕(旺)이라고 한다. 그런데 이것을 계절에다가 집어넣으려면 뭔가 만만하지 않은 면이 있다. 이것에 대한 자세한 이야기는 나중에 지지(地支)에 대한 공부를 마친 후에 자연스럽게 이해가 될 것이라고 생각되는데, 지금으로서는 일단 土가 왕해지는 것으로 이해만 하고 넘어가도록 한다.

이렇게 말하는 것은 반드시 그렇지만도 않기 때문이다. 물론 미세하게 살피는 방법이 있으므로 크게 걱정할 일은 아니다. 일단 월지(月支)가 土에 해당하는 辰戌丑未월이라면 그냥 왕한 것으로 본다는 것을 원칙으로 삼는다. 다만 이들 서로간에는 매우 복잡한 관계가 있는데, 간단하게 이해를 도와본다면, 우선 여름의 환절기와, 겨울의 환절기에 대한 土의 힘은 많은 차이가 있다는 것이다. 이러한 土가 사계절의 끝에 있기 때문에 이름도 사계(四季)라고 하는 것이다. 계(季)라는 글자의 의미는 막내 또는 끝이라는 뜻이다.

그러므로 원칙적으로 본다면 土의 계절은 없는 셈이다. 다만 각 계절의 막내로서만 존재한다는 의미이고, 그러한 계절의 끝들을 모아서 그냥 편리하게 붙인 이름이 사계라고 하게 되었다. 그러면서 그 끝에서 土의 성분을 발휘하고 있는 것이므로 다른 오행에 비해서 좀 복잡한 형상을 가진다. 이 부분에 대해서는 나중에 지지에 대한 연구가 깊어진 다음에 다시 거론하게 될 것이다.

4. 金이 金을 본다

가을을 金의 계절이라고 하는 것은 결실이 이뤄지기 때문이다. 특히 金의 기운을 숙살지기(肅殺之氣)라고 하는데, 가을에는 산천초목이 모두 죽어가는 모습을 하는 것과도 너무나 잘 어울린다고 하겠다. 그래서 가을을 金의 계절로 보는 것이다. 그리고 봄과 비슷한 온도를 갖고 있으면서도 뭔가 서늘한 느낌이 드는데, 이것은 봄철에 느끼는 포근한 것과는 매우 대조적이라고 하겠다. 이렇게 서늘한 기운이 바로 金의 성분에 포함되어 있는 것으로 이해를 해보자.

5. 水가 水를 본다

겨울은 水의 계절이다. 얼른 생각하면 여름이 오히려 水의 계절일 것도 같은데, 그 이유를 여름이 되면 모두가 물을 찾기 때문이라고 말하는 사람도 있었다. 그렇지만 그 본체를 살펴보면 더위로 인해서 물을 찾을 뿐이지, 더위가 아니라면 물을 찾을 이유가 없다고 봐서 항상 겉모습에 마음 쓰지 말고 실체를 파악하는 노력이 중요하다고 하겠다.

겨울에는 온통 물로 인해서 난리가 난다. 평소에는 잘 다니던 고갯길도 겨울철에 눈만 약간 내리면 엉망이 되어버리고, 사람의 마음도 추워서 잔뜩 웅크러든다. 水의 기운이 위축(萎縮)이기 때문이다. 이러한 현상을 보면서 겨울을 水에다 집어넣는 게 전혀 문제가 없다고 생각된다. 그리고 다시 돌고 도는 오행의 순환 법칙은 水生木으로 돌아갈 것이고, 이것은 또 멀지 않아서 봄이 올 것이라는 희망을 가지게 되는 이유이기도 하다.

제2장
나를 생해주면 상(相)이다

　이번에는 왕보다는 약간 못하지만 그래도 기운을 도와주는 경우에 해당하는 상(相)에 대해서 생각해보자. 점수로 계산하면 약 70점은 되겠는데, 왕보다는 못해도 끈기의 힘에서는 오히려 왕을 능가하는 경우도 있으므로 상당히 강한 경우에 해당한다. 상이라는 글자는 재상(宰相)이라는 의미이다. 앞에서 말씀드린 왕(旺)은 왕(王)이라고 했는데, 이번의 상은 재상인 셈이다. 재상이라고 하는 말은 "일인지하요 만인지상이라."고 하는 별명을 가지고 있다. 그러니까 완전하게 강력한 힘은 얻지 못했지만, 두 번째로 강력한 힘을 가지는 것이므로 좋다고 봐야 한다.
　상이 되는 조건은 나를 생조(生助)해주는 오행을 만나면 성립이 된다. 여기서 혼동할 수도 있는 것은 내가 생해주는 것인가 아니면 나를 생해주는가 하는 문제다. 이것을 분명하게 구분해야 한다. 물론 나를 생해주는 것을 상으로 삼게 된다. 그럼 이제 각 계절의 상황을 고려해가면서 살펴보도록 하자. 그러기 전에 우선 도표를 보면서 미리 이해해주기 바란다.

상의 형상

주 오행 상황	木	火	土	金	水
만나는 오행	水	木	火	土	金
만나는 계절	冬	春	夏	四季	秋

1. 木이 水를 본다

 물이 나무를 생해주므로, 물의 입장이 아니라 나무의 입장이다. 나무가 계절로는 겨울을 만나면 힘을 비축하고 있는 상태라는 이야기이다. 흔히 일반적으로 생각할 적에는 겨울나무는 죽어 있다고 보기 쉽다. 그렇지만 오행가(五行家)의 눈에는 겨울나무는 기운을 축적하고 있는 것이다. 그래서 나무에게는 겨울이 필요하다. 겨울에 힘을 많이 축적해야 봄에 더욱더 왕성하게 뻗어갈 수가 있는 것이다. 물론 봄처럼 왕성한 것은 아니지만 봄철에 왕성해질 수 있는 것도 겨울에 기운을 축적했기 때문이다. 그래서 겨울에 태어난 나무는 기운을 저장하고 있는 것으로 본다. 물론 힘을 얻고 있는 셈이다.

2. 火가 木을 본다

 이번에는 불이 봄에 해당하면 상이 된다는 이야기이다. 불이 여름이 되면 물론 왕성하겠지만, 봄에도 서서히 힘이 자라고 있는 시기라고 보는 것이다. 물론 봄철은 木의 계절이기 때문이다. 이렇게 되면 상에 해당하고, 상당히 힘을 모으고 있는 것으로 보면 된다.

3. 土가 火를 본다

사계절의 土가 불을 만나면 기운이 강해진다고 본다. 그렇지만 火의 기운을 제대로 받는 계절의 土는 여름에서 가을로 넘어가는 상태이다. 이때의 土가 가장 강력한데, 여름 내내 강한 불길을 받아서 열기를 저장했기 때문이다. 또 반대로 겨울에서 봄으로 넘어가는 환절기에 태어난 土가 가장 허약한 기운이 되겠다. 그래서 같은 왕이라고 하더라도 상의 성분을 어떻게 받고 있는가에 따라서 그 정도의 차이가 있는 것이다.

4. 金이 土를 본다

金의 기운을 생해주는 土의 계절을 만나면 상이다. 그런데 土가 이리 저리 널려 있으니까 金도 여기저기에서 생을 받게 된다. 그리고 金이 받을 기운은 네 군데나 되므로 매우 강하다고 하겠다. 그래서인지 오행 중에서 가장 단단한 것이 金이기도 하다. 그리고 土 중에서도 여름을 거치고 넘어온 土의 생이 가장 튼튼하다고 본다. 나머지는 상황에 따라서 참고하게 되는데, 결국은 도움이 되므로 金의 입장에서는 반가운 일이다.

5. 水가 金을 본다

水는 金으로부터 생을 받는다. 가을에 태어난 水는 특히 원기가 충실한 물로 본다. 그래서 '추수통원(秋水通源)'이라는 말로써 그 생왕한 모습을 표현하기도 한다. 가을에 태어난 물은 그 근원에 통해져 있어서 상당히 좋다는 의미이다. 지칠 줄 모르고 원기가 충만되어 있는 가을물은 겨울의 물보다도 더욱 왕성해질 가능성이 있다고 본다. 어떤 의미에서는 상이 왕보다 더욱 강하다는 말을 하게 되고, 실제로 사주를 많이 접하면서 늘상 느끼는 것이기도 하다. 그래서 자신의 오행에 속하는 계절에 태어난 사람보다도 나를 생해주는 오행의 계절, 즉 상에 속하는 계절에 태어난 사람은 더욱 힘이 강한 것처럼 느껴지는 경우가 많다.

제3장
내가 생해주면 휴(休)이다

휴식이라는 말을 한다고 해서 단순히 일을 하다가 잠시 쉬는 것이 아니라 엄마가 아기를 낳은 다음에 산후조리를 하듯 절실한 휴식을 원하는 입장이라고 보는 항목이다. 점수로는 50점 정도가 되겠다. 실제로 아기를 낳은 엄마는 매우 허약한 상황이기 때문에 더 높은 점수를 주기가 어렵다.

바로 앞에서 설명한 상과 주객이 바뀐 상태가 휴에 속한다고 보면 된다. 즉 내가 생해주는 것이 휴가 되는 것이니 마치 산후조리하듯 휴식이 필요하다는 의미가 되는 것이다.

휴의 형상

상황＼주 오행	木	火	土	金	水
만나는 오행	火	土	金	水	木
만나는 계절	夏	四季	秋	冬	春

1. 木이 火를 본다

나무가 여름에 태어나면 휴(休)가 된다. 얼른 생각해보면 여름에는 오히려 나무가 왕성해서 기운이 넘치는 것처럼 보이기도 한다. 그렇지만 조금만 깊이 생각해본다면 여름의 나무는 아기를 낳은 엄마처럼 기운이 허약하다는 것을 이내 알 수가 있다. 꽃을 피우고, 열매를 키우느라고 속에 품고 있던 기운을 모두 탕진해버린 상태이기 때문이다. 그래서 여름나무는 뿌리를 건드리면 이내 말라죽어버린다. 즉, 이 경우는 허약한 상태의 어머니에게 일을 시킨 것과 같아서 어머니가 산후조리를 잘 못해서 병을 얻었다고 하겠다.

이러한 상황을 고려해서 여름에 태어난 나무는 쉬어야 한다고 말하게 되는데, 그냥 쉬기만 하면 기운이 생기는 것이 아니다. 보약을 먹어야 하는 것이다. 그 보약은 물론 시원한 감로수가 될 것이다. 물이 있어야만이 나무는 다시 원기를 회복하게 되기 때문이다.

2. 火가 土를 본다

불의 난폭함도 土를 보면 자상해진다고 《적천수》에 언급되어 있다. 그리고 약한 불은 土가 많으면 힘이 가물가물해진다는 말도 있다. 이 말은 火生土가 되어서 휴에 속하면 불이 약해진다는 것을 의미한다. 나무는 약해져도 그 형상이 남아 있는 반면에 불은 약해지면 꺼져버리게 될 가능성이 크다. 그래서 약한 불은 긴급하게 나무를 추가해서 기운을 돋워주는 것이 상책이다. 이렇게 상황에 따라서 필요해지는 오행이 있게 되는데, 이것을 일러서 나중에 배울 용신(用神)이라고 하는 것이다. 즉, 쓰임새가 있는 글자인 것이다.

3. 土가 金을 본다

土가 金을 만났으니 자신의 기운을 빼앗기게 된다. 그래서 휴가 된다. 기운을 빼앗기는 것이 스스로 극을 받는 것보다도 더욱 상황이 나쁘다는 생각이 들 때가 많다. 내가 생해준다는 것은 이미 허약해진 상태이기 때문에 오히려 내가 극하는 상황이거나, 심지어는 극을 받고 있는 상황보다도 더 못하다는 말도 한다. 어린아이를 낳은 엄마는 어떤 상태보다도 허약한 입장이기 때문이다. 土의 입장에서도 상황은 같은 것이라서 金에게 기운이 이미 빼앗긴 土는 자신의 본모습인 중용의 균형을 지키기 위해서는 상당한 노력이 필요하다. 이유인즉 이미 金을 보고서 아끼는 마음과 사랑하는 마음이 생겼기 때문이다. 원래 마음에 집착이 생기면 순수하게 자신의 사명만을 완수하기 어렵다고 보는 것이 보통이기 때문이다.

4. 金이 水를 본다

金이 水를 보면 기운이 허약해진다고 하는 이야기이다. 과연 金이 水를 보면 기운이 허약해지는지는 얼른 공감이 가지 않지만, 실제로 사주를 볼 때 당연하게 적용되는 내용이다. 시간이 엄청나게 많이 걸리겠지만, 바위가 거센 물결을 오랫동안 맞고 있으면 깎여서 닳아진다. 물론 그 과정에서 단단한 돌은 수석으로 재탄생하겠지만, 金의 입장에서는 약해지는 것이 분명하고, 이러한 현상을 金이 水를 보면 약해진다고 응용해본다.

5. 水가 木을 본다

水는 木을 보면 약해진다는 말이야말로, 가장 이해하기가 쉬운 내용이라고 생각된다. 나무가 물을 흡수하니까 말이다. 이미 앞에서도 누누이 이 관계에 대해서 언급했기 때문에 다시 부연해서 설명하지 않아도 될 것이다. 특히 중요한 것은, 이미 물은 木을 만나면 그 성분이 木으로 흡수되어버리기 때문에 金의 원조를 상당 정도 받는 것이 좋다고 생각하면 되겠다.

제3장
내가 극하면 수(囚)이다

    왕과 상은 내가 어떤 형태로든지 도움을 받는 것을 의미한다. 그러나 이번의 내가 극하게 되는 수(囚)는 피곤한 의미를 포함하고 있다. 그래서 점수로는 40점 정도를 생각해볼 수 있다. 극을 하는 것에도 힘이 필요하므로, 그래서 힘이 빠지는 것으로 이해하면 된다. 실제로 권투 시합을 보고 있노라면 두들겨패는 것도 여간 힘드는 게 아니라는 생각이 든다. 15라운드가 지나고 나면 이긴 사람이나 진 사람이나 모두 파김치가 되어버리는 것을 보면 더욱 그렇게 느껴진다.

    보통은 내가 극을 하는 형태인데, 극하는 것이야 내가 하는 것이니 무슨 걱정이 있겠느냐고 생각할 수도 있을 것이다. 그렇지만 중과부적(衆寡不敵)이라는 말이 왜 생겼겠는가를 생각해보면 이번 항목의 내용을 모두 이해한 것이나 다름없다.

    일대일(一對一)로서는 전혀 걱정할 일이 아니다. 그렇지만 일대다(一對多)라는 조건에서는 반드시 좋은 결과만을 기대할 수 없다는 생각을 해야 하는 것이다. 더구나 적지(敵地)에서라고 한다면 이 조건은 더욱 조심스러워지는 것이다. 물론 적들이 나보다 약하더라도 숫자가 많다면 역시 나도 지쳐서 쓰러질 가능성이 많게 된다는 것이 이번에 생각해보는 수의 의미이다.

수의 형상

상황 \ 주 오행	木	火	土	金	水
만나는 오행	土	金	水	木	火
만나는 계절	四季	秋	冬	春	夏

1. 木이 土를 본다

 일단 내가 극하는 오행이 되는 것이다. 계절로 따져도 내가 극하는 오행이 왕성한 계절이다. 木이 土를 본다는 것도 내가 극하는 계절인데, 특히 土의 계절은 사방으로 널려 있는 상황이기 때문에 조건이 좀 까다롭다. 봄에서 여름으로 넘어가는 계절은 그래도 아직 남은 힘이 있어서 상당히 활발하지만, 여름에서 가을로 넘어가는 계절이라든지, 가을에서 겨울로 넘어가는 계절은 상당히 허약한 상태에 있는 木이다.
 이러한 상황에서는 木의 기운이 상당히 강하지 않으면 견디기가 만만치 않다는 점을 유의해야 한다. 실제로 나무는 땅에다 뿌리를 내리고 지배하려고 하지만, 만약에 흙 속에 스며 있는 물이 없다면 오히려 土의 성분이 木의 수분을 흡수할 가능성도 있기 때문이다. 그래서 木이 土를 극한다고 방심해서는 곤란하다. 비상 사태라도 선포하고 매우 주의해서 운신해야 한다. 이것이 갇히지[囚] 않는 중요한 사항인 것이다. 일명 토수목(土囚木)이다. 자칫 방심하다가는 함정에 갇혀버릴 가능성이 있다고 생각해서 경계하고 있는 것이다.

2. 火가 金을 본다

　가을의 불에 대해서 이야기해보자. 여름에 이글거리던 태양도 어느덧 기울어가고 서서히 냉기운이 감돌고 있는 계절이다. 이러한 상황에서 불이 방자하게 金을 이긴다고 호언장담하다가는 어느 날 갑자기 金기운에게 휩싸일지도 모른다. 그러한 형세가 바로 LPG통이라고 생각해본다. 불의 기운이 약하므로 쇠로 된 통 속에 갇혀버린 것이다.
　火剋金이라고 하였지만 이렇게 상황에 따라서는 금수화(金囚火)의 공식을 다시 만들어야 하게 될 것이다. 약한 불은 金이 능히 가둘 수가 있다는 것이다. 생각할수록 묘미가 있는 통이다. 가스통 말이다. 이렇게 불이 녹여버릴 수 있는 金이지만 세력이 약하면 도리어 갇혀버리는 것이 바로 수(囚)인 것이다.

3. 土가 水를 본다

　강바닥에 있는 土는 水에게 갇혀버린 것이다. 스스로 水를 극한다고 말하지만 실제로 水의 상황에 따라서 꼼짝도 못 하고 물 속에서 잠자고 있다. 그렇게 갇혀 있는 것도 역시 土의 세력이 약하기 때문이다. 만약 강바닥에다가 계속적으로 흙을 실어다가 부어댄다면 土는 강해져서 물을 가로막을 수가 있을 것이다. 이러한 형상은 제방이 될 것이다. 서해안의 간척 공사도 그러한 형상의 변형이라고 생각된다.
　서산의 A지구나 B지구의 대규모 간척 공사를 보면 土가 왕하지 않고서는 물을 제압할 방법이 없다는 것을 이해하는 현장이 된다. 약한 土는 바다의 갯벌이 되어 있다. 물만 들어오면 이내 진흙이 되어버리고 물이 빠져서 조금때[干潮]가 되면 다시 단단해진다. 결론은 土의 세력에 달렸다. 바닷물이 아무리 넘쳐도 土의 세력이 그보다 강하다면 능히 물을 제압할 수가 있는 것이다. 다시 말해서 水의 세력을 土가 감당하지 못한다면 아무리 土剋水라고 큰소리 쳐봐야 결론은 수수토(水囚土)가 되고 마는 것이다. 물론 겨울의 얼어 있는 土가 가장 허약하다.

4. 金이 木을 본다

봄철에는 木기운이 워낙 강하니 봄에 태어난 金은 상대적으로 허약할 수밖에 도리가 없다. 아무리 강력한 살기도 포근한 봄볕을 받게 되면 봄눈 녹듯이 스르르 녹아버리고 마는 것이다. 金의 살기도 봄에는 큰 힘을 발휘하기 어려운 법이다. 이러한 상황을 일러서 목수금(木囚金)이라고 하면 되겠다. 물론 金이 매우 주의해야 하는 상황이다. 절대로 힘 자랑을 해서는 안 된다는 것을 교훈으로 삼아야 함은 물론이다.

5. 水가 火를 본다

여름의 불에 대해서 생각해보자. 이글거리는 태양 아래에서 남아나는 것은 아무것도 없다. 강력하게 응고하는 물마저도 산산이 분산되어 수증기(水蒸氣)로 화하고 만다는 것이 이번 항목의 주제이다. 응고하는 물이 분산되어버린다면 이것이야말로 꼴사나운 모습이다. 물론 열기운이 약해진 가을이 되면 다시 응고하겠지만, 문제는 여름의 왕성한 火기운을 상대하기 위해서는 상당량의 수분이 필요하다는 것이다. 金을 도와서 金生水를 하고 싶지만, 金도 여름에 남아날 턱이 없으니 그냥 마음만 있을 뿐 어떻게 손써볼 방법이 없다. 그래서 여름에는 화수수(火囚水)가 된다.

제5장
나를 극하면 사(死)이다

이번에는 마지막으로 나를 극하는 오행에 대해서 생각해보도록 하자. 앞의 항목에서 갇혀버리는 상황을 생각해봤지만, 이번에는 더욱 참혹한 상황이 전개될 모양이다. 점수로는 0점에 해당한다고 봐야겠다. 실제로는 마이너스에 해당하는 점수이겠으나, 여기에서는 50점을 손익분기점으로 보고서 그 이하는 마이너스에 해당한다고 생각하면 될 것이다. 나를 극하는 최악의 상황에 처하게 되는 입장이기 때문이다. 물론 하늘이 무너져도 솟아날 길은 있겠지만, 일단 그러한 입장, 즉 하늘이 무너지는 입장이 되었다는 것 자체가 비극인 것이다. 가능하면 이러한 상황이 발생하지 않기를 원하는 것이 사람의 마음이겠지만, 세상살이가 어디 그렇게 마음대로 되는가 말이다.

원하지 않아도 생길 수 있기 때문에 그러한 상황을 미리 배워둬야 무슨 조치를 취할 것이다. 그래서 이러한 상황에 대해서 생각해보는 과정이 반드시 필요한 것이다.

그럼 여기서도 도표를 보면서 사(死)의 형상에 대해서 이해해보도록 하자.

사의 형상

주 오행 상황	木	火	土	金	水
만나는 오행	金	水	木	火	土
만나는 계절	秋	冬	春	夏	四季

1. 木이 金을 본다

불도 金의 계절에는 갇혀버리는 마당에 나무가 金의 계절에 처한다면 죽는 도리밖에 다른 방법이 없다. 그래서 사(死)가 되는 것인데, 이것이 남의 이야기일 경우에는 별 문제가 없겠지만, 자신이 가을에 태어난 나무라고 한다면 그냥 죽어버리는 것이 최선이라고 말할 수는 없는 문제이니 무슨 묘수가 없을까 하고 생각하게 되는 것이다. 그래서 金의 기운이 넘치는 가을에 태어나면 우선 물의 도움을 얻을 수가 있는가를 살펴야 하는데, 물의 도움이 있다면, 金기운에 눌려서 죽어버리는 비극은 면할 수 있을 것이다.

극을 받는 계절에 태어나면 살아날 방법을 찾기가 가장 어렵다고 생각해야 한다. 그래서 무조건 나를 생조해주는 水의 협조를 요청하는 것이다. 가을의 木은 이렇게 상태가 좋지 않은 것이다.

2. 火가 水를 본다

상태가 나쁘기는 겨울에 태어난 火도 마찬가지이다. 매우 약해서 자칫

하면 꺼져버릴 수밖에 없는 허약한 상황이다. 사방에서 水의 기운이 넘치고 있기 때문이다. 이런 때에는 냉혹한 水의 기운을 부드럽게 완화시키는 木의 협조가 반드시 필요하다. 그렇지 않고서는 살아날 방법이 없다. 스스로는 이 어려운 상황을 벗어날 수가 없기 때문이다.

3. 土가 木을 본다

봄철에는 농부가 흙을 잘게 부숴버린다. 농사를 지으려고 하는 행위겠지만, 오행가의 눈에는 木剋土의 형상으로 보인다. 이렇게 약하게 부서진 흙은 조금만 비가 내려도 쓸려서 떠내려간다. 木의 성분이 워낙이 강하기 때문에 여간해서 土를 구할 방법이 없다. 이러한 때에는 강력한 불길만이 최선이다. 억지 소리 같지만, 가령 가뭄이 엄청 심하게 들어서 몇십 일 간 땡볕이 쨍쨍 내리쬐면 농부는 밭을 갈지 않는다. 土가 딱딱해졌기도 하거니와, 밭을 갈고 씨앗을 뿌려봐야 싹이 틀 수 없기 때문이다. 이러한 상황을 오행가는 "불기운이 土를 생해줬다."고 보는 것이다. 실제로 흙의 입장에서는 농사를 지으려고 밭을 갈아엎는 일이 즐겁지 않을 것이다. 土는 가만 두는 것이 가장 좋기 때문이다.

4. 金이 火를 본다

이번에는 여름에 태어난 金에 대해서 생각해보는 것인데, 金이 여름에 나면 무조건 허약하여 녹아버리는 상황이 발생하게 되는 것이 일상적인 결론이다. 이렇게 열기가 확확 달아오를 적에는 반드시 土로 金을 덮어주는 것이 최선이다. 그래서 불과 金 사이를 격리시킴으로써 金을 보호하게 되는 것이다.

이렇게 하지 않고서는 金이 자신의 본성을 지킬 수가 없는 것이므로 여기에서는 다른 계산이 먹혀들지 않는다. 물론 물로써 강한 불기운을 제압하는 방법도 없는 것은 아니다. 하지만 이것도 임시 방편일 뿐이다. 즉, 金이 火의 협박으로부터 일시적으로 도피할 수는 있겠지만, 다시 金生水로 물을 생조해줘야 하는 입장이 발생하므로 길게 사용할 수 있는 방법은 아니라고 본다.

이러한 형태는 진통제를 복용하는 것과도 서로 통한다고 보겠다. 진통제는 치료되는 약이 아니지만 대단히 많이 팔리고 있다. 즉 임시 변통적인 방법을 상습적으로 사용하는 사람들이 그만큼 많다는 이야기이다. 여름의 열기 앞에서 곤경에 처한 金을 구제하는 방법으로는 필히 土로 金을 덮어주는 것이 최선이라는 점을 분명하게 알고서, 차선책으로 물로 불기운을 일시적으로 제압할 수도 있다는 점을 이해한다면 가장 올바른 오행관이라고 하겠다. 실제로 사주를 임상해보면 이러한 경우에 해당하는 사람도 더러 있다. 다만 흔한 경우는 아니므로 초보자의 입장에서는 土로 해결하는 것이 최선이라는 것만 이해하면 충분하리라고 본다.

5. 水가 土를 본다

허약한 물이 土의 계절을 만나면 모두 스며들어버리고 흔적도 없이 사라지게 된다. 이러한 경우를 생각해서 마련해둔 항목이다. 물이 스며들어버리면 자신의 본래 소임인 응고하고 압축하는 작용을 할 수가 없다. 물은 응고하는 성분인데, 土 속에 흡수되어 완전히 土의 마음대로 놀아나는 도리밖에 없기 때문이다. 그래서 이러한 상황에 처하지 않게 되는 것이 상책이지만, 세상의 일이란 것이 또한 어쩔 수 없는 경우가 있는 것이다.

이렇게 되면 어쨌든지 바위에서 흘러나오는 생수를 만나는 것이 최선이다. 그러기 위해서 金을 만나야 하는 것이라고 이해하면 된다. 그런데 土라고 하는 성분은 사계절에 흩어져 있기 때문에 상황에 따라서 많은 변수가 있다는 점을 고려해서 판단해야 한다는 것을 반드시 기억해야 한다.

여기에서 가장 피곤한 것은 여름에서 가을로 넘어가기 직전의 土이다. 이때는 대단히 많은 열기를 흡수하고 있는 상태이기 때문에 여간한 물의 세력이 아니고서는 땅속으로 스며들어가서 흔적도 없게 된다. 그리고 겨울에서 봄으로 넘어가는 土의 계절에는 비교적 사태가 급하지 않다고 본다. 이때는 水가 왕성한 계절인 겨울을 지난 시기가 얼마 되지 않았고, 또 土의 상황도 매우 허약한 시기이기 때문이다.

그러나 이것도 상황에 따른 약간의 행운이다. 워낙이 사주 전체가 왕성한 土의 기운으로 가득 차 있는 경우라면 겨울에서 봄으로 넘어가는 계절이라고 하더라도, 위급할 수밖에 없는 것이니까 너무 안이하게 생각하면 곤란하다. 결국은 어떠한 상황이 되든지 金이라는 성분이 없어서는 큰일이라는 점만 기억하고 있다면 어떻게 해야 할지 판단할 수 있다.

> 낭월의 덧붙이는 글

『알기 쉬운 음양오행(陰陽五行)』을 보완하는 음양오행의 심화 관찰법

　1997년에 처음으로 자평명리학(子平命理學)의 종합적인 교재를 준비한다는 계획으로 출간한 〈알기 쉬운 시리즈〉 중 《음양오행(陰陽五行)》이 지난 2010년까지 모두 17쇄를 인쇄하였다. 이것은 아무래도 분에 넘치는 독자들의 사랑 덕분이 아닌가 생각한다. 고마운 인연에 감사드린다.

　이번 18쇄부터는 그 동안 『알기 쉬운 음양오행(陰陽五行)』에 변화가 있다면 독자들이 참고할 수 있게 그 내용을 추가하면 좋겠다는 출판사의 제안을 받고서 생각을 해보았다. 특별히 내용에서 크게 참고할 것은 보이지 않지만, 그럼에도 음양을 관찰하는 방법이나 오행을 대입하는 관점에 대해서는 몇 가지 추가해도 좋을 것으로 생각된다. 물론 본문에 첨부를 할 수도 있지만, 그렇게 하면 아무래도 원래의 흐름이 끊어질까 염려되어서 이렇게 끝부분에 언급하는 점에 대해서 양해를 부탁드린다.

　제2부 「음양론(陰陽論)」과 제3부 이후의 「오행론(五行論)」에서 기본적인 관찰법을 이해했으리라 생각한다. 여기에 조금만 더 관찰하는 방법을 확장시킨다면 음양과 오행을 이해하는 데 도움이 되리라 생각하여 약간의 부연 설명을 하려고 한다. 생각하는 과정에서 참고가 되기를 바란다.

1. 음양 관찰법

음양을 구분하는 데 조금 도움이 될 것으로 봐서 열두 가지의 방향을 잡아서 이해하도록 해본다. 살펴보면서 궁리하노라면 의외로 많은 생각을 할 힌트가 그 속에서 솟아날 것이다.

1) 체용법-체음용양(體陰用陽)

체용(體用)은 하나의 물체가 있을 때 그 물체를 체(體)로 보고, 물체의 용도를 용(用)으로 보는 관점이다. 다음 예로 설명한다.

① 자동차

자동차를 체로 본다면, 운전하여 이동하는 데 도움을 받는 것은 용이 된다. 이 때 체는 본질이므로 음(陰)이 되고, 용은 이름 그대로 사용하는 것이므로 이동수단으로 삼는 것이다.

② 주택

주거하는 집을 체로 삼으면, 가족은 용에 대입한다. 항상 체는 음이고 용은 양이라는 생각으로 관찰하면 어렵지 않게 대입할 수 있을 것이다. 그러면서도 매우 중요한 개념이다.

③ 주객

손님이 찾아왔을 때 주인은 체가 되고, 손님은 용이 된다고 이해하면 된다.

④ 심신

마음과 몸을 놓고 생각하면 마음이 체가 되고, 몸은 용이 된다. 그런데 처음에 질문을 해보면 95% 정도는 몸을 체라고 한다. 신체(身體)라는 말이 각인되어 있기 때문인 것 같지만, 자동차나 주택과는 다른 관점이 필요하다는 것을 알아야 한다. 잘 생각해보면 몸은 마음이 끌고 다니는 물건임을 알 수 있을 것이다. 즉, 정신이 몸을 사용하는 것이다.

2) 동정법-동양정음(動陽靜陰)

움직이는 것과 가만히 있는 것을 구분하는 것이 동정(動靜)이다. 여기에 대해서 관찰하는 방법을 설명한다.

① 속도

동정에 대해서는 비교하여 이해하면 된다. 가령, '시속 200km의 자동차는 음이냐? 양이냐?'라고 묻는다면 얼른 생각하기에는 빠르기 때문에 양이라고 답하기 쉽다. 그러나 음양에 대한 질문은 반드시 상대적인 대상이 있어야만 답을 할 수 있다. 그 대상으로 190km의 속도로 달리는 자동차를 대입하면 맞는 답이 되지만, 210km로 달리는 자동차를 대입하면 틀린 답이 되는 것을 안다면 왜 상대적인 대상이 필요한지 이해하기 어렵지 않을 것이다.

② 심리

마음에도 속도가 있다면 동정법에 대입하여 음양을 구분할 수 있을 것이다. 생각이 빠른 사람은 느린 사람에 비해서 양적이라고 할 수 있기 때문이다. 상담할 때에도 마찬가지다. 양적인 사람은 사주를 적자마자 용신을 바로 찾아내지만, 음적인 사람은 한참을 끙끙대고 나서야 비로소 용신을 찾을 수 있기 때문이다. 그래서 마음이 밝을수록 빨리 읽고, 어두울수록 그만큼 시간이 걸린다고 생각하면 되겠다.

또, 도인(道人)은 양적인 사람이고, 범부(凡夫)는 음적인 사람이라고 해도 맞는 말이다. 범부란 말은 평범한 일반 사람을 이르는 말이다. 그러므로 어떤 일에 대해서 반응을 보면서 그 사람이 양적인 심성을 갖고 있는지 아닌지를 판단할 수도 있다. 이렇게 음양의 분별만 잘할 수 있어도 사람을 파악하는 데 상당히 많은 도움을 얻을 수 있다.

③ 행동

행동은 마음의 지시에 따라서 움직인다. 이것은 심신의 체용과도 서로 통한다고 하겠다. 그러니까 심리적으로 반응이 빠른 사람은 몸도 그만큼 반응이 바로 나타나기 마련이다. 나무늘보와 노루의 심성은 들여다보지 않아도 그냥 그대로 보이는 것이다.

④ 이기(理氣)

철학적인 용어이므로 아마 어렵게 느껴질 수도 있을 것이다. 이(理)는 원리이고 핵심이라고 이해하고, 기(氣)는 작용이고 변화라고 이해하면 된다. 동정(動靜)으로 이기를 보면 이(理)는 정(靜)하고, 기(氣)는 동(動)하는 것을 생각할 수 있다. 이것을 간지에 대입하면, 간지는 가만히 있고 작용의 변화가 나타나는 것을 읽어서 길흉화복(吉凶禍福)을 해석하는 것과 비슷하다고 할 수 있다.

3) 강유법-강양유음(剛陽柔陰)

굳센 것을 강(剛)이라고 하고, 부드러운 것을 유(柔)라고 한다. 그렇게 나눌 때 단단한 것을 양으로 보고, 부드러운 것을 음에 대입하면 된다.

① 물과 바위

물은 부드럽고 바위는 단단하다. 이것을 강유(剛柔)로 보면 바위는 양이고, 물은 음이라고 할 수 있다. 혹 이러한 관계를 동정(動靜)에 대입하면 물은 양이고 바위는 음이 되는데 이렇게 뒤바뀌면 되겠느냐고 의문을 제기할 수도 있겠지만, 바로 그러한 것이 음양의 이치를 공부하는 것이라고 할 수 있다. 어떤 사물이나 상황을 때로는 이렇게 보기도 하고 또 때로는 저렇게 볼 수도 있기 때문이다.

다만, 그렇게 보는 것에는 그만한 이유가 따르는 것도 알아야 오류가 일어나는 것을 줄일 수 있다. 그것도 음양관(陰陽觀)이다.

② 삼베와 비단

물과 바위가 너무 극단적이라면 비슷한 것끼리 대입을 해볼 수도 있다. 삼베는 뻣뻣하고 비단은 보들보들하다. 어느 것이 양이고 음인지는 설명하지 않아도 될 것이다.

③ 골육

뼈와 살을 놓고도 생각을 해볼 수 있을 것이다. 강유(剛柔)에 대입하는 것도 음양으로 보는 분류에서 필요하기 때문에 잘 이해해두면 어렵지 않게 정리할 수 있을 것이다.

4) 자웅법-자음웅양(雌陰雄陽)

자웅(雌雄)은 암컷과 수컷 한 쌍을 말한다. 닭이나 거위 같은 큰 새를 두고 하는 말이지만, 큰 승부를 이야기할 때에도 '오늘은 자웅을 겨뤄보자'라고 표현한다.

다만, 자웅을 겨룬다는 말은 타당하지 않은 것 같다. 왜냐하면 누가 이긴다는 개념이 음양에는 없기 때문이다. 아마도 수컷이 이길 것이라는 선입관이 개입되었을 수는 있다고 본다.

① 남녀

　남녀를 놓고 음양을 물어보면 대다수는 남자는 양이고 여자는 음이라고 한다. 왜 그런가를 물어보면 남자는 강하고 여자는 약하기 때문이라고 답한다. 물론 이것은 명백한 오답(誤答)이다. 그렇게 생각하는 사람은 철학자라고 할 수 없다. 여자도 강한 사람이 있고 남자도 약한 사람이 있다고 해야 정답이기 때문이다. 그래서 누군가의 반론에 부딪히면 도망갈 길이 없는 난처한 상황이 예고되어 있다고 해도 되겠다.

　남녀의 음양은 오로지 성기(性器)로만 구분해야 한다. 아무리 힘이 강한 여걸이라도 성기를 봐서 구분하는 데에는 다른 이유를 붙일 수 없다. 그리고 인간에만 해당하는 것도 아니다. 세상만물에는 자웅의 논리로 만들어진 것이 많다. 절구통과 절굿공이도 그렇고, 맷돌의 위아래도 그렇다. 또 만년필의 뚜껑과 몸체도 자웅이다. 살펴보면 의외로 이 이치가 많이 적용되어 있음을 알 수 있을 것이다. 이렇게 자웅으로 관찰해야만 할 경우가 있음을 알아두는 것도 중요하다.

② 요철

　글자 모양이 이렇게 생겼다. 오목할 요(凹)와 뾰족할 철(凸)이므로 더 이상 설명이 필요 없을 것이다. 생긴 것을 봐서 무엇과 세트가 되는지 알 수 있다면 그것으로 충분하다. 그리고 두 글자가 결합하면 그야말로 음양합체[口]가 되는 것이다.

③ ♂ ♀

　이 부호는 병원에서도 발견할 수 있다. ♂는 남자를 나타내고, ♀는 여자를 나타낸다. 이것은 모양만 봐도 성별을 구분하는 성기(性器)의 표시임을 알 수 있을 것이다. 그리고 점성학(占星學)에서 남성의 상징인 화성(♂)과, 여성을 상징하는 금성(♀)을 나타내는 부호이기도 하다. 아마도 점성학에서 가져온 부호로 보아도 될 것이다.

5) 대소법-대양소음(大陽小陰)

이 항목은 매우 간단하다. 물질적인 크기에만 대입하면 되기 때문이다. 큰 것은 양이 되고 작은 것은 음이 된다고만 알아두면 된다.

6) 명암법-명양암음(明陽暗陰)

빛을 음양으로 이해할 필요가 있다면 명암으로 구분하는 것이 타당하다고 본다. 밝은 것은 양이고 어두운 것은 음이라고 하면 간단하게 해결되는 문제이다.

① 희비

명암의 의미에는 여러 가지가 있다. 기쁨과 슬픔을 놓고도 명암으로 생각해볼 수 있다. 시험에 합격하면 기쁨이 될 것이고 낙방을 하면 슬픔이 될 것이므로 희비(喜悲)가 교차하게 된다.

다만, 여기서 어느 것이 더 좋으냐는 질문에 별 생각 없이 '합격을 하는 것이고 기쁜 것이 좋다'고 말한다면 음양을 공부하는 자의 답변으로는 실격이다. 왜냐하면 원래 음양은 좋고 나쁜 것으로 나눌 수 없는 것이기 때문이다. 그냥 하나의 상대적인 현상일 뿐이다. 즉, 합격자는 공부가 중단되므로 슬플 수도 있고, 낙방을 했더라도 다시 공부를 하므로 지식이 진화할 수도 있기 때문이다.

② 청탁

명암에 청탁(淸濁)을 대입할 줄 안다면 공부를 잘하고 있다고 보아도 된다. 물론 둘 중에 어느 것이 좋은지에 대해서는 판단하지 않는 것이 옳다는 입장은 여전히 유효하다.

7) 표리법-표양리음(表陽裏陰)

겉과 속으로 되어 있는 것의 음양은 표리법에 대입하여 이해하면 된다.

① 얼굴과 장부(臟腑)

얼굴을 겉이라고 할 경우에는 몸속의 오장육부(五臟六腑)를 속이라고 할 수 있다. 예를 들어, 눈동자가 누렇게 보이면 간병(肝病)을 의심하고 혀가 갈라지면 심병(心病)을 염려하는 것은 한의학에서 관찰하는 표리법이다. 왜냐하면 음양은 분리될 수 없는 것이어서 속에 있는 것이 겉으로 드러나고, 겉에 있는 것이 속으로 작용하기 때문이라고 보면 된다.

② 자녀와 부모

조금 난이도가 있는 대입이다. 자녀와 부모를 놓고 표리법으로 음양을 구분하라고 하면 어떻게 하겠는가? 간단하게 결론을 말하면 자녀는 양에 해당하는 표(表)가 되고, 부모는 음에 해당하는 이(裏)가 된다고 할 수 있다. 그러니까 부모만 봐서는 잘 모르는 것이라도 자녀를 보면 부모를 짐작할 수 있기 때문이다. 우리 속담에도 '그 사람을 알려면 친구를 보고, 부모를 알려면 자식을 보라'는 말이 있음을 참고하면 된다.

8) 상하법-상양하음(上陽下陰)

조직적인 사회에서는 반드시 상하가 구분되어야 한다. 물론 어느 하나가 좋다는 의미는 아니다. 제각기 자신의 일이 있다는 의미이다. 그래서 질서가 있어야 한다면 상(上)은 양이 되고, 하(下)는 음이 된다고 이해하면 된다.

9) 전후법-전양후음(前陽後陰)

전후는 앞뒤를 생각하면 된다. 그래서 앞은 양이 되고, 반대로 뒤는 음이 된다.

① 과거와 미래

이것은 시간의 개념이기도 하다. 지나간 시간은 후(後)라고 봐서 음이고, 다가올 시간은 전(前)이라고 봐서 양에 대입한다.

② 조석

하루의 아침과 저녁을 놓고 생각해볼 수 있다. 관찰 시점이 정오라면 저녁은 양이 되고, 아침은 음이 된다. 왜냐하면 지나간 것과 다가올 것을 구분하여 대입하기 때문이다. 얼른 생각하면 아침이 앞이고 저녁이 뒤라고 생각하기 쉬운데, 그것은 움직이지 않는 도표상에서 관찰하는 경우이다. 무슨 차이가 있는지 생각해보면 이해가 될 것이다.

③ 경도

동그란 지구에 세로로 줄을 24개 그어서 시간표를 만들어놓은 것이 경도(經度)이다. 영국의 그리니치 천문대를 0°으로 삼아서 15°마다 1시간[60분]씩 적용시켜서 360°를 돌면 24시간이 되는 방식이다. 이것은 시간의 개념이므로 전후로 이해하면 된다.

10) 좌우법-좌음우양(左陰右陽)

오른쪽을 좌(左)라고 하고 왼쪽을 우(右)라고 하므로 좌를 음으로 대입하고, 우를 양으로 대입한다고 정리하면 된다. 왜 그런지는 구태여 설명하지 않아도 이해할 수 있을 것이다. 좌경(左傾)은 국가의 정책을 거부하는 집단이고 그래서 지하에서 활동하게 된다고 이해해도 되겠다. 반대로 우경(右傾)은 겉으로 드러나서 활약하므로 쉽게 이해될 것이다.

11) 한열법-한음열양(寒陰熱陽)

이것은 매우 간단한 기준이다. 온도를 가지고 구분하는 음양법으로 이해해도 된다.

① 기온

온도가 높으면 낮은 것에 비해서 양이 되고, 추우면 높은 것에 비해서 음이 된다고 이해하면 전혀 어렵지 않을 것이다.

② 위도

위도(緯度)는 동그란 지구에 가로로 선을 그어서 그 중심을 적도라고 하고 위아래로 10°씩 표시해놓은 것이다. 이것은 기후를 이해할 때 참고하므로 열(熱)에 관계된 것으로 보면 된다. 그래서 열대와 온대를 대략 살필 수도 있다.

12) 유무법-유양무음(有陽無陰)

자신에게 있는 것은 양이 되고, 없는 것은 음이 된다. 이것은 물질적인 것에서도 같고, 정신적인 것에서도 같이 보면 된다.

다만, 음양의 상대적인 관점을 초월한 도인(道人)에게는 해당되지 않는 이야기일 수도 있다. 그 차원은 앎을 버리는 것이 오히려 아는 것이기 때문인데, 보통 사람에게는 통용되지 않는 법칙이므로 무시해도 좋다.

이렇게 음양의 보조적인 관찰법으로 열두 가지 항목을 놓고 살펴보는 방법을 제시한다. 그 밖에도 찾을 수 있는 방법이 있다면 또한 살펴볼 수 있을 것이다. 모쪼록 음양에 대해서 혜안(慧眼)을 얻기 바란다. 만법의 바탕에는 상대적인 관념인 음양법이 내재되어 있기 때문이다.

2. 오행 관찰법

기본적인 오행의 생극(生剋)은 잘 알고 있을 것이다. 木生火, 火生土, 土生金, 金生水, 水生木의 공식이다. 또 木剋土, 土剋水, 水剋火, 火剋金, 金剋木의 이치 역시 알고 있을 것이다. 그런데 여기에서 다시 진일보를 해야 할 필요가 있다.

그래서 마련한 것이 다음에서 설명하는 50가지의 생극관계이다. 여기에 대해서 잘 이해하면 비로소 오행에 대해서는 이해를 잘했다고 봐도 좋을 것이다. 궁리를 위해서 이름만 나열한다. 왜 그렇게 볼 수 있는지에 대해서 각자 생각을 해보는 것이 내공의 증진에 도움이 될 것이기 때문이다. 木生木은 조건이다. 그러므로 힌트를 보기 전에 나름대로 노트에 적어가면서 궁리해보는 것이 선행되어야 효과를 극대화시킬 수 있을 것이다. 그 다음에 화살표의 오른쪽에 설명한 힌트를 보면서 다시 원리를 생각하면 된다.

1) 木의 생극관계
① 木生木 → 달리는 말에 채찍질을 가한다.
② 木剋木 → 브레이크가 파열된 차가 급경사를 만난다.
③ 木生火 → 운동을 하여 에너지를 확장시킨다.
④ 木剋火 → 무리한 운동으로 에너지가 탈진된다.
⑤ 木生土 → 토양을 미생물이 부드럽게 한다.

⑥ 木剋土 → 태풍으로 흙이 날아가서 황사가 된다.
⑦ 木生金 → 몸이 있어 영혼이 깃들 수 있다.
⑧ 木剋金 → 몸이 병들어서 정신이 황폐해진다.
⑨ 木生水 → 해류로 인해서 바다에 활기가 넘친다.
⑩ 木剋水 → 태풍으로 물이 분산되어서 흩어진다.

2) 火의 생극관계
① 火生木 → 따뜻한 햇살이 나무에게 광합성을 한다.
② 火剋木 → 가뭄이 심하여 나무가 고사(枯死)하게 된다.
③ 火生火 → 촛불을 들고 끝없이 모여들어 힘을 키운다.
④ 火剋火 → 과열된 것은 폭발하기 쉽다.
⑤ 火生土 → 햇볕을 받은 대지는 생기가 넘친다.
⑥ 火剋土 → 작열하는 태양에 땅이 갈라 터진다.
⑦ 火生金 → 역경을 통해서 정신력은 강화된다.
⑧ 火剋金 → 심한 스트레스로 정신이 고통스럽다.
⑨ 火生水 → 씨앗이 온기로 싹을 틔운다.
⑩ 火剋水 → 폭염으로 호수가 말라버린다.

3) 土의 생극관계
① 土生木 → 토양이 단단하여 나무의 뿌리를 잡아준다.
② 土剋木 → 흙이 너무 쌓여서 나무가 묻히게 된다.
③ 土生火 → 바람막이가 있어서 불길을 보호한다.
④ 土剋火 → 불이 붙기 시작했을 때 흙을 끼얹으면 꺼진다.
⑤ 土生土 → 오래 된 농지에는 객토(客土)를 한다.
⑥ 土剋土 → 지진이 일어나서 충돌한다.
⑦ 土生金 → 어머니의 사랑으로 주체(主體)는 안정된다.

⑧ 土剋金 → 지나친 모친의 관심은 주체(主體)를 나약하게 한다.
⑨ 土生水 → 물이 잘 흘러가도록 도랑을 만들어준다.
⑩ 土剋水 → 물이 흐르지 못하게 막아버린다.

4) 金의 생극관계
① 金生木 → 지혜로운 정신은 생명을 지킨다.
② 金剋木 → 정신이 황폐하면 몸도 병든다.
③ 金生火 → 전구의 필라멘트나 난로의 코일(coil)이다.
④ 金剋火 → 지나친 신중함은 열정을 식혀버린다.
⑤ 金生土 → 쟁기나 트랙터로 토양을 부드럽게 한다.
⑥ 金剋土 → 암석이 너무 많으면 토양이 유실된다.
⑦ 金生金 → 금강산 만물상의 절경이다.
⑧ 金剋金 → 자존심이 너무 강하면 싸움이 일어난다.
⑨ 金生水 → 암석과 모래가 물을 정화시킨다.
⑩ 金剋水 → 너무 완고한 사람은 사고력도 약하다.

5) 水의 생극관계
① 水生木 → 숲에 단비가 내리니 초목이 싱싱해진다.
② 水剋木 → 기나긴 장마에 벼가 물에 잠겨서 병이 든다.
③ 水生火 → 엔진의 과열을 막는 냉각수이다.
④ 水剋火 → 노인의 말이 젊은 혈기를 막는다.
⑤ 水生土 → 메마른 토양을 촉촉하게 해준다.
⑥ 水剋土 → 홍수로 토양이 모두 떠내려간다.
⑦ 水生金 → 바닷물에서 소금을 얻는다.
⑧ 水剋金 → 염전에 비가 내려서 소금이 녹아버린다.
⑨ 水生水 → 종자를 저장하는 냉장고이다.

⑩ 水剋水 → 지나친 냉각으로 냉해를 입는다.

　이렇게 궁리를 해볼 수 있을 것이다. 힌트를 주의 깊게 살피면서 이해했다면 오행의 생극은 결국 균형과 불균형에 의한 차이임을 알 수 있을 것이다. 그러니까 木剋土가 剋이 아니라 균형을 이루면 木生土가 된다는 것을 알 수 있고, 木生火가 生이지만 균형이 깨지면 木剋火가 된다는 것을 알고 있으면 나중에 사주를 적어놓고서 풀이를 할 때 바로 대입하여 활용할 수 있을 것이므로 많은 연습을 해두기 바란다.
　음양과 오행은 간지의 본질이므로 이것을 얼마나 깊이 이해하고 있느냐에 따라서 사주를 풀이하는 안목이 달라질 수밖에 없다. 그러므로 용신을 찾아서 멋진 풀이를 하고 싶다는 마음이 간절하다면 앞으로만 달려가려고 애쓰지 말고 내공을 충실히 연마하는 것이 상달(上達)의 지름길임을 절로 깨닫게 될 것이다. 모쪼록 알찬 결실이 함께 하기를 기원한다.

　　　　　　　　　　2012년 2월에 계룡 감로에서 낭월 두손 모음

알기쉬운 음양오행

글쓴이 | 박주현
펴낸이 | 유재영
펴낸곳 | 주식회사 동학사

1판 1쇄 | 1997년 5월 15일
1판 21쇄 | 2019년 8월 30일
출판등록 | 1987년 11월 27일 제 10-149

주소 | 04083 서울 마포구 토정로 53(합정동)
전화 | 324-6130, 324-6131 · 팩스 | 324-6135
E-메일 | dhsbook@hanmail.net
홈페이지 | www.donghaksa.co.kr
www.green-home.co.kr

ⓒ 박주현, 1997

ISBN 89-7190-041-5 03180

＊저자와의 협의에 의해 인지를 생략합니다.
＊파본 등의 이유로 반송이 필요할 경우에는 구매처에서 교환하시고,
출판사 교환이 필요할 경우에는 위의 주소로 반송 사유를 적어 도서와 함께 보내주세요.

낭월의 저서

왕초보 사주학 시리즈와 사주용어사전

- 왕초보 사주학(입문편) 384쪽 | 값 17,000원
- 왕초보 사주학(심리편) 452쪽 | 값 17,000원
- 왕초보 사주학(연구편) 436쪽 | 값 17,000원
- 낭월 사주용어사전 316쪽 | 값 23,000원

자신의 운명을 생각하다가 인연이 되어서 자평명리학(子平命理學)에 관심을 갖게 된 입문자를 위해 알기 쉬운 설명과 재미있는 비유로 쉽게 이해할 수 있게 구성되었다. 또한 어렵고 생소한 용어의 정리를 도와줄 용어사전도 마련되어 있다.

알기 쉬운 시리즈

- 알기 쉬운 음양오행 432쪽 | 값 17,000원
- 알기 쉬운 합충변화 408쪽 | 값 17,000원
- 알기 쉬운 천간지지 450쪽 | 값 17,000원
- 알기 쉬운 용신분석 468쪽 | 값 20,000원

자평명리학을 공부하려는 독자에게 기준이 되기를 바라는 관점에서 저술한 《알기 쉬운 시리즈》이다. 어렵고 딱딱한 사주공부를 조금이라도 이해하기 쉽게 풀어서 설명하면 책을 통해서 공부하는 입장에서 많은 도움이 되겠다는 생각으로 쓴 책이다. 무엇이든 다 그렇지만, 학문의 체계에서 기초보다 더 중요한 것은 없다고 해도 과언이 아니다. 그래서 혹시라도 간과하고 지나간 부분이 있어서 마무리가 되지 않는다면, 이 시리즈가 바로 그러한 점을 찾아주는 역할을 할 수 있을 것이다.

적천수 강의(滴天髓講義) 시리즈

- 적천수 강의 1 560쪽 | 값 30,000원
- 적천수 강의 3 628쪽 | 값 30,000원
- 적천수 강의 2 572쪽 | 값 30,000원

모든 분야에는 정점을 지키는 경전(經典)이 있기 마련이다. 『적천수(滴天髓)』는 자평명리학의 핵심 경전이라고 할 수 있는데, 이 책을 풀이한 『적천수징의(滴天髓徵義)』의 직역과 뜻을 설명하여 이해에 도움이 되게 한 지침서이다.

사주문답 시리즈

- 사주문답 1 424쪽 | 값 18,000원
- 사주문답 3 416쪽 | 값 18,000원
- 사주문답 2 392쪽 | 값 18,000원

《왕초보 사주학 시리즈》와 《알기 쉬운 시리즈》를 통해서 인연이 된 독자들과 인터넷 〈낭월명리학당〉 게시판에서 문답한 내용을 책으로 엮었다. 다양한 질문과 또 그만큼 다양한 관점으로 자평명리학을 바라보면서 나눈 이야기들을 모아서 공부의 자료로 재구성하였다. 마음속에 쌓인 의문에 대해서 때로는 속 시원한 답변이 될 수도 있고, 때로는 새로운 의문을 갖게 되는 계기가 될 수도 있을 것이다. 이러한 과정을 통해서 학문의 세계는 더욱 넓어질 것이고, 그만큼 통찰력이 깊어지게 된다.

* 위 도서의 상세한 설명은 동학사 홈페이지 www.donghaksa.co.kr을 참조하세요.

사주심리학 시리즈

- 사주심리학 1 390쪽 | 값 32,000원
- 사주심리학 2 394쪽 | 값 32,000원

삼라만상은 모두 자신의 마음이 있다. 명리학을 공부하는 학자가 반드시 알아야 할 '음양의 마음', '오행의 마음', '십간의 마음'과 '십이지의 마음'을 분석하고, 십성(十星)의 구조에 대해서도 심리적인 관점에서 풀이하여 사람의 심리와 사주의 연관성을 살펴볼 수 있게 구성하였다. 상담은 결국 심리 치료라고 할 수 있으므로 사주를 통해 그 사람의 마음을 이해하는 것이 중요하다.

시시콜콜 명리학 시리즈

- 1.음양 270쪽 | 값 13,000원
- 2.오행 300쪽 | 값 13,000원
- 3.천간 364쪽 | 값 14,000원
- 4.지지 336쪽 | 값 14,000원
- 5.간지 326쪽 | 값 14,000원
- 6.육갑 371쪽 | 값 14,000원

사주를 공부하려고 마음을 일으켰지만 왠지 어려운 벽이 느껴져서 망설이는 독자를 위해서 준비하였다. 이 시리즈를 통해서 간지(干支)의 핵심에 접근하여 기본을 다져서 스스로 공부의 방향을 잡을 수 있을 것이다.

점술 활용 시리즈

- 오주괘(五柱卦) 낭월·인월 엮음 324쪽 | 값 35,000원
- 오주괘관법(五柱卦觀法) 336쪽 | 값 24,000원
- 백수점단(百首占斷) 낭월 엮음 232쪽 | 값 22,000원

오주괘(五柱卦)는 연월일시분의 오주(五柱)를 자평법에 대입하여 점괘로 삼는 방법을 설명한 것이며, 백수점단(百首占斷)은 100개의 대막대기를 뽑아서 길흉을 판단하는 고법(古法)을 활용하도록 하였다. 사주를 풀이하더라도 때로는 점괘가 필요할 때도 있다. 그러한 경우를 당하여 당황하지 말고 괘를 뽑아서 활용할 수 있게 구성하였다.

현공풍수(玄空風水) 시리즈

- 신나는 현공풍수(입문편) 낭월·자명 지음 306쪽 | 값 35,000원
- 놀라운 현공풍수(활용편) 낭월·자명 지음 408쪽 | 값 43,000원
- 현공수책(玄空手冊) 낭월·자명·화인 지음 270쪽 | 값 32,000원

환경의 변화를 읽는 학문으로 현공풍수(玄空風水)가 각광받고 있다. 특히 고인(故人)을 위한 음택(陰宅)에서만이 아니라 사람이 살아가는 환경인 양택(陽宅)에 대해서 많은 궁리의 결과로 현공풍수가 있었다. 여기에 대해서 기본적인 의미와 활용 방법을 재미있게 설명하였고, 현장에서 간편하게 찾아볼 수 있는 사주에서의 만세력과 같은 역할을 하는 현공수책을 소개하였다.

＊ 위 도서의 상세한 설명과 주문은 저자 낭월의 홈페이지 www.nangwol.com을 참조하세요.

문의전화_ 041-732-2583 / 이메일_ nangwol@gmail.com